John Smith

John Prince-Smiths gesammelte Schriften

John Smith

John Prince-Smiths gesammelte Schriften

ISBN/EAN: 9783744663267

Hergestellt in Europa, USA, Kanada, Australien, Japan

Cover: Foto ©ninafisch / pixelio.de

Weitere Bücher finden Sie auf **www.hansebooks.com**

John Prince-Smith's

Gesammelte Schriften.

Dritter Band.

Kommissions-Bericht über das Gewerbegesetz vom 9. Februar 1849.
Der Handelsminister auf sechs Stunden.   Grund- und Kapitalrente.
Vom volkswirthschaftlichen Kongress (zwei Vorträge).   Vermischte
volkswirthschaftliche Schriften.

Lebensskizze, verfasst von Dr. Otto Wolff.

Herausgegeben

von

Dr. Karl Braun-Wiesbaden.

Mit dem photographischen Bildnisse John Prince-Smith's.

— ◄►)(◄► —

BERLIN.

Verlag von F. A. Herbig.

1880.

Inhalt des dritten Bandes.

◄••►--

Kommissions-Bericht

über das

Gewerbe-Gesetz

vom 9. Februar 1849,

abgestattet an eine

von dem »Handelsverein Teutonia« veranlasste Versammlung

des Berliner Handelsstandes.

Vorbemerkung.

Am 19. März d. J. (1849) berief *der Handelsverein Teutonia* nach dem Saale des Hôtel de Russie, eine öffentliche Versammlung sämmtlicher dem Berliner Handelsstande angehörigen selbstständigen Personen, — auch wurden mehrere mit volkswirthschaftlichen Interessen sich beschäftigende Herren eingeladen — *zur Berathung des oktroyirten Gewerbegesetzes vom 9. Februar und darauf bezüglicher Anträge bei den Kammern.*

Die Versammlung beschloss, nach längerer Erörterung, erst zur genaueren Prüfung aller Einzelheiten des Gesetzes eine Kommission niederzusetzen, und erwählte dazu die

Herren	D. BORN,
„	J. DAVID,
„	W. DOBBERITZ,
„	N. FRIEDLÄNER,
„	C. NOBACK,
„	A. PALMIÉ,
„	J. PRINCE-SMITH,
„	W. SEHLMACHER,
„	A. SUSSMANN.

Mit Ausnahme der beiden letztgenannten Herren, einigten sich die Mitglieder der Kommission über die in folgendem Berichte entwickelten Ansichten und Grundsätze, mit deren Ausführung und Vortragung Herr *Prince-Smith* als Berichterstatter beauftragt wurde.

In einer öffentlichen Versammlung am 20. April wurde dieser Bericht vorgelesen, alsdann abschnittsweise debattirt und ohne Abänderung nebst dem Schlussantrage mit grosser Majorität genehmigt.

Kommissions-Bericht über das Gewerbe-Gesetz vom 9. Februar 1849, abgestattet an eine von dem „Handelsverein Teutonia" veranlasste Versammlung des Berliner Handelsstandes.

(Berlin 1849.)

Die Verordnungen vom 9. Februar legen wieder dem Gewerbebetriebe mancherlei Beschränkungen auf, die vor mehreren Jahren als gemeinschädlich abgeschafft wurden durch Staatsmänner, welche vorzugsweise der preussischen Regierung den Ruf hoher Intelligenz erwarben. Die fast unbeschränkte Freiheit der Gewerbe in Preussen galt bei Vielen als der Hebel des Fortschritts und die Quelle zunehmenden Wohlstandes.

Die jetzige Gestaltung unserer Erwerbsverhältnisse, welche, wenn auch von Uebelständen begleitet, viel Erfreuliches darbieten, ist wesentlich aus der bisherigen Gewerbefreiheit hervorgegangen. Eine Rückkehr zu früher abgethanen Einrichtungen müsste eine Umgestaltung bewirken, die für Einzelne sowohl, als für den Gesammterwerb, nicht ohne tief eingreifende Folgen sein könnte. Ein solcher Schritt erheischt zu seiner Motivirung die gründliche Beantwortung folgender Fragen:

a) Welchen Nutzen hat die Gewerbefreiheit gebracht?

b) Von welchen Uebelständen sind unsere Erwerbsverhältnisse unter der bisher genossenen Freiheit begleitet gewesen?

c) Inwiefern sind der Gewerbefreiheit diese Uebelstände beizumessen?

d) Inwiefern sind die beabsichtigten Maassregeln geeignet, jenen Uebelständen abzuhelfen?

1*

e) Welche *neue Uebelstände* dürften aus jenen Maassregeln selbst hervorgehen?

Ihre Kommission vermisst, sowohl in den Verhandlungen mit den Abgeordneten der Provinzial-Handwerker-Vereine und der Handelsstände, als in dem Antrag des Staatsministeriums zur Allerhöchsten Vollziehung der gedachten Verordnungen, eine genügend klare Aufstellung und Beantwortung jener als allein entscheidend hervorzuhebenden Gesichtspunkte.

Der Ministerialantrag erklärt: »Seit längerer Zeit schon sind »aus allen Theilen des Landes vielfache Klagen darüber laut ge- »worden, dass, durch *den ordnungslosen Zustand,* welcher *hin- »sichtlich des Betriebes* der zu den Handwerken gehörigen Gewerbe »bestehe, der gesammte Handwerkerstand in seiner Existenz be- »droht sei.«

Die Abgeordneten der Provinzial-Handwerks-Vereine erklären: »man müsse darauf dringen, dass dem jetzigen *ordnungslosen Zu- »stande* heilsame Schranken gesetzt werden,« — denn »in dem »Gewerbe herrscht jetzt *keine Freiheit,* sondern Anarchie.«

Worin diese die Existenz eines ganzen Standes bedrohende Ordnungslosigkeit, diese Anarchie, dem eigentlichen Wesen und den bestimmten Wirkungen nach, besteht, wird nicht genau angegeben. Worin sie *nicht* besteht will Ihre Kommission hier sogleich hervorheben. Trotz aller beklagten Ordnungslosigkeit im Gewerbebetriebe darf man sich nämlich keineswegs das Vorhandensein von Unordnungen denken, welche das Eigenthum oder die Person gefährden, die Verrichtungen unterbrechen und die Verfertigung der Handwerkerwaaren erschweren oder beeinträchtigen, oder das Recht in Bezug auf Lohnzahlung und Kreditgeben und sonstige vertragsmässige Verbindlichkeiten und bürgerliche Pflichten unsicher machen; — vielmehr ist der Betrieb des Handwerks so geordnet, als nur die Fähigkeiten und Mittel jedes Meisters es zulassen; — auch geniesst jeder Handwerker denselben polizeilichen und rechtlichen Schutz als jeder andere Staatsbürger. Selbst mit dem Schreckworte Anarchie soll keineswegs gesagt sein, es herrsche ungestraft im Gewerbebetriebe Insubordination, Gefährdung der Person, oder gewaltsame Störung der gewerblichen Thätigkeit.

Worin besteht denn die Ordnungslosigkeit, die Anarchie?

»Im Gewerbe herrscht Ordnungslosigkeit, herrscht Anarchie« heisst es weiter »indem Jeder thun kann, was *er* will.«

Den Verhandlungen und der Fassung des Ministerial-Antrags nach zu urtheilen, scheint dieser Ausspruch einen tiefen, entscheidenden Eindruck gemacht, allen Widerspruch zum Schweigen gebracht und alle Bedenklichkeit bei Denjenigen beseitigt zu haben, welche nicht ohne »heilsame Schranken« leben mögen. — Der blosse Gedanke, dass man sich in einer Freiheit befinde »*wobei Jeder thun kann, was er will*« scheint so erschreckend auf die Gemüther, so betäubend auf die Geister gewirkt zu haben, dass, ohne näheres Untersuchen oder weiteres Besinnen, darin ein hinlängliches Motiv gefunden war für dringendes Fordern und schleuniges Oktroyiren des auf heilsame Beschränkung abzielenden Februargesetzes.

Ihre Kommission aber hat geglaubt, dieses Grundmotiv mit besonderer Aufmerksamkeit prüfen zu müssen.

Bei dem Gedanken an eine Freiheit »wobei Jeder thun kann was er will« konnte Ihre Kommission um so leichter ihre geistige Fassung bewahren, als sie, wie vorhin erwähnt, in Betracht gezogen hatte, dass im Gewerbebetriebe keineswegs Jeder eigentlich sträfliche Handlungen, wie er will, ungeahndet begehen darf, sondern dass nur in Bezug auf unsträfliche Handlungen ein Spielraum besteht, innerhalb dessen Jeder thun kann, was er will. Es fragt sich nur, ob dieser Spielraum dem Einzelnen so weit gelassen sei, dass dadurch die Rechte Anderer gekränkt und das Wohlbefinden Aller beeinträchtigt wird. Insofern dies nicht auf's unzweideutigste nachgewiesen wird, dürfen Beschränkungen nicht vorgenommen werden; denn darin, dass Jeder sich zu dieser oder jener unsträflichen Handlung entschliessen darf, besteht *die unverkümmerte persönliche Freiheit*, welche man nicht antasten kann, ohne einem System von Willkürlichkeit zu verfallen, dessen Folgen ebenso unabsehbar als unheilbringend sind.

Unter der bisherigen Gewerbefreiheit hat Jeder selber beschliessen können, wie viel Zeit er zur Erlernung seines Handwerks verwenden wollte oder konnte, — ob er seine Arbeitskräfte einem Meister vermiethen, oder den Versuch machen wollte, seine Arbeitsprodukte selbst unmittelbar zu verwerthen, — welches

Handwerk er ergreifen und inwiefern er eine mehr abgegrenzte Verrichtung allein, oder mehrere Verrichtungen verbunden ausüben, — an welchem Orte er sein Gewerbe betreiben, und auf welche Weise und um welchen Ersatz er seine Gewerbs-Produkte feilbieten wollte. Bei Lichte besehen, bestand die bisherige Gewerbefreiheit nur darin, dass Jeder mit seiner Produktivkraft beliebige nutzbare Gegenstände an jedem Orte erzeugen, und dieselben auf beliebige Weise allenthalben zu verwerthen suchen durfte. Und wenn auch die Verwendung und Verwerthung des eigensten Eigenthums, nämlich der eigenen Produktivkraft und deren Erzeugnisse nicht nach einem vorgeschriebenen Polizeischema stattfand, musste denn deshalb »Ordnungslosigkeit«, »Anarchie«, daraus entstehen? Bestehen nicht vielmehr Naturgesetze, welche die Erreichung eines vorherrschenden Zweckes an bestimmte Bedingungen knüpfen? Zuvörderst ist einleuchtend, dass, unter schrankenloser Freiheit, Jeder Dasjenige erzeugen werde, was er am besten erzeugen kann. Beschränkt man ihn hierin, so er muss entweder gar nichts, oder Etwas anderes, was er weniger gut herstellt, erzeugen. Er wird auch den, seinen Mitteln und Fähigkeiten sowie dem Bedarfe passendsten Ort dazu aussuchen; beschränkt man ihn hierin, so muss er an einem weniger passenden Orte sich mühen. Auch wird er die günstigste Gelegenheit zur Verwerthung seiner Leistungen, nämlich da, wo man derselben am meisten bedarf, suchen; beschränkt man ihn hierin, so muss er sie da, wo man derselben weniger bedarf, weggeben. Solche Beschränkungen hemmen also einerseits die Hervorbringung möglichst vieler nutzbarer Gegenstände, andererseits die Anbringung solcher zur möglichst grossen Befriedigung vorhandener Bedürfnisse. Ein Recht zu solcher Beschränkung lässt sich gar nicht aufstellen; — denn *insofern die Staatsgemeinde dem Einzelnen nicht seinen Lebensunterhalt gewährleisten kann, muss sie ihm wenigstens die Freiheit lassen, für seinen Lebensunterhalt zu arbeiten,* wie *und* wo *er kann und will,* — mit einem Worte, sie muss ihm Gewerbefreiheit und Freizügigkeit erhalten.

Dies sind freilich nur allgemeine Bemerkungen; doch jedenfalls weniger vage, als die ganz in's Blaue gemachte Behauptung »dass im Handwerksbetriebe Jeder thun kann, was er will;« —

und in Ermangelung spezieller Nachweisungen über die aus der Gewerbefreiheit hervorgegangenen Missstände musste Ihre Kommission vagen Aufstellungen zunächst mit Prinzipien begegnen.

Der Ministerialantrag sagt, allgemein resumirend, »die Klagen des Handwerkerstandes beziehen sich vorzugsweise auf die Leichtigkeit, mit welcher sich Jedermann, ohne Ausnahme, als Handwerker niederlassen könne, ohne durch genügende Vorbereitung und den Nachweis wirklicher Befähigung eine Gewähr für gesicherte bürgerliche Existenz darzubieten, ja ohne auch nur die gehörige Reife des Alters erlangt zu haben.«

Diese Leichtigkeit besteht indessen keineswegs bei dem Handwerkerstande allein, sondern in demselben Maasse bei dem Ackerbau, dem Kaufmannsstande und jedem Gewerbe überhaupt; — wenn sie also zu einer unverhältnissmässigen Besetzung des Handwerksbetriebes führt und das Bestehen in demselben besonders erschwert, so muss man nach den Umständen fragen, welche einen fortdauernden Andrang zu solchen gedrückten Gewerben veranlassen. Finden sich keine solchen vor, — findet es sich, dass die Zunahme der Konkurrenz bei dem Handwerksstande nur in demselben Maasse wie in anderen Erwerbsständen stattfindet, und dass die erschwerte Subsistenz bei demselben nur in dem allgemeinen Verhältnisse der Volkszahl zu dem Volkswohlstande steht, so muss man danach fragen, wie dies Verhältniss überhaupt günstiger zu stellen sei, nicht aber durch Abweisung vom Handwerksbetrieb ein neues Missverhältniss in der Besetzung anderer Erwerbszweige hervorrufen.

Wenn die Vorbereitung Derer, welche sich als Handwerker niederlassen, eine ungenügende ist, so fragt es sich, wie die gewerblichen Zustände so zu heben sind, dass sie genügendere Mittel zur Vorbereitung darbieten; — denn wo die Zöglinge unwissend sind, pflegt man mit Recht die Schuld auf den Zustand der Schule zu werfen; und eine Prüfung der ersten dient zur Ermittelung, wo man eine Reform der letzten vorzunehmen habe. Inwiefern die bürgerliche Existenz überhaupt gesichert werden könne, selbst bei dem Nachweise vorgeschriebener Fähigkeiten und nach Erlangung einer gewissen Lebensreife, muss dahingestellt sein, indem man fähige und altersreife Leute ohne sichere Existenz sieht, — auch die Art der Existenz, die sich verschiedene Personen sichern wollen, ebenso verschieden, wie das Maass ihrer Leistungen, sein kann.

»Die Folge solcher Leichtigkeit der Niederlassung sei« fährt der Ministerialantrag fort »dass dergleichen Personen mehr denn zu oft nur Arbeit und Geld verschleuderten, um sich durch die Konkurrenz der ungezügelten Wohlfeilheit zu erhalten oder emporzubringen, — dass sie aber dann theils bald selbst wieder zu Grunde gingen und mit ihren Familien den Gemeinde-Armenkassen zur Last fielen, theils durch jene ihnen verderbliche Konkurrenz den solideren Handwerkern und ihren Familien ein gleiches Loos bereiteten, so dass der Handwerkerstand mit dem Geschicke bedroht sei, sich in einen unselbstständigen Arbeiterstand aufzulösen, wenn hier nicht abhilfliche Maassregeln getroffen werden.«

Diese Klage des Handwerkerstandes klang dem Staatsministerium so plausibel, dass es derselben ohne weitere Begründung Glauben schenkte, und sie als Motiv für ein in alle Erwerbsverhältnisse tief einschneidendes Gesetz allerhöchsten Orts vortrug.

Ihrer Kommission indessen ist es aufgefallen, dass jene Klage nicht eine Darlegung und Erhärtung von Thatsachen, wie sie die Handwerksabgeordneten abzugeben kompetent wären, sondern vielmehr ein Raisonnement enthält, über den Zusammenhang angeblicher, nicht näher nachgewiesener Uebelstände und deren, theils als vorhanden, theils als bevorstehend, angenommenen Folgen, — ein Raisonnement, welches an den handgreiflichsten Widersprüchen leidet. Zu junge ungeprüfte Handwerksmeister, heisst es, sollen mehr denn zu oft ihre Kaufpreise unter die Kosten stellen, um sich dadurch zu erhalten oder emporzubringen, dass sie sich zu Grunde richten, — ein Rechenfehler, der nicht bloss der grossen Jugend beigemessen werden kann, indem selbst ältere und solidere Meister, um sich dagegen zu erhalten, dem Beispiele folgen sollen, anstatt die kurze Zeit abzuwarten, während welcher eine Konkurrenz ungezügelter Wohlfeilheit bei geringen Mitteln gegen sie geführt werden könnte. Unter der gemachten Voraussetzung, dass der junge Ungeprüfte auch unfähig ist, könnte seine Konkurrenz keineswegs so gefährlich sein, indem bekanntlich bei allem Ueberfluss wohlfeilen Schundes reelle Waaren stets ihren Preis behalten, ja der gute Arbeiter da, wo die Meisten schludern, mehr als sonst erhält, indem man ihm natürlich noch eine Prämie für die Sicherheit guter Bedienung, wo solche selten ist, zahlt. Abgesehen indessen von allen Einzelheiten des angeblichen Vorganges, geht die ganze Klage darauf hinaus, dass die unter Gewerbefreiheit bestehende Leichtigkeit Handwerksmeister zu werden, die Gefahr in sich trägt, dass nächstens gar keine Handwerksmeister mehr da sein werden!

Das triftigste Motiv für legislative Einmischung in die Handwerksverhältnisse wäre dadurch geliefert worden, dass man genaue und umfassende Nachweisungen aus der Statistik der Armenpflege beigebracht hätte, woraus hervorginge, dass die Almosenempfänger in stärkerem Maasse durch heruntergekommene Handwerkerfamilien, als aus anderen Ständen, anwachsen. In Ermangelung eines solchen Nachweises kann Ihre Kommission den deshalb erhobenen Klagen kein entscheidendes Gewicht beilegen. Sie stellt denselben den unlängst bekannt gemachten statistischen Nachweis entgegen, wodurch festgestellt worden ist, dass unter der Gewerbefreiheit die Zahl der Gehilfen in stärkerem Maasse als die der Meister gewachsen ist, — dass also durchschnittlich jeder Meister jetzt mehr Arbeiter beschäftigt als vorhin. Auf jeden Meister kamen im Jahre 1822 zwar durchschnittlich 41, und in 1847 nur 39 Kunden; doch verbrauchten diese 39 bei dem vorgeschrittenen Wohlstande viel mehr als jene 41.

Die §§ 1 bis 22 dieses Gesetzes betreffen die Errichtung von Gewerberäthen, welchen theils allgemeine, theils besondere Befugnisse beigelegt sind. Die besonderen Befugnisse der Gewerberäthe, welche durch die §§ 23 bis 77 näher bestimmt sind, haben auch auf die Einrichtung der Gewerberäthe den hauptsächlichsten Einfluss. Diese besonderen Befugnisse bezwecken aber so grosse Eingriffe in die Gewerbefreiheit und haben bei Ihrer Kommission so starke Bedenken erregt, dass sie geglaubt hat, erst diese speziellen Befugnisse prüfen, und nachher (S. unten unter I) erörtern zu müssen, welche Aufgabe den Gewerberäthen eigentlich zu stellen, und wie demnächst diese zusammenzusetzen seien.

II. Handwerksmässiger Gewerbe-Betrieb.

Als Bedingung der Zulassung zum selbstständigen Betriebe eines Handwerks wird gefordert: die Absolvirung einer bestimmten Lehr- und Gesellenzeit, und die Ablegung *einer Prüfung* vor einer Innung oder einer besonderen Kommission.

Da nun in früherer Zeit solche Prüfungen bestanden, aber aus erheblichen Gründen abgeschafft wurden, so bedurfte es einer tiefer eingehenden, mit schlagenden Beweisstücken belegten Motivirung für deren Wiedereinführung; es musste namentlich nachgewiesen werden, dass, seit Abschaffung der Prüfungen,

erstens die technischen Leistungen der Handwerker sich verschlechtert, oder weniger rasch ausgebildet haben;

zweitens, die Handwerkerwaaren in Preussen weniger preiswürdig sind, als da, wo noch Prüfungen gefordert werden.

Offenkundig aber ist gerade das Gegentheil wahr.

Das Vorschreiben einer bestimmten Lehr- und Gesellenzeit ist keine Gewähr dafür, dass die Zeit gut zum Lernen benutzt wird; — bei der Verschiedenheit der Anlagen ist für den Einen eine viel kürzere Zeit zum Auslernen hinreichend, während der Andere in der längsten Zeit sich keine Geschicklichkeit erwirbt; — bei der ausgesetzten langen Frist vergeht dem Willigen Muth und Lust, während der Träge immer glaubt, noch Zeit vor sich zu haben, das Lernen anzufangen. Die bei einer Prüfung abgelegte Probe der Geschicklichkeit bürgt uns gar nicht dafür, dass der Arbeiter immer mit derselben Sorgfalt verfahren werde, die er auf sein Meisterstück verwandte; auch ist die Herstellung eines tüchtigen Stückes, bei Anwendung von viel Mühe und Zeit und vielleicht mit besonderen Hilfsmitteln, kein Beweis, dass der Geprüfte überhaupt gewandt im Arbeiten sei. Ferner ist aber für den Meister vorzüglich die Fähigkeit zum Leiten der Arbeit erforderlich; und diese Befähigung kann Einer in hohem Grade besitzen, ohne selbst als Arbeiter sich auszuzeichnen, und umgekehrt.

Die Befähigung der in den Meisterstand tretenden Personen hängt von den vorhandenen Mitteln und Gelegenheiten zur Ausbildung ab; nur in dem Maasse, als diese sich heben, kann jene sich vermehren. Eine Täuschung ist es, wenn man glaubt, dass

nur der hinlängliche Trieb zur Benutzung jener Gelegenheiten und
Mittel fehle. Die Fortschritte des Lehrlings hängen doch zumeist
von der Tüchtigkeit des Meisters ab; der Geselle dagegen verdient
nur nach Maassgabe seiner Tüchtigkeit sein Brod, und hat den
direktesten Sporn des eigenen Vortheils, seine Befähigung, so weit
er kann, zu mehren; die Rücksicht auf eine bevorstehende Prüfung
wird nicht stärker, als der Gedanke an seine ganze bevorstehende
Lebenslage, auf ihn einwirken. Auch müssen die Prüfungen, weil
sie die Mittel und Gelegenheiten der Ausbildung nicht vermehren,
also die Fähigkeit nicht erhöhen können, ihre Anforderungen zum
Niveau der Leistungen herabstimmen, und zwar mehr oder weniger
verlangen, je nach dem Orte, wo der Geprüfte sich ausgebildet hat
und arbeiten will. Rein unmöglich ist es, den Dorfschneider derselben Prüfung unterwerfen zu wollen, die ein Herren-Kleider-
Fabrikant in der Residenz bestehen dürfte; der Handwerker, welcher
fichtene Spinde und die grossen Kleiderkoffer für Landleute und
Kleinstädter verfertigt, kann nicht dasselbe lernen wie Derjenige,
welcher nach Modemustern die Ameublements für die Prunkzimmer
der Reichen herzustellen hat. Sollte also Jeder nur für dasjenige
Gebiet arbeiten dürfen, für welches er geprüft ist, so müsste man
zwischen Stadt und Dorf, ja zwischen den Geheimrathsvierteln und
den Vorstädten unserer Residenz, Mauthlinien ziehen. Thut man
dies aber nicht, so werden die Handwerker sich dort anhäufen, wo
das Meisterwerden am leichtesten ist, und die Städte von den um-
liegenden Dörfern aus versorgen wollen; oder sie werden sich in
den Dörfern prüfen lassen, um in den Städten ihr Handwerk zu
betreiben, und auf diese Weise die Prüfungen, freilich nicht ohne
Kosten und Zeitversäumniss bei unnöthigem Hin- und Herziehen,
illusorisch machen.

Die geforderten Prüfungen scheinen indessen nur ein indirektes
Mittel zu sein, zur Erreichung eines anderen nicht direkt ausgesprochenen Zweckes, der von der Sicherung tüchtiger Leistungen
ganz verschieden ist. Es lässt sich nicht annehmen, dass die
schon bestehenden Meister sich deshalb so sehr ereifern, weil sie
fürchten, dass die hinzutretenden jungen Konkurrenten *zu schlecht*
arbeiten, *zu wenig* verstehen, mithin zu sehr bei der Konkurrenz
an Leistungsfähigkeit ihnen *nachstehen* dürften; vielmehr wissen

sie, dass diese gut genug arbeiten, und es gut genug verstehen, ihnen eine Konkurrenz zu machen, die sie nur durch unaufhörliche Rührigkeit bestehen können. Die alten Meister wollen, durch die Prüfungen, wo möglich Manchen vom Meisterwerden abhalten; sie wollen nicht *geschicktere*, sondern *weniger* Konkurrenten haben; sie möchten *weniger Meister* überhaupt und *mehr Gesellen* beim Gewerbe sehen, *damit beschränktere Konkurrenz unter den Meistern höhere Waaren-Preise, und vermehrte Konkurrenz unter den Gesellen niedrigeren Lohn zur Folge habe.*

Es fragt sich, ob dies Bestreben ein gerechtes sei, ob das Ziel den Meistern selber Vortheil brächte, ob die ergriffenen Mittel zum Ziele führen?

Die Handwerksmeister bilden eine unentbehrliche Klasse, insofern sie durch ihr Kapital und ihre Intelligenz die Produktion fördern. Sie nehmen den unbemittelten Arbeiter in ihren Sold, und unterstützen dessen Arbeitskräfte durch Werkzeuge, Maschinen, und die in ihren Werkstätten ermöglichte Arbeitstheilung; sie ersparen die Versäumnisse, welche für den Unbemittelten entstehen, wenn dieser Kundschaft sucht, Arbeit abliefern geht, oder aus Mangel an Material nicht anfangen kann. Ein Theil des durch zweckmässige Eintheilung und die Hilfe von Werkzeugen und sonstigen Einrichtungen entstehenden Mehrbetrages an Arbeitsprodukten bildet den Gewinn der Meister. Ihre Existenz wird eben durch den Nutzen gesichert, den sie sowohl den Verbrauchern als den mittelloseren Arbeitern leisten. Aber als einen konstituirten Stand durch beschränkende Gesetze sie stützen, ihnen andere Vortheile zuwenden, eine andere Sicherung gewähren wollen, als welche das Maass des von ihnen gewährten Nutzens mit sich bringt, ist ungerecht und unvolkswirthschaftlich.

Den Meistern als Mitgliedern eines privilegirten Standes die Befugniss geben, sich zwischen Arbeiter und Verbraucher zu drängen, wo man ihrer nicht bedarf; den Arbeiter verhindern, die Vermittelung eines Meisters, wo sie überflüssig ist, zu umgehen, damit nicht dem Meister die Erhebung einer Abgabe vom Arbeitsprodukte entgehe; dies ist eine Ungerechtigkeit, der sich die Arbeiter mit vollem Rechte widersetzen. Den Meistern einen Gewinn zuweisen, der nicht bei völlig freier Bewegung, durch das

Bedürfniss, sich ihrer zu bedienen, ihnen zufiele, ist ,unvolkswirth-
schaftlich, weil es sie befähigt, mehr zu verzehren, als was ihre
wirklichen Dienste hervorbringen.

Die Hoffnung, das Loos der Gewerbetreibenden, durch Ver-
ringerung von deren Zahl, zu verbessern, beruht übrigens auf einem
Rechenfehler. Wenn nämlich in einem einzelnen Gewerbe die Zahl
der Meister verringert werden könnte, während die Zahl der Produzenten in den übrigen Gewerben dieselbe bliebe, dann könnten
die erstgedachten allerdings mehr Beschäftigung und höheren Gewinn haben. Wird aber die Verminderung der Produzenten in
allen Gewerben in gleichem Verhältnisse bewirkt, dann hebt sich
der erste Vortheil wieder auf, denn Jeder verliert Konsumenten in
demselben Maasse als er Konkurrenten los wird. Wenn der
Schneider z. B. sich beklagt, dass, unter der Gewerbe-Freiheit, so
Viele als Schneider sich niederlassen und ihm Konkurrenz machen,
so vergisst er, dass, unter eben dieser Freiheit, sich so viele
Andere, als Tischler, Schuhmacher, Bäcker, Brauer, Sattler u. s. w.
niederlassen und ihm Kundschaft bringen; und ebenso verhält es
sich mit allen anderen Gewerben. Die Einseitigkeit der über Gewerbefreiheit und Ueberfüllung der Gewerbe geführten Klagen, ist
von einem volkswirthschaftlichen Schriftsteller durch folgende kleine
Parabel verdeutlicht worden:

»In einem Städtchen klagten die Gewerbetreibenden über die
in Folge der ungezügelten Gewerbefreiheit hereingebrochene Ueberfüllung aller Fächer. In einer allgemeinen Versammlung wurden
die Leiden laut geschildert, die Ursachen einstimmig bezeichnet,
und Vorschläge zur Abhilfe gemacht. Man kam darüber ein, dass
die Hälfte der Mitglieder jedes Gewerbes auswandern, und dass
gezogene Loose über das Bleiben oder Fortgehen entscheiden sollten.
Als man aber mit dem Loosen bei dem Schneidergewerbe anfangen
wollte, fiel es einigen Tischlern und Schuhmachern ein, dass es
ihnen keineswegs vortheilhaft sei, Kunden zu verlieren, und ihre
Kleidung künftig theurer bezahlen zu müssen; sie thaten Einspruch und meinten, dass die Ueberfüllung nicht in allen Gewerben
in gleichem Verhältniss vorhanden sei; man müsse nicht Alles
über einen Kamm scheeren, sondern die Ausmerzung nur in dem
Maasse vornehmen lassen, wie sich wirklich ein Bedürfniss zeige.

Hierüber entstand eine lebhafte Diskussion, in welcher Jeder zu zeigen sich bemühte, dass die beklagte Ueberfüllung wohl in seinem Fache, aber nicht in den anderen Fächern vorhanden sei. Man musste durch Abstimmung entscheiden. Dabei ereignete sich Folgendes: Gegen Ausmerzung der Schneider stimmten Schuhmacher, Tischler, Bäcker u. s. w, Gegen Ausmerzung der Tischler stimmten Schneider, Schuhmacher, Fleischer u. s. w. Kurz, es erwies sich, dass gegen Einen, der ein Interesse daran hatte, einen bestimmten Produzenten los zu werden, immer Zehn da waren, welche ein Interesse daran hatten, ihn zu behalten; woraus es sich auch ergiebt, dass die Gewerbetreibenden mehr Interesse daran haben, durch Aufrechterhalten der Gewerbefreiheit die Produktion im Allgemeinen zu fördern, als, durch Auflegen von Beschränkungen, ihre Kundschaft zu verkümmern.«

Dass aber die Prüfungen wirklich die Zahl der zum selbstständigen Betriebe gelangenden Personen beschränken dürften, ist keineswegs anzunehmen; sie könnten vielmehr das Gegentheil bewirken. Die ganze vom neuen Gesetze erstrebte Organisation der Meisterklasse, als eines geprüften, berechtigten und gewährleisteten Standes, wird eine noch tiefere Kluft, einen schrofferen Standesunterschied als bisher zwischen Meister und Arbeiter bewirken; die Begierde, in den bevorzugten Stand zu gelangen, wird in demselben Maasse wachsen; es wird Keiner sich die Vortheile eines solchen Standes nur einen Augenblick entgehen lassen wollen, sobald die Erreichung derselben ihm ermöglicht wird. Die Prüfungen aber werden immer nur bestimmte Anforderungen stellen können, denen zu genügen leichter ist, als sich für alle Leistungen zu befähigen, welche der praktische Betrieb verlangt; — ebenso wie es für einen Studirenden leichter ist, sich auf die zu erwartenden Prüfungsfragen vorzubereiten, als sich zu einem wirklich gewandten und gründlich unterrichteten Menschen zu machen. Zu einer aussergewöhnlichen einseitigen Anstrengung behufs Ablegung einer vorgeschriebenen Prüfung, wird man sich um so eher entschliessen, wenn man dadurch in einen Stand gelangt, wo man hofft, fortan für die Gewährleistung seiner bürgerlichen Existenz nicht lediglich auf seine eigene unausgesetzte Anstrengung verwiesen zu sein. Unter dem neuen Gewerbegesetz dürfte der vermehrte Reiz zur Erwerbung des

Meisterrechts viel stärker sein, als irgend ein Damm, den man auf die Dauer demselben entgegenzuhalten vermöchte. Dagegen dürfte der Reiz zur Selbstthätigkeit und zum selbstständigen Fortschreiten unter Denen, die Meister geworden sind, in demselben Maasse geschwächt werden. Denn wenn Einer ein Prüfungszeugniss in Händen hat, welches ihm bescheinigt, »*Du hast genug gelernt*«, so fügt er ganz natürlich den Nachsatz hinzu: »also brauche ich weiter nichts zu lernen.« Er glaubt, und wird in seinem Glauben durch eine amtliche Urkunde bestärkt, dass er das Seinige zur Gewährleistung seiner bürgerlichen Existenz schon erfüllt habe; wo es ihm also fehlt, da erhebt er Ansprüche nicht an sich, sondern an die Gemeinschaft, und fordert von dieser sogenannte Regelung der gewerblichen Verhältnisse, d. h. Beschränkung der Leistungen Anderer, damit für die seinigen, in Ermangelung der besseren, ein künstlich erhöhter Preis erpresst werde. Auf welche Weise die Begriffe irre geführt werden, sobald man die Freiheit antasten, willkürliche Einmischung gestatten will, zeigt sich in der jetzt häufig wiederholten Behauptung, dass Jeder ein Anrecht auf die Arbeiten desjenigen Faches habe, welches er erlernt hat. Allerdings hat Jeder ein Recht zu fordern, dass er ungehindert diejenige Produktionsfähigkeit ausübe, die er sich angeeignet haben mag. Aber eine Arbeit kann nur Derjenige überhaupt verrichten, der sie einigermaassen und irgendwie erlernt hat; je vollständiger Einer sie erlernt hat, um so grösser ist seine Ueberlegenheit darin gegenüber Denen, welche sie weniger vollkommen erlernen konnten. Wie, in welcher Zeit, durch welche Mittel, unter welchen Förmlichkeiten Jemand Etwas erlernt habe, darauf kann es dabei gar nicht ankommen. Der einzige in Betracht kommende Unterschied bei den in einem Arbeitsfach Konkurrirenden liegt hier in dem verschiedenen Grade der angeeigneten Fähigkeit. Wenn also Derjenige, welcher die Mittel besass, für eine gewisse Arbeit sich vollständiger auszubilden, Demjenigen, der darin nur eine geringere Fertigkeit erlangen konnte, das Handwerk ganz legen will, so äussert er dadurch das Verlangen, seine Ueberlegenheit noch zum Vorwand für einen Gewaltstreich zu machen, *den Schwächeren dem Stärkeren zu opfern*, eine ächt aristokratische Tyrannei, welche nicht weniger unbillig und verwerflich ist, weil sie von einer neu zu kreirenden Klasse von Standesherren in bürgerlichen Röcken ausgeübt werden soll, und sich hinter einer plausibel klingenden Phrase verbirgt. Wenn man nur Demjenigen, der eine gewisse Fertigkeit erlangen konnte, das Recht gewährt, dieselbe zur Erwerbung seines Lebensunterhalts zu gebrauchen, *welches Recht auf Lebensunterhalt überhaupt gewährt man Demjenigen, der geringere Mittel zu seiner Ausbildung besitzt?* Will man das Recht, für sein Brod zu arbeiten, Jedem versagen, welcher solches Recht nicht erst erkaufen kann, durch ein gewisses auf seine Erziehung verwendetes Kapital?

Die Ungerechtigkeit und Sinnwidrigkeit des Forderns der Prüfungen ergiebt sich ferner aus Folgendem: Gesetzt nämlich, ein Lehrling habe bei seinem Meister schlechten Unterricht, wenig Gelegenheit zum Lernen genossen, und sei als Geselle, da er für Rechnung eines Andern arbeitete, nachlässig und ungefügig gewesen. Seine Leistungen werden bei der Prüfung unzureichend gefunden; man verweigert ihm die Niederlassung, obwohl er als Meister, auf seine eigene Thätigkeit und Tüchtigkeit für seinen Lebensunterhalt angewiesen, die schärfste Nöthigung gefühlt hätte, sich anzustrengen und zu vervollkommnen. Er muss also als Geselle bei einem Meister fortarbeiten; dadurch werden aber seine Arbeiten nicht verbessert. Mit einem Worte, *er darf seine für ungenügend befundene Arbeit nicht selber feilbieten, aber ein Meister soll dieselbe, so ungenügend sie auch sei, immerhin an die Verbraucher verkaufen dürfen!*

Uebrigens ist die häufige Niederlassung junger unbemittelter Personen als Handwerksmeister, besonders in kleineren Ortschaften, worüber laut geklagt wird, zum grossen Theile eine unfreiwillige. Denn findet ein in einer grossen Stadt ausser Brod gekommener Geselle innerhalb einer gewissen Frist keine neue Arbeit, so wird er durch die Polizei nach seinem Heimathsorte geschickt, wo er oft keinen kapitalreichen Meister findet, der ihn annehmen könnte; und darum muss er auf eigene Hand sein Brod zu verdienen suchen, so gut oder so schlecht es eben geht. Was er aber aus vorübergehender Verlegenheit gezwungen that, hat für ihn eine bleibende Folge; denn wenn er einmal selbstständig zu arbeiten versucht hat, und mit dem Titel »Meister« behaftet ist, kann er nicht so leicht wieder bei einem Andern arbeiten, wiewohl er, von dessen Kapital und Intelligenz unterstützt, eine bessere und sicherere Existenz hätte, und Mehr und Besseres produziren könnte. Er hat mit dem eigenen Stolze und den Vorurtheilen seines Standes zu kämpfen, wie ein unbemittelter Edelmann, dem mancher vortheilhafte Lebenserwerb auf gleiche Weise abgeschnitten ist. Anstatt also das Ständewesen im gewerblichen Leben zu stützen und zu bestärken, wie jetzt versucht wird, wäre es viel besser, dasselbe thunlichst zu entfernen, damit sich Jeder ganz frei vorwärts und rückwärts bewegen, die eigene Arbeit zu leiten versuchen und wieder seine Arbeit von einem Anderen leiten lassen könne, gerade wie es die Umstände für ihn am gerathensten jederzeit machen.

Dass die Anordnung einer bestimmten Lehr- und Gesellenzeit der ausdrücklichen Bestimmung der Deutschen Grundrechte zuwiderläuft, wonach Jeder sich zu seinem Berufe vorbereiten darf, wie und wo er will, dies ist nicht deshalb zu übergehen, weil jene Grundrechte noch nicht in Preussen Gesetzeskraft erlangt haben; denn jene Grundrechte sind die ausgesprochenen Forderungen des Rechtsbewusst-eins unserer Zeit, und was denselben zuwiderläuft, ist als unzeitgemäss gestempelt, und kann weder Gutes bewirken noch Bestand haben.

Ein Hauptzug des neuen Gewerbegesetzes ist, neben der Anordnung von bestimmter Vorbereitung und abgelegter Prüfung für das Meisterwerden, die Abgrenzung der zu gesonderten Gewerben gehörenden Verrichtungen, und die Beschränkung der gleichzeitigen Ausübung verschiedener Theile der also willkürlich abgetheilten Fächer. Die Theilung der Arbeit aber beruht auf keinem Rechtsverhältniss unter den Produzirenden, sondern geschieht lediglich in der Absicht, die möglichst grosse Produktion durch zweckmässigste Verwendung der Kräfte und Mittel zu erzielen. Eine Vereinigung der Kräfte und Verbindung der Verrichtungen ist in vielen Fällen dem wirthschaftlichen Zweck ebenso entsprechend, als die Eintheilung der Geschäfte; überhaupt muss hier die grösste Freiheit der Einrichtung, wie es gerade die Umstände gebieten, herrschen. Denn die grösste Arbeitstheilung erfordert das grösste Kapital und geht wieder aus dem Besitze desselben hervor; in einer grossen Stadt, oder bei vollkommenen Kommunikationsmitteln und auf einer hohen Stufe der gewerblichen Ausbildung, ist eine sehr weit in's Einzelne gehende Theilung der Gewerbe vielleicht vortheilhaft, und unter anderen Umständen unausführbar. An einem Orte können Bäcker, Konditor, Pfefferküchler als getrennte Gewerbe bestehen; an einem anderen muss der Müller und Mehlhändler Hausbrod, Semmel, Zucker- und Pfefferkuchen backen, um von dem geringen Absatze einer jeden dieser Waaren leben zu können. An vielen Orten muss ein und derselbe Handwerker Sattler-, Riemer-, Täschner-, Tapeziererarbeiten verrichten, weil Brod nur für einen Meister und nicht für fünf in diesen verwandten Gewerben sich darbietet. Auch wo solche Gewerbe getrennt recht gut bestehen können, kann es Einem gerathen sein, sie zu verbinden, weil er das eine durch das andere unterstützen, und mehrere Gewerbe mit denselben Kosten, wie ein einzelnes, leiten kann. Wenn man hier gesetzliche Vorschriften macht, wo allein die Rücksicht auf grösstmögliche Verwerthung der Kräfte und Mittel maassgebend sein darf; wenn man da ein stabiles Polizeischema einschiebt, wo es Aufgabe der Gewerbetreibenden ist, täglich neue verbesserte Einrichtungen zu ersinnen; so verwechselt man gänzlich das Gebiet ökonomischer Thätigkeit mit dem Felde der Rechtskompetenz, vereitelt die Bemühungen des Fleisses und lähmt die Bestrebungen fortschreitender Erfindung. Die Vorstellung, dass durch solche Beschränkung die Konkurrenz unter den Gewerben erleichtert wird, ist ebenfalls eine Täuschung; denn wenn man z. B. einem Täschner verbietet, einen Theil seines Kapitals auf Sattlerarbeit zu verwenden, und ihm gebietet, seine ganze Kraft auf sein erlerntes Gewerbe zu werfen, so schafft man dem benachbarten Sattler wohl einen Konkurrenten vom Halse, aber man ruft für den benachbarten Täschner eine in demselben Maasse vergrösserte Konkurrenz hervor. Man erschwert bloss das natürliche Bestreben, die Konkurrenz im Ganzen zu erleichtern, indem Mancher, der die Konkurrenz in seinem eigenen Fache unverhältnissmässig gross fühlt, den Versuch macht, theilweise zu einem andern verwandten Fache überzugehen, wo der Drang geringer ist. Wo Jeder sich frei bewegen kann, rücken Alle in diejenige Lage, welche eine möglichst gleiche Vertheilung des Druckes ergiebt, so wie das bewegliche Wasser überall die gleiche Höhe sucht.

Das Verbot für den Meister, andere als die Gesellen seines Faches zu beschäftigen, und das Verbot für die Gesellen, bei Andern als bei Meistern ihres Faches zu arbeiten, ist eine Beschränkung, welche häufig die Arbeitgeber in Verlegenheit setzen und die Arbeitsuchenden, besonders solche, deren eigentliches Geschäft nicht das ganze Jahr hindurch ausgeübt wird, zur Brodlosigkeit verdammen muss, ohne dass irgend ein rechtlicher oder volkswirthschaftlicher Grund ersichtlich wäre, für eine so rein willkürliche Einmischung.   Den Arbeiter muss dies Verbot, welches ihm die Benutzung dargebotener Arbeitsgelegenheit beschränkt, besonders hart treffen.   Glaubt man etwa, durch solche Beschränkung, die Konkurrenz unter den Arbeitern im Ganzen zu verringern, so täuscht man sich auf ähnliche Weise, wie wir schon in Bezug auf das Verbot der gleichzeitigen Betreibung verschiedener Meistergewerbe nachgewiesen haben.

Indem Ihre Kommission die vielfachen durch dieses Gesetz dem Handwerke auferlegten Beschränkungen, von denen der Fabrikbetrieb nothwendig befreit bleiben musste, in's Auge fasst, kann sie zu keinem andern Schlusse gelangen, als dass dadurch der Handwerkerstand als solcher, nur gefährdet wird. *In Folge seiner neuen Fessel wird es der Handwerker um so schwieriger finden, gegen den frei sich bewegenden Fabrikanten zu konkurriren; und Jeder, der ein Gewerbe anfangen will, wird es natürlich vorziehen, dasselbe wo möglich fabrikmässig anstatt handwerksmässig anzulegen.* Insofern nun die Fabrik bloss die ausgedehntere und vollkommenere Einrichtung des Handwerks ist, wäre darin kein so grosses Uebel.   Aber jedenfalls ist eine solche Wirkung das direkte Gegentheil von Dem, was Diejenigen, welche in diesem Gesetze ihr Heil suchen, erhoffen; vielleicht auch das Gegentheil von Dem, was die Urheber des Gesetzes durch dasselbe bewirken wollten.

———

2*

Während aber das neue Gewerbegesetz einerseits die gleichzeitige Ausübung mehrerer der polizeilich klassifizirten Handwerksverrichtungen verbietet, mithin eine vorgeschriebene Arbeitstheilung erzwingen will, sucht es andererseits ebenso sehr *mit der Ausübung des Handwerks ein Verkaufsgeschäft zu verbinden,* und somit einer in der Natur des wirthschaftlichen Fortschritts liegenden Geschäftstheilung entgegen zu arbeiten. Hierin verräth sich ein gänzliches Verkennen der Wirksamkeit des Handels, welches zu einer Verletzung der Handelsinteressen führt, worüber der Berliner Handelsstand vorzugsweise berufen ist, sich zu äussern.

Der § 33 des Gesetzes lautet:

>Inhaber von Magazinen zum Detailverkauf von Handwerkerwaaren dürfen sich mit deren Anfertigung nicht befassen, wenn sie nicht die zum Betriebe des betreffenden Handwerks erforderliche Meisterprüfung bestanden haben.«

Nur für die jetzt bestehenden Magazineninhaber wird eine Ausnahme gestattet.

Indem aber zwischen einem Magazine und einem Laden zum Detailverkauf kein faktischer Unterschied besteht, und bei vielen Waaren nur der Verkäufer konkurriren kann, der sie direkt durch Gesellen anfertigen lässt, soll demnach den geprüften Handwerksmeistern ein Monopol des Detailsverkehrs vieler Handwerkswaaren verschafft werden. Unter dem Vorwande, den Kaufmann daran zu hindern, Handwerker zu werden, wird dem Handwerker das ausschliessliche Recht gegeben, einen Theil des Kaufmannsgeschäfts zu betreiben. Vielfach wird auch die Forderung direkt ausgesprochen, Allen, ausser den Handwerksmeistern, den Detailverkauf von Handwerkswaaren geradezu zu verbieten. Da aber fast alle zum Verbrauche fertigen Waaren auch handwerksmässig hergestellt werden, so hiesse dies, den Kaufmann auf das Detailliren der Rohstoffe und Halbfabrikate beschränken.

Der Handwerker, welcher nebst seiner Werkstätte zur Verfertigung seiner Waare auch einen Laden zu deren Verkauf hält, kann die Arbeitstheilung nicht so weit ausführen, als der wirthschaftliche Zweck es häufig erfordert. Er muss Mehrerlei anfertigen, um sein Lager assortirt zu erhalten, wozu eine grössere

Auslage für Werkzeuge, die nur abwechselnd und zeitweise benutzt werden, gehört. In den Ladenvorrath muss er einen grossen Theil seiner Mittel stecken, den er in seiner Werkstätte besser gebrauchen könnte. Wenn die Ladenthür klingelt, muss er von seiner Werkstätte weglaufen, um mit Kunden auf zeitraubende Weise zu feilschen; er muss eine kostspielige Wohnung in einer frequenten Gegend haben und hohe Miethe für den Ladenraum bezahlen. Alle diese Umstände schwächen seinen Betrieb, vermehren seine Ausgaben, vertheuern seine Waaren und vermindern deren Absatz, mithin die Beschäftigung für Handwerkerarbeit überhaupt. *Was der Meister als Kaufmann zu gewinnen glaubt, verliert er häufig doppelt als Handwerker.*

Das Entstehen der sogenannten Magazine verdankt man eigentlich dem natürlichen Bestreben, solche mit einer unwirthschaftlichen Einrichtung verbundene Verschwendung von Arbeitszeit und Kapitalskraft zu vermeiden. — Ein Kaufmann mit Kapital nimmt z. B. dem Handwerker seine Waare ab, sobald sie fertig ist, so dass dieser nicht auf einen Verbraucher zu warten nöthig hat, sondern sein Geld sogleich zu neuer Arbeit verwendet; er braucht nicht alle zu seinem Fache gehörenden Arbeiten zu unternehmen, sondern verfertigt einzelne Gegenstände, bei denen er sich vollkommener einrichten und zur höchsten Fertigkeit ausbilden kann; er vermeidet die Zeitversäumnisse mit der Detailkundschaft und kann sich eine wohlfeilere, gelegenere Wohnung nehmen. Wenn der Handwerker, beim Verkauf an das Magazin, geringere Preise, als beim eigenen Detailverkauf erhält, so hat er weniger Kosten und rascheren Umsatz. Der Magazinhalter dagegen bewirkt in einem einzigen Raume den Verkauf der Waaren mit viel weniger Kosten, als welche in den vielen Meisterboutiken entstanden wären. Er reizt die Kauflust theils durch die grössere Wohlfeilheit, welche bei wirthschaftlicherer Einrichtung des Verfertigens sowohl als des Absetzens entsteht; theils durch die Mannigfaltigkeit der Auswahl und die Berücksichtigung des Geschmacks. In Berlin z. B. ist diese Wirkung der Magazine für Möbel und Kleider besonders ersichtlich. Während man vor zwanzig Jahren selbst in den Zimmern der Reichen nur ein Paar ziemlich einfache Tische und ein halbes Dutzend spärlich zerstreute Stühle erblickte, findet man jetzt die

Wohnung, selbst des Mittelstandes, mit polirten, geschnitzten und gepolsterten Möbeln so angefüllt, dass die Placirung derselben keine geringe Schwierigkeit zu machen pflegt. Neben dem so enorm vermehrten Verbrauch von Möbeln hierselbst, ist der Absatz Berliner Möbel, durch die Zweig-Magazine, in allen Provinzialstädten sehr ausgebreitet. Doch darf man deshalb nicht annehmen, dass die Handwerker in den Provinzen darunter zu Grunde gehen müssen; im Gegentheil, die Berliner Waaren erregen auch in den Provinzen neue Bedürfnisse, und wenn die dortigen Handwerker die Muster beachten, dem Geschmacke genügen und mit den Erfordernissen der Zeit Schritt halten, so haben sie auch vermehrte Beschäftigung. Dasselbe zeigt sich auch bei der Kleidervorfertigung und dem Kleiderhandel. Durch die Wirksamkeit der Magazine hat der Verbrauch von Möbeln und Kleidern verhältnissmässig in sehr grossem Maasse zugenommen. Denn während man früher zu einem Handwerker gehen musste, um Etwas zu bestellen, worauf man erst zu warten hatte, und nicht wissen konnte, wie es gerathen würde, also nur dann Beschäftigung gab, wenn man einen bestimmten dringenden Bedarf hatte, wird man jetzt zum Kaufen veranlasst durch den Anblick von Gegenständen, welche darauf berechnet sind, Bedürfnisse zu erwecken, die man von selbst nicht in sich entdeckt hätte. Es ist gewiss, dass die Handwerksmeister allein, nach alter Weise auf Bestellung arbeitend, oder mit ihren zerstreuten, dürftig besetzten Läden, nimmermehr ihren eigenen Betrieb und den Geschmack der Verbraucher so ausgebildet, und die Beschäftigung für Handwerksarbeit so vermehrt hätten, wie durch die Magazin haltenden Kaufleute geschehen ist. Man bedenke nur wie unausführbar für die Handwerker der Verkauf gegen Terminalzahlungen gewesen wäre, wodurch die Inhaber der Magazine die Abnahme der Waaren so beträchtlich erweitert haben. — Klagen die Handwerker, dass die Magazine die Preise drücken, so vergessen sie, dass durch dieselben die Produktions- und Debitskosten vermindert und der Absatz vermehrt wird. Wenn aber geklagt wird, dass die Magazinhalter den Handwerkern zu unvortheilhafte Bedingungen stellen, so liegt dies darin, dass unter den Magazinhaltern nicht Konkurrenz genug ist, woraus wieder hervorgeht, dass, für das Wohl der Handwerker selber, eine möglichste Vermehrung der kapitalbesitzenden Magazinhalter, nicht aber eine Beschränkung des Magazingeschäfts auf die geprüften Meister zu wünschen wäre.

Dass ein geprüfter Handwerksmeister das kaufmännische Magazingeschäft besser ausbilden könne, als ein erzogener Kaufmann, ist nicht anzunehmen, sondern wohl zu bezweifeln. Man lasse also Beiden die Freiheit, es zu versuchen, und dann wird das Geschäft in den Händen Derjenigen bleiben, denen es am besten gelingt. Gestattet man dem Handwerksmeister das Verkaufsgeschäft, so sollte man dem Kaufmann auch rechtlicherweise das Leiten der Waarenanfertigung nicht verbieten. Am allerwenigsten verträgt es sich mit der Gerechtigkeit, das Verkaufsgeschäft dem Kaufmann zu verbieten und lediglich dem Handwerksmeister vorzubehalten, wie dies durch § 34 des Gesetzes geschieht. Derselbe lautet:

»Wo das Halten von Magazinen zum Detailverkauf von Handwerkerwaaren erhebliche Nachtheile für die gewerblichen Verhältnisse des Ortes zur Folge hat, kann durch Ortsstatuten für gewisse Gattungen von Handwerkerwaaren festgesetzt werden, dass die Anlegung solcher Magazine Denjenigen, welche nicht zum selbstständigen Betriebe der betreffenden Handwerke befugt sind, nur mit Genehmigung der Kommunalbehörde gestattet sei, welche dann nur nach vorgängiger Vernehmung der betheiligten Innungen und des Gewerberaths zu ertheilen ist.«

Wo das Halten von Magazinen zum Detailverkauf von Handwerkerwaaren *erhebliche Nachtheile für die gewerblichen Verhältnisse des Ortes zur Folge hat,* müsste man solches Magazinhalten überhaupt verbieten, und selbst geprüften Meistern nicht die Befugniss lassen, den gewerblichen Verhältnissen des Ortes »erhebliche Nachtheile zuzufügen.« Diese im Gesetze liegende Inkonsequenz beweist, das die Urheber desselben hier Etwas anderes, als was sie gerade aussprechen, im Sinne gehabt haben. Insofern Magazine Absatz für die Handwerksprodukte eines Ortes bewirken, schaffen sie dem Handwerksgewerbe daselbst Vortheil. Setzen sie aber die Handwerksprodukte anderer Orte ab, welche besser und wohlfeiler sind, dann schaffen sie, durch wohlfeilere und bessere Versorgung des Bedarfs, »den erwerblichen Verhältnissen des Ortes«

im Allgemeinen auch Vortheil; aber allerdings machen sie dabei denjenigen Handwerkern am Orte, deren Gewerbe weniger als anderwärts ausgebildet ist, eine Konkurrenz, welche sie nöthigt, entweder ihren Betrieb auf die anderweitig erreichte Stufe zu erheben, oder, wenn solches unter den örtlichen Verhältnissen nicht thunlich ist, ihr Gewerbe nach einer günstigeren Lokalität zu verlegen.

Die Feinde der Gewerbefreiheit hegen aber eine heftige Abneigung gegen derlei Nöthigung zum Vorschreiten und Schritthalten in gewerblichen Leistungen, so unentbehrlich sie auch ist, um die Befriedigung wachsender Bedürfnisse zu sichern. Sie wollen sich auch vor derselben durch alle Bestimmungen des vorliegenden Gesetzes schützen; — doch in keiner Bestimmung desselben tritt die verderbliche Konsequenz ihrer Bestrebungen so augenfällig, als in dieser, hervor. Denn offenbar zielt der § 34 auf solche Magazine oder Läden, welche Handwerkswaaren, die nicht am Orte verfertigt werden, verkaufen. Insofern die Meister am Orte mit Waaren von ausserhalb nicht konkurriren können, werden sie sich natürlich nicht mit deren Verkauf befassen, oder sie müssten dann ihr Handwerk ganz aufgeben und Kaufleute werden, wozu sie vielleicht weder Mittel noch Geschick hätten; — indem man aber Andern den Verkauf nicht gestattet, verbietet man ihn dadurch gänzlich. Man denke sich nur die Folgen einer strengen Durchführung des § 34. Zwischen Handwerks- und Fabrikwaaren besteht ebenso wenig, als zwischen Magazin und Laden, ein faktischer Unterschied; — alle Waaren, welche in Fabriken im Grossen verfertigt werden, werden auch handwerksmässig hergestellt; — zu den im Gesetze aufgezählten Handwerkerwaaren gehören: Mehl, Brod, Kuchen, Fleisch, Leder aller Art, gepolsterte Möbel, Taue und Stricke, Bürsten, Hüte, Tuch; gewebte und gewirkte Zeuge aller Art, Posamentierwaaren, Knöpfe, Messer, Nägel, Gewehre, Feilen, Nadeln, Lampen, Blechgeräthe, Säbel, Schnallen, Glocken, Goldschmuck, Silberzeug, Goldblatt, Uhren, Seife u. s. w. Wenn also in kleinen Orten die Meister, welche derlei Dinge handwerksmässig herzustellen versuchen, den Kaufleuten den Vertrieb solcher aus anderen Städten bezogenen Waaren verbieten, und ihn selbst nicht zu unternehmen willens

oder im Stande sein sollten, so müsste jede Industrie, welche
ihren Absatz über die Grenzen des eigenen Orts ausdehnt, gelähmt,
und eine ganz neue örtliche Vertheilung der Gewerbe vorgenommen,
— die grossen Städte verkleinert, und die kleinen Städte vergrössert werden! *Was würde aus Berlin werden, welches nur
unter der Gewerbefreiheit seine jetzige Gestalt gewonnen hat,
und zum grösseren Theil für die Ausfuhr produzirt, wenn man,
wie es in der Tendenz des Februargesetzes liegt, den Handel
mit fertigen Verbrauchswaaren zwischen Ort und Ort innerhalb der Landesgrenzen sperrt?* Dahin führen aber nothwendig
die Lehren, welche von konkurrenzscheuen Fabrikanten ausgehend,
und leider von kurzsichtigen Regierungen begünstigt, die Begriffe
über den Nutzen des Handels verwirrt haben.   Wenn die *schutzzöllnerischen Fabrikanten* auch betheuern, dass sie nur zwischen
verschiedenen Staaten *die nationale Fabrikationsschwäche schützen*,
aber keineswegs durch Verbote, sondern nur durch angemessene
Zölle die allzuscharfe ausländische Konkurrenz beschränken wollen,
während der Handel im Innern durchaus frei bleiben müsse, so
ziehen ihre Schüler, die *Gewerbsmeister* logischere Folgen aus
den empfangenen Grundsätzen und greifen nach *einem System von
Handelsverboten zwischen Ort und Ort*, und zwar zum *Schutze
lokaler Pfuscherei.*   Und andere Schüler, die Lehre noch weiter
ausbildend, fordern, als sogenannte *Sozialisten, ein Verbot der
Konkurrenz zwischen Mann und Mann zur Beschützung indi-
vidueller Unfähigkeit.*   Hat man aber die durch den Handel ver-
mittelte Konkurrenz als Etwas nachtheilbringendes überhaupt
gestempelt, so muss man auch gewärtig sein, dass Versuche gemacht
werden, sie überhaupt zu beseitigen.   Predigt man, dass die eine
Nation, um nicht ruinirt zu werden, sich nicht die Konkurrenz
einer industriereicheren Nation gefallen lassen dürfe, so wird auch
ein Provinzialstädtchen sich nicht durch die Konkurrenz einer Residenzstadt, und ebensowenig ein stümperhafter Meister durch einen
geschickteren ruiniren lassen wollen.   *Zwischen absoluter Freiheit und absoluter Unfreiheit der Konkurrenz, — zwischen
freiem Handel und Sozialismus giebt es keine logisch halt-
bare Mitte.*

    Nur ein gänzliches Verkennen der volkswirthschaftlichen

Aufgabe des Handels überhaupt, kann einen Zweifel über das fest-
zuhaltende Prinzip erregen. Der Handel nämlich kauft jedes für
den menschlichen Bedarf erforderliche Produkt dort, wo es am
wohlfeilsten, oder mit einem gegebenen Aufwande in reichlichster
Menge erzeugt wird, und verkauft dasselbe dort, wo es nur
theuerer, also mit gleichem Aufwande nur in geringerer Menge,
vielleicht gar nicht herzustellen ist. Der Handel ermuntert die
Produktion eines Gegenstandes durch seine Nachfrage dort, wo er
kauft, und nöthigt zum Verlassen des Zweiges dort, wo er dessen
Produkte nicht kauft. Lässt man also den Handel frei walten, so
bewirkt er, dass an jedem Orte und von jedem Menschen gerade
derjenige begehrte Gegenstand produzirt werde, von dem, mit den
vorhandenen Mitteln, durch die Lokalumstände begünstigt, die
grösste Fülle zu Tage gefördert wird. Der Handel ermöglicht
nicht nur die Arbeitstheilung, sondern weist jedem Geschäft die
ergiebigste Stelle für seinen Betrieb an, und bildet jede produzirende
Thätigkeit dadurch aus, dass er seine Kundschaft stets als Prämie
für die besseren Leistungen aussetzt; und wo solche Aufmunterung
nicht wirkt, zwingt er, durch verschärfte Konkurrenz, zum Vertauschen eines Geschäfts, wobei Produktionsmittel weniger Bedürfnisse befriedigen, als sie bei anderweitiger Verwendung wohl
befriedigen könnten. *Der Handel organisirt eigentlich die Produktion im Ganzen nach den die grösste Befriedigungsfülle
bedingenden Naturgesetzen, nach Beschaffenheit der erworbenen
Mittel und ausgebildeten Fähigkeiten;* — und hierin liegt sein
volkswirthschaftlicher Nutzen, der sich keineswegs bemessen lässt,
durch den blossen Geldgewinn, welcher den Kaufmann für Kapitals-
Aufwand und Mühe entschädigt; — denn der Nutzen des Handels
liegt nicht etwa darin, dass ein Zentner Zucker für 4 Thlr. in
Brasilien gekauft und nach mancherlei Unkosten für 5 Thlr. in
Deutschland verkauft wird; sondern darin, dass der Handel den
Zuckerbau nach den Tropenländern verlegen lässt, wo man *zwei
Zentner mit demselben Aufwand,* wie in unserm Himmelsstriche
einen Zentner, erzeugt. Je grösser das Feld, über welches der
Handel seine Thätigkeit frei ausüben kann, — je mannichfacher
und verschiedenartiger die Produktionsverhältnisse, die dasselbe
umfasst, — um so grossartiger wird die von ihm bewirkte

Organisation und deren Erfolg. Wo man ihn auch beschränkt, hemmt man sein Bestreben, reichlichere Befriedigungsquellen aufzuschliessen, worin seine Dienste und die Quellen seines Verdienstes liegen. Beschränkt man den Handel, *weil Einzelne ein Interesse daran haben, dass die weniger reichen Quellen nicht für reichere* angegeben, und unwirthschaftliche Verwendungen von Produktionsmitteln nicht gegen naturgemässere vertauscht werden, — verkennt man, dass der Handel die Befriedigung menschlicher Bedürfnisse gerade durch seinen Konkurrenzkrieg gegen verkehrt gewählte und schlecht betriebene Gewerbesunternehmungen fördert, so kennt man die volkswirthschaftlichen Gesetze überhaupt nicht, nach welchen sich erwerblicher Fortschritt und gesellschaftlicher Wohlstand allein gründen lassen.

III. Prüfungen der Handwerker.

Den dritten Abschnitt des Gesetzes, welcher von den für Zulassung zur Prüfung gestellten Bedingungen, und von der Zusammensetzung und Befugniss der Prüfungs-Kommission handelt, glaubt Ihre Kommission übergehen zu dürfen, da sie sich schon gegen die Anordnung von Prüfungen überhaupt erklärt hat.

IV. Verhältnisse der Lehrlinge, Gesellen, Gehilfen und Fabrikarbeiter.

Gegen die in diesem Abschnitte enthaltenen §§ 47 und 48, welche den Gesellen verbieten, in Arbeit bei Anderen als den Meistern ihres Faches zu treten, hat sich Ihre Kommission schon ausgesprochen.

Der § 49, welcher bestimmt: »Die tägliche Arbeitszeit der Gesellen, Gehilfen Lehrlinge und Fabrikarbeiter ist vom Gewerberath für die einzelnen Handwerks- und Fabrikszweige nach Anhörung der Betheiligten festzusetzen.«

erscheint Ihrer Kommission geeignet, Willkür und Verwickelung in ein Verhältniss hineinzubringen, welches sich natürlich regeln müsste bei freier Uebereinkunft, — wenn nämlich sowohl Arbeitnehmer, als Arbeitgeber, ohne polizeiliche Einmischung sich verbinden, ihre Forderungen gegenseitig stellen und abweisen, auch bei der Weigerung so lange beharren dürften, bis jeder Theil überzeugt ist, durch weiteres Verhandeln keinen grösseren als den zugestandenen Vortheil erlangen zu können. Der unter den Arbeitern so weit verbreitete Glaube, dass sie lediglich der Willkür des Kapitalisten preisgegeben seien, welcher den Lohn nach seinem Belieben drücken könne, — dieser Irrthum, welcher allen sozialistischen Projekten zu Grunde liegt, wäre nicht so tief eingewurzelt, wenn nicht die Polizei die gemeinschaftliche Arbeitseinstellung verboten und bestraft hätte; — denn dies Verbot verhindert, dass die Arbeiter erkennen, wie der Lohn sich nach nothwendigen Verkehrsgesetzen regelt, welche durch keine Gewalt zu verändern sind. In England hat man schon lange eingesehen, dass nichts für die öffentliche Ordnung gefährlicher sei, als die Arbeiter zu verhindern in ihren Versuchen einen möglichst hohen Lohn zu erreichen; — bei der Freiheit der Assoziation können sie sich nicht als die Schwachen und Wehrlosen darstellen; und sobald sie ihre Forderungen überspannen, finden sie, dass dieselben nicht an der Hartherzigkeit der Kapitalisten sondern an der Starrheit der Naturordnung scheitern. Der den Arbeitern gelassenen Freiheit der Arbeitseinstellung nebst der jetzt dort allgemein in die Massen eindringenden Freihandelslehre verdankt man die jetzt in England herrschende staatliche Sicherheit. — Uebrigens ist die in § 49 angeordnete obrigkeitliche Festsetzung der Arbeitszeit gleichbedeutend mit einer Festsetzung des Lohnes, deren Gefährlichkeit alle Erfahrung lehrt. Ob man festsetzt wie viel Arbeitszeit für ein gewisses Geld, oder wie viel Geld für eine gewisse Arbeitszeit empfangen werden soll ist doch faktisch eins und dasselbe. — Man sorge für vermehrte Beschäftigungsmittel damit grössere Nachfrage nach Arbeit da sei; dann werden die Arbeiter unbillige Anforderungen zurückweisen, und nicht für einen Lohn, der kaum den Tag fristet, einen Theil der Nachtzeit zugeben müssen.

Die §§ 50 bis 55 verbieten das Bezahlen der Arbeiter mit Waaren oder anders als mit baarem Gelde, — sind also gegen das sogenannte *Trucksystem* gerichtet.

Ihre Kommission erkennt gern an, wie bedauerlich der Uebelstand ist, wenn, bei unzulänglichem Beschäftigungsfonds, die Arbeiter so wenig Nachfrage für ihre Leistungen finden, dass sie

genöthigt sind, ihre Arbeit um jeden Preis und unter jeder Bedingung hinzugeben, sich auch mit Waaren bezahlen zu lassen,
welche vielleicht halb so viel effektiven Werth haben, als der
zugestandene Lohn nominell beträgt. Verbietet man aber das Trucksystem, so darf man sich nicht einbilden, dass alsdann der Arbeitgeber den effektiven Lohn auf die Höhe des nominellen Betrages
steigern, also 10 Sgr. Geld geben werde, wo er Waaren zum Werthe
von bloss 5 Sgr. gab; er wird, nach wie vor, nur einen Werth
von 5 Sgr. für gewisse Arbeit, jedoch in Geld anstatt in Waaren
geben, und bloss aufhören dies einen 10 Sgr.-Lohn zu nennen;
damit ist dem Arbeiter wenig gedient, indem der traurigen Nothwendigkeit, in der er sich befindet, sich mit Allem zu begnügen,
was man ihm bietet, keineswegs abgeholfen ist. Das Trucksystem
ist nicht der Uebelstand selber, sondern nur eine der Formen in
denen er auftritt; beseitigt man bloss diese Form, ohne den Grund
des Uebels zu beseitigen, so erscheint er unter tausend anderen
Gestalten wieder. Wenn eine genügende Nachfrage nach Arbeit
da ist, schützt sich der Arbeiter selber, ohne strafgesetzliche Verbote, gegen Benachtheiligung bei Auszahlung seines Lohnes. Alle
Abhilfsvorschläge, welche nicht die Nachfrage nach Arbeit, durch
Vermehrung der Beschäftigungsmittel, vergrössern, sind leere
Täuschungen. Ihre Kommission hat gegen diese Bestimmungen
des Gesetzes hauptsächlich einzuwenden, dass dieselben keine reelle
Hilfe dem Arbeiter bringen, und ihn bloss mit illusorischen
Palliativen hinhalten, welche den Blick vom Grunde des Uebels
ablenken.

V. Unterstützungskassen und ähnliche Einrichtungen.

Die §§ 56 bis 59 bestimmen, dass alle selbstständigen Gewerbetreibenden verpflichtet sein sollen, den Kranken-, Sterbe-, Hilfs-,
Wittwen- und Waisenkassen der Innungen beizutreten.

Ferner werden alle selbstständigen Gewerbetreibenden und Fabrik-
inhaber verpflichtet, zu den Unterstützungs-, Kranken- und Fort-
bildungskassen der Gesellen und Lehrlinge Beiträge zu zahlen, bis
zur Hälfte desjenigen Betrages, welchen die betheiligten Gesellen
und Arbeiter entrichten, wogegen ihnen eine entsprechende Theilnahme an der Kassenverwaltung eingeräumt wird. — Dass dieser

Beitrag der Arbeitgeber nicht aus ihrer eigenen Tasche gegeben,
sondern nur vorgeschossen, und bei Festsetzung des Lohns mit-
gerechnet wird, liegt zu sehr in der Nothwendigkeit der Dinge, als
dass die Arbeitnehmer sich darüber täuschen sollten; sie werden auch
schwerlich für solche blosse Scheinhilfe, sich die selbstständige Verwaltung ihrer Kassen, worauf sie mit Recht eifersüchtig sind, aus
den Händen spielen lassen; — und wer mit der regen Bestrebung
der Arbeiterverbrüderungen näher bekannt ist, und den aufopfernden
Eifer kennen gelernt hat, womit sie gegenseitig und durch vereinte
Kraft ihr Loos zu bessern und ihre Zukunft zu sichern bemüht
sind, wird in jeder Einmischung seitens der Meister nur die Gefahr
sehen, dass dadurch die Selbstthätigkeit der Arbeiter in dieser
segensreichen Richtung gelähmt werde.

VI. Innungsgebühren und Abgaben.

Die §§ 60 bis 66 verordnen, zur Beseitigung bestehender
lästiger Kosten für Innungsmitglieder, eine Revision vorhandener
Statuten; und stellen als Norm fest, dass die Aufnahmekosten für
einen Meister nicht die Summe von 5 Thlrn., und für einen Gesellen
nicht die Erstattung der baaren Auslagen übersteigen dürfen.

VII. Allgemeine Bestimmungen.

Der § 67 bestimmt, dass *Ausländer* zum Betriebe eines
stehenden Gewerbes oder zur Naturalisation nur *aus erheblichen
Gründen* nach Anhörung der Ortsgemeinde, der betheiligten Innung
und des Gewerberaths, zuzulassen seien. — Als Ausländer werden
alle nichtpreussischen Deutschen so lange behandelt, bis ein Reichs-
gesetz den Deutschen innerhalb Deutschland die Freizügigkeit verschafft. — Zur Vergeltung der ausserhalb Preussens den diesseitigen
Gewerbetreibenden entgegenstehenden Beschränkungen ist der Zuzug
aus den betreffenden Gebieten überhaupt zu versagen.

Wenn auch der Ortsgemeinde, mit Rücksicht auf die Verpflichtung zur Armenpflege, eine Beaufsichtigung des Zuzugs zu-
stehen muss, damit ihr nicht Arbeitsunfähige aufgebürdet werden,
welche ernährt sein wollen ohne produziren zu können, so ist dies
Etwas ganz anderes, als was das Gewerbegesetz hier bezweckt; —
denn der § 67 wird gerade den Zuzug der Produktiven verhindern;

die betheiligte Innung wird einen erheblichen Grund für Versagung
des Zuzugs gerade darin finden, dass ein Ausländer überlegene
Geschicklichkeit besitzt und einheimische Meister, durch seine
Konkurrenz, zu neuen Anstrengungen zu nöthigen droht. Der
Nachtheil einer solchen Beschränkung ist leicht nachzuweisen.
Vom Auslande her übersiedelt ein Produktionsfähiger, entweder
wenn ein verhältnissmässig grösserer Bedarf für seine Arbeit hier
sich zeigt, oder wenn sein Gewerbe daheim in höherem Maasse als
bei uns ausgebildet ist, und er seine Fertigkeit hier, wo sie selten
ist, besser zu verwerthen hofft. Eine solche Uebersiedelung ist
das direkteste Mittel zur Hebung unseres Gewerbebetriebs. Die
Geschichte der Industrie weist unzählige Beispiele nach, wo Länder
durch geschickte Einwanderer in den Besitz blühender Erwerbszweige gesetzt und wesentlich bereichert worden sind. Weise
Fürsten haben stets nach solchen Einwanderern gegeizt, und sie
als einen Zuwachs zum Nationalkapital betrachtet; — auch ist ein
erwachsener und technisch ausgebildeter Mensch, ein Gegenstand,
auf dessen Herstellung immer bedeutende Kosten haben verwendet
werden müssen. Berlin z. B. verdankt seine Seidenindustrie, Saffian-
fabrikation, und in neuester Zeit die Fabrikation der Seidenhüte
lediglich hergezogenen Ausländern. Hätte man damals die Hut-
macher-Innung um Erlaubniss fragen müssen, so hätte sie sich
aus allen Kräften und unter grausenerregender Schilderung der
Vernichtung aller vaterländischen Industrie, gewiss erfolgreich
widersetzt. Bedenken wir aber, dass die Industrie Preussens überhaupt, und Berlins insbesondere für den Absatz eines grossen Theils
ihrer Produkte auf die Ausfuhr angewiesen ist; dass sie mithin
die Konkurrenz mit dem Auslande bestehen *muss*, und um dies
zu können stets mit, wo möglich voranzuschreiten hat, — so darf
man doch nicht *die Einführung der im Auslande gemachten
gewerblichen Fortschritte erschweren*. Für Zulassung eines Arbeits-
fähigen und Geschickten besteht immer ein erheblicher Grund
darin, dass, wenn er ein Tischler ist, er ein neuer Kunde für
Schuhmacher und Schneider, und wenn er ein Schuhmacher ist,
ein neuer Kunde für Schneider und Tischler ist. Das Beschränken
der Freizügigkeit beruht auf einer Einseitigkeit, welche von Ihrer
Kommission bereits blosgelegt wurde.

Der § 68 lautet:

>Die polizeiliche Erlaubniss zum Handel mit gebrauchten Kleidern oder Betten, mit gebrauchter Wäsche oder mit altem Metallgeräth, zum Betrieb des Pfandleihgewerbes, *zur gewerbsmässigen Vermittelung von Geschäften* oder zur Uebernahme von Aufträgen, namentlich zur Abfassung schriftlicher Aufsätze für Andere, so wie zum Gewerbe der Lohnlakaien und anderer Personen, welche auf öffentlichen Strassen und Plätzen, oder in Wirthshäusern ihre Dienste anbieten, *ist zu versagen*, wenn die darüber zu vernehmende Kommunalbehörde, nach Anhörung der Gemeindevertreter *die Nützlichkeit und das Bedürfniss* des beabsichtigten Gewerbes nach den örtlichen Verhältnissen nicht anerkennt.<

Mag immerhin für solche Gewerbe ein *Ausweis bei der Polizei über ehrliche Führung* gefordert werden, weil der Handel mit verbrauchten Sachen zur Diebeshehlerei benutzt werden kann, die Uebernehmer gelegentlicher Aufträge eine gewisse Zuverlässigkeit, die man nicht jedesmal prüfen kann, besitzen müssen, und beim Pfandleihgeschäft eine Sicherheit für die versetzten Gegenstände nöthig ist. Aber die Nützlichkeit eines solchen Geschäfts haben lediglich die Kunden, und das Bedürfniss lediglich die Unternehmer zu beurtheilen. Die Konkurrenz im Handel mit verbrauchten Sachen beschränken; den Dürftigen, der ein altes Stück zu Gelde machen will, nöthigen, von einem Monopolisten einen gedrückten Preis zu nehmen, und den Dürftigen, der kein neues Stück erschwingen kann, nöthigen, einem Monopolisten einen geschraubten Preis zu geben; einem Dürftigen, der nicht die Mittel hat, mit neuen Sachen zu handeln, verbieten, mit alten sich Etwas zu erwerben; dem Mittellosen verbieten, mit seiner Schreibfertigkeit, Gewandtheit, Geschäftskunde oder Ortskenntniss Anderen dienstbar zu sein, um sich dadurch redlich zu ernähren, insofern die Kommunalbehörde nicht anerkennt, dass Diejenigen, welche ihm zu verdienen geben, ihn nützlich finden und seiner bedürfen, — dies alles ist eine willkürliche Unterdrückung der kleineren Subsistenzen, die Ihre Kommission nur hinzustellen braucht, um die Verwerflichkeit derselben fühlbar zu machen. >Die gewerbsmässige Vermittelung

von Geschäften« heisst mit anderen Worten: Bezugsquellen und
Absatzwege aufsuchen, die Uebereinstimmung der Bedürfnisse
zwischen Verkäufern und Käufern ermitteln. Eine Beschränkung
dieser Thätigkeit kann niemals im Interesse der Gewerbe liegen.
Ueber das Bedürfniss solcher Thätigkeit ist ein Ausspruch der
Behörden unnöthig, weil man überhaupt niemals zu viel Kaufs-
und Verkaufsgelegenheit haben kann. Die Nützlichkeit können die
Behörden nie zum Voraus beurtheilen, weil sie nicht zum Voraus
erkennen können, welche Geschäfte zu vermitteln, — welche neue
Geschäfte in's Leben zu rufen es solcher Thätigkeit gelingen kann.
Dennoch scheint es Ihrer Kommission, dass es in diesem § gerade
auf die Beschränkung solcher Geschäftsvermittelung abgesehen sein
dürfte, indem die Freunde örtlicher Monopole dadurch den Absatz
der von aussen kommenden Waaren erschweren, mithin den
Handelsverkehr zwischen Ort und Ort möglichst hemmen möchten.
Die durch § 70 gegebene Befugniss, Handwerker, die nicht orts-
angehörig sind, vom Verkaufe auf dem Wochenmarkt auszuschliessen,
ist ein fernerer gegen die innere Handelsfreiheit geführter Schlag.
Höchstens dürfte man fordern, dass die Verkäufer von ausserhalb
ihren verhältnissmässigen Beitrag zu den Gemeindelasten zahlen.

Der § 69 verbietet die öffentliche Versteigerung neuer Handwerkswaaren, wenn der Eigenthümer sie freiwillig, weil er einen
genügenden Erlös daraus zu ziehen hofft, veranstalten will, gestattet
sie aber, wenn sie im Wege der Exekution angesetzt ist, und der
Besitzer unfreiwillig seine Waaren mit jedem Verluste losschlagen
sehen muss.

Durch § 71 wird festgesetzt, dass der Einkauf von Lebens-
mitteln auf Wochenmärkten einzelnen Klassen von Käufern während
eines grossen Theils der Marktzeit verboten werden darf. Dies ist
gegen die sogenannte Aufkäuferei gerichtet, und geht von der
absurden Annahme aus, dass Spekulanten und Zwischenhändler die
Preise machen können, — ein Wahn, welcher auch die Kartoffel-
krawalle und die Tumulte gegen angebliche Kornwucherer erzeugt.

Ihrer Kommission scheinen diese allgemeinen Bestimmungen
überhaupt ein gänzliches Verkennen der allgemeinen Grundsätze
der Volkswirthschaft zu verrathen, und vorzüglich geeignet zu sein,
jene verhängnissvollen Irrthümer über Konkurrenz, Kapital, und

Preisstellung zu bestärken, deren Verbreitung schon jetzt unsere soziale Ordnung gefährdet.

VIII. Strafbestimmungen.

Die §§ 74 bis 77 belegen mit Geldstrafen bis zu 500 Thlr. und im Falle des Unvermögens mit verhältnissmässiger Gefängnissstrafe, im Wiederholungsfalle mit Entziehung der Befugniss zum Gewerbebetriebe, die Uebertretung der in den früheren Abschnitten des Gesetzes ausgesprochenen Verbote, für welche aber Ihre Kommission keine Rechtfertigung erkennen kann.

Ihre Kommission kehrt jetzt zurück zu Abschnitt:

I. Errichtung von Gewerbe-Räthen,

welche mit der Ausführung der bisher beleuchteten Bestimmungen beauftragt werden.

Der Gewerberath soll eine neue Behörde sein. Mit grosser Umständlichkeit gewählt und aus Vertretern des Kaufmanns-, Fabrikanten-. Handwerker- und Gesellenstandes zusammengesetzt, soll er ein Kollegium bilden, welcher, in Abtheilungen nach den Hauptfächern zerfallend, und fast auf ähnliche Weise wie die bisherigen Regierungs-Kollegien verhandelnd, als eine Einführung des bureaukratischen Systems in das bürgerliche Erwerbsleben erscheint; indem ihm aber keine selbstständige Stimme, sondern nur unter einem bestellten Regierungs-Kommissarius *ein Beirath* eingeräumt wird, gegenüber den Staatsbehörden, welche die Geschäftsordnung. ja die Besoldung des Schriftführers und den Lohn des Boten feststellen, kann er auch für ein Wiederauffrischen des alten Ständetags-Wesens angesehen werden.

Da nun eine Vermehrung der Behörden, zumal der unselbstständigen, an sich ein Uebel ist, fragt es sich zunächst. inwiefern Solches hier nöthig sei.

Nach § 2 hat der Gewerberath »die allgemeinen Interessen« des Handwerks- und Fabrikbetriebes in seinem Bezirk wahrzunehmen und zur Förderung derselben geeignete Einrichtungen zu berathen.

Für eine solche allgemeine Thätigkeit ist die vorgeschriebene Organisation der Gewerberäthe, nach Ansicht Ihrer Kommission, keineswegs zweckmässig; vielmehr wird es einer viel freieren Form bedürfen, wenn ein Organ entstehen soll, welches eigentlich nur dem Gemeinsinn und der Intelligenz ihren wohlthätigen Einfluss zu sichern habe.

Ausser der Wahrnehmung allgemeiner Interessen sind aber dem Gewerberathe durch verschiedene Bestimmungen auch besondere näher bezeichnete Verrichtungen aufgetragen, nämlich:

Durch §§ 26, 27, 35, 36 Entscheidungen über die Anordnung von Prüfungen für die Aufnahme in den Meister- respektive Gesellenstand, — über Zulassung zu solcher Prüfung, und über ausnahmsweises Erlassen der vorgeschriebenen Bedingungen.

Durch §§ 28, 29, 30, 47, Entscheidung über Abgrenzung der unter den einzelnen Handwerken begriffenen Verrichtungen, — Verbot des gleichzeitigen Betriebs mehrerer Handwerke, Nachlassung von dieser Beschränkung für den Fabrikbetrieb, — Verbot der Beschäftigung von Gesellen anders als beim Meister des besonderen Fachs;

Durch § 34, Entscheidung über Verbot der Magazine;

Durch § 49, Entscheidung über Dauer der Arbeitszeit;

Durch § 60, Entscheidung über Verbot der Niederlassung von Ausländern;

Durch § 70, Entscheidung über Ausschliessung der Nichtortsangehörigen vom Wochenmarktsverkehr.

Die speziellen Funktionen, welche dem Gewerberathe in diesem Gesetze angewiesen sind, abgesehen davon, dass sie sammt und sonders, wie schon von Ihrer Kommission dargelegt wurde, dem Erwerbe hinderlich sind, werden dieser Behörde allen moralischen Halt im Volke entziehen. Der kleine Handwerksmann will, wenn er zu den Kosten eines solchen Instituts beitragen muss und dazu exekutivisch gezwungen werden kann, auch einen praktischen Nutzen von einer solchen Behörde haben. Alle Ueberschreitungen der strengen Gewerbe-Polizei-Ordnungen, z. B. das Arbeiten eines Gesellen bei Privaten oder andern als den Meistern *seines* Fachs, das Beschäftigen der Gesellen ausser dem Hause von Seiten der Fabrikanten, werden dem Gewerberathe denunzirt werden; ja man wird es vom

Gewerberath fordern, dass er auf die Ueberschreitungen des Gesetzes förmlich aufpasse, dass er strenge Polizei ausübe; und diese moderne Gewerbe-Polizei-Behörde wird in eine so schiefe Stellung gerathen, dass jeder achtbare Geschäftsmann dieses zweifelhafte Ehrenamt von sich weisen muss. Oft wird der Gewerberath als solcher kein unparteiisches Organ sein können. Angenommen die Handwerker im Gewerberathe wollen ein Magazin zum Detail-Verkauf nicht dulden; die beisitzenden Kaufleute und Fabrikanten aber finden das Halten solcher Magazine zweckmässig, — so ist die Spaltung fertig. Diese Behörde verliert durch die ihr übertragenen Funktionen schon in sich selbst allen Halt, weil die Mitglieder oft nicht als Sachverständige, sondern als Betheiligte erscheinen müssen; und bei jedem Urtheile, welches zu Gunsten der dabei betheiligten Richter ausfällt, schwindet das Ansehen und die Würde des Instituts! *Es wird ein Spionir- und Denunzir-System im Staate entstehen, das zerstörend auf die Gewerbe einwirken und alles Vertrauen vernichten muss.* Der Gewerberath kann von diesem verderblichen und demoralisirenden Geiste nicht frei bleiben, weil er von den privilegirten Handwerks-Meistern zur Ausübung solcher Maassregeln, als die nächste Behörde, gedrängt werden wird. Die Unselbstständigkeit und Abhängigkeit von den Staatsbehörden wieder, lässt den Gewerberath nach Oben hin, ebenfalls keine glänzende Stellung einnehmen; — *er bleibt dann nichts weiter als ein Zuchtmeister des gesammten Gewerbewesens!*

Hervorzuheben ist schliesslich, dass unter den 22, die Errichtung von Gewerberäthen betreffenden Paragraphen, nicht weniger als 12 derselben Anordnungen enthalten, für Rekurs an die Regierung, Genehmigung durch die Regierung, Mittheilung an die Regierung, Festsetzung durch die Regierung u. s. w. Indem also der Bürger in neuester Zeit darauf ausgeht, die Regierungsgeschäfte zu besorgen, scheint dafür die Regierung sich entschädigen zu wollen, indem sie die Leitung des bürgerlichen Erwerbs an sich reisst.

Am Ende stellt es sich heraus, dass das einzige Handwerk, welchem dies Gesetz zu helfen sich allenfalls eignet, das der bedrängten Beamten wäre!

In Erwägung,

dass die im Abschnitt I des Gesetzes vom 9. Februar den Gewerbe-räthen beigelegten speziellen Befugnisse theils gemeinschädlich, theils nutzlos sind, während die den Gewerberäthen gegebene Zu-sammensetzung für deren allgemeine Aufgabe zweckwidrig ist;

In Erwägung,

dass die in den Abschnitten II bis VIII desselben Gesetzes ent-haltenen Bestimmungen über Gewerbsverhältnisse, im Widerstreit mit allen gesunden Prinzipien erlassen, nur Unheil stiften können;

In Erwägung,

dass das Handwerk und der Arbeitserwerb, so wie der Erwerb überhaupt Hilfe nur von solchen Gesetzen und staatlichen Einrich-tungen erhoffen kann, welche gerichtet sind auf Vermehrung der Ausbildungs- und Beschäftigungsmittel, d. h. des geistigen und materiellen Volkskapitals, zu dessen produktivster Nutzung wiederum die vollste Freiheit der Verwendung unerlässlich ist;

beantragt Ihre Kommission, die Versammlung wolle be-schliessen:

dass der Vorstand des *Handelsvereins Teutonia,* im Namen der ganzen Versammlung und unter Vorlegung des gegenwärtigen Berichts, die preussischen Kammern auffordern möge, *das Gewerbegesetz vom 9. Febr. d. J.,* aus den im Berichte vorgetragenen Gründen *gänzlich zu verwerfen;*

und

dass der genehmigte Kommissionsbericht durch den Druck veröffentlicht werde.

Der
Handelsminister auf sechs Stunden.

Inhalt.

Adam Riese der Jüngere will seinen Traum erzählen; — zuerst erzählt er von seiner Erziehung und seiner Familie; — von seines Vaters Theorie der Buchführung und praktischer Anwendung derselben; — wie er selbst Buchhalter wird und die väterlichen Lehren beherzigt; — wie er in eine Abendgesellschaft geräth, wo man sich vergeblich bemüht, ihm Begriffe von nationaler Handelspolitik beizubringen; — wie ihm aber nachher die Volkswirthschaft im Schlafe kommt.

Er träumt nämlich, dass er Handelsminister geworden ist. Er empfängt Deputirte der Baumwollenspinner, welche die nationale Arbeit befördern wollen. Er giebt ihnen eine Lektion über die Grundsätze der Buchführung. — Er zeigt auch den Deputationen der Eisenproduzenten und Rübenzuckerfabrikanten, wie man ein Konto anlege. — Er begiebt sich in die Kabinetssitzung, wo er einen Finanz-Vortrag hört, und in so heftige Kollision mit den ministeriellen Grundsätzen geräth, dass er aus der Traumwelt erwacht und wieder auf sein Komptoir geht.

Der Handelsminister auf sechs Stunden.

Ein Traum von Adam Riese dem Jüngeren, Buchhalter.

Von dem Verein für Handelsfreiheit zu Hamburg gekrönt.

(Hamburg. 1851.)

Ich hatte neulich einen merkwürdigen Traum, der mir seitdem in wachen Stunden viel zu denken gegeben hat. Und je mehr ich darüber nachdenke, um so merkwürdiger scheint mir die Sache. Mich drängt es, das Nähere zu erzählen, um die Ansichten Anderer darüber zu hören. Mir träumte nämlich. . . . .

Aber ein Traum hat seine Bedeutung zunächst nur darin, dass er die Eigenthümlichkeiten des Geistes wie des Gemüthes beim Träumenden aufdeckt. Ein Traum ist eigentlich nur für die Er-kennung psychologischer Anlagen und Richtungen interessant; weshalb zu dessen Beurtheilung die frühere Bildungsgeschichte des Träumenden unerlässlich ist. Also muss ich erst über mich selber einigen Aufschluss geben.

Ich bin Buchhalter in einem reichen und soliden Berliner Handlungshause, wie mein Vater und mein Grossvater es vor mir waren. Der Buchhalterposten ist zum erblichen Beruf in unserer Familie geworden. Denn die Buchführung ist bei uns keine bloss mechanische Routine; sie wird vom höheren Gesichtspunkte in ihrer vollen geistigen Bedeutung aufgefasst.

»Adam«, sagte mir mein Vater am Tage nach meiner Ein-segnung, »Du wirst jetzt in's Geschäft eintreten. Die Herren N & Co. haben eingewilligt, Dich in ihr Komptoir aufzunehmen, wo Du hoffentlich Deine Familienehre wahren wirst. Du weisst zwar noch wenig, aber die Kenntnisse, die Du für's Leben brauchen wirst, sollst Du Dir erwerben; deshalb eben gehst Du in die Lehre.

Ein Vermögen werde ich Dir weder geben noch hinterlassen können. Aber auch ohne Vermögen kannst Du Dir eine anständige Lebensversorgung sichern, wenn Du die Gewohnheiten der Mässigkeit und Ordnung, in denen ich Dich erzogen habe, bewahrst, und der Laufbahn folgst, in der sich Deine Vorfahren stets wohl befunden haben. In einem grossen soliden Handlungshause Buchhalter sein, hat auch seine besonderen Annehmlichkeiten, wenn man diesen Beruf mit vollem Bewusstsein und in seiner wahren Bedeutung zu würdigen weiss.«

»Der Buchhalter in einem grossen Geschäfte, obwohl er nichts als sein bescheidenes Auskommen hat, lebt beständig in Vorstellungen des Verfügens über grossartige Mittel. Er stellt die Hunderttausende in Einnahme und Ausgabe, vertheilt sie auf die Konto's, zieht die Bilanzen, stellt die wechselnden Ergebnisse der einzelnen Unternehmungen heraus, überschaut das Wachsen des Reichthums in den Händen geordneter Betriebsamkeit. Während seine Kollegen bei der Kasse oder im Waarenlager mit den Einzelheiten und den praktischen Verrichtungen beschäftigt sind, fasst er die Operationen in ihrer Gesammtheit zusammen und behält die Beziehungen derselben zum Hauptzweck im Auge. Wenn sich sein Verstand überhaupt über die bloss mechanische Routine zu erheben vermag, geniesst er den Handelsbetrieb gleichsam in wissenschaftlicher Reinheit; ebenso wie der volkswirthschaftlich aufgeklärte Staatsmann die verschiedenartigen produktiven und verwaltenden Thätigkeiten in ihrer Beziehung zur Gesammtwohlfahrt überschaut und ermisst.«

»Die kaufmännische Buchhaltung, geistig begriffen, ist auch vorzüglich geeignet, den Verstand zur richtigen Beurtheilung aller Lebensverhältnisse auszubilden. Sie lehrt uns zunächst jedes Ding von seinen zwei Seiten ansehen, die Vortheile und Nachtheile genau gegeneinander abwägen, — denn ein Haben ohne Soll, einen Gewinn ohne Kosten, einen Genuss ohne Verpflichtung giebt es für den Buchhalter überhaupt nicht. Unbestimmte Grössen wollen ihm ebenso wenig in den Sinn. Er muss Alles auf einen genauen Werth zurückführen. Er muss auch wissen, wohin er jeden Posten zu bringen habe. Mit anderen Worten: er muss von jeder einzelnen Handlung genau den Einfluss auf das gesammte Unternehmen sich klar machen können. — Und ach, mein Sohn, wie ganz anders würde es in der Welt aussehen, wenn dieser Sinn, durch eine zweckmässige Erziehung, bei allen Menschen zur festen Gewohnheit ausgebildet wäre!«

»In der Welt, die Du jetzt selbstständig betreten sollst, wirst Du viel des Herrlichen und Guten, aber auch unsäglich viel Elend kennen lernen, nicht bloss bei den Zerlumpten und Hungernden, sondern auch unter Solchen, die noch eine äusserlich höhere Stellung in der Gesellschaft einnehmen. Du wirst Noth und Sorgen in jeder Klasse im Grössten wie im Kleinsten vorfinden. Und die Quellen der Noth und Sorge, was sind sie anders als Unvorsichtigkeit, mangelndes oder fehlerhaftes Rechnen. Was sind denn alle Laster anders, als unbedachte Eingriffe in das Konto des Lebenskapitals, welche zum körperlichen und sittlichen Bankerott führen? Woher anders kommen Verlegenheiten, als durch Verwendungen die gemacht werden, ohne dass man vorher sich das Konto klar gemacht hat, von dessen Guthaben sie bestritten werden sollen? Und wie im Einzelnen so auch im Staate. Woher anders entstehen die politischen Umwälzungen, — doch davon wollen wir jetzt nicht reden; denn die grosse Firma, genannt »Staat« verfährt gar nicht nach buchhalterischem Prinzipe; sie schützt bei ihren Ausgaben eine Nothwendigkeit vor, welche die Frage über deren Nützlichkeit überwiegen muss; sie gestattet kein genaueres Rechnen über Rentabilität ihrer Geschäfte, sondern verweist auf Dinge die sich schwerlich buchen lassen, als da sind: Diplomatisches Uebergewicht, nationales Ansehen, Waffenruhm, weltgeschichtliche Grösse u. dgl. Der Staat hat leicht wirthschaften; seine Mittel hängen nicht direkt von dem rentablen Erfolge seiner gemachten Verwendungen ab; er lebt nicht von seinem Erwerbe, sondern von erzwungenen Zuschüssen aus dem Erwerbe Anderer; das natürliche Verhältniss zwischen Soll und Haben ist bei dem Staatsgeschäft völlig zerrissen. Ach, mein Sohn, wie ganz anders würde es in der politischen Welt aussehen, wenn erst die Staatswirthschaft auf die Grundsätze strenger Buchführung zurückgeführt wäre!«

Mein Vater, welcher sonst ziemlich schweigsam war und nur in kurzen schlagenden Bemerkungen sich äusserte, sprach noch länger in dieser Weise fort. Was er alles sagte, verstand ich

damals nur unvollkommen; später aber habe ich es würdigen gelernt,
denn in dem Maasse als ich Geschäftskenntniss erwarb, und besonders
seitdem ich selbst Buchhalter geworden bin, hat er sich gern ver-
traulich mit mir unterhalten und mir einzuprägen sich bemüht,
dass die Grundsätze der Buchführung den einzigen sicheren
Maassstab für alle Lebensverhältnisse abgeben.

Mein Vater war nicht der Mann, schöne Lehren zu geben,
ohne sie selber in Ausführung zu bringen. Sein eigener Haushalt war auf eine musterhafte Buchführung gestützt, und darum
waren seine Verhältnisse bei geringem Einkommen stets so geordnet,
dass materielle Sorge ihm völlig unbekannt geblieben war. Alles
im Hause hatte sein Konto. Alle Ausgaben geschahen nach einem
Etat, von dessen Ueberschreitung nie die Rede sein durfte. Als
meine Mutter einst einen nicht vorausgesehenen Wunsch äusserte,
da hiess es, »Wir haben dafür kein Konto: unter ausserordentliche
Zufälle gehört es nicht, überdies ist dies Folio schon so weit
belastet, wie es der Etat für dieses Quartal zulässt, — und dann
muss noch vor Neujahr aus Ueberschüssen mehrerer Konto's eine
Summe dem Familienzuwachs-Konto gutgeschrieben werden.« Mein
Vater hielt sehr streng an dem Verzinsungs- und Amortisations-
prinzip, ohne welches, wie er sagte, alle Buchführung Täuschung
sei. So wurde denn nicht bloss für Mobiliar, Hausgeräth, Wäsche
u. dgl. eine bestimmte Amortisationssumme regelmässig ausgeworfen,
sondern jedes Familienmitglied wurde kapitalisirt und musste
getilgt werden. Mein Vater zog erst von seinem Einkommen den
Beitrag für eine Lebensversicherung ab, und behandelte den Rest
als Zinsen des Kapitals, welches er selber vorstellte und bis zur
Zeit, wo seine Kräfte verbraucht sein dürften, amortisiren müsse.
Sogleich nach geschlossener Ehe legte er ein Familienzuwachs-
Konto an, berechnete die durchschnittlichen Kosten der Erhaltung
und Erziehung eines Kindes vom ersten bis zum vollendeten
vierzehnten Jahre, veranschlagte nach Süssmilchs Tabellen die
wahrscheinliche Anzahl seiner Nachkommenschaft, und setzte auf
seinen jährlichen Etat die ermittelte Summe, welche, in Betracht
der bis zu den successive erfolgenden Geburten berechneten Zins-
anhäufung weniger schwer fiel, als man es erwarten dürfte.

Am Schlusse der erwähnten Unterhaltung holte mein Vater

sein Hauptbuch hervor und schlug mir mein Konto auf, welches jeden Pfennig, den ich gekostet hatte, nachwies. —

»Adam«, sagte mir mein Vater, »Du stehst im Buche mit einer Summe von Tausend fünf und vierzig Thalern, neunzehn Silbergroschen sieben Pfennigen belastet. Bei aller Sparsamkeit, auf die ich und Deine Mutter stets bedacht waren, konntest Du nicht wohlfeiler hergestellt werden. Diese Summe wirst Du verzinsen und nach dem Plane, den ich entworfen habe und Dir jetzt zum Nachrechnen übergebe, amortisiren. — Für tausend Thaler ist Dein Leben versichert; übrigens dürfte Dir die Tilgung, wozu Dir hinlänglich Zeit gegönnt wird, wenig schwer fallen, indem Du, bei dem durchschnittlichen Gehalte, der Dir in Aussicht steht, einen viel grösseren Kapitalswerth repräsentirst. Du machst Alles in Allem bei dem Dir geleisteten Erziehungsvorschuss ein sehr gutes Geschäft, womit Du ganz zufrieden sein darfst.«

Diese Notizen über meine Erziehung, nebst der Erklärung, dass ich die ererbten Maximen stets beherzigt und befolgt habe, dürften über meine Individualität den nöthigen Aufschluss geben, zum Deuten jenes Traumes, den ich zu erzählen mir erlauben will.

————

Ich hatte neulich etwas spät auf dem Komptoir gearbeitet. Es war etwas nach acht Uhr als ich einem Bekannten begegnete, der mich aufforderte, mit ihm und ein paar Bekannten ein Glas Weissbier zu geniessen. Da es der Abend war, an dem ich von Hause wegzubleiben pflegte, ging ich darauf ein. Nachdem wir nun eine Weile am Tische beisammen gesessen und geplaudert hatten, sagte mein Freund:

»Denke Dir, Adam! an der Stelle wo Du jetzt sitzest, sass vor ein paar Wochen ein Minister! Keine üble Anstellung, so ein Ministerposten. Ich glaube auch, Du passtest ganz gut dazu. Du hast ein pfiffiges Gesichtchen, das sich ebenso gut auf der Ministerbank als hinter dem Komptoirpult ausnehmen dürfte; und bei Deiner trockenen Art, auf Alles Deine Rechenkunst anzuwenden, würde man Dich nicht so leicht mit Interpellationen in die Enge treiben. Möchtest Du nicht Handelsminister werden.«

— Handelsminister? Wozu braucht man einen Minister beim

Handel? Kann er uns etwa angeben, ob der Zucker wohlfeiler aus Amsterdam oder London zu beziehen sei, ob Kaffee in Hamburg steigen oder fallen wird, und mit welchem Papier jetzt eine Deckung in New-York sich bewirken lässt?

»Das wohl nicht. Aber für den nationalen Handel, die nationale Handelspolitik, hat er Sorge zu tragen.«

— Ich kenne keinen nationalen Handel, sondern nur in jeder Nation einzelne Kaufleute, von denen jeder auf eigene Rechnung handelt und am besten für sich selbst Sorge tragen kann. Was hat denn die Politik mit dem Handel zu schaffen?

Einige der Anwesenden, welche etwas von Schutz der vaterländischen Industrie, von Hebung nationaler Schifffahrt, vom direkten Bezug aus den Erzeugungsländern, von Kriegsflotte und von Kolonieen zur Erweiterung mutterländischer Gewerbsamkeit und dergleichen aufgeschnappt hatten, gaben sich, in einem etwas wirren Gespräche. wo viel durcheinander geschrieen wurde, bedeutende Mühe, mir einen Begriff von nationaler Handelspolitik beizubringen. Doch wollte mir die Sache nicht recht in den Kopf.

Gegen zehn Uhr ging ich nach Hause, wo ich mich eiligst zu Bette legte und, obwohl mir das gehabte Gespräch noch in den Ohren summte, bald einschlief.

— — — —

Da träumte mir mit einmal, ich befände mich in einem grossen hellen Zimmer mit Flügelthüren und seidenen Gardinen. An der Wand befanden sich ein paar Glasschränke mit Büchern, eine marmorne Büste des Königs auf einer Porphyrsäule, eine Uhr auf einer Konsole, und eine grosse Karte des Staats. Im Uebrigen war das Ameublement einfach und gediegen. Auf dem grossen grünen Tische, vor dem ich in einem bequemen Lehnstuhle sass, lagen. nebst Schreibmaterial und einer Handglocke, Akten und ein Stoss uneröffneter Briefe, alle sehr lang und breit, mit Siegeln von rothem Lack so gross wie Zweithalerstücke.

Ehe ich Zeit hatte, mich zu besinnen, wo ich mich eigentlich befände, trat ein Diener ein und sagte mit ehrerbietiger Verbeugung: »*Eine Deputation der Spinnereibesitzer* bittet Excellenz um die Ehre einer Audienz.«

»Excellenz!« — Mit der Schnelligkeit eines Blitzes klärte mich dies Wort über Alles auf. Wie es zugegangen war, wusste ich freilich nicht, und im Traume fragt man nicht so genau nach dem Zusammenhange der Begebenheiten; — aber so viel stand fest: *ich war Handelsminister geworden!* — da galt es, sich schnell fassen, und ich fasste mich auch schnell. »Vorlassen« war mein kurzer, in befehlendem Tone gesprochener Bescheid. Ich stand auf, ohne meine Stelle zu verlassen, zupfte die Weste herunter, rückte die Schulter ein wenig nach hinten und schaute freien Blickes den hereintretenden fünf Herren entgegen.

»Excellenz wollen gnädigst gestatten.«

— Nehmen Sie Platz, meine Herren, unterbrach ich, indem ich meinen Fauteuil etwas vom Tische abrückte, mich niederliess und dem Diener winkte, Rohrstühle im Halbkreis vor mich hinzustellen. Nun, meine Herren, sagte ich in freundlichem Tone, indem ich die Beine kreuzte und mit einem der grossen Briefe zwischen den Fingern spielte, wie sieht's in Ihrer Gegend aus? Jedenfalls gut, dächte ich, — dabei warf ich einen Blick auf die vollen Gesichter, deren blühende Farbe über den steifen weissen Krawatten noch mehr leuchtete, und musterte die wulstigen Glieder, welche die Anzüge von glänzendem schwarzen Tuche fast bis zum Aufplatzen spannten.

»Excellenz wollen gnädigst gestatten« hob der Redeführer wieder an, »die vaterländische Industrie liegt gänzlich darnieder; sie wird vernichtet durch den ungezügelten Druck fremder Konkurrenz. Die Baumwollenspinnerei, welche im Zollvereine ein Kapital von acht Millionen Thaler beschäftigt und dreizehn Tausend Arbeiter ernährt, vermag nicht unter den jetzigen Verhältnissen fortzubestehen. Der Twist, der beim Erlass des preussischen Tarifs von 1818 einen Preis von 110 Thalern hatte, ist bis auf 32 Thaler herabgedrückt worden. Der Schutzzoll von 3 Thalern für den Zentner ist gegen solche Konjunkturen selbstredend völlig unwirksam, was sich daraus ergiebt, dass eine stets wachsende Menge fremden Garns, zum Ruine einheimischer Gewerbsamkeit, eingeführt wird. Im Jahre 1835 bezog man nur eine Viertelmillion Zentner Baumwollengarn vom Auslande; 1849 wurden wir, bei dem schwachen Damm, den der Tarif der andrängenden Fluth

entgegenstellt, mit einer halben Million Zentner überschwemmt
und mussten acht Millionen Thaler Arbeitslohn den vaterländischen Arbeitern entziehen, um damit Ausländer zu unterhalten.« —

— Und wie verhielt es sich mit der Einfuhr von roher Baumwolle in den genannten Jahren? fragte ich.

»Im Jahre 1835 betrug sie 125,000 Zentner; 1849 betrug sie
555,000 Zentner.«

— Demnach war in jener Zeit die Baumwollenspinnerei bei
uns um mehr als das Vierfache gewachsen! Das sieht nicht aus
wie ein gänzliches Sinken unter dem Drucke fremder Konkurrenz!
Und das fremde Garn ist doch verarbeitet worden, und diente zur
Beschäftigung der Weberei, Färberei, Druckerei, die Sie wohl auch
zur vaterländischen Gewerbsamkeit rechnen werden. Sollen unsere
Weber mit Gewalt auf dasjenige Material beschränkt werden, was
Sie ihnen im Inlande bereiten können?

»Aber Excellenz wollen gnädigst bedenken, dass das viele
baare Geld, welches in's Ausland wandert für Lohn an fremde
Spinner.....«

— Mein bester Herr, unterbrach ich, die Twisthändler, deren
Geschäft ich gut kenne, haben es niemals nöthig, baares Geld nach
England in Zahlung zu schicken, sondern remittiren nur Wechsel.
an denen kein Mangel sich gezeigt hat, indem der Zollverein für
mehr als Hundert Millionen Thaler jährlich an *fertigen Fabrikaten*,
nebst einem Werth von etwa fünf und dreissig Millionen an Bodenprodukten und Halbfabrikaten, ausführt. Wegen des Verbleibens
der Baarschaft dürfen Sie sich durchaus beruhigen. Aber wenn
Sie noch deshalb eine Besorgniss hegen, warum fürchten Sie eine
Geldentziehung vorzugsweise in Folge der Einfuhr von Twist?
Der eingeführte Kaffee kostet ja zehn Millionen Thaler, der Tabak
fünf Millionen Thaler, die rohe Seide über elf Millionen Thaler;
diese Summen müssen alle bezahlt werden. Wie kommt es, dass
Niemand aus Sorge für die nationale Baarschaft eine Beschränkung
dieser Einfuhren fordert? Oder wie wäre es, wenn man, im Interesse
der nationalen Baarschaft, die Einfuhr roher Baumwolle, welche
ihre acht Millionen kostet, verböte, und diese Summe lieber den

vaterländischen Flachs- und Wollenproduzenten, als den amerikanischen Pflanzern zu verdienen gäbe?

»Excellenz wollen indessen gnädigst bedenken, dass die einheimische Weberei, für welche auch wir die vorzüglichste Sorge tragen möchten, die Spinnerei zur Basis hat.«

— Das heisst, unterbrach ich wieder, der Weber muss sich mit möglichst wohlfeilem und gutem Garne stets versorgen können; und dies bedingt, dass er die freie Wahl zwischen einheimischem und fremdländischem Gespinnst habe. Mit der Phrase: »Die Spinnerei ist die Basis der Weberei« will man uns doch wohl nicht glauben machen, dass man parterre spinnen und im ersten Stock weben solle!

»Aber Excellenz wollen gnädigst bedenken, dass der Weber hinsichtlich seines Materials von den Launen eines fremden Marktes abhängig ist.«

— Was verstehen Sie unter »Launen« eines Marktes?

»Die ungeheuren Schwankungen des Preises, wie sie in England vorkommen, machen doch jede Berechnung trüglich und alle Geschäfte unsicher. Wenn wir erst den ganzen Twistbedarf im Inlande verfertigten und uns von den englischen Konjunkturen emanzipirt hätten, dann könnten wir dem Weber eine solide Versorgung stets garantiren.«

— Das heisst also, wenn das englische Garn auf einen angeblichen Schleuderpreis fiele und nicht herein dürfte, würden Sie Ihre Preise halten?

»Nur billig lohnende Preise, Excellenz.«

— Und wenn der Preis in England bei Gelegenheit sehr hoch stiege, würden Sie hier nicht auch ebenso sehr in die Höhe gehen? —

»Wir würden bei billig lohnenden Preisen, wie billig, bleiben.«

— Als ob das von Ihrem Willen abhinge, meine Herren! Der Handel ist eine Weltmacht, von deren Einfluss man sich eben so wenig, wie von dem der Witterung emanzipiren kann. Klüger ist es, sich an den Wechsel beider gewöhnen und gegen ihn abhärten. — Wenn der Twist einmal im Auslande unverhältnissmässig hoch stände, könnte er nicht bei uns wohlfeil bleiben, weil er augenblicklich zur Ausfuhr aufgekauft werden würde. Und wenn

die Ausfuhr von Twist verboten wäre, würde die rohe Baumwolle
durch die ausländischen Spinner in die Höhe getrieben werden.
Ihr Monopol, meine Herren, würde den einheimischen Weber verhindern, von ungewöhnlich wohlfeilen Garnpreisen Nutzen zu ziehen,
aber nicht vor den gelegentlichen Theuerungen ihn schützen. Sie
würden für den Weber die schädliche Seite der Konjunkturen bestehen lassen und nur die ausgleichende niedrige Konjunktur
beseitigen. Aber so ist es, wenn die eine Klasse für die andere
sorgen will! Also lassen wir, denke ich, jede für sich sorgen.
Lassen Sie gefälligst das Weberinteresse und sprechen Sie lieber
von Ihren eigenen Interessen als Spinnereibesitzer.

»Excellenz werden erkennen, wie vortheilhaft es für den
Nationalwohlstand wäre, wenn die Spinnerei, welche den Haupt-
bestandtheil moderner Industrie bildet, einen solchen Aufschwung
nähme, dass der ganze einheimische Bedarf durch einheimische
Arbeitskraft versorgt würde. Zur einheimischen Verfertigung der
jetzt eingeführten halben Million Zentner Twist bedarf es der Anlegung von zwei Millionen Spindeln mit einem Kapitale von zwanzig
Millionen Thalern.«

Hier wandte ich mich dem Tische zu, ergriff die Feder und
notirte mir während des fortgesetzten Vortrags die gemachten
Angaben.

»Die daraus entstehende vermehrte Beschäftigung für unsere
arbeitende Bevölkerung würde die Brotlosigkeit in derselben
schwinden machen. Um aber diese Wohlthat möglich zu machen,
bedarf es, seitens der Regierung, eines ausreichenden Schutzes.
Die neulich gewährte Erhöhung des Garnzolles von zwei Thalern
auf drei Thaler hat sich völlig unwirksam gezeigt, und hat, wenn
Excellenz mir gnädigst den Ausdruck entschuldigen wollen, wie
jede halbe Maassregel, den Nachtheil eines Zolls ohne den Vortheil
eines Schutzes zur Folge gehabt. Der Weber ist dadurch belästigt
worden, ohne dass die Spinnerei jene Ausdehnung gewinnen konnte,
die das Land vom Fremden unabhängig macht und eine inländische
Konkurrenz erzeugt, die wohlfeiles und gutes Garn sichern muss.
Hätte man, wie es die Sachverständigen gehorsamst vorschlugen,
den Twistzoll sogleich auf fünf Thaler vom Zentner erhöht, dann
wäre jenes glückliche Ziel schon erreicht. Darum Excellenz sind

wir zur Erneuerung unserer Vorstellungen hier und hoffen von der
Einsicht eines in praktischen Geschäften so bewanderten Staats-
ministers, die endliche Erhörung unserer Bitte.«

Ohne von meinem Papier aufzublicken, auf dem ich während
dieser Rede meine Notizen gemacht hatte, richtete ich an die
Harrenden folgende kurze Fragen, deren Beantwortung ich gleichfalls niederschrieb.

— Wieviel beträgt in Ihren Spinnereien der durchschnittliche
Lohn, Männer, Weiber und Kinder zusammengenommen?

»Drei Gulden, oder vielleicht eindreiviertel Thaler die Woche.«

— Ihre neuen Spinnereien würden Sie natürlich nach den
neuesten englischen Verbesserungen anlegen. Haben Sie nicht
gehört, dass mit den neuen Einrichtungen in England über sechszig
Zentner Garn mittlerer Feinheit pro Arbeiter jährlich gesponnen
werden?

»Allerdings, aber bei uns« . . .

— Sie würden doch mit gleichen Maschinen wohl fünfzig
Zentner pro Kopf fertig machen können?

»Die Spinnerei ist in England ein alt ausgebildetes Gewerbe
und die langjährige Ausbildung der Arbeiter macht dort Vieles
möglich, was wir hier nicht vermögen.«

— Aber die Spinnereien beschäftigen Kinder, die keine langjährige Uebung haben, auch müssen in England stets frische Hände
herangezogen und ausgebildet werden. Die jetzigen Manchester-
Arbeiter stammen doch nicht aus den Tagen von Hargreaves und
Arkwright her, sondern sind zum Theil neu eingewanderte Irländer
die keineswegs anstelliger als unsere Deutschen sind. Wenn nur
der Unternehmer sein Geschäft versteht, dann leisten die Arbeiter
bald das ihrige.

»Allerdings, Excellenz.«

— Glauben Sie nicht, dass in den sonstigen Gewerben (grössere
Fabriken und kleine Handwerke zusammengerechnet) durchschnittlich
ein Betriebskapital von tausend Thalern zur Beschäftigung von
drei Arbeitern ausreichen dürfte?

»Das erforderliche Betriebskapital pro Arbeiter ist in verschiedenen Zweigen sehr verschieden, aber im grossen Durchschnitt
möchten Excellenz die Summe annähernd richtig geschätzt haben.«

— Und, wenn ich fragen darf, mein Herr, wie viel Garn
spinnen Sie in Ihrer Fabrik jährlich?

»Etwa 4000 Ztr. No. 20 mit 10,000 Spindeln und 120 Arbeitern
bei einem Anlage- und Betriebskapital von 100,000 Thlrn.«

Ich wusste schon genug.

— Meine Herren, sagte ich, indem ich mich mit meinem
Notizenblatt zu der Deputation hinwandte, das Konto stellt sich
etwas anders, als Sie es angeben möchten.

Erstens wollen Sie zwanzig Millionen Thaler zur Errichtung
neuer Baumwollenspinnereien verwenden lassen, welche etwa 10,000
Arbeiter beschäftigen würden. Das wäre an sich ganz gut, obwohl
damit wenig zur Beseitigung der Brotlosigkeit im ganzen Zollverein
geschehen wäre. Diese Beschaffung neuer Spinnarbeit geben Sie
für eine Vermehrung der Arbeiterbeschäftigung im Ganzen aus.
Wenn dem so wäre, hätten Sie in Allem Recht. Aber gerade
darin verräth sich Ihre falsche Buchführung. Die zwanzig Millionen
werden doch nicht aus der Luft geholt; sie müssen irgendwo hergenommen werden. Werden sie in die Baumwollenspinnerei gesteckt,
so müssen sie aus anderen Gewerben, wo sie jetzt beschäftigt sind,
herausgezogen werden, oder es müssen neu entstehende Kapitalien
anderen Gewerben zu Gunsten der Spinnerei vorenthalten werden.
Es geht doch nicht, dem Spinnerei-Konto zwanzig Millionen gut
zu schreiben, ohne danach zu fragen, von welchen Konto's sie
hergenommen werden sollen. Das gäbe eine konfuse Buchführung.
Es wird also durch Ihren Vorschlag das Kapital nicht sogleich
vermehrt, sondern nur anders beschäftigt, also handelt es sich vorläufig nur um eine veränderte Beschäftigung für Arbeit. Ob die
Zahl der beschäftigten Hände dadurch vermehrt oder vermindert
wird, ist eine zweite Frage. Wenn die zwanzig Millionen Thaler
allerlei verschiedenen Gewerben entzogen werden, so muss wegen
verminderter Betriebsmittel in allen jenen Gewerben eine entsprechende
Anzahl Arbeiter entlassen werden, und zwar, nach unserer früheren
Schätzung von drei Arbeitern auf tausend Thaler Betriebskapital,
müssen 60,000 Menschen ausser Brot gesetzt werden. Wenn Sie
also in den neuen Spinnereien bloss 10,000 Arbeiter in Brot setzten,
so liefe Ihr Plan für die Beschützung vaterländischer Arbeit darauf
hinaus, dass Sie 50,000 vaterländische Arbeiter auf die Strasse

setzten. Diese Schutzwirthschaft aber haben Sie schon lange in ausgedehntem Maassstabe gehandhabt, und darum eben giebt es so viel Brotlosigkeit unter Ihren Schützlingen.

»Excellenz wollen gnädigst verzeihen — die Zahl der zu beschäftigenden Spinner dürfte etwas höher zu greifen sein.«

— Und wenn ich auch die alten Angaben aus der Kindheit der Spinnerei wollte gelten lassen, wo nur zwanzig Zentner Garn auf den Arbeiter kamen, so würden nur 25,000 Arbeiter, meist Kinder, angestellt, gegen 60,000 die ausser Brot kämen. Die Baumwollenspinnerei erfordert ·zur Beschäftigung eines Arbeiters mehr als die sonst durchschnittlich erforderliche Kapitalsumme. Durch ein künstliches Hinleiten des Kapitals zur Baumwollenspinnerei wird also nimmermehr die Anzahl der beschäftigten Hände vermehrt, — abgesehen davon, dass die Arbeit in den Spinnfabriken keineswegs für das Wohlbefinden der Arbeiter die günstigste ist.

Damit nun Ihre Operation zur Beförderung nationaler Arbeit durchgeführt werde, müssen die Weber die 500,000 Zentner Twist, die sie brauchen, um 5 Thlr. pro Ztr. theurer von Ihnen kaufen, als sie dieselben von aussenher beziehen könnten, sie müssen sich dies Material zu Gunsten der Spinner um 2,500,000 Thlr. jährlich vertheuern lassen. Wollten Sie um diese Summe den Preis ihrer Waare erhöhen, so würden sie weniger verkaufen, weniger Arbeit haben; viele von ihnen müssten brotlos werden; sie müssten also jenen den Spinnern zugewendeten Ueberpreis des Garns grösstentheils aus ihrem jetzt so kümmerlichen Lohn hergeben. Sie wissen recht gut, meine Herren, wie sehr eine Vertheuerung der Baumwolle die Spinner drückt, und ebenso drückend für den Weber ist eine Vertheuerung des Garns.

Und wenn auch die Weber die ganzen Mehrkosten des Garns auf ihre Abnehmer wälzen könnten, so würden die Verbraucher, welche für Baumwollenzeuge 2,500,000 Thlr. mehr als sonst zu geben hätten, gerade 2,500,000 Thlr. weniger für andere Bedürfnisse, z. B. für Möbel, Fussbekleidung, Geräthschaft, Nahrungsmittel u. s. w. ausgeben müssen; die Tischler, Schuhmacher, Klempner, Schlosser, Fleischer, Bäcker, Brauer u. s. w. verlören einen Absatz im Belaufe von 2,500,000 Thlr. — was eben keine

Beförderung vaterländischer Arbeit wäre. — Sie dürfen nicht übersehen, dass, nach den Grundsätzen der Buchführung, jede Mehrausgabe irgend einem Konto zur Last fallen muss. Die um
2,500,000 Thlr. vermehrten Kosten bei einheimischer Fabrikation
des jetzt eingeführten Garns bilden einen Verlust, der von irgend
Jemandem getragen werden muss. Es mag nicht leicht sein,
sogleich die bestimmte Quote dieses Verlustes, die jede bestimmte
Person oder Klasse trifft, anzugeben, aber deshalb darf der Verlust nicht aus der Rechnung fortbleiben, denn er ist und bleibt
ein Verlust für das General-Konto. — Ihre ganze Schutzzollkunst
ist, verzeihen Sie mir den Ausdruck, ein System betrügerischer
Buchführung, wobei Sie auf Ihr Spezial-Konto ein Guthaben bringen,
ohne bei dem General-Konto das entsprechende Soll einzutragen.
Da ist es freilich ein Leichtes, mit angeblich herrlichem Gewinne
abzuschliessen. Aber falsche Bücher zur Verdeckung eines
schlechten Geschäfts führen in's Zuchthaus und an den Bettelstab.
Die Schutzzöllner werden vor dem ersteren gesichert, weil sie zum
Kompagnon den Staat haben; und an den Bettelstab schicken sie,
statt ihrer, die vaterländischen Arbeiter, deren Betriebsmittel sie
verwirthschaften.

Sie wollen in neuen Spinnereien Beschäftigung hervorrufen
für 10,000, oder nach Ihrer Behauptung für 15,000 Arbeiter, die
mit dem Kapital, was Sie dort hinziehen wollen, wenigstens eben
so gut jetzt in anderen Industrieen Brot finden. Für solche blosse
Veränderung der Beschäftigungsweise, worin ich keine Wohlthat,
sondern im Gegentheil einen grossen Schaden für die Arbeiter
erkenne, wollen Sie aus den Taschen der Konsumenten einen jährlichen Zuschuss von 2,500,000 Thlrn. ziehen. Und wenn Sie einen
Wochenlohn von $1\frac{3}{4}$ Thlr., 50 Arbeitswochen auf's Jahr gerechnet,
sogar an 15,000 Arbeiter zahlen, geben Sie im Ganzen für Lohn
nur 1,312,500 Thlr. aus, während Sie, wie gesagt, als angeblichen
Zuschuss zum Lohne 2,500,000 Thlr. haben wollen! Es bleiben
noch 1,187,500 Thlr. oder $5\frac{9}{10}$ Prozent als jährlicher Zuschuss
auf das ganze hineinzusteckende Kapital! Sie verlangen also, ein
Gewerbe zu treiben, bei dem Ihre Mitbürger Ihnen nicht bloss den
ganzen Arbeitslohn, sondern noch reichliche Zinsen zuschiessen
sollen? Und ich soll Ihnen dazu behilflich sein, und ruhig zusehen,

wie die Unterbilanz, die Sie machen, durch falsche Eintragungen
versteckt und durch Entwendungen aus dem Einkommen anderer
Gewerbe gedeckt wird? Aber meine Herren, ich bleibe, selbst als
Minister, ein gewissenhafter Buchführer, der in solchen Vorschlägen
eine ebenso grosse Beleidigung seines Verstandes, als seiner Ehrlichkeit sehen muss.

Die sonst so runden Gesichter der Abgeordneten waren, während
ich sprach, sehr lang geworden, und die Farbe derselben stach
nicht mehr so grell von der der weissen Krawatten ab. Ich hätte
mich über ihr sichtbares Entsetzen fast belustigen können, aber
der Unwille erstickte in mir jede andere Regung. Und indem ich
den Anführer der Deputation mit einem Blicke, der mein Gefühl
klar ausdrückte, ansah, schloss ich:

Sie, mein Herr, der Sie 4000 Zentner Twist jährlich fabriziren,
mögen allerdings eine Erhöhung des Zolles, mithin Ihres Absatzpreises um fernere 2 Thaler pro Zentner wünschen, wodurch Ihnen
eine Vermehrung des jetzigen Gewinns von Ihrem Kapitale um
8 Prozent erwüchse. Ich begreife auch, wie eine so lockende
Aussicht für Ihren Privatnutzen Sie verblendet haben mag über
den für Andere damit verknüpften Verlust. Doch fragen Sie sich
schlicht und einfach: wenn Sie, ohne gerade Ihre Fabrikation vermehrt oder verbessert zu haben, plötzlich in Folge einer Tarif-
operation 8000 Thaler mehr einnehmen, auf wessen Kosten
geschieht dies? Wer giebt sie her? Irgend Jemand muss sie
einbüssen, denn Sie haben sie nicht geschaffen, sondern eben
nur eingenommen. Sie wissen nicht, wer sie einbüsst, Sie
wollen nicht danach fragen, vielmehr möchten Sie glauben
machen, dass das Geld von Keinem eingebüsst werde, sondern
reiner, durch die Schutzzollkunst geschaffener Gewinn sei. Solche
angenehme Selbsttäuschungen sind aber mit meiner Pflicht, der
ich über die Interessen Aller mit gleicher Treue Buch zu führen
habe, unvereinbar.

Glauben Sie, dass ich die Verhältnisse nicht richtig auffasse,
so giebt es einen anderen Ort, wo wir den Gegenstand besser als
hier erörtern können. Sie sind Mitglied der Kammer. Glauben
Sie, dass Sie für Ihre Vorschläge dort ein geneigteres Gehör, als
bei mir finden dürften, so stellen Sie Ihre Anträge. Ich werde

auf meinem Platze sein, und was ich Ihnen hier gesagt habe, werde ich dann öffentlich wiederholen.

Hiermit machte ich eine Verbeugung, rückte meinen Stuhl an den Tisch, setzte mich nieder und fing an die grossen Briefe emsig zu eröffnen. — Die Herren, welche sich entlassen sahen, verbeugten sich schweigend, und suchten ziemlich eilig die Thür, indem der Führer ein grosses Papier, welches er beim Eintreten hervorgezogen hatte, wieder in die Tasche steckte.

Als sie fort waren, merkte ich, dass ich mich ein wenig erhitzt hatte, stand also auf, lüftete mein Halstuch und ging einige Male in meinem grossen Zimmer auf und ab. Eine saubere Wirthschaft! rief ich im Selbstgespräch. Lass die Sippe mir noch einmal kommen! der kleine Adam Riese wird die Herren lehren, was Buchführung zu bedeuten hat!

—

Im Vorzimmer warteten noch Mehrere auf Audienzen. Sie wurden der Reihe nach eingeführt. Sogleich nach dem Abgange der Spinner erschienen einige Eisenbergwerksbesitzer mit einem Proteste gegen die Erneuerung des Vertrags mit Belgien, wonach von dorther Roheisen unter einer Zollermässigung von 5 Sgr., und Stabeisen unter einer Zollermässigung von 7½ Sgr. zugelassen wird.

— Sie haben ganz Recht meine Herren, Differenzialzölle sind ganz gegen meine Grundsätze. Wenn der allgemeine Roheisen-Zoll den Preis bei uns um 10 Sgr. pro Zentner erhöht, sehe ich keinen Grund, warum der Belgier diesen ganzen Zollzuschlag beziehen, und nur die Hälfte davon an die Staatskasse abgeben solle; denn das heisst: unsere Eisenkonsumenten an Ausländer Zoll zahlen lassen.

»Excellenz haben vollkommen Recht.«

— Nur für die Staatskasse zur Bestreitung unabweislicher öffentlicher Bedürfnisse darf ein Staatsunterthan besteuert werden.

»Ganz wahr, Excellenz.«

— Der Staat muss für alle dem Unterthan abgeforderten Beiträge den vollen Werth an öffentlichen Leistungen gewähren.

»Sicherlich, Excellenz.»

— Die indirekten Abgaben bilden hierin keine Ausnahme. Wenn, in Folge des Zolles, Einer z. B. für ein Pfund Kaffee innerhalb der Mauthlinie zwei Silbergroschen mehr, als jenseits derselben, zahlen muss, so heisst das bloss, dass er neben dem Preis der Waare noch einen Theil seines für den Staatshaushalt überhaupt zu leistenden Beitrags entrichtet. Wenn er die zwei Silbergroschen nicht bei Gelegenheit des Kaffeekaufens bezahlte, würde er sie bei einer anderen Gelegenheit zahlen müssen. Zwar ist es eine etwas willkürliche Geschäftseinrichtung, dass man mit jeder Portion Kaffee eine Patrone oder ein Buch Aktenpapier bezahlen soll. Aber der Betrag, um welchen der Preis des Kaffees für den Konsumenten durch die Zolleinrichtung erhöht wird, fliesst doch zur Staatskasse, wo es ihm auf sein Konto gutgeschrieben wird.

»Augenscheinlich, Excellenz!«

— Bei Differenzialzöllen geschieht dies nur zum Theile. Denn während die Konsumtion um den Betrag des allgemeingeltenden Einfuhrzolls vertheuert wird, haben es die durch einen Differenzialzoll Begüntigten nicht nöthig, wohlfeiler als Andere zu verkaufen; sie nehmen von den Konsumenten den vollen Zollpreis, und geben nur einen Theil des für den Zoll berechneten Aufschlags an die Staatskasse ab; sie stecken die Zolldifferenz in ihre Privattasche.

»Ein schreiender Missbrauch, Excellenz.«

— Dieser Missbrauch wird am schreiendsten, wenn Leute den Konsumenten einen um den Betrag eines Zolls erhöhten Preis abnehmen, und davon garnichts an die Staatskasse abgeben, also den ganzen Zollbetrag zu ihrem Privatnutzen behalten; da wird doch die Differenz zwischen der Belastung der Konsumenten, und der entsprechenden Entlastung ihres Steuerkonto's am grössten. Die Konsumenten bezahlen in Folge eines Zollgesetzes einen Zuschlag zu dem Waarenpreise; da aber die betreffenden Waaren keine Zolllinie passiren, empfängt der Finanzminister nichts davon; und da er eine gewisse Summe vollgemacht haben muss, fordert er auf andere Weise Ersatz für den Ausfall, — was für die Konsumenten eine grosse Differenz in ihren Ausgaben macht. Die ärgsten Differenzialzölle sind solche, die man zweimal, statt einmal zahlen muss. Und wissen Sie, meine Herren, welchen schönklingenden Namen man solchen Zöllen zu geben gewusst hat?

»Excellenz belieben?«

— *Schutzzölle* nennt man sie; aber ich nenne sie *Unter-schleifzölle* oder *Doppelzölle*, indem der zum Waarenpreise zuge-schlagene Zollbetrag unterschlagen wird, und doppelt bezahlt werden muss. Der rechtmässige Preis für eine Waare ist der niedrigste Preis, für den ich sie irgend woher erhalten kann. Aus Schottland oder Wales z. B. könnte ich den Zentner Eisen häufig für etwa einen Thaler hier haben. Der Preis im freien Handel ist für mich der rechtmässige Preis des Eisens. Der Staat aber bestimmt, dass, wenn ich einen Zentner fremdes Roheisen beziehe, ich gehalten sein soll, 10 Sgr. zu der für Staatsbedürfnisse aufzubringenden Summe beizutragen. Da ich nun auf die eine oder die andere Weise meinen Staatsbeitrag entrichten muss, bin ich zufrieden, bei Gelegenheit des Eisenkaufs 1¹/₃ Thaler, statt einen Thaler zu zahlen, d. h. einen Thaler für das Eisen, und ¹/₃ Thaler zur Befriedigung der Staatsanforderung. Der Verkaufs-preis alles Roheisens im Zollvereine von der Qualität des schottischen wird dadurch auf 1¹/₃ Thaler gestellt, bessere Sorten verhältniss-mässig höher; der Roheisenpreis erleidet einen allgemeinen Aufschlag von 10 Sgr. pro Zentner, aber eigentlich nur auf Grund der Staatsbedürfnisse. Nun muss ich jedoch auch für den Zentner inländisches Roheisen 10 Sgr. mehr zahlen, als ich sonst nöthig hätte, ohne dass dadurch der Staat etwas empfängt, also ohne dass mir bei meinem Steuer-Konto der Aufschlag zu Gute kommt. Ohne alle Vergütung für mich werden mir diese 10 Sgr. abge-nommen. Mit welchem Rechte geschieht dies? Der Staat übt, kraft seiner Gewalt, das Recht aus, Geld aus meiner Tasche in die seinige zu bringen. Aber mit welchem Rechte soll die Staatsgewalt dazu gebraucht werden, Geld aus meiner Tasche in die Tasche eines Mitunterthans ohne Entgelt zu praktiziren? Ich gebe 1¹/₃ Thaler an den inländischen Produzenten, und erhalte dafür einen Zentner Roheisen, der mir bloss einen Thaler ersetzt, denn für einen Thaler hätte ich die Waare erhalten können, wenn nicht die Staatsgewalt die Zufuhr beschränkte. Derjenige aber, dem Geld ohne Ersatz abgenommen wird, wird beraubt.

»Excellenz stellen die Sache in ein sehr schroffes Licht.«

— Ich stelle sie in's klare Licht, wo ihre Schroffheit von

selber hervorleuchtet. Ich sehe z. B. das Konto der Eisenkonsumenten im Zollvereine beim Einkauf von vier Millionen
Zentner inländischen Roheisens mit einem Preisaufschlag von
1,333,333⅓ Thalern belastet, finde aber diesen Posten nicht in
den Zollbüchern ihnen zu Gute geschrieben. Sie müssen also die
Summe noch einmal bezahlen; und ich frage, wer hat das Geld
unterschlagen? Ein ehrlicher Buchführer kann solche Dinge nur in
einem Lichte sehen, und nur mit *einem* Namen bezeichnen. Es
ist nicht seine Sache, für Rechnungen, die nicht stimmen, neue
Namen zu erfinden.

»Wenn Excellenz erlauben, lässt sich der Ersatz doch in
Rechnung stellen und nachweisen. Durch die Verwerthung einheimischer Erzschätze, die sonst todt lägen; durch die Verwendung
vaterländischer Arbeitskräfte, die sonst müssig gingen, und durch
die allgemeine Hebung des Nationalwohlstandes, der den Eisenkonsumenten auch zu Gute kommt, dürfte das von diesen gebrachte
scheinbare Opfer reichlich für sie aufgewogen werden.«

— Erze, meine Herren, deren Hervorholung mehr kostet, als
sie eigentlich werth sind, sind keine Schätze. Dies würden Sie
auch erkennen, wenn Sie ordentlich Buch führten, und jeden Posten
gewissenhaft bezeichneten. Ich werde Ihnen das Konto einmal
stellen, wie es sich gehört. Schauen Sie her:

Soll:

An Werthen verbraucht und verzehrt durch
Arbeiter und Zugvieh beim Herausschaffen
und Transportiren von Steinkohlen, Holz
und Eisenerz, sowie bei Herstellung und
Ergänzung der Maschinereien, Geräthe
und Anlagen zur Produktion von 4 Millionen Zentner Roheisen . . . . . . 5,333,333⅓ Thlr.

Haben:

Bei Werth von 4 Millionen Zentner Roheisen nach dem Freihandelspreise . . 4,000,000 Thlr.
Bei Zuschuss aus der Tasche der Konsumenten als Schutzgeld zur Verwerthung
einheimischer Erzschätze . . . . . 1,333,333⅓ „
5,333,333⅓ Thlr.

Ergiebt es sich nicht hieraus, dass Ihre angebliche Schatz-
grube weiter nichts ist, als die von Ihnen gebrandschatzte Tasche
der Konsumenten?

»Metalle haben doch immer Werth, Excellenz.«

— Meinen Sie? Ich glaube, das hängt von Umständen ab.
Schauen Sie her! dies Thalerstück hat Werth, da ich es hier in
meiner Hand habe, und die Mühe, es aus meiner Tasche hervor-
zuholen, nicht sehr gross ist. Wenn ich es aber von der Kur-
fürstenbrücke in's Wasser würfe, und es am Boden der Spree läge,
welchen Werth hätte es dann? Ich zweifle, ob Jemand sich darauf
einlassen würde, es wieder herauszufischen, denn die Arbeit dabei
könnte ihn leicht mehr, als dreissig Silbergroschen kosten. Es
würde sich Einer nur dann an die Arbeit machen, wenn er glaubte,
auf solche Weise am leichtesten in den Besitz eines Thalers gelangen zu können. — Solche allgemeine Phrasen: »Erze sind Erdschätze — Metalle haben Werth« können wir nicht ungeprüft
gelten lassen; sondern wir müssen jedesmal Kosten und Ertrag
gegeneinander stellen, ordentlich rechnen und Konto führen. —
Unser Zweck ist, *Eisen zu haben;* und es handelt sich darum, so
viel Eisen als möglich mit möglichst wenig Kosten zu erlangen;
und es fragt sich, ob wir mit weniger Kosten das Eisen, welches
unter dem deutschen Boden, oder das Eisen, welches unter dem
britischen Boden liegt, uns schaffen können? Wenn die englischen
Bergwerke zugänglicher und ergiebiger, als die unsrigen sind,
warum sollten wir nicht lieber jene ausbeuten? Sie wissen doch,
dass die ergiebigen Eisenbergwerke in Staffordshire, Wales und
Schottland ein Haupthebel des britischen Reichthums sind. Wodurch haben sie den Reichthum? Meinen Sie etwa durch die Beschäftigung von Arbeit und Kapitalien, die sie veranlassen? In
dem Falle müssten sie, wenn sie so reichhaltig und ergiebig wären,
dass das reine Eisen oben zu Tage läge, und fast ohne Arbeit
bloss aufzulesen und wegzufahren wäre, den Reichthum des Landes
weniger als jetzt heben! Und jemehr Arbeit und Anlagekosten
ein Bergwerk zu seiner Ausbeutung erforderte, je unergiebiger es
also wäre, um so mehr müsste es den Nationalreichthum heben.
Diese Ansicht möchten Sie gern, meine Herren, bei uns gelten
sehen. Aber sie beruht auf einem in's Auge fallenden Widerspruch.

Wodurch wird der Reichthum denn überhaupt gehoben? Durch
den Ueberschuss der Einnahme über die Ausgabe, dächte ich.
Die Verbrauchsgegenstände, welche von den Arbeitern und für die
Anlagen zur Erreichung eines Zwecks verzehrt werden, kommen
doch auf das Ausgabe-Konto. Die Verbrauchsgegenstände, welche
durch jene Ausgabe erzielt werden, bilden die Einnahme. Ich
denke, meine Herren, Sie rechnen doch alle so, wenn Sie Ihre
Bücher führen. Wie kommt man also dazu, sobald man eine
Industrie vom sogenannten nationalen Standpunkte ansieht, dies
natürliche Verhältniss umzukehren, und die Kosten als Einnahme
hinzustellen? Das National-Konto, wenn man ein solches aufstellen
will, ist doch nicht Gegensatz des Privat-Konto's sondern ein Haupt-
Konto, welches sie alle zusammenfasst. Ich werde Ihnen dies
praktisch klar zu machen versuchen; z. B.

Konto der britischen Eisenproduzenten.
Ausgabe:

Für Verbrauch der 100,000 Arbeiter zum Herausschaffen und Transportiren von Kohlen und Erz, und zur Erhaltung, der Anlagen und Werkzeuge	20,000,000 Thlr.
Zinsen für 100,000,000 Thlr. Anlage- und Betriebs-Kapital	5,000,000 „
	25,000,000 Thlr.

Einnahme:

Von 30,000,000 Ztr. Roheisen . . .	25,000,000 Thlr.

Konto der britischen Eisenverwendung.
Ausgabe:

Für 30,000,000 Ztr. Roheisen	25,000,000 Thlr.
Uebertrag auf Nationalreichthums-Konto	75,000,000 „
	100,000,000 Thlr.

Einnahme:

Vom Mehrertrag an Befriedigungsmitteln aller Art, welcher bei sämmtlichen Industrieen mit Hilfe der verwendeten 30 Millionen Ztr. Eisen erzielt wird .	100,000,000 Thlr.

Hiernach wird einleuchtend: erstens, dass die eigentliche

Nationaleinnahme aus der Eisenindustrie nicht nach der Einnahme
der Eisenproduzenten, auch nicht nach dem Preise des Eisens zu
berechnen ist, sondern in den Befriedigungsmitteln aller Art
liegt, welche mit Hilfe der eisernen Werkzeuge, Maschinen u. s. w.
in allen Gewerben überhaupt gewonnen werden; — zweitens,
dass die Arbeits- und Kapitalskosten beim Betriebe der Eisenproduktion, d. h. die Kosten des Eisens, von jener Einnahme in
Abzug zu bringen sind, wenn es sich um eine Berechnung der Vermehrung des Nationalwohlstandes durch die Eisengewinnung handelt.

Was kann also verkehrter sein, als den nationalen Nutzen
aus der Eisenindustrie nach dem Betrage der beschäftigten Arbeitskräfte und Kapitalien angeben, — oder mit anderen Worten:
die Ausgabe eines Spezial-Konto's als Einnahme auf das General-
Konto setzen zu wollen? Wenn die Engländer ihre 30,000,000 Ztr.
Eisen mit halb so viel Arbeitern und Kapital gewinnen könnten,
also nur 12½ Millionen Thaler für Lohn und Zinsen dabei zu
zahlen hätten, so würde ihr Nationalgewinn um 12½ Millionen Thaler
jährlich grösser sein. Je kleiner die Ausgabe, um so grösser der Ueberschuss; und Ueberschuss ist Gewinn. Ist dies klar, oder nicht?

»Excellenz belieben die Sache von einem eigenthümlichen
Gesichtspunkte anzusehen; aber die nationale Aufgabe ist doch
Ernährung der vaterländischen Arbeitskräfte und Verwerthung der
vaterländischen Mittel. Demnach ist der Aufwand für den Unterhalt eigener Arbeiter nicht bloss eine Ausgabe, denn er bildet die
Einnahme solcher Arbeiter, welche auch einen Theil der Nation
ausmachen. Und ebenso verhält es sich mit der Vergütung an
einheimische Kapitalisten, welche vaterländische Industrieen betreiben.
Die Ausgabe für Arbeit und Kapital im Lande bildet ja die Einnahme des aus Arbeitern und Unternehmern bestehenden Volks.
Wenn z. B. im gedachten Falle, das britische Eisen mit der Hälfte
der Arbeit und des Kapitals erzeugt würde, wenn also dort 50,000
Arbeiter brotlos und für 50,000,000 Thlr. Kapitalien nutzlos
würden, so entstände ein Ausfall bei der Einnahme der Arbeiter
und Kapitalisten, der jene angebliche Ersparniss an der Ausgabe
im Ganzen aufwöge, so dass der Ueberschuss, auf den Excellenz
hindeuteten, sich nicht ergeben dürfte.«

— Sie leugnen also, dass eine Verminderung der Arbeits- und

Kapitalskosten bei der britischen Eisenproduktion den Engländern im Ganzen einen Gewinn brächte. Demnach müssen Sie auch leugnen, dass eine Vermehrung jener Kosten ihnen im Ganzen einen Verlust brächte. Also könnte man in Grossbritannien durch ein Gesetz bestimmen, dass in den Eisenbergwerken nur während der Hälfte des Tages gearbeitet werden dürfe. Alsdann würde man zur Beschaffung der 30 Millionen Ztr. Eisen doppelt so viel Hände, Werkzeuge, Maschinen u. dgl. bedürfen, was mit doppelt so viel Kosten verknüpft wäre. Wenn also diese verdoppelten Kosten keinen Verlust verursachten, so wäre ein solches Gesetz eine volkswirthschaftliche Wohlthat, nach der das Parlament schleunigst greifen müsste; denn dadurch würde die nationale Aufgabe um so vollständiger erfüllt, die nach Ihrer Ansicht, in der Beschäftigung vaterländischer Arbeits- und Kapitalkräfte besteht. Wollen Sie also behaupten, dass das volkswirthschaftliche Wohl eines Landes durch gesetzlich gebotenes Faullenzen, durch geflissentliches Nichtarbeiten gefördert werden könne? Dies aber ist die augenfällige Folgerung aus Ihren Aufstellungen!

»Excellenz setzen extreme Fälle, die mit der Praxis nicht im Zusammenhang stehen.«

— Doch! Sie stehen in genauestem Zusammenhange mit derjenigen Praxis, die Sie bei der Leitung volkswirthschaftlicher Interessen angewandt wissen wollen. — Die Quelle Ihrer Irrthümer liegt darin, dass Sie Mittel und Zweck verwechseln. Die Beschäftigung von Arbeit und Kapital ist ein Mittel, welches die Beschaffung von Befriedigungsmitteln bezweckt. Die Beschäftigung derselben ist mehr oder weniger volkswirthschaftlich, je mehr oder je weniger Befriedigungsmittel durch dieselbe erzielt werden. Die nationale Aufgabe, worunter Sie wohl den volkswirthschaftlichen Zweck verstehen, ist demnach die möglichst reichliche Beschaffung von Befriedigungsmitteln. Demnach handelt es sich nicht bloss darum, dass Kapital und Arbeit beschäftigt werden, sondern wie sie beschäftigt werden. Es wäre allerdings für ein Handelsministerium eine schwierige Aufgabe, wenn es die ergiebigste Verwendung der produktiven Mittel aller Landeseinwohner ermitteln und angeben müsste; aber glücklicherweise hat es dies nicht nöthig; die Welt ist so eingerichtet, dass ihre fortschreitende

Kultur nicht von der Einsicht und Thätigkeit eines Ministeriums abhängig gemacht. sondern durch natürlich wirkende Gesetze gesichert ist, die wir studiren müssen, um die wohlthätige Wirkung derselben nicht durch willkürliches Eingreifen zu stören. So auch hier. Wenn keine Gewalt störend dazwischen tritt, sucht jede Arbeit unter allen sich darbietenden Gelegenheiten die lohnendste Beschäftigung, d. h. diejenige, bei der sie die grösste Menge der begehrtesten Dinge schafft, also nach den Umständen die allgemeine Befriedigung am meisten vermehrt. Je mehr Befriedigungs- oder Gebrauchsmittel erzielt werden, um so mehr lassen sich erübrigen, und zur Unterstützung fernerer Produktion als Kapitalsvermehrung verwenden; und das Kapital beschäftigt so viel Arbeit, als es immer vermag, weil es nur durch Unterstützung von Arbeit Gewinn bringt. Also braucht sich keine Staatsgewalt um die Beschäftigung von Arbeit und Kapital zu kümmern. Dass sie sich, so viel sie nur können, beschäftigen werden, dafür bürgt das eigene Interesse jedes Betheiligten, welches kräftiger, als alle Staatsgewalt, wirkt; dass sie die lohnendste Beschäftigung sich ausfindig machen, dafür wird besser gesorgt, wenn Jeder für sich selber sucht, als wenn eine Staatsregierung oder ein Zollkongress den Weg für Alle aufzuweisen sich vermessen will. — Um aber auf den gedachten Fall wieder zurückzukommen, damit wir den Einfluss einer Verminderung oder Vermehrung des Aufwands von Arbeit und Kapital bei der Beschaffung irgend eines Befriedigungsmittels erkennen, will ich wieder ein Konto aufstellen. Gesetzt also, dass die Engländer, durch Auffindung noch viel reicherer Erzlager und Entdeckung neuer Schmelzmethoden, ihr Eisen mit halb so viel Arbeit und Kapital, als jetzt, herstellten; natürlich würden in die vorhin aufgestellten Konto's der Eisenproduktion und der Eisenverwendung die entsprechenden Zahlenveränderungen einzutragen sein; alsdann aber, worauf es hierbei ankommt, würde beim General-Konto folgender neuer Posten in Einnahme zu stellen sein.

Mehrertrag an Produkten aller Art bei
verschiedenen Gewerben, deren Mittel ver-
stärkt wurden durch Verwendung der bei
der Eisenproduktion entbehrlich gewordenen
Kapitalien und Arbeiter . . . . 12,500,000 Thlr.

Wenn dagegen das gedachte Gesetz zur Verdoppelung der Beschäftigung für Arbeit und Kapital bei der Eisenproduktion erlassen würde, so würde das General-Konto zu belasten sein:

Für *Ausfall* an Produktion aller Art bei verschiedenen Gewerben wegen Entziehung der zur Eisenprodukten hingeleiteten Betriebsmittel . . . . 12,500,000 Thlr.

Sehen Sie denn, meine Herren, für die Erfüllung der volkswirthschaftlichen Aufgabe eines Landes keinen Unterschied darin, ob 100 Millionen Thaler Kapital und 100,000 Arbeiter verwendet werden müssen um *bloss* 30 Millionen Zentner Eisen zu gewinnen, oder ob man mit der einen Hälfte dieser Kapitals- und Arbeitskraft die 30 Millionen Zentner Eisen, und mit der andern Hälfte *noch* allerlei andere Befriedigungsmittel herstellen kann? — Sie äusserten vorhin, dass die Kapitalien, welche bei der Eisenproduktion entbehrlich würden, todt bleiben, und die ersparten Arbeiter brotlos werden müssten. Was berechtigt Sie zu einer solchen Annahme? Warum sollten nicht die flüssig gewordenen Kapitalien neue Verwendungen finden und ebenso viel Arbeiter als vorhin beschäftigen?

»Die Auffindung lohnender Beschäftigung für Arbeit und Kapital ist sehr schwierig, und alle Zweige sind so sehr überfüllt.«

— Wie! Wo denn? Bei uns wenigstens kenne ich keinen Zweig, der nicht über Mangel an Kapital klagte, keinen Industriellen oder Gewerbsmann, von welchem Fache er sei, der nicht gerne noch mehr Kapital haben, und damit seinen Betrieb ausdehnen und mehr Arbeiter beschäftigen möchte. Kennen Sie irgend einen tüchtigen Menschen mit praktischen Kenntnissen und disponiblem Kapitale, der es wirklich schwer gefunden hätte, ein lohnendes Gewerbe für sich zu ermitteln?

»Aber Excellenz erlauben die Bemerkung, dass die Besetzung der Gewerbe ihre Grenze haben muss; denn sobald die Produktion die Nachfrage übersteigt, tritt allgemeine Verlegenheit ein.«

— Erlauben Sie mir eine Frage. Verlangen Sie nicht für Das, was Sie produziren, so viel als Sie nur bekommen können, zu erhalten?

»Allerdings.«

-- Hat Ihre Nachfrage irgend eine andere Grenze, als die
Ihrer Produktion? Wenn Sie Ihre Produktion vermehrten, würden
Sie nicht sofort Ihre Nachfrage vermehren? Produziren Sie nicht
eben, um mit Ihren Produkten die Produkte Anderer zu kaufen?
Und thun nicht alle andern Produzenten dasselbe? Ist nicht demnach
die Herstellung eines zu vertauschenden Produkts die Erzeugung
einer Nachfrage? Wie sollte denn im Allgemeinen die Produktion
die Nachfrage übersteigen können?

»Und doch in der Praxis können Produkte sehr häufig, wegen
mangelnder Nachfrage, nicht abgesetzt werden.«

— Einzelne Produkte, ja. Es kann ein einzelner Zweig seine
Produkte in stärkerem Verhältniss, als andere Zweige die ihrigen
mehren; der einzelne Zweig kann eine Nachfrage erzeugen, welche
die zu geringe Produktion anderer Zweige nicht zu befriedigen
vermag.

Wenn aber die Produktionsmittel in richtigem Verhältniss zu
dem Maass der respektiven Bedürfnisse auf die verschiedenen Zweige
vertheilt werden, und die Produktion aller verschiedenen Befriedigungsmittel nach diesem Verhältniss vorschreitet, kann durch die wachsende
Fülle nicht Verlegenheit entstehen, sondern im Gegentheil, es
schwinden die Verlegenheiten, mit denen wir uns so lange quälen,
als unsere Produktion im Allgemeinen zu geringe für die Befriedigung
selbst unserer mässigen Bedürfnisse ist.

Wenn Sie viermal so viel Eisen, als jetzt produzirten, und
Ihre Nachfrage nach allen sonstigen Befriedigungen auf das Vierfache steigerten, während die Produktion aller jenen sonstigen
Dinge in geringerem Maasse gestiegen wäre, dann würden Sie sich
mit einem verhältnissmässig geringeren Ersatz begnügen müssen.
Wenn aber alle sonstigen Dinge auch in vierfacher Menge erzeugt
würden, so würden Sie die vergrösserte Menge Eisen ebenso leicht
und zu denselben Preisen, wie jetzt die kleinere Menge absetzen,
und viermal so reichlich als jetzt mit Allem versorgt sein. Für
die vermehrte Besetzung aller verschiedenen Produktionszweige nach
richtigem Verhältniss, d. h. für die Vermehrung aller Befriedigungsmittel unter Berücksichtigung der Verschiedenartigkeit unserer
Bedüfnisse, sehe ich durchaus keine Grenze, weil unsere Fähigkeit
zu geniessen keine absehbare Grenze hat.

Entschuldigen Sie indessen, meine Herren, wenn ich vielleicht Schuld daran bin, dass wir von dem Gegenstand, wegen dessen Sie hier sind, uns etwas entfernt haben. Sie wollen den Differenzialzoll auf Eisen zu Gunsten der Belgier beseitigt wissen. Ich werde mein Möglichstes dazu thun. Und da ich aus den gegebenen Gründen alle Differenzialzölle verwerfe, werde ich ebenso mein Möglichstes dazu thun, um den noch ärgeren Differenzialzoll abzuschaffen, der zu Gunsten der schlesischen und rheinländischen Eisenproduzenten besteht.

»Excellenz wollen die vaterländische Eisenindustrie ohne allen Schutz lassen, die Eisenindustrie, welche eine so wesentliche Grundlage aller Industrie überhaupt ist!«

Vergessen Sie nicht, meine Herren, wenn Sie von vaterländischer Eisenindustrie reden, auch an die Eisengiesser, Maschinenbauer, Eisenwaarenfabrikanten, Schmiede, Schlosser, überhaupt an die ganze Industrie zu denken, für welche die Eisenhütten bloss das Material zur weiteren Verarbeitung liefern. Der Bergwerks- und Hüttenbetrieb umfasst ebenso wenig die ganze Eisenindustrie, wie die Schaafzucht und Spinnerei die ganze Wollindustrie ausmacht. Die Verarbeitung der Hüttenprodukte beschäftigt viel mehr Arbeiter, bewirkt eine grössere Werthvermehrung, als die Bergwerke und Hütten es thun; denn die fertigen Gegenstände, Werkzeuge, Waaren, Maschinen u. dgl. aus Eisen haben durchschnittlich viel mehr, als den doppelten Werth des dazu verwendeten Halbfabrikats. Diesen Haupttheil vaterländischer Eisenindustrie will ich eben *schützen*, und zwar vor dem empfindlichsten Nachtheil, der einer Industrie zugefügt werden kann, nämlich: *vor der Vertheuerung des ihr nöthigen Materials.* In Grossbritanien wird jährlich auf den Kopf der Bevölkerung wenigstens ein Zentner Eisen, im Zollverein kaum ein Sechstel Zentner verbraucht. Der Unterschied liegt zum grossen Theil darin, dass wir das Eisen, welches wir bei freier Einfuhr fast so wohlfeil wie England haben könnten, durch den sogenannten Schutzzoll um dreissig bis fünfzig Prozent vertheuern. Wenn wir dies nicht thäten, würde jedenfalls sehr viel mehr bei uns verbraucht, also auch verarbeitet werden. Wenn wir also fünf Millionen Zentner mehr Stangeneisen, als jetzt, verarbeiteten, würde das nicht eine Be-

schäftigung für vaterländische Eisenindustrie bilden, welche reichlich
eine Verminderung der einheimischen Produktion von Stangeneisen
ersetzte?

Sie sagten, die Eisenindustrie sei die wesentliche Grundlage
aller Industrie überhaupt. Wenn Sie gesagt hätten: »*Die Versorgung mit möglichst wohlfeilem und gutem Eisen trägt vorzüglich zum Aufschwunge aller industriellen Produktion bei*«,
dann hätten Sie bestimmt gesprochen, und hätten völlig Recht.
Insofern Sie aber damit sagen wollen, dass die Verwendung von
Kapital und Arbeit zur Gewinnung von Eisen im Inlande, welches
man wohlfeiler vom Auslande eintauschen kann, im volkswirthschaftlichen Interesse liege, dass es dem Ackerbau, der Schifffahrt,
dem Bau- und Transportwesen, der Fabrikindustrie und den Handwerken nicht schadet, sich unter dem Eisenschutz mit 100 Pfund
Stangeneisen begnügen zu müssen, wo sie für ihr Geld sonst
170 Pfund Stangeneisen erhalten würden, — wenn Sie unter
Eisenindustrie eine kärglichere Versorgung mit Eisen aus theueren,
wiewohl einheimischen Bezugsquellen verstehen, — wenn Sie glauben
machen wollen, dass es allen jenen Produktionszweigen nicht so
sehr auf die Fülle und Wohlfeilheit, als auf die Nationalität des
ihnen dargebotenen Eisens ankomme, dann meine Herren, muss ich
Ihnen entschieden widersprechen.

»Excellenz berücksichtigen zu wenig die Solidarität vaterländischer Industrieen, und den Vortheil für Ackerbau, Fabrikation
und Handwerk aus dem Erhalten eines solches Zweigs, wie der
Eisenproduktion. Das Opfer des Schutzes schafft zahlungsfähige
Konsumenten, schafft einen einheimischen Markt, der erfahrungsmässig stets der werthvollste ist.«

Wenn Sie »Solidarität vaterländischer Industrieen« so verstehen,
dass der eine Zweig im Vaterlande auf Kosten der anderen Zweige
leben solle, so stossen Sie das Prinzip der gleichen Leistung und
Gegenleistung um, und stützen sich nicht mehr auf Volkswirthschaft,
sondern *auf Kommunismus*; dann freilich, wenn man das Defizit
des einen Konto's durch willkürliche Eingriffe in andere Konto's
ausgleichen dürfte, hörte alle Buchführung auf, und dann natürlich
hätte ich nichts mehr zu sagen. Bis es aber dahin kommt, pro-

testire ich gegen alle Solidarität, in dem Sinne einer derartigen Kassengemeinschaft.

Insofern Sie indessen nur sagen wollen, dass die direkte Mehrausgabe für geschütztes Eisen den andern Industrieen indirekt, durch eine Mehreinnahme beim Absatz ihrer Produkte, wieder vergütet wird, indem die einheimischen Eisenproduzenten durch ihren Verbrauch die Preise steigern helfen, so möchte ich mir hierüber einen etwas genaueren Nachweis erbitten. Die Mehrausgabe, um die es sich handelt, beträgt viele Millionen Thaler, denn es werden im Zollverein aus einheimischem und eingeführtem Roheisen über vier Millionen Zentner Stangeneisen fabrizirt, und unter einer künstlichen Vertheuerung von $1^1/_2$ Thlr. pro Zentner verkauft; und dazu kommt noch die Vertheuerung des Kleineisens, des façonnirten Eisens und der Gussprodukte; so dass der ganze Eisenschutz den Konsumenten wenigstens sieben Millionen Thaler kosten dürfte. Mit sieben Millionen Thalern aber könnten die Konsumenten, wenn Sie die Summe ersparten, und zu ihrem Kapital schlügen, über zwanzig Tausend neue Arbeitsstellen jährlich gründen, die auf alle Zeit hin ebenso vielen Familien Broterwerb gewähren würden. Wo es sich also um einen so entscheidenden Ausgabeposten handelt, begnüge ich mich nicht mit einer unbestimmten Versicherung. dass der Ersatz sich irgendwo finden lassen dürfte; ich muss ihn schwarz auf weiss sehen. Ich vermag ihn nicht in Ihrem Falle zu finden. Die Konsumenten erhalten z. B. für Produkte ihrer Industrie im Werthe von 16 Millionen Thalern aus einheimischen Hütten nur 4 Millionen Zentner Eisen, anstatt $6^2/_5$ Millionen Zentner vom Auslande. Wo ist der Ersatz für alle die Produkte, die sie hätten gewinnen können, wenn sie für dieselben Kosten $2^2/_5$ Millionen Zentner mehr Eisen zum Verbrauchen gehabt hätten? Dass die für Eisen fortgegebenen Waaren durch Inländer anstatt durch Ausländer verzehrt werden, das ersetzt ihnen nicht der Verlust. — Oder wenn die Konsumenten, unter dem Schutzsystem, für vier Millionen Zentner Stangeneisen Waaren im Werthe von 16 Millionen Thalern geben müssen, während sie bei freiem Handel diese Menge Eisen vom Auslande für Waaren im Werthe von 10 Millionen Thalern erhalten, und den Rest selber geniessen, oder gegen sonstige Befriedigungsmittel zum Betrage von sechs Millionen Thalern vertauschen könnten, liegt dann etwa

ein Ersatz für den ihnen entzogenen Genuss darin, dass er durch
Inländer entzogen wird? Die Sache liegt ganz einfach: Die Eisenkonsumenten haben Produkte ihrer Industrie zum Betrage von
16 Millionen Thlrn., die sie gegen Stangeneisen vertauschen wollen;
die inländischen Hütten bieten dafür 4 Millionen, die ausländischen
6²/₅ Millionen Zentner. Welchen Ersatz können Sie nun nachweisen,
wenn Sie die Konsumenten zwingen, jene 4 Millionen anstatt dieser
6²/₅ Millionen Zentner zu nehmen? Sie sagten vorhin, der Ersatz
läge darin, dass der inländische Eisenproduzent durch seinen Verbrauch die Preise aller Waaren bessere. Aber ich frage: ist der
Preis einer Quantität Produkte besser, wenn sie mit 4 Millionen,
oder wenn sie mit 6²/₅ Millionen Zentner Stangeneisen bezahlt wird?

Nach Carnall's Angaben über Bergwerks- und Hüttenbetrieb
finde ich, dass Sie von 1844, in welchem Jahre Sie den Schutzzoll von 10 Sgr. pro Zentner Roheisen erhielten, bis Ende 1847,
zu welcher Zeit politische Wirren den Gang der Industrie störten,
die Roheisenproduktion im preussischen Staate von 1,800,000 Ztr.
auf 2,500,000 Ztr. erhöhten, und dabei die Arbeiterzahl in den
Bergwerken von 6000 auf 10,000, in den Schmelzhütten von 8000
auf 9000 ausdehnten; auch etwa 1000 Arbeiter mehr zur Beschaffung des Mehrverbrauchs an Kohlen beschäftigten. Diese
Mehrausbeute von 700,000 Zentner Roheisen nebst Mehrbeschäftigung
für etwa 6000 Arbeiter ist an sich ganz erfreulich; es fragt sich
nur, mit welchem Opfer das Resultat erkauft worden ist? Sie
pflegen freilich diesen Punkt gern zu übergehen, die Einnahme
vorzuzeigen, ohne der Ausgabe zu gedenken; eben deshalb kann
ich Ihre Rechnungsablegung nicht gelten lassen. Das eben erwähnte Resultat ist dadurch erkauft worden, dass man Ihnen Ihr
Roheisen mit 10 Sgr. pro Zentner mehr hat bezahlen müssen, also
mit einer jährlichen Summe von über 833,000 Thlrn., — eine
Summe, welche, als erzwungener Ueberpreis, den Konsumenten
abgenommen wird, um Ihre Industrie zu unterstützen. Demnach
ist das Mehrprodukt von 700,000 Zentner nur mit einem Zuschuss
von mehr als 1¹/₆ Thlr. pro Zentner erzielt worden, so dass man
Werthe im Betrage von 1,500,000 Thlrn. verwendet hat, um eine
Waare im Inlande erzeugen zu lassen, die man für Werthe im
Betrage von 700,000 Thlrn. hätte einführen können. Es kostete

jeder Zentner jenes Mehrprodukts $2^1/_6$ anstatt 1 Thlr. Und für
jeden der 6000 Arbeiter, deren Beschäftigung durch jene Maassregel geschaffen wurde, mussten die Konsumenten ein Jahrgeld
von beinahe 140 Thalern zahlen. Diese von den Konsumenten
geopferte Summe, welche in drei Jahren $2^1/_2$ Millionen Thaler
beträgt, hätte aber ganz andere Früchte für die Arbeiterbeschäftigung
tragen können, wenn sie nicht geopfert, sondern erspart worden
wäre, — wenn sie nicht in den bodenlosen Brunnen einer schutz-
bedürftigen Unternehmung geworfen, sondern zur Erweiterung der
auf dem festen Boden der Konkurrenzfähigkeit stehenden Industrie
verwandt wäre; man hätte damit alle drei Jahre ein Industriekapital
erübrigt, womit über 7000 neue Arbeiterstellen zur fortdauernden
Ernährung von ebenso viel Familien auf alle Zeit hin gegründet
wären. So muss man rechnen, meine Herren. Die Vermehrung
der Beschäftigung für Arbeiter hängt lediglich von der Vermehrung
des Kapitals ab. Eine künstliche Vermehrung der Ausgaben durch
Vertheuerung der Verbrauchsgegenstände *erschwert* die Erübrigung
neuer Kapitalien. Wenn die Konsumenten 833,000 Thlr. mehr für
Roheisen geben müssen, so bleibt ihnen um so weniger für
sonstige Materialien, Werkzeuge und Einrichtungen, womit sie ihre
Produktion ausdehnen und neue Arbeiter beschäftigen könnten.
Ich erkenne leicht genug den Gewinn für das Spezial-Konto
gewisser Bergwerks- und Hüttenbesitzer, die für ihr Eisen
30 Prozent mehr, als vor dem Schutzzoll, einnahmen; aber ebenso
sehr leuchtet mir der Verlust für das General-Konto des Volks-
wohlstands ein; und darum werde ich es für meine Pflicht halten,
als Wächter über den Volkswohlstand, meine Stimme gegen das
Fortbestehen dieser sogenannten Schutzzölle zu erheben, und vor
Allem deren Aufhebung beim Eisen, wo sie gerade am schädlichsten
wirken, zu fordern.

Ihren Anspruch auf sogenannten Schutz stützen Sie auf das
Vorgeben, dass eine gewisse Höhe der Preise nöthig sei, um Ihre
Produktion in bisheriger Ausdehnung fortsetzen und noch erweitern
zu können. Die Erfahrung aber zeigt, dass in England die Eisenproduktion gerade bei sinkenden Preisen gewachsen ist. Am
Schlusse des vorigen Jahrhunderts produzirte Grossbritannien bei
einem Preise von 2 Thlrn. pro Zentner nur 3,000,000 Zentner Roh-

eisen. Heutzutage produzirt es, für den Preis von 1 Thlr. mehr
als das Zehnfache. Durch alle Industrieen hindurch zeigt sich
überall eine Vermehrung der Produktion bei abnehmendem Preise.
Und dies ist ganz natürlich. Die Aussicht auf vermehrten Gewinn
reicht nicht aus, den Produzenten zum Aufgeben eines unvollkommenen Verfahrens, bei dem er sich doch leidlich gut steht,
zu bewegen; er ist argwönisch gegen Neuerungen, und behält
gern das Sichere; nur die Noth vermag ihn vorwärts zu treiben.
In der deutschen Eisenproduktion ist noch sehr viel zu thun. Sie
schieben gewöhnlich unübersteigliche Naturverhältnisse als Grund
vor, weshalb Sie das Eisen nicht so billig produziren können, als
das Ausland. Wenn wirklich eine unübersteigliche Missgunst der
Natur entgegenstände, so läge darin bloss ein Grund, unseren
Eisenbedarf nicht selbst zu produziren, sondern zu kaufen, d. h.
unsere Kapitals- und Arbeitskräfte nicht auf unergiebige oder
ungünstig gelegene Bergwerke, sondern auf andere Zweige der
Industrie zu verwenden, mit deren Erzeugnissen wir Bergwerksprodukte in reichlicherem Maasse eintauschen könnten. Aber in
allen Berichten der Sachkundigen sehe ich andere Mängel aufge-
zählt, deren Beseitigung wohl möglich ist. Bald sind die Wege
noch verwahrlost, bald sind die Anlagen zu klein; hier wird das
Gasgebläse nicht hinlänglich angewandt, dort drücken die Abgaben;
überall lastet auf dem Gewerbe eine lähmende Staatskontrolle. Diese
letztere zu beseitigen will ich gern helfen. Aber zur Abschaffung
sonstiger Mängel, zur Entwickelung der Eisenproduktion im eigentlichen Sinne, durch Antreiben der Thätigkeit und des Erfindungs-
geistes, ist eine scharfe Nöthigung am erspriesslichsten. Konkurrenz,
meine Herren, ist das belebende Prinzip des industriellen Fortschritts; und ich werde mich freuen, Sie unter diesem Prinzipe
neues Leben gewinnen zu sehen.

Ich setzte mich mit einer Verbeugung. Die Herren, welche
sich entlassen sahen, verliessen, scheinbar wenig erbaut, das Zimmer.

Sofort traten einige Rübenzuckerproduzenten ein, welche meine
Fürsprache für die Wiederherabsetzung der Rübensteuer von 3 auf

1½ Sgr. pro Zentner erbitten wollten. Sie protestirten aus Prinzip gegen die Besteuerung einer vaterländischen Industrie; alsdann hoben sie die Vortheile hervor, welche die Rübenzuckerfabrikation allen Erwerbszweigen, besonders aber der Landwirthschaft bringe. Der Bauer, sagten sie, welcher 15 Morgen mit Rüben bestellt und 150 Zentner pro Morgen erntet, erhalte 450 Thaler baares Geld, ferner 900 Zentner Blätter, welche 150 Zentner Heu an Fütterung gleich sind, und 400 Zentner Pressrückstände, welche ihn in den Stand setzen, mehr Kühe zu halten. Dabei werde der Boden so verbessert, dass an Halmfrüchten nichts verloren gehe. Dies sei für die vaterländische Landeskultur ein reiner Gewinn, wie er sich auf keine andere Weise erzielen lasse. Gegen ein so grossartiges volkswirthschaftliches Interesse müsse das leidige Finanzinteresse zurückstehen.

Ich räumte gerne die Vortheile ein, welche den Besitzern des zur Kultur der Zuckerrüben geeigneten, sehr gesegneten Bodens erwachse. Ich fragte nur was dieser Vortheil koste, und auf wessen Kosten er gewonnen werde?

Bekanntlich, sagte ich ihnen, zahlt der indische Rohrzucker einen Zoll von 5 Thalern vom Zentner. Der Zentner Rübenzucker, von ebenso guter Qualität, welcher aus 16⅔ Zentner Rüben durchschnittlich gewonnen wird, zahlt an Steuer nur 1⅔ Thlr.*) — Der Konsument bezahlt für einheimischen Zucker denselben Preis, wie für fremden Zucker gleicher Güte. Aber für jeden Zentner Rübenzucker, den er verbraucht, werden 3⅓ Thlr. weniger, als wenn er einen Zentner indischen Zuckers verbraucht hätte, auf das Steuer-Konto den Steuerpflichtigen gut geschrieben. Die Staatsbedürfnisse müssen indessen zum Vollen befriedigt werden. Also müssen die Steuerpflichtigen dem Staate den Ausfall ersetzen, der dadurch entsteht, dass einheimischer Zucker, anstatt eingeführten Zuckers verbraucht wird; sie müssen für jeden Zentner einheimischen Zuckers eine Zubusse von 3⅓ Thalern aus ihrer Tasche leisten. Demnach ergiebt sich folgende Rechnung und Gegenrechnung.

---

*) Nach den offiziellen Angaben des Handelsarchivs gewinnt man durchschnittlich aus 100 Ztr. Rüben 6 Ztr. *harten weissen Zucker.*

Ertrag von 15 Morgen Rübenland, nämlich:

2250 Ztr. Rüben zu ⅕ Thlr. . . . .   450 Thlr.

900 ,, Blätter gleich 150 Ztr. Heu zu ½ Thlr.   75 ,,

400 ,, Pressrückstände zu ¹/₁₀ Thlr. . . .   40 ,,

Summa 565 Thlr.

Davon ab:

Bestellungs-, Bearbeitungs- und Fuhrkosten. .   125 ,,

Bleiben 440 Thlr.

Verlust für die Steuerpflichtigen, welche den Staat für den
Ausfall am Einfuhrzoll von Zucker entschädigen müssen, und zwar:

für Differenz zwischen Einfuhrzoll und Rübensteuer 3½ Thlr. pro Zentner, bei 135 Zentner
harten weissen Zuckers (aus 2250 Ztr. Rüben)   450 Thlr.

Also zeigt sich gegen den Ueberschuss von 440 Thlr., welchen
Sie bei dem Spezial-Konto des Rübenbauers so wohlgefällig auf-
wiesen, eine Ausgabe bei dem General-Konto zum Betrage von
450 Thlr. Hätte man also jene 15 Morgen Land sogar brach
liegen lassen, so wären im Ganzen 10 Thlr. erspart worden.
Bestände gar keine Zollbegünstigung für einheimischen Zucker, so
würde jener Verlust für die Steuerpflichtigen wegfallen, und nicht
mehr dem Ertrage vom Rübenbau gegenüber zu stellen sein; oder
es würde der Rübenbau behufs Zuckerfabrikation aufhören und das
Land zu anderen Zwecken benutzt werden; es könnten z. B. die
15 Morgen des fruchtbaren Bodens, wie er zum Rübenbau aus-
ersehen wird, eine fast ebenso hohe Ausbeute beim Kartoffel- oder
Rappsbau, und einen beträchtlichen Ertrag beim Getreidebau liefern;
und diese wären wirkliche Gewinne, denen kein Verlust beim
General-Konto gegenüberstände. — Es wären wirkliche Erträge,
nicht Scheineinnahmen. — Wenn Sie, meine Herren, für die
Fabrikation von 135 Ztr. trockenen Zuckers einen Zollschutz oder
Zuschuss von 450 Thlrn., gleich dem Werthe der erforderlichen
Rüben, verlangen, so heisst das nichts anderes, als, dass Sie ein
Gewerbe betreiben wollen, wobei Ihnen, damit Sie bestehen können,
das ganze Rohmaterial auf allgemeine Staatsunkosten geschenkt
werden solle! Ich verdenke es Ihnen keinesweges, dass Sie sich
solche Geschenke zu verschaffen suchen, denn bisher ist es Ihnen
vortrefflich gelungen. Diesmal sind Sie an den unrechten Mann

gerathen. Ich würde mich schämen, Handelsminister zu heissen,
wenn ich nicht meinen ganzen Einfluss aufböte, solcher sinnlosen
Verwirthschaffung der Produktionsmittel ein Ende zu machen. Ich
empfehle mich Ihnen!

Mit dieser letzten Deputation machte ich noch weniger Umstände, als mit den vorigen, denn ich verlor über die heillose
Schutzwirthschaft immer mehr die Geduld.

————

Diese Schutzzöllner, welche der Welt weiss machen möchten,
dass ein künstliches Erhöhen der Preise, d. h. ein Vermindern der
Befriedigungsmittel die allgemeine Befriedigungsfülle vermehre,
hatten mich durch ihr Ausweichen und Abspringen, wenn ich sie
bei der Stange halten wollte, und durch ihr ungehöriges Angeben
des Sachverhalts, was ich ihnen widerlegen musste, so abgeplagt,
dass ich zur Erholung an's Fenster ging, und auf die Strasse
hinausblickte, die vorbeigehenden Geschäftsleute, Frauen, Dienst-
boten, Kinder, Aktenträger, Soldaten, Wagen beobachtete; und, im
Vergleich zu mir in meiner neuen Stellung, fast jedes lebende
Wesen, mit Ausnahme vielleicht des Droschkenpferdes, für ein glück-
liches Geschöpf ansah.

Da öffnete sich das Einfahrtsthor meiner Dienstwohnung, eine
leere Kutsche fuhr vor; ein Diener trat in's Zimmer mit der Mel-
dung: »Excellenz fahren zum Ministerrath. Der Wagen ist vor
der Thür.« Ich sah nach der Uhr. Es fehlten nur zehn Minuten
bis elf. Ich griff sogleich zum Hut und stieg ein; denn ich halte
sehr auf Pünktlichkeit.

In dem Zimmer, wo die Kabinetssitzungen gehalten wurden,
fand ich bei meinem Eintreffen die anderen Minister schon versammelt, — würdige, meist im Staatsdienst ergraute Gestalten,
deren Aeusseres mir lange bekannt war. Meinen Gruss erwiederten
sie, als wenn ich schon lange zu ihnen gehört hätte; auch mir
kam es keinesweges sonderbar, sondern als Etwas ganz in gewohnter
Ordnung vor, dass ich an dieser höchsten Versammlung Theil nahm.
Der Präsident nahm seinen Platz am grünen Tische ein, gab uns
das Zeichen uns gleichfalls zu setzen, und eröffnete die Sitzung
mit den Worten: »Der Herr Finanzminister hat den Vortrag.«

Dieser zog aus seiner grünledernen, mit grossen vergoldeten Buchstaben bezeichneten Mappe verschiedene Papiere, die er vor sich ausbreitete, und begann folgendermaassen:

»Meine Herren! In der letzten Sitzung des Staats-Ministeriums haben meine sämmtlichen Herren Kollegen übereinstimmend sich dahin ausgesprochen, dass die ordentliche Fortführung des Staatshaushaltes in jedem einzelnen seiner Verwaltungszweige die Herbeischaffung grösserer Geldmittel nothwendig erfordere. — Es ist meine Aufgabe, Ihnen heute die Mittel und Wege in dieser Beziehung vorzuschlagen. Ich muss offen bekennen, dass diese Aufgabe mich in nicht geringe Verlegenheit setzt; indess hoffe ich doch derselben zu genügen, wenn nur erst eine Entscheidung über die Prinzipienfrage herbeigeführt ist. Es sind nämlich zwei durchaus verschiedene Wege, welche zu dem nämlichen Ziele — Vermehrung der ordentlichen öffentlichen Einnahmen — führen. Entweder müssen in konsequenter Fortführung des bisher befolgten Systems die indirekten Steuern erhöht werden — oder aber es sind zur Ausgleichung des Defizits neue, bisher nicht adoptirte direkte Steuern einzuführen.

So viel die indirekten Steuern anbetrifft, so darf ich nicht unerwähnt lassen, dass eine der Haupt-Branchen, die Zolleinnahme, leider um ein Bedeutendes weniger eingetragen hat als in früheren Jahren. Die diesjährige Zolleinnahme stellt sich auf ca. 22 Mill. Thaler gegen 27$\frac{1}{2}$ Millionen in früheren Jahren; die Quote pro Kopf ist unter Berücksichtigung der Zunahme der Bevölkerung von 29 Sgr. auf 22$\frac{1}{4}$ Sgr. gefallen. Die Eingangsabgabe von Zucker — einem Gegenstande des allgemeinsten und beträchtlichsten Verbrauchs — bildete von jeher eine zuverlässige und wachsende Haupteinnahme. Seitdem aber die Produktion einheimischen Rübenzuckers den Betrag von 600,000 Zentner erreicht, wofür 3$\frac{1}{3}$ Thlr. pro Zentner weniger als für eingeführten Rohrzucker gesteuert wird, verliert die Zollkasse dadurch nahe an 2 Millionen Thaler, ohne dass die Konsumenten dadurch billigeren Zucker erhielten. Der Zollertrag von Stabeisen nimmt sehr stark ab, der Ausfuhrzoll auf Wolle bringt immer weniger ein. Die Einfuhr fertiger Fabrikate ist auf eine ganz unbeträchtliche Kleinigkeit reduzirt worden — was zwar als glänzende Erfolge unserer nationalen

Politik zu betrachten, aber finanziell weniger erfreulich ist. Eben in Betreff dieser Erfolge unseres bisherigen Systems glaube ich aber, dass unsere alte Politik beizubehalten und auf solche Zweige der Industrie auszudehnen wäre, womit das Ausland uns leider noch immer versorgt. Gleichwohl will ich nicht verkennen, dass zur Deckung des immer wachsenden Defizits bei den Zolleinnahmen, auch die Einführung neuer direkter Steuern für den Augenblick gerechtfertigt erscheinen könnte. Ich will als solche nur die Einkommensteuer erwähnen, möchte aber zugleich andeuten, dass besondere Steuern auf die Landwirthschaft mir vorzüglich angemessen erscheinen, denn unsere Beschützung der einheimischen Industrie schafft für die Bodenfrüchte einen einheimischen Markt, der selbstredend immer der nächste ist. Es dürfte demnach durchaus in der Ordnung sein, dass dieses Vortheils halber, die Landwirthschaft auch zu den Kosten, die nun leider einmal mit der praktischen Durchführung des sonst so heilbringenden Schutzsystems verbunden sind, besonders und in ausgedehntester Weise beitrage.

Ehe ich aber zur weiteren Entwickelung der verschiedenen Wege zur Vermehrung des öffentlichen Einkommens übergehe, habe ich zu bemerken, dass seit unserer letzten Sitzung die Spezial-Budgets von meinen Herren Kollegen in einer nicht genug anzuerkennenden Ausführlichkeit und Genauigkeit mir zugestellt sind. Nach einer sorgfältigen von meinem Standpunkte aus gerechtfertigten Prüfung dieser Spezial-Budgets kann ich nicht verhehlen, dass es mir zur Ordnung der augenblicklichen Finanz-Verlegenheiten ebenso möglich scheint als es wünschenswerth ist, dass in den einzelnen Spezial-Anschlägen Ersparnisse eintreten möchten und ich glaube auf die Willfährigkeit meiner Herren Kollegen hierbei um so sicherer zählen zu können, als jeder von Ihnen freudig bereit sein wird, in dem einzelnen ihm anvertrauten Zweige mit Selbstverleugnung Beschränkungen eintreten zu lassen, zur Erhaltung und zum Wohle des Ganzen.«

Bei dieser Andeutung machte sich eine besondere Unruhe der ganzen Versammlung bemerkbar, in welcher ein Jeder durch ein sehr sprechendes Kopfschütteln oder Achselzucken zu erkennen gab, dass er für seinen Theil der Zumuthung des Finanz-Ministers

unmöglich entsprechen könne. — Zuerst trat diese, hinlänglich
deutlich bemerkbare Ansicht in vernehmlichen Worten bei dem
Kriegs-Minister hervor.

Im Tone unverkennbarer Verstimmung über die Andeutung des
Finanz-Ministers, aber auch mit der Entschiedenheit, welche er
aus der Ueberzeugung schöpfte, dass in der bewaffneten Macht,
welche er zu vertreten berufen sei, die hauptsächliche Stütze des
Staates liege, liess er sich dahin vernehmen:

»Sie werden mir, einem alten Soldaten nicht zumuthen, meine
Herren, in einer langen Auseinandersetzung die Mittel und Wege
zur Herbeischaffung des nöthigen Geldes zu beleuchten. Das ist
ganz und gar nicht meine Sache. — Wie das Geld herbeigeschafft
werde, gehört nicht zu meinem Ressort. — Es wird mir sehr
angenehm sein, wenn meine übrigen Herren Kollegen der Verlegenheit des Herrn Finanz-Ministers durch Ersparnisse in ihren Budgets
Abhilfe gewähren können; — so viel aber mich betrifft, so muss
ich im Hinblick auf die mir anvertraute Sicherheit des Staates
mich feierlich dagegen verwahren, dass dergleichen Ersparnisse
durch Einschränkungen in meinem Ressort in irgend einem Posten
meiner Anschläge verlangt werden könnten. Im Gegentheil muss
ich aufmerksam darauf machen, dass der von mir eingelieferte
Voranschlag nicht ausreichen dürfte, die Bedürfnisse der Armee
vollständig zu decken. Ich bin nicht darauf vorbereitet, mein
Spezial-Budget in jedem einzelnen Posten hier vor Ihnen zu rechtfertigen. — Um aber einige Ansätze, welche vielleicht dem Herrn
Finanz-Minister hoch erscheinen mögen, beispielsweise in's Auge zu
fassen, so bemerke ich, dass das Eisen, dieses wichtige Erforderniss
für die Herstellung des Armee-Materials, in neuerer Zeit — wie
meine Armee-Intendanten mir berichten, — durch die Eisenzölle
ausserordentlich vertheuert ist. — Viele, nothwendig gewordenen
Arbeiten und Anschaffungen bei der Armee haben allein aus dem
angegebenen Grunde einen ausserordentlichen Kosten-Aufwand verursacht. — Andere, nicht weniger wichtige, wenn auch nicht ebenso
nothwendige Arbeiten, zumal bei der Artillerie- und Ingenieur-
Abtheilung, haben aus dem nämlichen Grunde ganz unterbleiben
müssen. Auf der anderen Seite sind die Bedürfnisse der Einzelnen
durch die auferlegten hohen Zölle so erheblich vertheuert, dass ich

von allen Seiten um Erhöhung der Gagen angegangen werde. —
Ausserdem wird aber in Anlass der bekannten Zoll-Differenz mit
unserm Nachbarstaate und zur Sicherung der Grenze gegen die
immer mehr überhand nehmenden Zoll-Defrauden, die Aufstellung
eines Armee-Korps unerlässlich gefordert. Die Ausgaben meines
Budgets werden sich daher erheblich erhöhen und keinenfalls eine
Verminderung zulassen. — Ich weiss, wie gesagt, nicht, welcher
von den Wegen, die der Herr Finanzminister in Vorschlag bringt,
als der bessere von Ihnen erkannt werden wird. Meine unmaass-
gebliche Meinung geht aber dahin, dass die zu beschliessende
Finanz-Maassregel in Betracht der Fürsorge für mein Departement,
nicht auf Vertheuerung der Bedürfnisse gerichtet sein dürfe.
Vielmehr bin ich der Ansicht, dass diejenigen, welche der besonderen
Fürsorge des Staates durch Zoll oder ähnliche Maassregeln sich
erfreuen, auch besonders berufen sind, für die Bedürfnisse desselben
zu sorgen und ich würde es daher auch gar nicht unangemessen
erachten, wenn z. B. die reichen Fabrikanten angestrengt würden,
zur Deckung des Defizits ein Erhebliches beizutragen. Und das
halte ich umsomehr in der Ordnung, als meine Lieferanten gezwungen sind, Fabrikate, welche sie anderwärts zu einem billigeren
Preise anschaffen könnten, bei ihnen um einen höheren Preis zu
kaufen, eine nothwendige Folge der Schutzmaassregeln, welche ich,
wenngleich ich mir kein Urtheil in der Frage anmaasse, doch
niemals mit der Fürsorge für das allgemeine Wohl und mit den
Grundsätzen der Gerechtigkeit habe vereinigen können.«

»Ich muss sehr bedauern«, nahm hierauf der Minister des
Auswärtigen das Wort, »dass die Verhandlungen in Betreff des
mit dem Nachbarstaate abzuschliessenden Zoll-Kartells, auf welches
der Herr Finanzminister zur Wahrung seiner Einnahmen so grossen
Werth legt, so ärgerlicher Natur geworden sind, dass ich den
Beistand des Herrn Kriegsministers in Anspruch nehmen muss.
Wenn ich nach dieser Seite hin nicht mit Erfolg aufgetreten bin,
so wird es mir umsomehr zur Pflicht, auf einem anderen Terrain
wieder zu gewinnen, was hier — wenn auch nicht durch meine
Schuld — sich nicht hat erreichen lassen. Es scheint mir, dass
mein Departement besonders berufen ist, jetzt eine grosse Thätigkeit zu entfalten. Ich habe mit Bedauern aus dem Vortrage des

Herrn Finanzministers erfahren, dass unsere Zollerträge abgenommen
haben und folgerichtig unser Ein- und Ausfuhrhandel in demselben
Verhältniss gelitten haben muss. Ich finde dieses leider durch
die Berichte unserer auswärtigen Konsuln bestätigt, welche diese
Abnahme nun freilich durch die beschränkende Wirkung unserer
Zollgesetze begründen wollen. Sie meinen, dass, weil wir die
Einfuhr auswärtiger Produkte erschweren und beschränken, wir
auch auswärts unsere Produkte nicht so gut, wie unsere Konkurrenten,
verwerthen können. Ich kann mich dieser Ansicht nicht an-
schliessen; ich glaube vielmehr, dass der Abnahme unserer Aus-
fuhren hauptsächlich durch den Abschluss vortheilhafter Handels-
Verträge mit fremden Staaten entgegengewirkt werden muss. —
Ich habe mich seit längerer Zeit mit diesem Gegenstande beschäftigt
und der Herr Finanzminister wird aus den Vorlagen meines Spezial-
Budgets ersehen haben, dass dasselbe deshalb so bedeutend
angeschwollen ist, weil ich es für nöthig erachte, eine umfassendere
Anstellung von Handels-Konsuln anzuordnen. Ebenso ist die —
ich muss es gestehen — nicht unerhebliche Erhöhung meines
Etats für geheime Fonds durch die beabsichtigte überseeische
Gesandtschaft zur Abschliessung eines Handelsvertrages entstanden.
Es ist einleuchtend, dass unser Gesandter, wenn die Unterhandlungen mit diesem unermesslichen Reiche irgend von Erfolg
sein sollen, mit grossem Pomp auftreten und diejenigen Mittel
zur Verfügung haben muss, deren zeitgemässe Verwendung sehr
oft und namentlich bei den dortigen Verhältnissen allein eine
diplomatische Verhandlung zu einem gedeihlichen Ende führen
kann. Das so verausgabte Geld wird aber — dieses lässt sich
bei dem Gelingen der Verhandlungen vorausseten — reichliche,
für das Staatswohl im Allgemeinen höchst erspriessliche Zinsen
tragen (bei diesen Worten musste ich unwillkürlich meinen
Gedanken durch ein ganz vernehmliches Räuspern und Hüsteln
Luft machen, worüber ich noch mehr erschrocken gewesen sein
würde, wenn ich nicht gewahr geworden wäre, dass selbst der
Finanzminister eines wie mir schien sarkastischen Lächelns sich
nicht erwehren konnte), und ich bin überzeugt, dass dieser Gesichtspunkt meinen verehrten Herrn Kollegen veranlassen wird, mein
Spezial-Budget eher zu erhöhen als zu vermindern. Vor Allem

möchte ich aber noch einmal darauf hinweisen, dass die Differenz
in Betreff des Zoll-Kartells in unserm Sinne geordnet werden
muss; dieselbe ist zu weit gediehen, um, ohne die Ehre des
Landes zu opfern, nachgeben zu können, und ich zweifle demnach
nicht, dass das Staatsministerium energische Maassregeln — ja
selbst die äussersten — in dieser Hinsicht gutheissen werde.«

»Ich möchte«, unterbrach hier der Minister des Kultus den
Redner, »vielmehr glauben, dass die Moral des Landes weit mehr
als dessen Ehre bei der Frage betheiligt sei. Wir können vom
sittlichen Standpunkte aus unmöglich unsere Schmuggler mit so
schwerer Strafe belegen wie unsere Landesgesetze es vorschreiben,
wenn auswärtige Schmuggler in ihrer benachbarten Heimath ganz
unbestraft bleiben. Ich habe mich soweit mit dem Sachverhältniss
einverstanden erklärt und den bis jetzt beantragten Schritten
soweit zugestimmt, als die Herren mir die Versicherung gaben,
dass dadurch dem Schmuggel Einhalt gethan und somit ein
hauptsächliches Hinderniss beseitigt würde, welches der sittlichen
Veredlung sich in den Weg stellt, welche, wie aus amtlichen
Berichten zu ersehen, vor Einführung des Zolltarifs bei der zahlreichen Bevölkerung unserer ausgebreiteten Grenzen im steten
erfreulichen Fortschritte stattgefunden hat. Ich habe vor nicht
langer Zeit die traurige Pflicht erfüllt, der hohen Versammlung
ein betrübendes Bild von den verderblichen Folgen des Schmuggel-
Handels zu geben. — Diesem allein muss ich es zuschreiben,
dass die Ortschaften an unserer ausgedehnten Grenze mehr oder
weniger eine Stätte sind der Immoralität und der Irreligiosität,
dass in ihnen aller Sinn für ordentlichen Betrieb und Erwerb
beinahe ausgestorben ist, und dass das zur Gewohnheit gewordene
vagirende Leben und gesetzwidrige Treiben, welchem Alt und
Jung sich hingeben, alle Familien-Bande aufzulösen, jedes Gefühl
von Recht und Unrecht zu untergraben droht. Ich will dieses
herzzerreissende Bild heute nicht wieder aufrollen; dagegen muss
ich aber entschieden mich verwahren, dass der Herr Finanz-
Minister mein Budget in irgend einer Position ermässigen wolle.
Ich muss den geehrten Herrn darauf aufmerksam machen, dass
die beantragte Erhöhung lediglich für Besserungs-Anstalten der
zahlreichen Uebertreter des nach seiner Ausführung für die

nationale Arbeit so nothwendigen Zollgesetzes bestimmt ist, und
dass ich zu meinem Bedauern lediglich aus Finanzrücksichten
so manche andere, für die Volkserziehung nothwendige
Reform, die sich der einstimmigen Genehmigung meiner Herren
Kollegen zu erfreuen hatte, diesem schreienden Bedürfnisse habe
nachsetzen und für jetzt unterlassen müssen. Der Herr Finanz-
Minister werden es mir demnach gewiss nicht verübeln, wenn
ich in so weit gegen seine Pläne mich erkläre, als sie mit der
öffentlichen Moral, deren Wächter ich bin, nicht in Einklang zu
bringen sind.«

»Auch ich«, rief der Minister des Innern, der bis jetzt, wie
es schien, zu seiner Beruhigung eine Prise über die andere
genommen hatte, — »auch ich muss den Herrn Finanzminister
darauf aufmerksam machen, dass meine Etaterhöhung lediglich
in der Mehranstellung von Grenzwächtern und Polizeibeamten.
um die derselbe zur Sicherstellung der Revenuen wiederholentlich
mich angegangen, ihren Grund findet. Ich habe mich oft und
erschöpfend ausgesprochen, dass ich die Unterdrückung des
Schmuggels von einer noch so scharfen Grenzbewachung nicht
erwarte, und ich habe die Ansicht geltend gemacht, dass niedrige
Zölle allein den Schmuggel gründlich beseitigen können; ich
muss es deswegen auffallend finden, dass der Herr Finanzminister
gegen die Erhöhung meines Budgets Einwendungen erhebt, da
dieselbe doch für Ausgaben nöthig ist, welche gegen meine Ansicht
und lediglich auf seinen Wunsch erfolgt sind. Andererseits
werde auch ich, gleich dem Herrn Kriegsminister, von den zahlreichen Beamten meines Departements aus allen Abtheilungen
bestürmt, ihre Besoldungen zu erhöhen. Insofern die bei mir
eingegangenen Petitionen vielfach durch einen Hinweis auf die
Vertheuerung der Lebensbedürfnisse, in besonderer Folge der
erhöhten Zölle, motivirt werden, scheinen mir dieselben allerdings
gerechtfertigt, und ich werde nicht umhin können, sie zu berücksichtigen. Entschieden aber muss ich als Vertreter der Landwirthschaft mich gegen die Ausführung des Herrn Finanzministers
erklären, als geschehe derselben durch die Schaffung des einheimischen Marktes für Bodenfrüchte irgend ein Dienst, und
gegen die Folgerung, dass diese, durch das Schutz-System schon

so gedrückte wichtigste Quelle unseres *National - Wohlstandes*
irgend mit neuen direkten Steuern belastet werde. Im Gegentheil, ich protestire feierlich gegen jede Erhöhung direkter
Abgaben — welcher Art diese auch sein mögen — wenn nicht
zugleich eine wesentliche Ermässigung und gleichmässige Vertheilung der indirekten Abgaben eintritt. Ich zweifele nicht,
dass der Herr Handelsminister mich in diesem Widerstande
unterstützen wird und ich ersuche ihn in dieser Hinsicht das
Wort zu nehmen.«

Ich hatte während dieser Verhandlungen lautlos dagesessen,
wenn ich auch fühlte, dass mir das Blut kochte. So direkt
angeredet, konnte ich aber nicht länger schweigen. Ich war in
der Stimmung, am Liebsten mit einem Donnerwetter loszubrechen,
aber ein mir sonst ganz ungewohntes Gefühl für gemessene
Formen bemächtigte sich meiner und gab meiner Rede den dem
Orte angemessenen Ton.

— So sehr ich auch, sagte ich, die Klarheit anerkenne,
womit meine verehrten Herren Kollegen für die Finanzen und
das Auswärtige, von dem Standpunkte ihrer »nationalen« Politik
ausgehend, zu ihren Resultaten gelangen, so giebt mir doch die
Pflicht des Handelsministeriums, gegen Beeinträchtigung der
Erwerbsthätigkeit das Volk zu wahren, einen anderen Standpunkt.
Der Herr Finanzminister wünscht, dass vor Allem eine Entscheidung über die Prinzipienfrage bei der Besteuerung herbeigeführt werde; diesem Wunsche kann ich mich nur anschliessen,
und ich glaube lediglich, auf unsere bisherigen Verhandlungen
verweisen zu dürfen, um überzeugend es nachzuweisen, dass ohne
Erledigung des Prinzips unsere Berathung das Ziel nimmer
erreichen, sondern resultatlos hin und her schwanken würde, gleich
einem Schiffe ohne Steuer und Kompass. — Der Herr Finanz-
Minister hat darauf hingewiesen, dass die Zolleinnahmen sich
um ein Wesentliches vermindert haben und der Herr Minister
des Auswärtigen folgert aus diesem Umstande sehr richtig, dass
Aus- und Einfuhr in gleichem Maasse abgenommen haben müssen.
Mir ist diese Erscheinung nicht unerwartet. Wo das System
eigends darauf hinarbeitet, Alles selbst im Lande zu verfertigen,
muss die Einfuhr abnehmen und wo die Einfuhr abnimmt, muss

— wie die Konsular-Berichte sehr richtig ausführen — auch die
Ausfuhr abnehmen. Der Herr Finanzminister will von einer
Erhöhung des Zolltarifs mehr Einnahme erzielen; der Herr
Minister des Auswärtigen will durch Handelsverträge, deren
möglicher Abschluss, wie er selbst zugesteht, nicht unbedeutende
Summen im Voraus beansprucht, den auswärtigen Handel in
Flor bringen. Gegen beide Vorschläge muss ich mich entschieden
erklären. Erhöhung der Zollsätze vermehrt nicht die Einnahme,
sie vermindert solche. Der Herr Finanzminister kann dieses
aus seinem eigenen Budget ersehen. Seit Einführung des Eisen-
zolles und Erhöhung des Garnzolles sind die Einnahmen gefallen und wenn auch dieser Abfall vielleicht nicht bei den
beiden erhöhten Positionen selbst sich zeigt, so ist das erklärlich,
denn Eisen müssen wir haben und ohne Garn steht unsere
Weberei still. Die Mehrausgabe für diese nothwendigen Bedürfnisse hat aber bei andern Gegenständen eine Verminderung der
Konsumtion eintreten lassen, die den Ausfall in der Zolleinnahme
herbeigeführt hat. Auf der entgegengesetzten Seite geben niedere
Zölle, abgesehen von der Fülle die sie mit sich bringen, abgesehen
von dem Wohlstande und der hierdurch vermehrten Steuerkraft
des Landes, welche eine Folge derselben ist — in finanzieller
Hinsicht sehr bald ein gleiches oder besseres Resultat als die
hohen Ansätze.

Die Einfuhr des Reis hat sich in der ersten dreijährigen
Periode nach der Zoll-Ermässigung von 3 Thlrn. auf 2 Thlr.
per Zentner von durchschnittlich 99,984 Zentner auf 188,611
Zentner vermehrt. In England hat bei einer Zollverminderung
von 7,393,282 £ in den Jahren 1824—29 die Konsumtion so
zugenommen, dass schon in 1829 jener Nachlass von 7,393,282 £
bis auf 2,713,700 £ wieder eingeholt war. Noch glänzender
war das Resultat der letzten englischen Zoll-Reform von 1842
bis 1850. Die Nachlassung der Zölle in dieser Periode betrug
10,251,294 £ und in 1850 war dieser Nachlass durch die vermehrte Konsumtion bis auf die sehr geringe Summe von
774,000 £ gedeckt. Durch die gleichzeitige Einführung einer
Einkommensteuer im Betrage von 5,500,000 £ wuchs die reine
Staats-Einnahme Englands von 48,084,000 £ in 1841 auf

52,810,000 £ in 1850 und das Defizit der Finanzen von 2,101,370 £ in 1841 verwandelte sich 1850 in einen Ueber-schuss von 2,578,806 £. In 1841 betrug die Staatsschuld 790,874,608 £, in 1850 hatte sie sich bis auf 787,029,162 £ vermindert und ausserdem war die in 1847/48 zur Linderung der Hungersnoth in Irland kontrahirte Schuld von ca. 10,000,000 £ getilgt.

Es scheint mir demnach schon lediglich aus finanziellen Gründen hohe Zeit, dass wir das verderbliche Schutzsystem verlassen und eine Zolleinrichtung aufheben, welche, wenn nicht von den Fabrikanten doch nur für dieselben angeordnet zu sein scheint. — Der Herr Finanzminister beklagt sich, dass seine Zuckersteuer, auf deren Wachsthum er immer bestimmt habe rechnen können, schwinde. — Nichts begreiflicher als diese Klage; denn die Privat-Einnahme der Runkelrübenzucker-Fabrikanten ist es allein, welche durch den Zoll gewinnen kann, gewinnen muss, — und wenn das so fort geht, so wird der Herr Finanzminister sehr bald gar keine, diese Herren aber werden eine um so grössere Einnahme erzielen. Trotz dieser in die Augen springen-den Nachtheile will der Herr Finanzminister das Schutzsystem noch weiter ausbreiten, und in seinem Sinne fordert er uns auf, die alte Politik in dieser Richtung nicht zu verlassen. Ich muss mich entschieden gegen den Ausdruck »alte Politik« erklären. Unsere alte Politik in dem, was Handel und Gewerbe betrifft, ist eine ganz Andere, als der Herr Finanzminister ver-meinen. Sie hat ihren gesunden, für alle Zeiten und unter allen Umständen geltenden Grundsatz in einem Dokumente niedergelegt, welches alljährlich als Glaubens-Artikel und Evangelium im ver-sammelten Staatsministerium vorgelesen werden sollte, zur ewigen Erinnerung und lebendigen Nacheiferung.

— »Es ist« — so heisst in einer Verordnung vom Jahre 1808 — »dem Staate und seinen einzelnen Gliedern immer am zuträglichsten, die Gewerbe jedesmal ihrem natürlichen Gange zu überlassen; das heisst, keine derselben vorzugsweise durch besondere Unterstützungen zu begünstigen und zu heben, aber auch keine in ihrem Entstehen, ihrem Betriebe und Ausbreiten zu beschränken.«

»Neben der Unbeschränktheit bei Erzeugung und Verfeinerung
der Produkte ist Leichtigkeit des Verkehrs und Freiheit des
Handels, sowohl im Innern als mit dem Auslande, ein nothwendiges
Erforderniss, wenn Industrie, Gewerbfleiss und Wohlstand gedeihen
sollen, zugleich aber auch das natürlichste, wirksamste und
bleibendste Mittel sie zu befördern.«

»Es werden sich alsdann Gewerbe von selbst erzeugen, die
mit Vortheil betrieben werden können, und dieses sind wieder
diejenigen, welche dem jedesmaligen Produktionsstande des Landes
und dem Kulturzustande der Nation am angemessensten sind.
Es ist unrichtig, wenn man glaubt, es sei dem Staate vortheilhaft, Sachen dann noch selbst zu verfertigen, wenn man sie im
Auslande wohlfeiler kaufen kann. Die Mehrkosten, welche ihm
die eigene Verfertigung verursacht, sind rein verloren und hätten,
wären sie auf ein anderes Gewerbe angelegt, reichhaltigen
Gewinn bringen können. Es ist eine schiefe Ansicht, man müsse
in einem solchen Falle das Geld im Lande zu behalten suchen
und lieber nicht kaufen. Hat der Staat Produkte, die er
ablassen kann, so kann er sich auch Gold und Silber kaufen und
es münzen lassen.«

»Es ist nicht nöthig, den Handel zu begünstigen, er muss
nur nicht erschwert werden.«

Das sind Lehren praktischer Weisheit, meine Herren, welche
unsere alte Handelspolitik aufgestellt hat. — Mehr, als der Herr
Finanzminister, oder, wie ich glaube, in richtigerer Erkenntniss
derselben, wünsche ich, dass wir dieselbe nicht verlassen mögen,
— noch mehr, dass wir niemals — in Verkennung von Wahrheit
und Recht — dieselben verlassen haben möchten. —

Wie aber mag der Herr Finanzminister seine Anträge
durch eine Berufung auf unsere »alte Politik« rechtfertigen
wollen? — Ohne Zweifel wird doch der geehrte Herr mir
zugeben müssen, dass unsere jetzigen Zollsätze den Aussprüchen
unserer alten Politik schnurstracks entgegen laufen, und dass
diese von bewährten Staatsmännern zum Heil des Staates befolgte
Politik, nicht aber neue unversuchte Theorie es ist, welche
uns mahnt, Wandel zu schaffen in der Politik vom allerneuesten

Datum, welche die Belastung Aller zu Gunsten Einzelner zu ihrem Grundsatz macht.

»Wenn die letzte Bemerkung des Herrn Handelsministers richtig ist«, unterbrach mich der Justizminister, »so muss ich darauf aufmerksam machen, dass die Verfassung bei der Revision der Steuer-Gesetzgebung jede Bevorzugung bei der Besteuerung abgeschafft wissen will, wir also in dem Sinne des Herrn Finanzministers nicht der Verfassung gemäss handeln würden.«

— Die Bemerkung des Herrn Justizministers, fuhr ich fort, hat diesen Theil der Frage erledigt, ich kann also zu dem Vorschlage des Herrn Ministers der auswärtigen Angelegenheiten übergehen, welcher seine ganze Hoffnung auf Handelsverträge setzt. Ich kann diese nicht theilen, ich halte nicht viel von Handelsverträgen. Sollen solche mit Staaten abgeschlossen werden, die dem Prinzip der Handelsfreiheit huldigen, so sind sie unnütz; sollen sie aber mit solchen Staaten abgeschlossen werden, welche dem Schutzsystem huldigen, so werden sie keine wirklichen und bleibenden Vortheile gewähren. Denn niemals werden wir eine erhebliche Ermässigung des fremden Schutzzolles, worauf es doch allein ankommt, erlangen können, so lange der jenseitige Staat, der in dem Prinzip des Schutzes sein vermeintliches Heil sieht, dies nicht in seinem Interesse hält und umgekehrt werden auch wir aus demselben Grunde kein nennenswerthes Opfer in der Ermässigung unserer Zölle bringen, weil wir dadurch mit unserem eigenen System in Widerspruch gerathen würden. Aus diesen Gründen dürften bei aller Geschicklichkeit meines verehrten Herrn Kollegen seine Unterhandlungen nichts weiter bezwecken, als dem Staate neue Ausgaben aufzuerlegen. Wir können die Politik eines fremden Staates nicht bestimmen, wohl aber die unsere. Aendern wir also diese; führen wir eine liberale Handelspolitik ein und wir haben keine Zoll-Kartells mit andern Staaten nöthig. Die selbstständig vorgehende Freihandelspolitik Englands hat einen grösseren Umschwung in der gesammten Handelspolitik und mehr Konzessionen von andern Staaten in der kurzen Zeit ihres Bestehens hervorgerufen als die Unterhandlungen der gesammten Diplomatie seit hundert

Jahren! — Dieses in Kürze meine Antwort auf die bis jetzt
gemachten Vorschläge, die ich übrigens gern bereit bin im
Weitern auszuführen, sobald der Herr Finanzminister mit seinen
ferneren Plänen hervortritt und diese in ihrer ganzen Ausdehnung
vorliegen.

Was nun der Einwurf des Herrn Finanzministers gegen die
Spezial-Budgets meiner Herren Kollegen betrifft, so theile ich
denselben, wenn auch aus ganz andern Gründen, als er anführt.
Ehe ich in eine vermehrte Ausgabe willige, muss ich den Nachweis der unausweichlichen Nothwendigkeit auf's strengste prüfen,
und ist dieser Nachweis vollständig geführt, so muss ich dafür
sorgen, dass das nöthige Geld auf eine Weise beschafft werde,
welche möglichst wenig die produktive Thätigkeit der Bevölkerung
störe. Es hat sich herausgestellt, dass die Erhöhungen der
sämmtlichen Spezial-Budgets hauptsächlich durch unsere falsche
Handelspolitik veranlasst sind. Ich komme also immer und
immer darauf zurück, dass diese geändert werde. Ich verlange
dies als Vertreter der nationalen Industrie, ich bestehe darauf
im Namen der Sicherheit des Staates, welche zu schützen der
Herr Kriegsminister besonders in Anspruch nimmt, ich fordere es
im Namen der allgemeinen Wohlfahrt, wie für das Wohl unseres
Staatshaushaltes; ich fordere es im Namen der Sittlichkeit und
der Religiosität; ich fordere es als Gewährleistung des innern wie
des äussern Friedens.

Ich bitte Sie, meine Herren Kollegen, mir zu verzeihen,
ich bitte aber auch mir zu glauben, wenn ich unumwunden
nach meiner Ueberzeugung es ausspreche, dass alle diese verschiedenen von Ihnen so lebhaft vertretenen Interessen nicht
besser gewahrt werden können, als durch das allgemeine Wohlergehen der Bevölkerung. — So viel aber die uns aufliegende
Sorge für dieses allgemeine Wohlergehen anbetrifft, so können
wir derselben nicht besser nachkommen, als wenn wir jedem
Einzelnen gewähren, dieses Wohlergehen in Handel und Verkehr,
in Betrieb und Erwerb sich zu verschaffen, wie oder wo er es
am besten zu finden, oder sich zu sichern vermag. — Schenken
wir Keinem unsere besondere Gunst auf Kosten der Uebrigen:
dann wird es Allen wohlergehen und wir selbst werden die

hauptsächlichen Anlässe zu Klagen und Beschwerden, zur Un-
zufriedenheit und zum Auflehnen gegen gesetzliche Ordnung
hinwegräumen. — Oeffnen wir also unsere Märkte den Erzeugnissen aller Länder, dann haben alle Länder das direkteste
Interesse an unserm Gedeihen; auf unsere Sicherheit und Freiheit
werden sie keine Angriffe, von welcher Seite es sei, dulden,
weil die Beeinträchtigung unseres Wohlstandes zugleich die Zerstörung ihres Absatzes wäre. Nur zwei Jahre des freien Verkehrs, und unsere staatliche Sicherheit wird viel besser gewährleistet sein als jetzt, wenn wir auch nicht ein Viertel unserer
jetzigen Streitmacht beibehalten. Die Herabsetzung der Zölle
auf ein, den Güteraustausch nicht merklich hemmendes Minimum
würde keine finanzielle Verlegenheit dem Staate bereiten; denn
bei der Masse des Eingeführten kämen doch immer beträchtliche
Zollgefälle ein, während, was die Hauptsache wäre, unter dem
freien Austausche alle anderen, mit dem Volkswohlstand wachsenden Einnahmequellen ergiebiger werden würden. Andererseits
würden die Kosten der Grenzbewachung unerheblich werden,
der demoralisirende Schmuggel, nebst den Gerichts- und Gefäng-
nisskosten, fielen weg, während die Grenzbewohner aus Marodeuren
in ruhige Produzenten verwandelt werden würden. Unter Herstellung unbedingter Handelsfreiheit erhielte alle produktive Kraft
die Freiheit, sich nach Geschäft und Ort so zu vertheilen, wie
es der Begehr nach Produkten und Arbeitskraft am natür-
lichsten mit sich brächte; es würden unter solcher Freiheit durch
unberechenbare Bethätigung jetzt unterdrückter Arbeitskräfte un-
absehbare Massen unvorhergesehener Waaren zur Befriedigung
unbegrenzbarer Bedürfnisse erzeugt und umgesetzt werden! —
es entstände für alle Landesbewohner die grösste mit den vorhandenen Kapitalien und Arbeitskräften überhaupt erreichbare
Befriedigungsfülle; der Genuss dieser Fülle würde sich um so
gerechter vertheilen, als keine willkürliche Gewalt sich in die
freien Verträge zwischen den Einzelnen über Leistung und Gegenleistung mischte; jene Fülle böte die grösste, erreichbare Möglichkeit dar, aus den untersten Volksklassen das Elend zu entfernen,
welches die Quelle der sittlichen und geistigen Verwahrlosung ist

und seinen Ursprung in dem Mangel an sittlicher und geistiger,
wie materieller Produktivkraft hat.

Auch ich, meine Herren, will eine nationale Industrie
fördern. Hüten wir uns nur vor Verwechselungen! Eine Sache
ist dann »national« wenn sie, durch die natürlichen Anlagen
begünstigt, frei sich in einer Nation zur Vollkommenheit entwickelt. So sind bei uns Kunst und Wissenschaft, Ackerbau
und Handwerk national, unsere Nation besitzt hierin Vorzüge,
welche sie in den Stand setzen, hierin mit jeder andern Nation
der Welt erfolgreich zu konkurriren. Sehr viele Fabrikationszweige, nämlich alle, worin die menschliche Geschicklichkeit
in grösserem Maasse verwerthet wird, sind ebenfalls bei uns
national; andere dagegen, welche verhältnissmässig die grössten
Kapitalsanlagen erfordern, können erst dann unsern nationalen
Verhältnissen entsprechen, wenn sich unser Kapital sehr stark
vermehrt haben wird. Wollen Sie also, dass unsere Industrie
durchweg eine nationale sei, so stellen Sie Ihre künstliche
Leitung derselben gänzlich ein; alsdann werden die Kapitals- und
Arbeitskräfte von solchen Industriezweigen in der Nation angezogen
werden, welche ihre Nationalität durch ihre natürliche Ausdehnungs-
kraft dokumentiren.

Was Sie ein »nationales System« nennen, verdient in Wahrheit einen ganz andern Namen. Sie stellen als Prinzip hin,
dass die Verwendung der Produktionsmittel, die Wahl der Beschäftigungen nicht durch die freie Konkurrenz der Einzelnen,
sondern durch die Organe der Gesammtheit vermittelst Tarif-
operationen bestimmt werden solle; dass gewerbliche Existenzen
gewährleistet werden müssen; dass die Antheile an den Befriedigungsmitteln dadurch ausgeglichen werden dürfen, dass
die eine Klasse auf Kosten der andern einen künstlich erhöhten
Preis für ihre Produkte beziehe. Diese Prinzipien gelten aber
nicht bloss bei Ihnen; sie bilden die Grundsätze einer Schule
mit der Sie gerne, aber umsonst, ihre prinzipielle Verwandt-
schaft leugnen möchten; — diese Prinzipien verrathen die unleug-
bare Identität des Produktionssystems mit dem Kommunismus.
So lange Sie nicht mit radikaler Konsequenz und durchgreifender
Praxis die freieste Konkurrenz zum einzigen Regulator aller

Erwerbsverhältnisse erheben, so lange sind Sie — ich muss es gerade heraus sagen — Kommunisten!

In meinem Eifer und um dem Worte mehr Nachdruck zu geben, schlug ich hier so heftig auf den Sessionstisch, dass die schmerzliche Berührung meiner Faust — mit der Ecke meiner Bettstelle, mich ebenso unsanft als plötzlich aufweckte. Ich rieb mir die Augen, erkannte mein freundlich bescheidenes Stübchen wieder, kleidete mich an, und war übermässig froh, ruhig meinen Kaffee trinken und auf's Komptoir gehen zu können, anstatt Audienzen an Schutzzöllner ertheilen, und Finanzvorträge im Ministerrathe anhören zu müssen.

Grund- und Kapital-Rente.

Die Grundrente: ein volkswirthschaftlicher Spuk.

Berlin, 18. April 1850.

Die »National-Zeitung« wagte sich neulich bis in die Tiefen volkswirthschaftlicher Wissenschaft hinab. Wie sehr sie allen Grund unter den Füssen verlor, in welche Untiefen sie gerieth, und wie gefährlich derartige Wagstücke für Solche sind, die nur mit einem Paar hohlen Theoremen, als erborgten Schwimmblasen, sich das Ansehn eines Schwimmers geben möchten, wollen wir ihr jetzt zur freundschaftlichen Warnung zeigen.

In einem Aufsatze: »Die Grundrente in ihrer Beziehung zur sozialen Frage« giebt die National-Zeitung den Inhalt einer Kirchmannschen Broschüre, der wir neulich eine kurze berichtigende Notiz widmeten. Sie versagt es sich zwar, für den Augenblick »auf die vielen interessanten Fragen einzugehen, welche sich an die Erörterung über die Grundrente knüpfen«; da sie aber die Kirchmannschen Aufstellungen nicht in einem Literatur-Bericht, sondern im Leitartikel bringt, als Probestück der »ebenso gewissenhaften als eindringenden und scharfsinnigen Studien, welche die Demokratie der sozialen Frage fortwährend zuwendet«, so müssen ihre Leser annehmen, dass sie diese Lehre zu der eigenen macht. Dadurch aber gewinnt die Sache eine andere Bedeutung. Gestützt auf die Autorität der National-Zeitung, im weiten Kreise ihrer gläubigen Leser, wirkt eine volkswirthschaftliche Lehre ganz anders, als durch die gelegentliche Schrift eines noch so angesehenen Laien in der Volkswirthschaft. Wir halten uns dabei also an die National-Zeitung allein; machen sie für alle Konsequenzen verantwortlich, — fühlen uns auch im Interesse der

sozialen Wohlfahrt verpflichtet, sie ungesäumt dafür zur Ver-
antwortung zu ziehen. Es gilt die Grundfrage sozialer Beziehungen.

»Die Grundrente«, sagt die National-Zeitung, »ist wohl zu
unterscheiden von dem Zins und Kapitalsgewinnste. Die Grundrente ist die Rente, welche der Gutsbesitzer sich bezahlen lässt,
nicht für gemachten Kapitalaufwand, auch nicht für die auf die
Bestellung und Einerndtung gewandte Arbeit, sondern *für die
ursprünglichen und unverwüstlichen Kräfte der Natur, welche
auf dem Boden und in dem Boden wirken.*«

Wenn es nun wahr wäre, dass der Gutsbesitzer sich »die
ursprünglichen Kräfte der Natur« bezahlen liesse, dann hätte man
für Proudhon keine Antwort, wenn er entrüstet fragt: »Wer hat
das Recht, sich den Gebrauch der Sonne, dieses Reichthums, der
nicht vom Menschen geschaffen ist, bezahlen zu lassen? Wem
gebührt der Pachtzins der Erde? Zweifelsohne dem, der sie geschaffen hat. Wer hat die Erde geschaffen? Gott. Also ziehe
dich zurück, Grundbesitzer! — Der Schöpfer verkauft die Erde
nicht, er schenkt sie Allen, ohne Ansehn der Personen. Woher
denn unter allen seinen Kindern werden nun Einige als Erst-
geborene, Andere als Bastarde behandelt? Wenn die Gleichheit
der Loose im ursprünglichen Rechte lag, wie hat sich die
Ungleichheit eingeschlichen? Mit Recht nicht. *Das Eigenthum
ist Diebstahl!*«

Wer an Gott und die Grundrente glaubt, wird dieser Logik
vergeblich widerstreben. Sobald man Proudhon's Voraussetzungen
einräumt, steht sein Schluss unerschütterlich fest.

Die National-Zeitung ergiebt sich auch willig in den Schluss;
sie behauptet, dass das Gesetz der Grundrente in seiner ruhig
fortschreitenden Wirkung dem grössten Theile der Gesellsschaft
Elend und Verderben droht; — sie sucht nach einer »harmonisch
sich einfügenden Institution, welche den Genuss des Einkommens
aus den ursprünglichen Naturkräften auf Alle vertheilt.«

Merkt denn die National-Zeitung nicht, dass sie hiermit bei
dem blanken Kommunismus angelangt ist? Sie vermeidet Proudhon's
derbe Sprache, denunzirt aber nicht weniger nachdrücklich einen
Haupttheil der Einnahme des Gutsbesitzers als einen Raub an

der Gesellschaft, der auf die bestmögliche Weise wiedererlangt werden muss.

Die Verbreitung des Glaubens, dass zur Lösung der sozialen Frage die widerstandsfähigste Klasse unserer Gesellschaft sich ihres Haupteinkommens entäussern müsse, macht eine friedliche Ausgleichung unmöglich und rückt die Hoffnung einer Entwirrung überhaupt in weite Ferne. Wir dagegen glauben, dass die Lösung des sozialen Problems von keiner Klasse, die sich einer freien produktiven Thätigkeit widmet, Opfer fordert, sondern nur Diejenigen, welche aus dem staatlichen Beschränken ein Gewerbe machen, zur Ergreifung eines produktiven Erwerbs nöthigen muss, wobei auch sie besser fahren werden. Nicht aus einer andern Vertheilung der jetzt erzielten Befriedigungsmittel erwarten wir die ersehnte Befriedigung der jetzt Darbenden, sondern aus der Erzielung so sehr vermehrter Mittel, dass die vorher Unbefriedigten vollauf erhalten, ohne dass Denen, die schon vollauf haben, Etwas gekürzt werde. Die »harmonisch sich einfügende Institution«, welche diese unerschöpfliche Fülle schaffen soll, suchen wir nicht erst; die Wissenschaft hat sie längst herausgefunden. Sie heisst: *stark vermehrtes Kapital unter Freiheit der Arbeit und des Tausches.* Was wir aber suchen, ist, eine sich störend eindrängende Institution abzuweisen, welche das Kapital aufzehrt und die Arbeits- und Tauschfreiheit lähmt, nämlich *den Staat.*

Prüfen wir nun näher das angebliche »Gesetz von der Grundrente«.

Die Art, auf welche es dem Gutsbesitzer möglich sein soll, sich »die ursprünglichen und unverwüstlichen Kräfte der Natur« bezahlen zu lassen, erklärt die National-Zeitung nach der bekannten Ricardo'schen Theorie, die sie ebenso gut aus erster Hand haben konnte, als von Herrn von Kirchmann, der in seiner Schrift überhaupt nichts Eigenes bringt.

»Nirgends ist der Grund und Boden durchweg von gleicher Güte; mit der Zunahme der Bevölkerung reicht der bessere und näher gelegene Boden nicht mehr zu, die erforderlichen Produkte zu schaffen; deshalb muss auch schlechterer und entfernterer Boden kultivirt werden; Produkte gleicher Art und Güte aber müssen denselben Preis haben, ohne Rücksicht darauf, ob sie

auf gutem oder schlechtem, nahem oder entferntem Boden
gebaut sind.«

»Angenommen, der Morgen guten Bodens hätte bisher
8 Scheffel Korn-Ertrag geliefert; der Preis eines Scheffels wäre
1 Thaler gewesen, und Arbeiter und Kapitalisten allein hätten
sich in diesen Ertrag getheilt. Nöthigt nun die steigende Bevölkerung zum Anbau schlechteren Bodens, der bei gleicher
Arbeit und Kapitalanlage nur 6 Scheffel bringt; so wird dies Korn,
da Arbeiter und Kapitalisten auch hier 8 Thlr. vom Morgen haben
wollen, nicht anders, als um 1⅓ Thlr. verkauft werden. Das
dadurch herbeigeführte Steigen des Preises kommt aber auch dem
auf dem guten Boden erbauten Korn zu Gute. Die davon gewonnenen 8 Scheffel bringen nun 10 Thlr. 20 Sgr.; der Grund-
eigenthümer giebt davon an Arbeiter und Kapitalisten nach wie
vor 8 Thlr. und behält für sich 2 Thlr. 20 Sgr. vom Morgen als
Rente. — Jemehr die Bevölkerung steigt, um so höher steigt der
Preis der Bodenprodukte, und mit ihm die Grundrente; der Arbeitslohn steigt keineswegs in gleichem Verhältniss. Dass die Fabrikate
und Manufakturwaaren im Preise fallen, während die Bodenprodukte
im Preise steigen, kommt den Arbeitern und kleinen Handwerkern
wenig zu Statten, da bei ihnen drei Viertel ihrer Jahreseinnahmen
für Kartoffeln, Brot, Butter, Oel und Heizungsmaterial, und nur
ein Viertel für Wohnung, Kleidung und die kleinen Bedürfnisse
der Geselligkeit ausgegeben werden.«

Unsere erste Antwort auf diese Theorie ist, dass alle That-
sachen ihr widersprechen. Es ist nicht wahr, dass, mit der Er-
weiterung der bebauten Morgenzahl, der durchschnittliche Produkten-
Ertrag vom Morgen geringer wird; es ist nicht wahr, dass der
Preis der Bodenprodukte mit der Zunahme der Bevölkerung in die
Höhe geschraubt wird; es ist nicht wahr, dass der Lohn eines
Arbeiters nur eine stets abnehmende Menge von Bodenfrucht zu
kaufen vermag. Von alle Diesem ist aber das Gegentheil wahr.
Unsere Beweise müssen wir aus der englischen Statistik entlehnen,
als der einzig vollständigen, die uns zur Hand liegt.

Im Jahre 1723 war der durchschnittliche Ertrag in den
Grafschaften Lothian, welche zu den bestbebauten gehörten,
höchstens das vierte Korn; hundert Jahre später betrug er das

zehnte Korn, nebst einem zwölffachen Ertrag an Viehfutter und Streu. In den letzten 50 Jahren des 17. Jahrhunderts war in England der durchschnittliche Weizenpreis 39 Shilling; in den 50 Jahren, 1740—1789 war er 41 Shilling; jetzt stellt er sich, bei freier Einfuhr, auf 45 Shilling — was bei dem gesunkenen Werthe des Silbers keine Preiserhöhung des Getreides ergiebt. Inzwischen ist die Bevölkerung in Grossbritannien (ohne Irland) von 5,000,000 auf 19,000,000 gestiegen. Der Lohn eines Feldarbeiters betrug 1685 5 Shilling oder $^{1}/_{8}$ Quarter Weizen, jetzt beträgt er 10 Shilling oder $^{2}/_{9}$ Quarter, fast das Doppelte, wöchentlich. Der Manufakturarbeiter verdiente damals 6 Shilling, jetzt 14 Shilling die Woche. Der Lohn für Bauhandwerker stieg von 1725—1845 um das Doppelte, oder nach Brotkorn gerechnet, von 2 auf 4 Scheffel die Woche. Der wöchentliche Lohn eines Maschinenspinners betrug 1804, (welches kein Theuerungsjahr war) bei 74 Stunden Arbeit, 124 Pfund Weizenmehl, — und 1833, bei 69 Stunden, 267 Pfund.

Die Konsumtion von Bodenprodukten betrug auf jeden Kopf der Bevölkerung erweislich mehr zu der letztgenannten, als zu der erstgenannten Periode. Um aber, nach der von der National-Zeitung vorgetragenen Theorie, für eine fast vervierfachte Volkszahl eine wenigstens fünffache Produktenmenge zu erzielen, durch Urbarmachung von Landstrichen, welche für gleichen Arbeitsaufwand eine geringere Fruchtmasse liefern, müsste ein verhältnissmässig grösserer Theil der Volksarbeit dem Ackerbau zugewendet werden, müsste die ländliche stärker als die städtische Bevölkerung zunehmen. Das Gegentheil hat bekanntlich stattgefunden.

Die bei stark gestiegener Bevölkerung und Konsumtion erfolgte Preisverminderung anderer sehr wesentlicher Bodenprodukte von 1818—1848 betrug, nach dem Durchschnitte der Hamburger Marktpreise, für Zucker, Kaffee, Kakao, Thee, Baumwolle, Tabak, Häute, Reis, Franzbranntwein, Rosinen, Korinthen, 52 Prozent. Auch hegen Sachkundige die wohlbegründete Ansicht, dass die jetzigen Preise, durch vermehrte Arbeitskraft bei noch stärkerer Bevölkerung, sich wieder auf die Hälfte werden herunterbringen lassen.

Mit Bezug auf Bergwerksprodukte, welche auch, wie die

National-Zeitung annimmt, in vermehrter Menge nur zu erhöhtem Preise sich beschaffen lassen, bemerken wir, dass im Jahre 1780 die britischen Eisenwerke 1,360,000 Ztr. Roheisen zu 2 Thlr. lieferten, und jetzt 40,000,000 Zentner zu demselben Preise liefern. In derselben Zeit sank der Preis der Steinkohlen in England, bei noch stärkerer Zunahme des Verbrauchs, von 37 Sh. pro Chaldron in 1780 auf 18³/₄ Sh. in 1842, also gerade auf die Hälfte.

Die National-Zeitung nimmt an, es werde ein Morgen Land mit einem Aufwand von 8 Thlr. bebaut, und bringe 8 Scheffel Korn, welche für 8 Thlrn. verkauft werden. »Nun nöthigt die steigende Bevölkerung zum Anbau schlechteren Bodens.« Wie denkt man sich dieses Nöthigen? Eine Hauptregel volkswirthschaftlicher Forschung ist, niemals den Vorgang zu überspringen, der zwischen der Ursache und dem angeblichen Erfolge liegt. Welcher Vorgang also liegt wohl zwischen dem Steigen der Bevölkerung und dem Anbau schlechteren Bodens? Nöthigen lässt sich der Grundbesitzer zu nichts; er ist sein freier Herr und thut nur, was sein Vortheil ihm eingiebt. Wenn ihm 1 Thlr. 10 Sgr. für den Scheffel Korn geboten wird, dann ist er ohne Nöthigung bereit, Boden anzubauen, welcher bei 8 Thlr. Bestellungskosten nur 6 Scheffel bringt. Wenn aber auch kein neuer Boden angebaut wird, zieht er doch für die 8 Scheffel einen Mehrgewinn von 2 Thlr. 20 Sgr. als angebliche Grundrente; also ist diese ganz unabhängig vom Anbau schlechteren Bodens, aus dem die Theorie sie herleitet.

Aber woher sollte es kommen, dass dem Gutsbesitzer 1 Thlr. 10 Sgr. anstatt 1 Thlr. (d. h. 33 Thlr. 10 Sgr. anstatt 25 Thlr. pro Wispel, als *dauernder Durchschnittspreis*) gegeben wird? Einer solchen Aenderung müssen Ereignisse vorangehen und auch folgen. Das Steigen der Bevölkerung, meint man vielleicht, nöthigt dazu. Dies Wort »nöthigt« ist eigentlich die Stange, mittelst deren die Schüler Ricardo's ihre volkswirthschaftlichen Sprünge machen. Hier aber darf nicht gesprungen, sondern nur Schritt für Schritt, vom bestimmten Punkt aus, gegangen werden. Es sei also die Bevölkerung vermehrt worden, das Korn nicht. Jeder erblickt die Gefahr, dass er sich nicht die gewohnte Menge

Brot werde verschaffen können; doch versuchen es die Bemittelteren, durch Bieten eines höheren Preises, und die Uebrigen erhalten nur zu demselben Preise Brot. Es fragt sich indessen, ob die Unbemittelteren den höheren Preis geben können, — denn bei aller Nöthigung giebt Keiner mehr, als er hat. — Wenn, wie die National-Zeitung sagt, bei den Arbeitern und kleinen Handwerkern drei Viertel ihrer Jahreseinnahmen für Bodenprodukte ausgegeben werden, so würde die gedachte Preissteigerung um 33 pCt. ihnen für Wohnung, Kleidung u. s. w. genau gar nichts übrig lassen. Das ginge nicht. Sie würden weniger Nahrungsmittel geniessen und weniger sonstige Bedürfnisse, als früher, befriedigen; sie würden in eine Noth gerathen, in der sie selber hinsiechen und ihre Kinder rasch absterben würden, so dass die Bevölkerung wieder abnehmen müsste, — weil zum Bestehen einer vermehrten Volkszahl die Erfordernisse nicht vorhanden wären. Deshalb würde aber auch eine Volksvermehrung nicht haben entstehen können. Also war der Ausgangspunkt unserer Hypothese ein falscher. Ehe die National-Zeitung eine »steigende Bevölkerung« annahm, musste sie Umstände setzen, die eine Steigerung ermöglichen. Diese können zweierlei sein. — In dem einen Fall vermehren die Stadtbewohner, durch neue Erfindungen und vergrössertes Kapital, ihre Produktion, und gewinnen so die Mittel, mehr Waaren für Bedürfnisse zu bieten, wodurch sie auch dem Landvolk die Mittel geben, mehr hervorzubringen. Hierbei gewinnen beide Theile. Die vermehrte Einnahme für das Bodenprodukt aber, die angebliche Grundrente »in ihrer ruhig fortschreitenden Wirkung«, weit entfernt, eine *Ursache des Elends* für den grössten Theil der Gesellschaft zu sein, ist die *Folge einer verbesserten Lage* derselben. Und hierbei ist noch zu bemerken, dass jene neuen Erfindungen und vergrösserten Kapitalien, welche die vermehrte industrielle Produktion ermöglichten, wiederum nur dadurch möglich wurden, dass die ländliche Betriebsamkeit Nahrung genug für volkreiche Städte schaffte, und zwar wohlfeil genug, um den Käufern die Mittel für geistige Bildung und Kapitalsanhäufung übrig zu lassen. In der natürlichen volkswirthschaftlichen Organisation gewinnt Keiner für sich allein, und Keiner durch sich allein; alle sich frei entwickelnden Interessen verknüpfen sich in engster Harmonie. Wer

noch glaubt, dass, bei freier Bewegung des Erwerbs, der Eine auf
Kosten oder zum Verderben des Andern leben kann, dem ist die
Grundanschauung volkswirthschaftlicher Verhältnisse noch nicht
erschlossen. — In dem andern Falle ist es das Landvolk, welches
durch neue Erfindungen und vergrössertes Kapital seine Produktion
vermehrt und den Anstoss zur Steigerung der Volkszahl und den
vorhin beschriebenen Verbesserungen der Volkslage giebt. —
Was die National-Zeitung in ihrer Theorie ganz vergessen hat,
ist eben der geistige Fortschritt als Element sozialer Entwickelung.

Der von uns bezeichnete Gang der Dinge ist aber nur der
freie natürliche Gang; und davon allein handelt die allgemeine
Theorie. Wir sind weit davon entfernt, zu behaupten, dass in
unfreien Verhältnissen, wo ein Staat den Geist knechtet, die Hand
bindet und die Kapitalien verschlingt, Stadt und Land gegenseitig
sich hebend von Gutem zu Besserem mit harmonischem Interesse
vorschreiten. Wir sagen nur, dass es so sein würde, wenn das
Staatswesen sie nicht darin störte und hinderte. Wir verkennen
nicht, dass dem grössten Theile der Gesellschaft Elend und Verderben droht, ja dass er demselben schon verfallen ist; wir leugnen
aber entschieden, dass der Grundbesitz, welcher mit Intelligenz,
Anstrengung und so glücklichem Erfolge darauf hinarbeitet, das
Angebot der Bodenprodukte zu vermehren, irgend Schuld an einem
solchem Leiden sei.

Die National-Zeitung meint, dass die Grundrente wohl von
dem Zins- und Kapitalgewinnste zu unterscheiden sei. Dies sollte
ihr doch schwer fallen. Es sollte doch schwer fallen, irgend
Etwas anderes als Vergütigung für Kapitalsanlage und Arbeit bei
der Gutseinnahme nachzuweisen. Was für Kapital in der Boden-
kultur steckt, das ahnen die Wenigsten, — und am wenigsten
können es Diejenigen abschätzen, welche von »unverwüstlichen
Kräften« im Acker reden. Anlage von Wegen, Abräumung,
Umbrechung, Entwässerung, Errichtung der Gehöfte, vorzüglich
aber die Entwickelung und Erhaltung jener Fruchtbarkeit, welche
weit entfernt ist, ursprünglich und unverwüstlich zu sein. Man
findet allerdings beim ersten Urbarmachen eine Fruchtbarkeit im
Boden, aus der sich ein paar Ernten ziehen lassen; wollte man
aber die ursprüngliche Kraft ausbeuten, ohne sie durch schweres

Bearbeiten und sorgsame Viehzucht zu ersetzen, so würde man bald erkennen, wie ein Acker verwüstet wird. Die ursprüngliche Bodenkraft ernährt dürftig auf einer Quadratmeile vielleicht zehn Menschen; die im Boden wirkende Kraft, welche auf der Quadratmeile zehn Tausend reichlich versorgt, ist das künstliche Ergebniss unsäglicher Arbeit und Aufsparungen. Man lese nur im Thaer oder Koppe, was für Fleiss, welche Wirthschaftlichkeit und Einsicht dazu gehört, um auf einem Landgut, nebst Unterhaltung der Arbeitskräfte, auch die Fruchtbarkeit nur vor Aussaugung zu bewahren. Und sehe man dann auf die Arbeitsstunden hin, welche das Landvolk hält, ganz andere, als in den Städten, — auf die gewaltige Körperanstrengung in allen Witterungen — auf den verhältnissmässig geringen Theil des Ertrages, der zu den persönlichen Genüssen verwendet, und die grossen Verwendungen von Arbeit und Mitteln, welche für die Hebung des Ertrages gemacht werden, — bedenke man auch, wie viele Jahrhunderte hindurch diese Thätigkeit und Enthaltsamkeit geübt worden ist, um den jetzigen Kulturzustand herzustellen, so wird man schwerlich nach Verzinsung alles solchen hineingesteckten Kapitals irgend einen Ueberschuss der Gutseinnahmen finden, der auf das Konto der Naturgeschenke zu schreiben wäre. Im Gegentheil wird von Sachkundigen behauptet, dass weder durch die Jahres-Einnahme, noch beim Verkaufspreis der Landgüter das hineingesteckte Kulturkapital zum vollen Betrage vergütet wird, indem ein hochkultivirter Landstrich, z. B. die Mark Brandenburg oder eine englische Grafschaft, nicht einen Verkaufswerth hat, gleich der Summe, die es kosten würde, um eine ähnliche Fläche unter gleichem Klima aus dem wilden Urzustande auf gleiche Kulturhöhe zu bringen. Die vorgebliche, von Kapitalsvergütung zu unterscheidende Grundrente ist ein blosser Spuk, welcher sammt allen seinen Unthaten vor dem Lichte »eindringender Studien« schwindet.

Untersucht man indessen historisch die Einnahmen, welche sich Jene verschafft haben, die durch die Gewalt staatlicher Einrichtungen zu Herren des Bodens wurden, da findet sich allerdings Vieles, was sie nicht den volkswirthschaftlichen Gesetzen verdanken. Wenn ein Kriegsanführer mit seinen Reisigen einen Landstrich überzieht, die Bebauer desselben zwingt, ihm eine Burg zu

errichten, gewisse Felder ihm abzutreten und für ihn ohne Lohn
zu arbeiten, ihm einen Theil ihrer eigenen Ernten alljährlich abzu-
liefern, und auf ihren Kornäckern freie Weide zu gestatten den
Heerden von Wildpret, von dem er sich am liebsten ernährt, so
bringt ihm seine Gutsherrlichkeit allerdings etwas mehr als die
Vergütung seiner Kapitalsverwendung ein, und zwar eine Rente
für die »ursprüngliche und unverwüstliche Kraft« seiner schwert-
bewaffneten Faust, eine Raubrente. — Auch in mehr geordneten
Zuständen bewirkt ähnliches Unwesen, dass viele Kapitalsanlagen,
welche den Gutsbesitzern zu Gute kommen, aus der Tasche Anderer
bestritten werden. Wir haben nur behauptet, dass die jetzige
Einnahme vom Boden lediglich auf Rechnung geleisteter Arbeit
und geschehener Kapitalsanlagen zu setzen, nicht aber, dass die
faktischen Nutzniesser allemal die rechtlichen Besitzer sind. Wir
haben nur die volkswirthschaftlichen, nicht die zivil-rechtliche
Sachlage untersucht. Doch ist diese letztere von verhältnissmässig
untergeordneter Wichtigkeit. Hauptsache für die soziale Wohlfahrt im Allgemeinen ist, dass der Boden zum höchstmöglichen
Ertrag an Früchten gebracht werde; hierzu ist die Besitzergreifung
desselben mit Rücksicht auf die Zuwendung von Kapital unerlässlich; die freie Bewegung bringt auch den Boden allemal in
die Hände derjenigen Kapitalisten, welche daraus die meisten
Früchte nachhaltig zu ziehen vermögen. Der Grundbesitz gilt uns
als soziale Institution nicht für »heilig«, — denn »heilig« nennt
man nur das, was man nicht klar versteht — er gilt uns für
mehr als heilig: für *gemeinnützig*. Und es liegt uns viel daran,
die grosse Klasse der Grundbesitzer zu überzeugen, dass ihr
Interesse sich nicht auf Staatsgewalt stützt, sondern in der freien
sozialen Entwickelung seine natürliche Stellung hat, — mithin
dass gerade sie ein Interesse daran haben, für die Befreiung
unserer sozialen Zustände mitzukämpfen, — und sich nicht durch
die kommunistische Irrlehre der National-Zeitung in das Heerlager
eines antisozialen Staatsprinzips jagen zu lassen.

II.

Denkschrift

gegen

gesetzliche Beschränkung des Zinsfusses.

———

Berlin 1860.

Leicht erklärlich ist der Wunsch einer Staatsregierung, den Bewegungen des volkswirthschaftlichen, ebenso wie denen des bürgerlichen und politischen Lebens bestimmte Grenzen vorzuschreiben. Handelsstockungen, Marktkonjunkturen, Theuerungen, Arbeitsmangel, Geldkrisen und dergleichen verbreiten schweres Leiden über grosse Klassen der Staatseinwohner, und treiben sie bisweilen zu einem für die öffentliche Sicherheit gefährlichen Grade der Verzweiflung. Als Abhilfsmittel sind Brodtaxen, Spekulationsverbote, Lohntarife, Zinsbeschränkungen, Zwangskursbestimmungen und Aehnliches versucht worden. Aber trotz der jahrhundertlangen hartnäckigsten Aufbietung ausgedehnter Polizeimittel, hat sich die Unbezwingbarkeit der volkswirthschaftlichen Bewegungskräfte immer klarer an den Tag gelegt. Man hat endlich einsehen gelernt, dass die in heftigen Preisschwankungen sich äussernden Konjunkturen die nothwendigen Folgen voraufgegangener Störungen der Produktionsverhältnisse sind, über welche die Staatspolizei am allerwenigsten etwas vermag. Einer Brodtheuerung könnte die Staatspolizei nur dann steuern, wenn sie das fehlende Korn zur Stelle brächte, welches Landwirthe und Kaufleute nicht herbeizuschaffen vermochten; einem Arbeitsmangel nur dadurch abhelfen, dass sie das industrielle Kapital des Landes hinlänglich vermehrte, um alle vorhandenen Arbeitskräfte zu beschäftigen; den Parikurs

eines über den Bedarf hinaus vermehrten Papiergeldes nicht anders
erhalten, als wenn sie den allgemeinen Umsatz bis zur Absorption
des übermässigen Umsatzmittels steigerte. Dass sie von alle Dem
nichts vermag, sieht Jeder sofort ein. Und doch hat es sehr lange
gedauert, bis man begreifen lernte, dass, wenn man nichts über
die Quellen der Konjunkturen vermag, man auch deren Aeusserungen
nicht verhindern kann. Die Brod- und Lohntaxen sind ver-
schwunden; die Verbote der Getreidespekulation sind beseitigt; der
Zwangskurs kommt nur als verschämte Form des Staatsbankerotts
vor; — die gesetzliche Zinsbeschränkung aber besteht noch,
sogar in Preussen, einem Lande, dessen Regierung sich durch
ihre Aufklärung auf anderen Gebieten der Volkswirthschaft sonst
auszeichnete.

Unbegreiflicherweise spukt noch bei vielen sonst verständigen
Menschen der Glaube, dass sich der Zinsfuss, oder Miethspreis
eines Darlehns, durch Gesetzesgewalt bestimmen lasse; — wiewohl
es auf der Hand liegt, dass das Gesetz zwar verbieten kann, für
Darlehne mehr als einen bestimmten Zinssatz zu nehmen, aber
nimmermehr bewirken kann, dass Darlehne alsdann zu diesem
Zinssatze gegeben werden. Aus dieser Einseitigkeit müsste die
Hinfälligkeit aller gesetzlichen Zinsbestimmungen wohl Jedem
einleuchten.

Das Verhältniss des Angebots zur Nachfrage im Kapitalsmarkte ist bedeutender Veränderungen fähig; mithin ist der Zinsfuss starken Schwankungen unterworfen. Das Angebot hängt
nicht von dem Gesammtkapital, welches einen ziemlich stetig
wachsenden Betrag bilden mag, sondern nur von dem Theile des
gerade flüssigen Kapitals ab, den die Eigenthümer lieber ausleihen,
als selbst benutzen wollen; und dieser Theil kann sehr leicht
variiren. Die Nachfrage wird stärker oder schwächer, je nach
der grösseren oder geringeren Gelegenheit zu gewinnbringenden
Geschäftsunternehmungen.

Regelt sich nun der Zinsfuss direkt nach dem Verhältniss des
Angebots zur Nachfrage im Kapitalsmarkte, so ist dabei nicht zu
übersehen, dass der Zinsfuss wiederum auf Angebot und Nachfrage
mächtig zurückwirkt. Ein hoher Zinsfuss steigert sowohl die
Fähigkeit, als den Reiz zur Kapitalsansammlung,   veranlasst

Viele, ihre Kapitale lieber auszuleihen, als sie selbst anzuwenden, — vermehrt also einerseits das Angebot von Darlehnen, andererseits bestimmt er Viele, von Unternehmungen mit theurem fremden Gelde abzustehen, schwächt also die Nachfrage. Ein niedriger Zins hat die entgegengesetzte Wirkung. Hieraus ergiebt sich die ersichtliche Neigung des Zinsfusses, sich, durch lange Zeiträume hindurch, abgesehen von momentanen Konjunkturen, um einen ziemlich gleichbleibenden Satz zu drehen. Der im alten Kriegsstaat Rom unter Justinian landesübliche Zinsfuss gilt auch heute in unseren Industriestaaten gewissermaassen für einen Normalsatz.

Dass der allgemeine Durchschnittssatz des Zinses sich etwa auf fünf Prozent gestellt hat, ist nichts Willkürliches oder Zufälliges; vielmehr hat dies seine nachweisbare Begründung in unabänderlichen Naturbedingungen; es hängt nämlich mit den Bevölkerungsgesetzen, der Bodenfruchtbarkeit, der verschiedenen Produktivität verschiedener Länder, der Steigerung der Arbeitsleistung durch Maschinen, vorzüglich aber mit der Dauer des menschlichen Lebens zusammen.

Ein Zins von zehn Prozent zum Beispiel, kann sich wohl eine Zeitlang in neubesiedelten Ländern halten, wo rasch zuströmende Einwanderer nur die fruchtbarsten Flächen und gewinnreichsten Geschäfte in Angriff nehmen. In älteren Staaten mit geordneten Verhältnissen könnte er nicht andauernd sein; denn er wäre von einem Wachsen des Kapitals begleitet, mit dem die Bevölkerungszunahme nicht Schritt halten könnte; woraus eine Steigerung des Arbeitslohns und Verminderung des Unternehmergewinns, mithin der Verzinsungsfähigkeit, erfolgen müsste; auch wäre man, um das rasch vergrösserte Kapital ganz zu verwenden, bald auf die weniger einträglichen Benutzungsweisen verwiesen, welche keinen so hohen Zinsfuss ertragen könnten. Nur in unzivilisirten Staaten, wo, bei der Unsicherheit alles Besitzes, das Kapital, trotz hohen Gewinns, nicht zu wachsen vermag, kann ein hoher Zinsfuss permanent sein.

Ein Zins von fünf oder vier Prozent verspricht dem Darleiher den zwanzigsten oder fünfundzwanzigsten Theil seines Kapitals zum jährlichen Genuss für sich und seine Nachkommen, auf ewige Zeit hin, — setzt ihn in den Stand, sein Kapital, durch Zinszuschlag, wohl innerhalb fünfzehn bis zwanzig Jahren zu verdoppeln. Wer die Hälfte seiner Einnahme kapitalisiren kann, sichert sich nach fünfzehn bis zwanzig Jahren, zu fünf oder vier Prozent, eine Rente, von der er, ohne zu arbeiten, weiter leben kann. Dies ist ein ebenso lockendes, als wenig weit aussehendes Unternehmen; denn noch fünfzehn bis zwanzig Jahre erwerbsfähig zu bleiben, hoffen wohl die Meisten; — dies erhält den Trieb zur Kapitalisirung in dem Grade rege, dass er gerade Schritt hält mit dem durch industrielle Vervollkommnungen sich erweiternden Feld für Kapitalsnutzung. Diese Zinshöhe von fünf bis vier Prozent, für Darlehne von unfraglicher Sicherheit, bildet also erfahrungsmässig den Beharrungspunkt, in welchem die auf den Zins einwirkenden volkswirthschaftlichen Momente ihre gegenseitige Ausgleichung finden.

Bei dem Theile des Kapitals indessen, welcher zu Darlehnen auf kurze Zeit, meist für schnell sich abwickelnde Handelsgeschäfte verwendet wird, kann sich das Verhältniss des Angebots zur Nachfrage rasch und stark verändern; und vorzüglich daher entstehen die durch heftige Schwankungen des Zinsfusses sich kundgebenden Geldkrisen. Haben z. B. die Kaufleute ziemlich allgemein, in Erwartung steigender Preise, Waarenvorräthe aufgehäuft, welche, wie es sich nachher zeigt, nur zu verlustbringenden Preisen realisirt werden können, so wollen sie fast alle, um eine bessere Verkaufsgelegenheit abwarten zu können, das zur Erfüllung ihrer laufenden Verpflichtungen nöthige Geld, welches aus dem Waarenabsatz hätte gelöst werden sollen, borgen. Es entsteht dann fast bei dem ganzen Handelsstand eine ungewöhnlich starke Nachfrage nach Darlehnen; folglich steigt der Zins, bis die Kaufleute ihre eigenen festgelegten Kapitalien wieder flüssig gemacht haben. — Eine weitverbreitete Fehlernte nöthigt einerseits die Landwirthe, Darlehne in ausgedehntem Maasse zu suchen, um den Ausfall der Gutseinnahmen theilweise auf spätere bessere Jahre zu übertragen; andererseits zwingt sie die Verbraucher zu grösseren Ausgaben für die vertheuerten, oft von anderen Gegenden einzuführenden Produkte, was die Nachfrage nach disponiblem Kapitale, mithin den Zins, steigern kann, bis sich die Noth, durch allgemeine

Einschränkung des Verbrauchs und später eintretenden Erntesegen, wieder ausgeglichen hat.

Nach einer solchen Geschäfts- und Geldkrisis, welche sich nicht ohne vielseitige Verluste abwickelt, sind viele Kaufleute eine Zeitlang sehr misstrauisch gegen neue Unternehmungen; — anstatt fremdes Geld zu benutzen, möchten sie lieber ihre eigenen flüssiggemachten Kapitalien zu kurzen Fristen sicher ausleihen, bis sich allmählich ihr Vertrauen wieder stärkt. Das hierdurch verstärkte Angebot von Kapital hat öfters den Zins für kurze kommerzielle Darlehne bis unter zwei Prozent hinabgedrückt.

Die heraufziehende Gefahr eines Krieges oder innerer Umwälzungen flösst gleiches Misstrauen gegen Geschäftsunternehmungen ein, bewirkt ein Sinken des Zinses für sichere Darlehne zu kurzen Fristen, und gleichzeitig ein Steigern des Zinsfusses für gefährdete unkündbare Anlagen, welches sich im fallenden Kurse derselben kundgiebt. — Alle diese Fluktuationen des Zinsfusses rühren indessen von vorübergehenden Umständen her, und tragen ihr Ausgleichungsprinzip in sich. Sie stammen auch, wie gesagt, von Schwankungen im Angebot des meist auf Personalsicherheit ausgeliehenen, rasch umlaufenden Kapitals her.

Mit der grossen Masse des gegen Realsicherheit verliehenen Kapitals verhält es sich anders. Abgesehen von Kriegserschütterungen und Staatsumwälzungen, wächst das Angebot von Kapitalien zur hypothekarischen Beleihung stetig und allmählich mit dem Wachsthum des allgemeinen Wohlstands, in dem Maasse nämlich, als immer grössere Summen dem rascheren Geschäftsumsatz entzogen werden können, um durch permanentere Anlagen dem Familienbestand oder Stiftungen einen gesicherten Rückhalt zu bieten. Ebenso wächst die Nachfrage nach solchen Kapitalien in dem Maasse, als die Realwerthe mit dem zunehmenden allgemeinen Wohlstande wachsen. Demnach müssen sich Angebot von, und Nachfrage nach Hypothekenkapitalien in ziemlich gleichem Verhältnisse entwickeln; denn das Angebot von Kapitalien zu permanenten Anlagen ist eben das Mittel, die Realwerthe zu steigern, auf welche eine vermehrte Nachfrage sich stützen lässt.

Der Hypothekenmarkt gebiert keine Geldkrisen, wiewohl er von deren Wirkungen nicht ganz verschont bleibt. Diejenigen, welche Kapitalien auf Hypothek ausleihen, sind meist Solche, die mit ihrem Gelde Geschäfte nicht machen können oder es nicht wollen, sondern sich mit einer mässigen Verzinsung, ohne alle Mühwaltung und Gefahr, begnügen. Wenn also, bei einer aus dem Handelsverkehr entstandenen Geldkrisis, der Diskontzins momentan auch auf das Doppelte des Hypothekenzinses steigt, so können die Hypothekengläubiger sich eine solche Konjunktur nicht zu Nutze machen; erstens, weil sie, wegen der nothwendigen Kündigungsfrist, ihr Geld selten flüssig machen können, ehe die Konjunktur vorbei ist; zweitens und hauptsächlich, weil sie ihr Vermögen darum auf Hypotheken gaben, weil sie zu eigentlichen Geschäften unfähig sind, oder eben von den Konjunkturen des Geschäftslebens fortan unberührt bleiben wollten. Der hohe Diskontzins veranlasst daher selten die Kündigung einer Hypothek. Aber der Hypothekenverkehr hat seinen regelmässigen Umsatz; zu allen Zeiten werden Hypotheken gekündigt, zu allen Zeiten sind welche fällig; und sehr schwierig wird es allerdings, die während einer Geldkrisis fällig werdenden Hypothekenschulden zu negoziiren; selbst bei pupillarischer Sicherheit ist dies zu dem höchsten gesetzlichen Zinse nicht immer möglich; es muss ein höherer Zins auf verdeckte Weise gezahlt werden.

Der Zinsfuss regelt sich also nach so festen, in den Natureinrichtungen liegenden Ausgleichungsgesetzen, dass er offenbar keiner Regelung durch Staatsgesetze bedarf. Der Glaube, dass er sich durch staatliche Einmischung regeln lasse, kann nur bei Denen herrschen, welche die unbezwingbare Gewalt naturgesetzlicher volkswirthschaftlicher Regulative, den grossartigen Ernst des Kreditverkehrs nicht erfasst haben, — welche die rege Konkurrenz der Kapitalsinhaber um sichere Unterbringung ihrer Gelder, und die damit verknüpfte Mühe und Sorge ausser Acht lassen, — welche, wo von Kreditbenutzung die Rede ist, nur an leichtsinnige, auf jede Bedingung eingehende Schuldenmacher denken, die sie polizeilich gegen Betrüger schützen zu müssen glauben, — und daher den Darlehnsmarkt, einen der wichtigsten Faktoren des Erwerbslebens, Beschränkungen unterwerfen, die nur für die Unmündigkeit berechnet sind.

Die Verkehrtheit eines solchen Unterfangens offenbart sich

bald in seinen Folgen. Insofern es nicht durch Umgehung theilweise unwirksam gemacht werden kann, bewirkt es nur Schaden, verschlimmert gerade das vermeintliche Uebel, gegen welches es gerichtet sein sollte. Die gesetzliche Beschränkung des Zinsfusses, welche zum Schutz der Darlehnsuchenden dienen soll, schlägt in sein Gegentheil um; — sobald der marktgängige Zins den gesetzlichen übersteigt, wirkt das gegen die Geldbesitzer erlassene Verbot des Nehmens höherer Zinsen bloss für die Geldbedürftigen, als Verbot, sich Geld zu den besten Bedingungen, für welche es zu haben ist, zu verschaffen. Diese verkehrte Wirkung ist auch ganz natürlich; denn das Gesetz gegen das Nehmen von mehr als einem vorgeschriebenen Zinse geht von der verkehrten Vorstellung aus, dass die Kapitalisten den Zins, bloss durch ihre Forderungen, einseitig und willkürlich steigern können; und dass, da das einseitige Fordern keine sichtliche Grenze hat, das Gesetz ihm eine Schranke setzen müsse. — Wäre dem so, so fehlte dem volkswirthschaftlichen Verkehr jeder innere Halt. Man sagt zwar, in familiärer Redeweise: »der Kapitalist fordert für Darlehne so viel er nur immer kann.« Doch ist diese Redeweise elliptisch; es müsste eigentlich heissen »so viel er nur immer erlangen kann.« Dies macht den allerwesentlichsten Unterschied; es zeigt, dass, insofern der Kapitalist nicht sein Geld nutzlos liegen lassen will, er nicht in's Blaue hinein fordern kann; dass vielmehr das Fordern einerseits seine sehr bestimmte Grenze in dem Bewilligen andererseits findet. Höheren Zins zu nehmen sind die Geldbesitzer immer bereit und bestrebt; sie erlangen aber einen solchen nur dann, wenn die um Darlehne Konkurrirenden sich gegenseitig überbieten, und den Zins auf eine Höhe treiben, bei welcher so Viele vom Borgen zurückstehen, dass die im Geldmarkt disponibeln Kapitalien zur Befriedigung der Uebrigen ausreichen. Ebenso oft aber sind die disponibeln Kapitalien so gross, dass sie nur durch Erweiterung der Geschäftsunternehmungen untergebracht werden können; um hierzu den Anstoss zu geben, müssen die konkurrirenden Darleiher ihr Geld immer billiger anbieten, bis sie alles untergebracht haben. Immerhin stammt der Zins vom Gewinne aus Geschäftsunternehmungen her; seine Höhe wird bestimmt, nicht etwa durch das Gelüst der Kapitalisten, sondern augenscheinlich durch die vorhandene Gelegenheit zu gewinnbringenden Geschäften.

Soll nun das Zinsbeschränkungsgesetz bewirken, dass Niemand Geld überhaupt borge, wenn es nicht eben *billig* zu haben ist, so ist auch dies völlig unausführbar; denn wenn man auch Geld zu billigem Zins geborgt, und Unternehmungen darauf gegründet hat, so will und kann man nicht seine Einrichtungen aufheben, sein Geschäft auflösen und das Kapital zurückgeben, sobald eine Geldkrise die Zinsen vorübergehend vertheuert; man muss, um grösseren Verlusten, ja dem völligen Ruin zu entgehen, die Darlehne, die man zu billigem Zinse kontrahirte, zu erhöhtem Zinse erneuern. Das Arbeiten mit fremdem Kapitale ist in den meisten Fällen nur dann möglich, wenn man auf eine dauerndere Benutzung desselben in gewissem Umfange zählen kann; insofern ein Geschäft zeitweilig der Ausdehnung und Einschränkung mehr oder weniger fähig ist, benutzt man darin bei billigem Zins mehr, und bei hohem Zins weniger fremdes Geld; doch muss dies dem freien Ermessen des Unternehmers anheimgestellt bleiben, der auch bei seiner Geschäftsanlage die mögliche zeitweilige Zinserhöhung mit in Anschlag zu bringen hat.   Die Geldkrisen entspringen aber daraus, dass so viele Geschäftsleute ihre auf fremdes Geld gestützten Unternehmungen nicht jederzeit beliebig abwickeln oder einschränken können; sie bieten gerne höhere Zinsen, um das erborgte Kapital fortbenutzen zu können; das ihnen dadurch auferlegte Opfer, welches, der Natur des Geldmarkts nach, nur vorübergehend sein kann, und wobei es sich bloss um Prozente von Prozenten handelt, will auch viel weniger als die Opfer bedeuten, auf welche die Geschäftswelt bei rückgängigen Konjunkturen in den Waarenpreisen sich stets gefasst zu machen hat.   Hätte jemals ein Zinsbeschränkungsgesetz mit seinen Bestimmungen durchgreifen, hätte es, sobald Geld nicht für das gesetzliche Zinsmaximum zu haben wäre, die Erneuerung von Darlehnen faktisch verhindert, mithin die Auflösung aller auf fremdem Kapital gegründeten Unternehmungen erzwingen können, so hätte es, eben durch seine Wirksamkeit, seine Verderblichkeit klar an den Tag gelegt.

Solchen Katastrophen indessen hat sich die Geschäftswelt, durch mannigfache Auswege, zu entziehen gewusst. Schon jetzt

ist in Preussen, durch die allgemeine Wechselfähigkeit und das
Recht, einen Wechsel zu jedem Kurs von einem Dritten zu kaufen,
die Umgehung des Zinsbeschränkungsgesetzes sehr erleichtert.
Dennoch wird, durch das bestehende Zinsbeschränkungsgesetz, der
Personalkredit für Alle, die nicht unfraglich sicher sind, erschwert
und vertheuert. Bekanntlich enthält der Zins eines jeden Darlehns,
neben der Vergütung für die Benutzung des Geldes, noch eine
Versicherungsprämie für die Gefahr des Nichtwiederzahlens. Diese
Versicherungsprämie nun muss nach den Umständen jedes einzelnen
Falles berechnet werden; und diese sind so überaus verschieden,
dass ein gesetzlich bestimmter Zinsfuss für alle Darlehne schlechterdings unangemessen ist. Für alle Diejenigen, welche nicht unbedingte Sicherheit bieten können, berechnet sich die zur Gebrauchs-
vergütung zuzuschlagende Versicherungsprämie zu hoch, als dass
sie sich durch die gesetzlichen fünf oder sechs Prozent decken
liesse. Die meisten von ihnen borgen nicht Geld sondern Waaren,
und bezahlen die Kreditprämie in erhöhten Preisen; dies nöthigt
die Fabrikanten zu jener Kreditgewährung, woran die ganze deutsche
Industrie notorisch krankt. Wenn Minderbemittelte Gelddarlehne
erhalten wollen, müssen sie Kapitalisten aufsuchen, welche sich
auf eine Umgehung des Gesetzes einlassen wollen. Wiewohl es
nun wirthschaftlich und sittlich völlig gerechtfertigt ist, sich die
für eine übernommene Gefahr angemessene Prämie bei einem
Darlehn ebenso, wie bei einer Feuer-, See- oder Lebensversicherung,
geben zu lassen, so verbietet doch ein gewisses Anstandsgefühl
den meisten Kapitalisten, so lange das Beschränkungsgesetz besteht,
sich mit dergleichen Geschäften abzugeben. Die weniger bemittelten
Borger sind daher mit ihren Darlehnsgesuchen an einen beschränkten
Kreis von minder anständigen Geldbesitzern verwiesen, welche nicht
bloss für die Gefahr der Kreditgewährung, sondern auch für die
der Gesetzesumgehung eine monopolistische Prämie berechnen. Ohne
gesetzliche Zinsbeschränkung bürgt die Konkurrenz unter sämmtlichen Kapitalisten dafür, dass der Darlehnssuchende nur einen
der jedesmal übernommenen Gefahr angemessenen Zins zu zahlen
hätte. Die sogenannte Halsabschneiderei ist lediglich eine Ausgeburt
der gesetzgeberischen Einmischung.

Für den Realkredit ist die gesetzliche Zinsbeschränkung

besonders schädlich und belästigend. Im Interesse der Grundbesitzer ebenso sehr, als in dem der Kapitalsinhaber, ist die Aufhebung jeder gesetzgeberischen Beschränkung des Zinses dringend
erforderlich.

Im Interesse der Grundbesitzer liegt zunächst ein vermehrtes
Angebot von Kapitalien zur hypothekarischen Beleihung, welches
lediglich dadurch bewirkt werden kann, dass man die Hypothek
zu einer noch beliebteren Kapitalsanlage macht, als sie es bisher
war, — sie von den ihr noch anhaftenden Mängeln befreit, und
unter anderen von solchen, die ihr als Folgen des Zinsbeschränkungsgesetzes anhaften. Auf Hypothek nämlich wird Geld von Solchen
ausgeliehen, welche vor Allem ihren vollen Kapitalsbetrag unver-
ändert erhalten, sich keinen Kursschwankungen aussetzen wollen;
denn in dem stetigen Parikurs soll sich die kündbare Hypothek
von unkündbaren Realsicherheiten, wie Pfandbriefen und Prioritäts-
aktien, unterscheiden. Die Kündbarkeit, oder vielmehr die
Realisirbarkeit der Hypothek nach bestimmter Frist, welche allein
den Parikurs verbürgt, wird indessen, durch die gesetzliche Beschränkung der Zinsgewährung, oft mehr oder weniger illusorisch
gemacht. Der Hypothekenschuldner, welcher das geliehene Geld
in permanente Anlagen feststeckt, kann es nur dann wiedererstatten,
wenn es ihm gelingt, es anderweitig zu borgen, einen neuen
Gläubiger an die Stelle des früheren zu setzen. In Zeiten einer
Geldkrise kann es sich ereignen, dass der Realbesitzer Keinen
findet, der zu fünf Prozent die fällige Hypothek übernimmt. Dass
er das Geld, wenn er auf einige Zeit einen höheren Zins bewilligen
dürfte, erlangen könnte, ist unfraglich; denn »Geldnoth« bedeutet
nie, dass Geld gar nicht, sondern nur, dass es nicht zu den gewöhnlichen Bedingungen zu haben sei. Hätte nun der Hypothekenschuldner hinsichtlich der Zinsen völlig freie Hand, so könnte er
dem Hypothekengläubiger die ausbedungene prompte Realisirung
jederzeit gewährleisten, wodurch viel Kapital herbeigezogen werden
würde, welches jetzt der hypothekarischen Beleihung fernbleibt.
Denn wenn auch die Hypothek vorwiegend als permanente Anlage
gewählt wird, so scheuen doch viele Kapitalisten mögliche
Schwierigkeiten bei der Realisation derselben, scheuen sich vor der
Gefahr, bei unvorhergesehenen, im Leben eines Jeden eintretenden

Fällen, nicht über ihr Geld verfügen zu können. Auch setzt die Hypothek den Kapitalisten in Beziehung zu einer bestimmten Person, die er, bei nicht prompter Realisation, oft nicht zu den enormen Kosten einer Umgehung des Zinsbeschränkungsgesetzes, oder gar zu einer Subhastation treiben mag. Wüsste der Gläubiger aber, dass das höchste Opfer, welches die strenge Geltendmachung seiner Forderung dem Schuldner auferlegt, in der Gewährung des marktgängigen Zinses bestünde, so wäre er dadurch jeder persönlichen Rücksicht überhoben, — der Hypothekenverkehr wäre von einem seiner lästigsten Züge befreit.

Noch wichtiger aber ist die vermehrte Sicherheit, welche alle Hypothekenforderungen, ausser der ersten, bei aufgehobener Zinsbeschränkung gewinnen. Ist nämlich jetzt, während einer Geldkrise, eine voranstehende gekündigte Hypothek nicht zu dem gesetzlichen Zinse zu beschaffen, und hat der hinterstehende Gläubiger nicht die Mittel, sie zu übernehmen, so erfolgt ein Zwangsverkauf des Grundstücks zu so ungünstiger Zeit, dass, selbst wo die Beleihung für sonst sicher erachtet werden durfte, die letzten Hypothekenforderungen sehr leicht ausfallen. Besteht dagegen keine Zinsbeschränkung, so hat selbst der letzte Gläubiger die Gewissheit, wegen voranstehender Forderungen jedesmal, durch eine vorübergehende erhöhte Zinsbewilligung, ein Abkommen treffen zu können; so dass das Schlimmste, was ihm begegnen kann, ist, dass er das Grundstück so lange übernimmt, bis er es nach überstandener Krise ohne Verlust verkaufen kann. Dass nach Aufhebung der Zinsbeschränkungen auch der Grundbesitzer gekündigte Kapitalien, selbst während einer Geldkrise, anschaffen und eine Subhastation sicher abwenden, also durch ein vorübergehendes Opfer an Zinsen seinen Besitz retten könnte, liegt auf der Hand. Und wäre hierdurch der Grundbesitz von der Gefahr erlöst, welche die gesetzliche Zinsbeschränkung mit sich bringt, so würde er mehr als jetzt gesucht werden, also im Preise steigen.

Sobald die Zinsbestimmung freigegeben, und dadurch die Subhastationsgefahr sowohl für Gläubiger als Schuldner entfernt wäre, würden die Besitzer meliorationsfähiger Grundstücke dreist ihre Hypothekenverpflichtungen vermehren dürfen und es auch können; sie würden den Ertrag ihres Besitzes sehr erhöhen, und

hierdurch sowohl die Produktion im Allgemeinen, als auch den
Aufschwung aller einschlägigen Gewerbe im Besonderen, mächtig
fördern. — Es soll zwar Leute geben, welche eine erweiterte
Kreditgelegenheit als ein Uebel für Grundbesitzer ansehen möchten,
indem dieselbe nur zu leichtsinnigem Schuldenmachen verlocke.
Jenen kann man nur erwidern, dass der Grund und Boden da ist,
um durch einsichtige Kapitalverwendung möglichst ertragreich
gemacht zu werden, damit die möglichste Fülle zur Befriedigung
der Bedürfnisse Aller erzielt werde; und dass, wenn er sich im
Besitze Solcher befände, denen Kapital nicht anvertraut werden
dürfte, es für die allgemeine Wohlfahrt ein Glück wäre, wenn er,
je eher um so besser, selbst durch rasche Bankerotte, in wirthschaftlichere Hände gebracht würde.

Die vergrösserten Vortheile, welche, bei freier Zinsbestimmung,
die Hypothek den Kapitalisten böte, in der allezeit prompten
Realisirbarkeit und der Sicherheit vor Subhastationsgefahr, müsste
selbstredend das Angebot von Kapitalien zur hypothekarischen
Beleihung vergrössern:

Die Freiheit für die Grundbesitzer, nöthigenfalls während der kurzen Dauer einer Geldkrisis,
einen Zinsaufschlag zu bewilligen, würde sie in
den Stand setzen, während normaler Zeitläufte,
mehr Geld und zu billigeren Zinsen als jetzt, gegen
Hypotheken zu erlangen.

Die Besorgniss, dass im Anfange nach Aufhebung der Zinsbeschränkung, die Hypothekenzinsen wenigstens vorübergehend steigen
müssten, lässt sich auf keinen ersichtlichen volkswirthschaftlichen
Grund zurückführen. Durch blosses Fordern höherer Zinsen könnten
die Gläubiger, wie schon gezeigt, solche nicht erlangen. Um eine
Zinssteigerung durchzusetzen, müsste ein Theil der jetzigen
hypothekarischen Darlehne faktisch zurückgezogen, und keine
anderen an deren Stelle angeboten worden sein. Es ist aber nicht
einzusehen, warum Diejenigen, welche die Hypothek zu den bisher
erzielten Bedingungen wählten, mit einem Male eine andere Geldanlage, die ihnen bisher auch freistand, vorziehen sollten. Andererseits ist es sehr leicht denkbar, dass die vorhin bezeichneten
vergrösserten Vortheile der Hypothek bei freigegebenen Zinsen bald

allgemein erkannt werden, und dass Viele, die bisher diese Geldanlage nicht wählten, sie alsdann vorziehen werden; — dass mithin
mehrfache Kündigungen gerade von Grundbesitzern, denen neue
billigere Kapitalien angeboten wären, ausgingen; so dass die jetzigen
Gläubiger, um nicht ihrer gewohnten Geldanlage verlustig zu
werden, sich zu einer Zinsermässigung verstünden. — Da, wo die
gesetzliche Beschränkung des Zinses aufgehoben wurde, in Oldenburg, Bremen und England, hat die Erfahrung auf's unzweideutigste
bestätigt,. wie völlig grundlos die Furcht vor einer erfolgenden,
selbst nur anfänglichen Zinssteigerung ist; es hat sich erweislich
nirgends eine Spur solcher Folge gezeigt. Wenn dort in wenigen
vereinzelten Fällen ein mehr als fünfprozentiger Zins vorkommt,
so geschieht dies nur bei Hypotheken, für welche, unter dem
Beschränkungsgesetz, auf indirektem Wege, doch mehr als fünf
Prozent, wahrscheinlich auch noch viel mehr als der jetzt offen
bewilligte Zins, gegeben werden musste; so dass die *scheinbare*
Erhöhung, faktisch eine Ermässigung des Zinses bildet.

Für die Hypothek ist übrigens der Versuch einer gesetzlichen
Fixirung des Zinses volkswirthschaftlich völlig irrationell. Denn
zum Wesen der Hypothek gehört der fixirte Parikurs; Bedingung
hiervon ist aber ein beweglicher Zins; denn wenigstens *ein* beweg-
liches Element muss doch jedes Objekt des volkswirthschaftlichen
Verkehrs haben, welcher durchaus nichts Starres, und ebenso
wenig eine Beweglichkeit bloss nach einer Richtung hin, erträgt.
Ein Staatsgesetz, welches gegen solche Grundprinzipe der Volkswirthschaft verstösst, kann nur Unheil stiften.

Die Aufhebung jeder gesetzlichen Beschränkung des Zinses,
wird laut und dringend zum Nutzen Aller, vor Allem aber im
Interesse des Grundbesitzes gefordert.

Beschädigt durch solche Aufhebung wird nur das Interesse
Derjenigen, welche in der Umgehung des Gesetzes ein rentables
Monopolgeschäft finden.

Vom

volkswirthschaftlichen Kongress.

Zwei Vorträge.

I.

Ueber die

weltpolitische Bedeutung der Handelsfreiheit.

Vortrag auf dem volkswirthschaftlichen Kongress,

Köln 1860.

Meine Herren! Der Kongress deutscher Volkswirthe hat sich bisher in allen seinen Beschlüssen konsequent ausgesprochen *für die Erlösung des volkswirthschaftlichen Verkehrs von staatlicher Beschränkung.* Zweifellos wird er diesem Prinzipe auch heute treu bleiben, da er seine Stimme abgeben soll in der Hauptfrage, welche auf volkswirthschaftlichem Gebiet den unversöhnlichsten Gegensatz der Ansichten hervorgerufen hat, — ich meine die Frage: ob *Freihandel, ob Schutzzoll?*

Nach dem Brauche unserer Versammlung konnte diese Frage nicht in theoretischer Form zur Verhandlung kommen. Auf die Tagesordnung setzten wir also die Reform der Eisenzölle. Nun sind diese Zölle, wie viele andere, in der Absicht normirt, die Einfuhr der Waare zu beschränken, den Preis derselben künstlich zu erhöhen. Sie gehören zu dem System des sogenannten Zollschutzes, dessen volkswirthschaftlichen Werth oder Unwerth wir prüfen müssen. Die Grundsätze, nach welchen die Eisenzölle zu beurtheilen sind, sind allgemein wirthschaftliche. Wir haben es daher für angemessen erachtet, die Erörterung des allgemeinen Prinzips von der des besonderen Falls einigermaassen zu trennen. Die besonderen Beschlüsse, welche Ihre vierte Abtheilung in Bezug

auf die Eisenzölle Ihrer Annahme empfiehlt, wird mein geehrter
Freund, Herr Michaëlis, vortragen und begründen. Wenn ich mir
also erlaube, zuvor Ihr geneigtes Gehör für einige allgemeinere
Betrachtungen zu erbitten, so geschieht es, damit nicht im Eifer
des praktischen Strebens der wissenschaftliche Karakter dieser
Versammlung zu sehr abhanden komme. Wir sind zwar nicht in
einem Lehrsaale; aber wenn auch unsere Verhandlungen sich
natürlich zu den Formen eines Parlaments neigen müssen, so haben
wir doch nur von der Wissenschaft unser Mandat. Unsere Beschlüsse und deren Motivirungen richten sich meist an die Regierungen. Wir müssen unsere Stimme aber auch einmal an die
weiteren Volkskreise richten, deren wirthschaftliches Wohl wir
vertreten, — einen Ausdruck dem Geiste geben, der uns innewohnt,
uns einigt und bewegt.

Das Eingehen auf die Schutzzollfrage konnte nicht länger
verschoben werden; denn die Periode für die Erneuerung der Zollvereinsverträge rückt heran; und es muss sich bald entscheiden,
nach welchem handelspolitischen Prinzipe solche Erneuerung statt-
zufinden habe. Wenn also unser Kongress, als ein Organ der
öffentlichen Meinung in volkswirthschaftlichen Angelegenheiten,
einen gebührenden Einfluss bei so wichtiger Entscheidung ausüben
will, so muss er sich rechtzeitig der Frage bemächtigen. Die
Verfechter der Handelsfreiheit haben gegen das Bestehende anzu-
kämpfen; sie dürfen also mit einer rührigen und entschlossenen
Agitation für ihre Sache nicht länger säumen. Soll ihnen nicht
alle Aussicht eines Fortschritts in der von ihnen erstrebten Richtung
auf weitere zwölf Jahre verschlossen werden (ein nach der jetzigen
schnellen Entwickelung unwiederbringlicher Zeitverlust!), so müssen
sie, durch ihre klare Darlegung der Nachtheile des Schutzzolles,
eine Gewalt der öffentlichen Ueberzeugung hervorrufen, stark
genug, um sehr mächtige und wohlorganisirte Sonderinteressen zu
überwinden, — sogar stark genug, um die deutschen Regierungen
aus altem Geleise zu drängen und zur Annahme eines gesunden
Prinzips zu bewegen. Ich will dies nicht eine hoffnungslose
Aufgabe nennen, sicherlich ist sie aber keine leichte; und soll sie
nur theilweise gelingen, so haben wir keine Zeit mehr zu verlieren.

Es giebt aber einen zweiten, aus dem Wesen unseres Kongresses geschöpften Grund, warum wir auf die Freihandelsfrage jetzt *prinzipiell* eingehen müssen. In Folge des lebendiger erwachten Interesses für volkswirthschaftlichen Fortschritt nämlich, und zum grossen Theil von unserem Kongresse angeregt, haben sich in verschiedenen Theilen Deutschlands Vereinigungen zur Förderung volkswirthschaftlicher Interessen gebildet. Mit Hinblick auf die Entstehung solcher lokalen Vereinigungen wurde unser Kongress in's Leben gerufen; und jene lokalen Vereinigungen sollen von uns, als ihrem Mittelpunkte, Anregung, Kraft und den Geist des einigen Wirkens empfangen. Anregend, kräftigend und einigend aber ist nur das klar ausgesprochene entschiedene Prinzip. Den Geist eines Volkes kräftig erregen kann nur eine Idee, — eine erkannte Wahrheit, aus der sich weitere Folgerungen unwiderstehlich ergeben, — ein fruchtbares, zwingendes Prinzip. Die ganze Geschichte lehrt uns, wie leicht und mächtig ein Volk durch eine Idee zur Thatkraft angespornt wird; und wenn die Idee auf Wahrheit begründet war, wie nachhaltig in ihrer Kraft, wie unbesiegbar sie sich stets erwies. Aber auch die ganze Geschichte beweist, dass der Volksgeist sich gegen Fragen des bloss materiellen Interesses meist erstaunlich gleichgültig verhält. Einzelne werden von ihrem materiellen Interesse zur Rührigkeit angeregt und entwickeln sogar eine beharrliche Thatkraft; die Masse lässt sich stets leicht von Sonderinteressenten ausbeuten. Dies ist so notorisch, dass ein preussischer Minister es für die Pflicht der Regierungen erklärte, das stets stumme Gemeininteresse gegenüber den lauten Ansprüchen des Sonderinteresses zu vertreten. Leider zeigt die Erfahrung, wie unzuverlässig solche gouvernementale Vertretung ist. Das Gemeininteresse wirksam vertreten kann nur der Gemeingeist. Der Gemeingeist aber lässt sich nicht durch blosse Rücksicht auf Vortheil, sondern nur durch einen geistigen Trieb, durch die Gewalt einer Idee aufwecken. Der Gemeingeist ist dem Opfertrieb viel näher als dem Egoismus verwandt. In den Heldenkämpfen, welche im Verlaufe der Geschichte der Gemeingeist oft bestand, hat er, wo ein materieller Besitz im Spiele war, doch stets nur um den damit verknüpften Rechtsbegriff gekämpft; für seinen Rechtsbegriff hat er auch oft ungezählte materielle Opfer dar-

gebracht. Der Gemeingeist fühlt und ist für Ideen empfänglich.
— aber er rechnet nicht. Der Volkswirth möchte hierzu fast
sagen: »leider!« — Doch müssen wir dies vielmehr als den höheren
geistigen Zug der Menschheit preisen. Jedenfalls müssen wir uns
danach richten. Ist es vorzugsweise die Aufgabe unseres Kongresses, den Gemeingeist zur kräftigen und nachhaltigen Wahrung
volkswirthschaftlicher Interessen anzuregen, so müssen wir die
volkswirthschaftlichen Fragen auch *prinzipiell* behandeln; — wir
müssen aus der Mannigfaltigkeit des volkswirthschaftlichen Lebens
das einfache Grundprinzip hervorheben und zur populären Anschauung bringen. Ein einfaches Prinzip, eine einfache Wahrheit,
vor deren logischen Konsequenzen kein unbefangener Verstand sich
verschliessen kann, ist stets ein fruchtbringender Same im Boden
des Gemeingeistes. Schöpfen wir unsere Argumente aus dem
Prinzipe, dass wir dem Volksverstand eingeprägt haben, so zieht
er dieselben Konsequenzen, wie wir; er sieht in uns das Organ
seiner Ansicht, unser Wort findet einen allgemeinen Wiederhall.
Wir müssen aber auch das volkswirthschaftliche Prinzip in seinem
Zusammenhange mit den übrigen Hebeln des Kulturlebens darlegen,
seine ganze Tragweite aufdecken. Wir müssen zeigen, dass es
sich bei der vollen Geltendmachung des volkswirthschaftlichen
Prinzips um die wichtigsten Hebel der Kultur handelt: um die
Grundbedingung des Verkehrs zwischen den einzelnen Menschen
und zwischen den Völkern, um soziale und nationale Gerechtigkeit,
— um Freiheit und Frieden, unter deren Schutz allein die höheren
Güter des Geistes und der Sitte erblühen können, und nicht für
Einzelne, sondern nach Maassgabe der Verhältnisse für Alle. Gelingt
es uns, hiervon die Ueberzeugung allgemein zu verbreiten, so haben
wir unsere Mission erfüllt. Der Gemeingeist, aufgerufen durch eine
weitreichende Idee, begeistert für ein höheres menschliches Ziel,
bewaffnet mit der scharfen Logik eines festen Prinzips, wird leichtes
Spiel mit den Widerstrebenden haben, vor denen die vereinzelten
Stimmen der Wissenschaft machtlos waren.

Bei keiner Frage tritt die ganze Tragweite des volkswirthschaftlichen Prinzips klarer und schlagender hervor, als bei der Freihandelsfrage. Die Freihandelsfrage betrifft den volkswirthschaftlichen Verkehr zwischen den Bewohnern verschiedener Staaten. Sie

ist die Frage, ob die Arbeitstheilung, die Grundlage aller Volkswirthschaft überhaupt, der wir alle volkswirthschaftliche Kultur
verdanken, auch zwischen den Angehörigen verschiedener Staaten
unbeschränkt Platz greifen solle? — oder ob der staatliche
Antagonismus auch für die Wirthschaftsgemeinde Abgrenzungen
ziehen dürfe? Sie ist die Frage, ob das Wirthschaftsprinzip es
verlange, dass alle produktiv Thätigen, trotz staatlicher Abgrenzung,
zur allseitigen Vermehrung der Befriedigungsmittel ihre Produkte
frei austauschen sollen? — oder ob dadurch, dass verschiedene
Produzenten in verschiedenen Staaten wohnen, ihre Wirthschaftsinteressen in Gegensatz zu einander treten, so dass die Staatsgewalten die Aufgabe haben, ihre respektiven Angehörigen vor den
Benachtheiligungen zu wahren, denen sie bei freiem Austausche
preisgegeben wären.

In der Freihandelsfrage liegt also eigentlich die Frage über
die Bedeutung und die Kompetenz der Staatsgewalt in Bezug auf
das internationale Wirthschaftsleben.   Die Anschauung hiervon,
die sich verbreitet und befestigt, muss die Auffassung staatlicher
Einrichtungen und internationaler Politik wesentlich bestimmen.
*Die Freihandelsfrage ist eine Frage von weltpolitischer
Bedeutung.*

Um diese Frage gründlich zu lösen, müssen wir uns zuvörderst
das volkswirthschaftliche System in seiner prinzipiellen Einfachheit
vergegenwärtigen; und trotz aller Mannigfaltigkeit des Wirthschaftslebens ist dessen Prinzip von erhabener Einfachheit.

Der volkswirthschaftliche Zweck, Vermehrung der Befriedigungsmittel, wird durch Arbeitstheilung erzielt.   Und herbeigeführt
wird die Abeitstheilung durch die Gelegenheit zum Austausch.
Die Errichtung des Marktes, worunter natürlich jede Erleichterung
des Austausches verstanden wird, ist der grosse Schritt, aus dem
alle übrige volkswirthschaftliche Entwickelung von selbst erfolgt.
Der Markt ist das eine grosse volkswirthschaftliche Institut, welches
alles volkswirthschaftliche Leben bestimmt und regelt; er weist
Jedem seinen Arbeitszweig an, misst Jedem den Ersatz für seine
Leistung zu; er stellt eine Gemeinschaft unter den unabhängig
Wirthschaftenden her; er verwirklicht die Einheit in der Freiheit,
wahrt die Freiheit in der Einheit.   Der Markt ist das Zentral-

organ, das Herz, welches den Kreislauf des Wirthschaftslebens bewirkt, den Nahrungsstrom in sich aufnimmt und bis in alle Glieder wieder fortschnellt. Das Lebensprinzip des Marktes aber, die Bedingung seines organischen Spieles, ist *die Freiheit.*

Die Arbeitstheilung ist die Sonderung des Produzenten vom Konsumenten. Sie bewirkt, dass jedes Produkt nicht von Demjenigen, der es gerade verbrauchen will, sondern von Solchen hergestellt wird, die es am besten herstellen können, indem sie durch beständige Uebung einer einzelnen Verrichtung eine besondere Fertigkeit ausbilden, sich mit geeigneten Werkzeugen, Maschinen und sonstigen Einrichtungen für das eine Geschäft versehen, auch durch die örtlichen Naturbedingungen am meisten dabei begünstigt sind. Indem nun Jeder für den Markt arbeitet, muss er auch von dem Markte seinen Bedarf beziehen, als Ersatz für Dasjenige, was er gleichsam an ein gemeinschaftliches Magazin abgeliefert hat. — Wo hat er aber die Garantie, dass der Ersatz ein gerechter, dass das Maass seiner Genüsse genau dem Maasse entsprechend sei, in welchem er zu dem Marktvorrath der Genussmittel beigetragen hat? Wie ist es überhaupt möglich zu bestimmen, in welchem Maasse eine einzelne Verrichtung zu dem Gesammtergebniss beigetragen habe? Wie sollte man z. B. ausrechnen können, in welchem Verhältniss die Leistung Desjenigen, der aus seinen Ersparnissen einen Pflug herstellte, zu der Leistung Desjenigen stehe, der damit die Furche zog? — in welchem Maasse jeder von Beiden zur Erzielung der Ernte beitrug, welcher respektive Antheil demnach Jedem gebühre? Der Markt löst diese Frage ebenso leicht als untrüglich. Im Markte wird jede Waare oder Leistung meistbietend veräussert. Der Veräussernde empfängt das Meiste, was irgend Jemand ihm freiwillig geben will. Der Erwerbende dagegen giebt das Wenigste, wofür ihm irgend Jemand die fragliche Waare überlassen will. Der Ersatz für jede Leistung regulirt sich nach freiwilliger Vereinbarung zwischen den Produzenten, welche einen gewissen Vorrath absetzen müssen, und den Konsumenten, welche ihren Bedarf möglichst reichlich befriedigen wollen. Der durch den Markt für verschiedene Leistungen normirte Ersatz fällt freilich sehr verschieden aus. Es ist aber Sache eines Jeden, unter allen ihm zugänglichen Thätigkeiten diejenige zu wählen, für welche der

marktgängige Ersatz am reichlichsten ausfällt.   Hat Einer Kenntnisse, Geschick und erforderliche Einrichtungsmittel, so kann er
sich auf einen der bestbelohnten Produktionszweige mit Erfolg
werfen.   Fehlen ihm diese, so ist seine Wahl beschränkt; er muss
sich mit einer Beschäftigung begnügen, welche minder belohnt
wird, weil sie eben die Zuflucht der vielen Mittellosen bildet. —
Kann aber, wie es oft heisst, ein Produzent nicht bei seinem
Geschäfte bestehen, — reicht nämlich der marktgängige Ersatz
für sein Produkt nicht aus, um den bei der Produktion gemachten
Aufwand wieder zu ersetzen, — so beweist dies, dass seine Arbeit
eine unwirthschaftliche ist, denn sie verzehrt Dinge, die mehr
gelten, als ihre Produkte; sie mindert also die Summe der Markt-
werthe, anstatt sie zu vermehren.   Dies duldet der freie Markt
aber nicht.   Der freie Markt giebt einem Solchen nicht die Mittel,
eine solche gemeinschädliche Arbeit fortzusetzen.   Ein solcher
Produzent muss nothgedrungen seine Arbeitsweise ändern; er muss,
durch grössere Anstrengung und bessere Einrichtung, mit demselben
Aufwand mehr Produkte erzielen, oder ein anderes Geschäft
ergreifen; oder wenn er Beides nicht zu thun versteht, muss er
seinen Verbrauch entsprechend einschränken, und die Dürftigkeit
als natürliche Folge seiner beschränkten Produktionsfähigkeit
ertragen.

Dies, meine Herren, ist das Grundgesetz volkswirthschaftlicher
Organisation, die einzig mögliche Bedingung, unter welcher der
volkswirthschaftliche Zweck, Vermehrung und gerechte Vertheilung
der Befriedigungsmittel, gesichert werden kann.   Der volkswirthschaftlichen Gemeinde ist jede Solidarität grundsätzlich fremd;
Subsistenzen garantiren darf und kann sie nicht.   Ein weiteres
Recht, als freien Zutritt zum Markte, kann sie Keinem gewähren,
denn der Markt ist das einzig Gemeinschaftliche, dass sie besitzt.
Alles im Markte ist Einzeleigenthum.   Individuen, welche mehr
verzehren wollen, als den marktgängigen Ersatz für ihre Leistungen,
könnte die Wirthschaftsgemeinde nur dadurch subventioniren, dass
sie Andere an dem vollen Ersatz für ihre Leistungen kürzte, und
dies wäre ihrem ersten Grundgesetz zuwider.

Zwang in den volkswirthschaftlichen Verkehr einführen, heisst
Willkür an die Stelle der Gerechtigkeit setzen, das Gleichgewicht

zwischen Produktion und Verbrauch umstossen, — das volkswirthschaftliche Lebensprinzip, welches die Freiheit ist, verletzen.   Und
doch ist die Versuchung für Einzelne gross, vermittelst der Staatsgewalt, das Spiel des volkswirthschaftlichen Verkehrs zu fälschen.
Können nämlich gewisse Produzenten bewirken, dass durch Kon-
zessionszwang, Gewerbeordnungen, oder durch Strafgelder unter
dem Namen von Schutzzöllen, Konkurrenten vom Markte ausgeschlossen werden, so entsteht im Markte ein künstlicher Mangel
an den Produkten der Monopolisten, und es müssen die Verbraucher
mehr dafür geben, als sie sonst zu geben nöthig hätten.   Schreiend
genug ist schon die Ungerechtigkeit einer solchen Einmischung
der Staatsgewalt, um dem Einen auf Kosten des Anderen Vortheil
zuzuwenden.   Aber noch schreiender ist die Unwirthschaftlichkeit
derselben.   Denn damit für Einzelne ein grösserer Antheil an den
Marktvorräthen erpresst werde, muss die Marktzufuhr im Ganzen
vermindert werden.   Die Ungerechtigkeit kann nur vermittelst
eines Gemeinschadens verübt werden.   Ueberhaupt besitzt die
Staatsgewalt, um den volkswirthschaftlichen Verkehr von seinem
freien Gange abzulenken, kein anderes Mittel, als *die Erzeugung
des Mangels.*   Der volkswirthschaftliche Zweck, nämlich die
möglichste Vermehrung und gerechteste Vertheilung der Befriedigungsmittel wird durch unbedingte Freiheit des Verkehrs auf das voll-
ständigste gewährleistet; hierzu bedarf es durchaus keiner Einmischung der Staatsgewalt.   Den freien Gang der Volkswirthschaft
kann die Staatsgewalt nur dadurch abändern, dass sie das Wirthschaftliche verbietet, das Unwirthschaftliche gebietet. — Die Wahrheit dieses Satzes haben wir bestätigt gefunden, wo wir auch
bisher die Wirkung eines staatlichen Eingriffs in die volkswirthschaftliche Bewegung prüften: bei der Gewerbebeschränkung, der
Zinstaxe, der Bankbeschränkung, der Beschränkung der Zugfreiheit,
sowie der freien Verfügung über Grund und Boden.   Wir werden
seine Bestätigung auch bei der Prüfung der Handelsbeschränkung
finden.

Die Forderung der Handelsfreiheit ist, wie gesagt, die Forderung
unbeschränkter Arbeitstheilung zwischen den Bewohnern verschiedener
Staaten.   Da nun die Arbeitstheilung, diese Grundquelle wirthschaftlicher Fülle, im Verhältniss zu der Verschiedenheit der

Produktionsfähigkeiten bei den Bewohnern verschiedener Staaten am grössten ist, so hätte man glauben sollen, dass alle Welt den überwiegenden Nutzen der Arbeitstheilung erkennen müsste gerade zwischen den Bewohnern verschiedener Klimate und Oertlichkeiten, deren respektive Produktivität durch die Besonderheit der Sitten, Gewohnheiten und natürlichen Anlagen auf das mannigfachste entwickelt ist. Man hätte glauben sollen, dass aus diesem augenfälligen wirthschaftlichen Einigungsmoment der staatlich geschiedenen Völker man allgemein erkennen müsste, dass die Wirthschaftsgemeinde von der Staatsgemeinde im Grunde ganz gesondert ist, und ihre eigene unabhängige Grundlage hat; — dass, während der Staat bloss die Aufgabe hat, Eigenthum und Person zu schützen, repressiv gegen störende Gewaltthat zu wirken innerhalb seines abgegrenzten Bereichs, die Wirthschaftsgemeinde, unter dem Schutze staatlicher Ordnung, Alle umfassen soll, welche, in welchem Staate sie auch wohnen, fähig sind, für die Vermehrung der Befriedigungsmittel volkswirthschaftlich mitzuwirken. Denn aus welchem erdenklichen Grunde sollte eine Ausschliessung erfolgen? Wenn es unbedingt zu unserem eignen Vortheil ist, uns gegen einen Ersatz, den wir freiwillig gewähren, begehrte Befriedigungsmittel anbieten zu lassen von Allen, die »ja« sagen, soll sich dies volkswirthschaftliche Grundverhältniss rein umkehren in Bezug auf Solche, die »oui« oder »yes« sagen? Und sollte noch das Grundverhältniss der volkswirthschaftlichen Gemeinde durch blosse Verschiedenheit der Staatsangehörigkeit dermaassen umgeändert werden, dass der Austausch mit Fremdländern gerade darum zu meiden sei, weil sie billig verkaufen, d. h. für einen gegebenen Ersatz mehr von einem Befriedigungsmittel uns anbieten, als wir dafür im eigenen Lande herstellen könnten? Es ist kaum zu begreifen, wie Mitglieder aufgeklärter Nationen, welche ihr ganzes Leben dem volkswirthschaftlichen Verkehre widmen, sich auch viel mit dem Staatswesen beschäftigen, nur einen Augenblick die Schädlichkeit der Handelsbeschränkung verkennen, so wenig Einsicht in das Wirthschaftssystem und in die Staatsaufgabe haben sollten, um nicht die Verrichtungen und Befugnisse beider klarer auseinander zu halten, — es wäre dies kaum zu begreifen, wären nicht die Menschen leider in dem staatlichen Antagonismus dermaassen be-

fangen, von nationaler Eifersucht so geblendet, dass sie nicht frei
in die Verhältnisse blicken können. Die Vorstellung gemeinschaftlicher Wirthschaftsinteressen mit gehassten Ausländern, mit Staats-
feinden und politischen Nebenbuhlern ist der nationalen Stimmung
so widerwärtig, dass die Leidenschaft den Verstand davor verschliesst;
— ja so völlig wird durch leidenschaftliche Nationalabneigung der
Verstand verdunkelt, dass man sich über den offenbarsten eigenen
Nutzen durch Gründe täuschen lässt, die gar nicht vor einer unbefangenen Kritik bestehen können.

Prüfen wir kurz einige der Hauptargumente, wodurch man die
Beschränkung des Handels durch das sogenannte Schutzzollsystem
zu rechtfertigen gesucht hat.

Zunächst versucht man es, die Handelsbeschränkung als eine
gegen »Ausländer« gerichtete Maassregel darzustellen, und möchte
uns einreden, dass es sich darin bloss um einen Konflikt zwischen
dem Interesse einheimischer und fremdländischer Produzenten handle.
In Wahrheit aber handelt es sich dabei um einen Konflikt zwischen
den Interessen einheimischer Produzenten und einheimischer Konsumenten. Wenn gewisse einheimische Produzenten die Konkurrenz
des Auslandes abschneiden möchten, so liegt die reichlicher dar-
gebotene Versorgung vom Auslande im Interesse aller einheimischen
Verbraucher. Man legt, sagt man, einen Zoll auf fremdes Eisen,
fremdes Garn u. s. w. Was bedeutet aber dies anders, als dass
man einen Zoll von den einheimischen Verbrauchern des fremden
Eisens oder Garns erhebt?

Aber die Beschränkung des Handels soll nöthig sein, um die
einheimischen Arbeitskräfte zu beschäftigen. Die Beschäftigung
einheimischer Arbeit indessen hängt lediglich von der Grösse des
einheimischen Kapitals ab. Dadurch dass man vermittelst des
Schutzzolls Kapital in besondere Geschäftszweige künstlich hinein-
leitet, vermehrt man nicht dessen Fähigkeit, Arbeiter zu beschäftigen.
Da aber, um diese künstlichen Geschäfte hervorzurufen, der Verbrauch vertheuert werden muss, wird dadurch das Anwachsen des
Kapitals, mithin die Zunahme der Arbeiterbeschäftigung gehemmt.
Nichts ist verkehrter, als die Vorstellung, dass der Staat durch
sogenanntes Beschützen von nicht konkurrenzfähigen Geschäften
die nationale Industrie entwickeln könne; denn nicht an Geschäften

für unser Kapital, sondern an Kapital für unsere Geschäfte fehlt
es; unsere konkurrenzfähigen Industriellen würden gerne zur Entwickelung ihrer Geschäfte alle noch so grossen Kapitale, die man
ihnen verschaffen möchte, verwenden, und entsprechende Arbeitskräfte beschäftigen.

Die durch den Schutzzoll bewirkte Vertheuerung des Verbrauchs
soll aber, sagt man, nur ein einstweiliges Opfer, ein Erziehungs-
mittel sein. Unter dem sogenannten Schutze soll die künstlich
hervorgerufene Industrie natürliche Wurzeln schlagen und mit der
Zeit konkurrenzfähig werden, des Zollschutzes entbehren können.
Dies wäre also eine rein kommerzielle Spekulation, bei der man
zunächst die Kosten mit dem Zweck zu vergleichen hätte. Das
geschieht aber so wenig, dass wir keine geschützte Industrie haben,
bei der nicht schon das von den Konsumenten gebrachte Opfer um
das Vielfache den Betrag alles in solche Industrie gesteckten
Kapitals übersteige, und noch ist die Zeit unabsehbar fern, zu
welcher man auf fernere Opfer zu verzichten bereit sein würde. Um
eine Industrie zur Konkurrenzfähigkeit, d. h. zur Zweckmässigkeit,
Sparsamkeit und Rührigkeit zu erziehen, giebt es kein verkehrteres
Mittel, als wenn man ihr Preise schafft, bei denen sie auch ohne
jene Eigenschaften bestehen kann.

Bisweilen giebt man zu, dass die Handelsfreiheit das einzig
Volkswirthschaftliche sei, aber nur dann eingeführt werden dürfe,
wenn sie von allen Staaten gleichzeitig proklamirt werde. Dies
ist, wie man wohl weiss, unerreichbar. Weil man aber die ganze
Handelsfreiheit nicht mit einemmal erreichen kann, so ist dies
kein Grund, warum man nicht so viel davon nehmen sollte, als man
sich geben kann. Hat man noch nicht die volle Freiheit, an das
Ausland zu verkaufen was man will, so ist dies kein Grund, warum
man sich die Freiheit versagen sollte, wenigstens vom Auslande was
man will zu kaufen. Die Aufhebung eines Einfuhrzolls ist eine
wirthschaftliche Konzession, die wir zunächst uns selbst und nicht
bloss dem Auslande machen. Die Handelsfreiheit kann nur dann
verwirklicht werden, wenn jeder Staat aufhört, Konzessionen von
Andern zu fordern, und sie sich selber zu machen beschliesst; sie
kann nur durch einseitiges Vorgehen allgemein werden.

Dann wird gesagt, man müsse Alles im eigenen Lande pro-

9*

duziren, damit man auch in Kriegszeit sicher versorgt sei, d. h.
man solle die Kalamitäten des abgeschnittenen Verkehrs und des
vertheuerten Verbrauchs, welche zu den grössten Uebeln des Kriegs
gehören, auch in Friedenszeit über sich selbstwillig verhängen!
Gerade im Gegentheil muss man in Friedenszeit möglichst wohlfeile
Versorgung suchen, damit man in Kriegszeit die Mittel zum
Ertragen der Theuerung habe. Und ausserdem ist die aus der
Handelsfreiheit entstehende internationale Verflechtung der Interessen
das wirksamste Mittel, Kriege zu verhüten. Wäre es erst so weit,
dass man in jedem Ausländer einen guten Kunden sähe, so würde
man viel weniger geneigt sein, auf ihn zu schiessen.

Es giebt noch allerlei andere Argumente für den Zollschutz,
mit deren Aufzählung ich mich nicht weiter aufhalten will. Sie
sind alle, wie die erwähnten, nur für das unklare Vorurtheil
berechnet.

Nun aber, meine Herren, ist es Zweck und Streben der Freihandelsmänner, welche die Sache in ihrer prinzipiellen Tragweite
erfasst haben, gerade die nationalen Antipathien zu mässigen, den
Verstand vor der Knechtschaft blinder Leidenschaft zu schützen,
den Nationen die Erkenntniss ihres volkswirthschaftlichen Gemein-
interesses beizubringen, und dadurch die Schärfe des unseligen
staatlichen Widerstreits abzustumpfen; — überhaupt das volkswirthschaftliche Interesse der Einigung und des Friedens, als
Gegengewicht gegen das trennende und verfeindende Staatsprinzip,
zu kräftigen, es zur regelnden Gewalt für das Zusammenleben
zivilisirter Nationen zu erheben, — die Beziehungen aufgeklärter
Nachbarvölker durch gegenseitige Bande so zu regeln und zu
befestigen, dass sie nicht jeden Augenblick muthwillig zerrissen
werden können, — die zivilisirte Welt, wo möglich, von dem in's
Unendliche sich steigernden Druck der permanenten Kriegsrüstung
zu erlösen, — einen weltpolitischen Zustand zu überwinden, der
jetzt ebenso unerträglich, als er auf die Dauer unhaltbar ist.
Denn offenbar, m. H., entfernen sich die Staatsmächte bei dem
jetzigen Stand der Dinge immer mehr von ihrer Bestimmung:
anstatt Sicherheit ihren Gebieten zu gewähren, fordern sie vielmehr,
durch ihre gegenseitige antagonistische Stellung, Angriffe heraus,
gegen welche ihre Einrichtungen zur Abwehr nur einen unzuver-

lässigen Schutz bieten. Anstatt der unter ihre Obhut gestellten
Wirthschaftsgemeinde die zu ihrem Gedeihen unerlässliche Ruhe
zu verbürgen, geben sie dieselbe einer lähmenden Besorgniss preis.
Sie absorbiren in immer grösserem Maasse die Kapitalmittel und
Arbeitskräfte. Sie fordern von der Wirthschaftsgemeinde Opfer,
welche selbst dann übermässig wären, wenn sie wirklich den Zweck
ermöglichten, für den der Staat eigentlich besteht: die Befestigung
friedlicher Ordnung und Freiheit zum Schutze der Wirthschaftsgemeinde.

Die durch die Handelsfreiheit zu bewirkende Befestigung
friedlicher internationaler Beziehungen ist noch viel wichtiger als
der unmittelbare wirthschaftliche Gewinn wohlfeilerer Versorgung
mit Befriedigungsmitteln. Die weltpolitische viel mehr als die
bloss wirthschaftliche Reform ist das grosse Ziel, nach welchem
auch die prinzipiellen Freihandelsmänner streben und für welches
sie den Gemeinsinn begeistern möchten. Die Grösse dieses Zieles
erhebt auch, gegenüber der Schwierigkeit der Erreichung desselben,
ihren Muth. Unerreichbar ist dies Ziel nicht; denn es liegt auf
dem Wege des nothwendigen Fortschritts. Auch nicht unabsehbar
fern liegt seine Verwirklichung; denn die Erkenntniss desselben
verbreitet sich mit täglich wachsender Stärke. Es erheischt nur,
wie alles Grosse, beharrliche Anstrengungen, welche aus tiefer
Ueberzeugung hervorgehen.

Wohl wissen wir, dass eine Umgestaltung selbst in der jetzigen
verrannten Stellung der Staaten zu einander nur durch eine ganz
ausserordentliche Triebfeder bewirkt werden könnte, — dass es
eines ganz ausserordentlichen Hebels bedürfte, um die Staatsgewalten auf eine andere Bahn zu lenken. Aber welche, frage ich,
m. H., ist denn überhaupt die Macht, welche menschliche Einrichtungen gestaltet? Es ist die menschliche Anschauung. Und
welcher ist der Hebel, der selbst die mächtigsten Einrichtungen
umgestaltet? Es ist die allgemein sich ändernde Anschauung.
Wohlan, m. H., arbeiten wir an der Aenderung der allgemeinen
Anschauung von der Stellung der staatlich geschiedenen Völker zu
einander. Arbeiten wir daran, eine allgemein klare Anschauung
zu verbreiten von der *volkswirthschaftlichen Weltgemeinde,* deren
Einheit nicht durch Staatsgrenzen zerstückelt werden darf, wenn

nicht das wirthschaftliche Wohl eines Jeden, das Wohl der allgemeinen Kultur verletzt werden soll.   Verbreiten wir die Anschauung,
dass die in der wirthschaftlichen Produktion wetteifernden Nationen
bei freiem friedlichen Verkehr nicht anders, als sich gegenseitig förderlich sein können; — dass der Vortheil des Austausches, seiner Natur
nach, nie einseitig ist; — dass im Wege des freien Handelsverkehrs das eine Volk sich niemals auf Kosten des andern bereichern
kann; und dass sogar der Gewinn relativ stets am wichtigsten ist
für das wirthschaftlich schwächere, d. h. für das am wenigsten in
der Industrie vorgeschrittene Volk.   Verbreiten wir diese Anschauung, so gewinnen wir gegen die nationalen Antipathien ein
starkes Gegengewicht; wir zerstreuen manches leidenschaftliche
Vorurtheil und bringen die Nationen dahin, sich gegenseitig mit
andern Augen anzusehen, — mit den Augen der Vernunft, — mit
einer richtigeren Würdigung volkswirthschaftlicher Gemeininteressen
gegenüber den vermeintlichen staatlichen Sonderinteressen.

Erheben wir also den Geist des Volkes auf die Höhe unseres
volkswirthschaftlichen Prinzips.   Von dort aus bieten wir ihm den
Blick in's Weite, in's Freie.   Die Welt sieht sich von den Höhen
viel schöner, reicher, friedlicher an.   Die Umschau von erhöhtem
Standpunkt klärt den Blick, — läutert die Stimmung! (Stürmischer
Beifall.)

Ziel, Zweck und Geist der Volkswirthschaftslehre.

Vortrag auf dem volkswirthschaftlichen Kongress,
Stuttgart 1861.

Meine verehrten Herren! Indem mir der Auftrag geworden ist, über die Ergebnisse der Volkswirthschaftslehre zu berichten, bezeichne ich als das neueste und erfreulichste Ergebniss: dass unser Kongress heute wieder mit frischem Geiste und ungeschwächtem Eifer sich zusammengefunden hat. Die sonstigen Bethätigungen der Volkswirthschaftslehre im öffentlichen Leben . werden ihre Würdigung finden durch den Bericht desjenigen Referenten, der über die volkswirthschaftlichen Fortschritte der Gesetzgebung zu sprechen hat. Ich dagegen habe mir vorgenommen, der verehrten Versammlung über Ziel, Zweck und Geist der Volkswirthschaftslehre im Allgemeinen einige Bemerkungen darzubieten, von welchen ich hoffe, dass sie in einer wissenschaftlichen Versammlung, wie es die unserige ist, am Platze sein werden.

Die Wissenschaft der Volkswirthschaft, meine Herren, hat noch gar nicht diejenige Stellung im allgemeinen Bewusstsein erlangt, welche, ihrer entscheidenden Bedeutung für das ganze menschliche Wohl und Wehe nach, ihr gehört, und welche sie erlangen muss, um ihre segensreiche Aufgabe in vollem Maasse zu erreichen. Von den Grundlagen und den Zielen dieser Wissenschaft, von ihrem Können und Wollen hat die Welt noch immer nur eine sehr beschränkte, ganz unzulängliche Vorstellung.

Man sieht den Volkswirth sich einmischen in die praktischen

Fragen über Tarifsätze, Bankstatuten, Gewerbeordnungen, Armenunterstützungen, Eisenbahnreglements, Steuerauflagen und Staats-
ausgaben. Man hat endlich von ihm gelernt, diesen Gegenständen
eine grössere Wichtigkeit beizulegen, ihnen mehr Aufmerksamkeit
zu schenken, als früher. — Man glaubt, dass er ganz nützliche
Zwecke verfolge: dass er billigeren Kattun und reichlichere Versorgung mit Eisen, rascheren Geldumsatz und erleichterten Kredit,
freieren Gewerbebetrieb und eine weniger drückende Steuerver-
theilung, überhaupt manche wünschenswerthe Erleichterung des
wirthschaftlichen Nothstandes erstreben, und dadurch die mit der
Nothdurft ängstlich ringenden Millionen allmählich etwas besser
stellen möchte. — Man muss sich gestehen, dass der Volkswirth
in seiner Beurtheilung aller Wirthschaftsfragen eine übereinstimmende
Richtung verfolgt, und dass seine Schlussfolgerungen einen innern
Zusammenhang zeigen. Man merkt, dass er ein Prinzip verfolgt
und sich ein System zurecht gelegt hat — oder wenigstens eine
Theorie, — die richtig sein kann, oder auch falsch. — Man
beobachtet also die Vorsichtsmaassregel, über die Vorschläge des
Volkswirths das Gutachten der sogenannten Praktiker einzuholen;
— man frägt umher bei Kattundruckern, Zuckersiedern, Hütten-
männern, Bürgermeistern, Kaufmannsältesten, Altmeistern, ob er
Recht habe oder nicht?

Ist nun dies eine Auffassung der volkswirthschaftlichen Aufgabe — unserer Ziele und Bestrebungen?! Ist dies eine Anerkennung einer Wissenschaft? — eine der Wissenschaft überhaupt
würdige Stellung?

Fragt man denn erst den Blaufärber, ob der Chemiker Recht
habe in seinen Behauptungen? — den Lokomotivheizer, ob des
Mechanikers Berechnung für Grösse und Stärke eines Dampfkessels
richtig sei? Und warum nicht? Etwa weil die Chemie, Physik und
Statik auf Erfahrung sich gründen? — Das thut auch die Volkswirthschaft ebenso vollständig. Oder weil die Prinzipien der
Techniker sich in der Anwendung jedesmal bewähren? Dies ist
auch mit dem Prinzipe der Volkswirthschaft in ebenso hohem
Grade der Fall. Man wendet es zwar nur selten, und fast nie
rein, an; aber wo man es anwendete, immer und ohne Ausnahme
sind die segensreichen Erfolge desselben an den Tag getreten.

In alle Diesem liegt nicht die Erklärung der falschem Stellung, oder vielmehr der Stellungslosigkeit der Wissenschaft der Volkswirthschaft.

Die physikalischen Lehren sind zur allgemeinen Anerkennung durchgedrungen. Aber seit wann? — Noch unter unsern Grossvätern traute man bei Senkung eines Bergwerksschachts oft mehr der Haselruthe des ergrauten Arbeiters mit dem Hinterleder, als der Boussole der Geologen; und der Färbermeister hätte grosse Augen gegen den Gelehrten gemacht, der ihm etwa lehren wollte, wie er seine Küpe mischen solle. — Die physikalischen Lehren haben sich erst dadurch zu eigentlichen Wissenschaften erhoben und zur Anerkennung gebracht, dass man, und zwar in verhältnissmässig neuerer Zeit, begreifen lernte, wie nicht Ansichten und Meinungen, ersonnene Erklärungen für auffällige Erscheinungen zu bieten, sondern genaue Beobachtungen von Vorgängen zu machen sind, aus denen, je nach der ermittelten Beständigkeit eines gewissen Verlaufs, sich von selbst Gesetze ergeben. Die Ermittelung und das Verständniss dieser Gesetze gelang erst dadurch, dass man sie als Aeusserungen eines organischen und darum untheilbaren Naturlebens erfasste, — die Naturgesetze in ihrem kosmischen Zusammenhange studirte, — und neben der intellektuellen Erhebung zum bewussten Beschauen des kosmischen Organismus, Dienstbarmachung der Naturkräfte als Ziel dieses Studiums hinstellte. Wenn nun die physikalischen Lehren ihre raschesten Fortschritte durch diese Höhe und Allgemeinheit machten, wurde die Wissenschaft der Volkswirthschaft erst durch sie überhaupt möglich; denn diese hat den umfassendsten aller Gegenstände: den durch die gesammten Naturgesetze bedingten Lebensgang der Menschheit, als eines sich fortentwickelnden Ganzen. Sie geht von der Erkenntniss aus, dass, als unser Erdball, nach einer Reihe geologischer Bildungsstufen, für das Bestehen der jetzigen Pflanzen und Thiere bereitet war, nur der Bildungsgang des Stofflichen zu einem Abschluss kam, — wogegen erst von da an ein neues Schöpfungswerk beginnen sollte: *die geistige und sittliche Entwickelung des Menschengeschlechts.*

Was diese Entwickelung zu bedeuten hat, begreifen wir am besten, wenn wir ihre ferne von einander liegenden Stufen ver-

gleichen, — wenn wir beispielsweise den geistigen Blick über die
Kluft von zweitausend Jahren zurückwerfen auf eine an dieser
Stätte vielleicht gehaltene Kriegsberathung der eichelessenden, mit
Thierfellen nur halb bekleideten, in rohen Lehmhütten sich lagernden
Barbaren, — und diese vergleichen mit unserer heutigen Ver-
sammlung inmitten der schön gebauten Residenzstadt Stuttgart!
Welcher Abstand in der äussern Erscheinung, der geistigen Be-
schaffenheit, der ganzen Lebensstellung! Wie ist der Mensch ver-
wandelt worden hinsichtlich seiner Kenntnisse, seiner geistigen
Sehweite, seines sittlichen Standpunktes und Verhaltens, seiner
Bedürfnisse und Befriedigungsmittel, seiner gesellschaftlichen Beziehungen und politischen Stellung!

Und nicht minder eingreifend ist das von ihm bewohnte Land
verwandelt worden. An der Stelle der Urwildniss mit unabsehbaren
Wäldern, versumpften Thälern, von Gestrüpp und Unkraut bedeckten
Ebenen, — da prangt jetzt fruchtbarer Boden, sorgfältig angebaut, als Saatfeld, Wiese oder Weinberg; da liegen Dörfer zahl-
reich vertheilt und dazwischen anmuthige Landsitze inmitten
schöner Gartenanlagen, — da erheben sich volkreiche festgebaute
Städte mit ihren gepflasterten Strassen, ihren hochragenden Thurm-
spitzen und Schornsteinen, ihren gewaltigen Fabrikgebäuden und
kunstreichen Denkmälern. Und welches rege Treiben erwacht mit
jedem neuen Tage auf dieser Scene, um sich von Mittelpunkt zu
Mittelpunkt mit schwirrender Hast durch die Eisenbahnen, diese
Pulsadern des Betriebslebens, zu verbreiten! Dass diese Umwandlung
von vornherein im Schöpfungsplan gelegen habe, — ja dass sie
ein noch vor sich gehendes Schöpfungswerk ist, — dies erkennt
man daraus, dass sie mit Nothwendigkeit aus den ursprünglichen
Einrichtungen der Aussenwelt und den Anlagen des Menschengeschlechts hervorgeht. Aber was alles gehörte dazu, diese
erstaunliche Umwandlung des Menschen und seiner ganzen Umgebung zu vollziehen! — Sicherlich giebt es für menschliche
Wissenschaft keine höhere und wichtigere Aufgabe, als die Erforschung der Mittel und Bedingungen, der Kräfte und Gesetze.
wodurch das Menschengeschlecht seiner kosmischen Bestimmung,
der Kultur, entgegengeführt wird. Und als der wissenschaftliche
Geist diese Aufgabe in solcher Höhe und Weite zu erfassen und

sich zu stellen vermochte, musste er sofort erkennen, dass die Kultur nur das Werk der *vereinten* Thätigkeit der Menschen, durch viele aufeinander folgende Geschlechter hindurch, sein könne, und zwar einer vereinten Thätigkeit nach einem durch die gesammten Naturgesetze˙ bedingten Plane. Daraus ergab es sich, dass man neben dem Organismus der Natur auch den darauf beruhenden Organismus der menschlichen Vergesellschaftung zu studiren, — die Naturgesetze darzustellen habe, welche die Menschen zur Vereinigung führen, und diese Vereinigung so regeln, dass daraus die *soziale* Kultur hervorgeht. Und so entstand die Wissenschaft der Volkswirthschaft — unter allen Wissenschaften die mit dem weitesten Felde und dem höchsten Ziele.

Die Wissenschaft der Volkswirthschaft weist zuerst auf die Urkraft hin, welche die Menschen zur Vereinigung treibt, — den Drang nach Befriedigung der von Natur eingepflanzten Bedürfnisse. Der Befriedigungsdrang ist für die soziale Welt Dasjenige, was die Schwere für die Welt der Materie ist: die universelle zusammenhaltende Kraft, welche eine feste Ordnung überhaupt möglich macht.

Die Mittel zur Befriedigung menschlicher Bedürfnisse müssen durch Arbeit geschaffen werden; der Mensch muss seine Kraft anwenden, um die Produktionsprozesse der Natur so zu leiten, dass aus denselben Dasjenige hervorgeht, dessen er bedarf. Er muss hierzu die natürlichen Produktionsprozesse verstehen lernen und seine Kraft richtig auf dieselben anwenden — muss durch Beobachtung und Uebung sich Kenntnisse und Geschick erwerben. In einerlei Arbeit vermag er dies wohl; in allerlei vermag er dies nicht. Jede Produktionsquelle hat auch ihre natürliche Bestimmung für ein besonderes Produkt, welches sie am reichlichsten hervorbringt; sie muss also, um ergiebig zu sein, für dieses besondere Produkt ausgebeutet werden. Hieraus ergiebt es sich, dass die arbeitenden Menschen ihre Kräfte und Produktionsquellen jedesmal zur Herstellung Desjenigen verwenden, was in grösster Fülle daraus hervorgeht, und nicht Desjenigen, was Jeder selber braucht; — dass sie sich in die Arbeiten theilen, die Verwendung der Einzelarbeit von der Rücksicht auf den Einzelbedarf loslösen, ihre Kräfte nur mit Hinblick auf die Vermehrung der Befriedigungsmittel im

Ganzen verwenden, und aus dem vermehrten Ganzen, durch den Austausch, ihre vermehrte Befriedigung beziehen. Zu dieser in die Arbeiten sich theilenden Vereinigung treibt der Befriedigungsdrang; und so entsteht die menschliche Vergesellschaftung, welche nicht ein blosses Nebeneinanderleben, eine blosse Geselligkeit, sondern ein Füreinanderleben ist, — ein gegenseitig sich Versorgen mit Befriedigungsmitteln.

Bei der unendlichen Verschiedenheit der Leistungen sichert das regelnde Prinzip freier Vereinbarung im Markte Jedem den gerechten Ersatz für seinen Beitrag zur Gesammtproduktion, — einen Ersatz, welcher gleichsam durch das öffentliche Meistgebot bestimmt wird. Wenn nun der Befriedigungsdrang, oder wie Viele zu sagen belieben, die Selbstsucht das gestaltende Prinzip der volkswirthschaftlichen Vereinigung ist, so ist dagegen dafür gesorgt, dass Keiner für sich einen erhöhten Vortheil auf rein volkswirthschaftlichem Wege, nämlich durch Steigerung seiner Produktion zur Erreichung eines höhern Entgelts, erlangen kann, ohne dadurch auch der Wirthschaftsgemeinde einen vergrösserten Nutzen zu schaffen. Das soziale Gebäude musste auf die festeste Grundlage gestellt werden; es steht fest auf dem nie wankenden Boden des individuellen Befriedigungsdrangs; es liesse sich nie errichten auf der unmöglichen, weil in der Menschennatur nicht liegenden, Grundlage allgemeiner gegenseitiger Aufopferung, wie es sozialistische Schwärmer möchten. Es ist weise und auch wohlthätig eingerichtet, dass Jeder, der das Gemeinwohl fördern will, hierzu die sichere Anweisung hat: schaffe, was dir am besten gelingen will; und das Zeugniss, dass du nach deinen Kräften in deinem Wirkungskreis, den du am besten verstehst, dem Gemeininteresse der Wirthschaftsgesellschaft am besten entsprochen hast, wird darin liegen, dass sie dir einen höheren Entgelt für deine Leistung zuweist — deine Interessen fördert. Ebenso wie die allgemeine Schwerkraft, welche den Steinen die Neigung zum Herunterfallen giebt, allein die Möglichkeit eines feststehenden Baues gewährt, so macht der Drang nach Selbstbefriedigung allein eine das Menschheitswohl fördernde Vergesellschaftung möglich.

Zur Beschaffung des Vielen und Vielerlei, dessen das Kulturleben bedarf, ist aber neben der Arbeitstheilung eine Anhäufung von Produktionshilfsmitteln, d. h. von Kapitalsgegenständen erforderlich, welche dadurch entstehen, dass man Arbeit nicht zur augenblicklichen Befriedigung sondern zur Erhöhung der künftigen Produktionsfähigkeit verwendet. Eine Enthaltsamkeit in der Gegenwart sichert durch Kapitalsbildung ein vermehrtes Maass von Befriedigungsmitteln für alle Zukunft. Man kann durch fortgesetzte Enthaltsamkeit bei steigendem Produktionsvermögen Kapitalmittel ansammeln, welche ausreichen, nicht bloss sich selbst, sondern noch viele Andere mit vervollkommneten Arbeitshilfsmitteln zu versehen; und indem man einen Antheil an dem Mehrprodukt, wie billig, erhält, schafft man durch das Leiten und Produktivmachen der Arbeit Anderer nicht nur diesen Anderen eine erleichterte Subsistenz und dem Markte reichere Zufuhr, sondern sich selbst ein Einkommen, dessen Vermehrbarkeit kaum eine Grenze hat. Dass eine so gemeinnützige Thätigkeit von der Wirthschaftsgemeinde beschützt, dass dem Kapitalisten sein Eigenthum gesichert werde, ist die erste Bedingung des Kapitalisirens, das dringendste aller Gemeininteressen, denn von dem Kapitalwachsthum hängt die Vermehrung der Befriedigungsmittel im Ganzen ab. So gross auch der Lohn für das Kapitalisiren ist, wuchs doch das Kapital im Ganzen bisher nur sehr langsam; selbst in den am meisten vorgeschrittenen Ländern giebt es Millionen von Familien, welche durch alle vorangegangenen Generationen hindurch bis auf heute keine grössere Habe, als die Kleider auf dem Leibe und ein paar nothdürftige Möbelstücke und Handwerkszeuge, nicht mehr als den Arbeitswerth weniger Wochen, erübrigt haben; — sie mussten zwar von ihren Eltern in der Kinderzeit mitdurchgefüttert werden, aber es fehlte an Ersparnissen, sie geistig auszubilden und ihre Arbeitskraft mit Produktionshilfsmitteln auszustatten; darum produziren sie wenig und leben entsprechend dürftig, — und doch, hätten diese Familien von der Zeit ihrer Urälterväter an nur den Erwerb von einem Tage im Monate unausgesetzt kapitalisirt und vererbt, so wären sie jetzt wohlhabend. — Nehmen wir die geistigen, sittlichen und sozialen Eigenschaften, welche zur Bildung und Erhaltung des Kapitals gehören, mit in Betracht, so ist der Nichtbesitz oder der Besitz von Kapital der Hauptgrund des Abstands zwischen der Unkultur und der Kultur. Der Betrag des ange

sammelten Kapitals im Verhältniss zur Arbeiterzahl in einer
Wirthschaftsgemeinde ist entscheidend für den Grad, in welchem
dort der Genuss des Kulturlebens sich verallgemeinert hat.

Die Erweiterung und Durchbildung der Arbeitstheilung, dieser
eigensten Grundlage aller volkswirthschaftlichen Vergesellschaftung,
wird durch die Thätigkeit des Handels bewirkt. Wo nämlich die
Verhältnisse einem gewissen Produkt am günstigsten sind, wo mit
einem gegebenen Aufwand von Arbeit und Kapital am meisten
davon produzirt wird, da ist es am billigsten, da sucht es der
Handel auf und ermuntert durch seine Nachfrage daselbst die
Verwendung von immer mehr Kräften und Mitteln zu solcher
Produktion. Das fragliche Produkt führt der Handel nun dahin,
wo es nicht mit so gutem Erfolg hergestellt werden kann, und
nöthigt durch billiges Angebot zur Einstellung einer unzweck-
mässigen Produktion, zur Verwendung der vorhandenen Kräfte und
Mittel auf irgend einen andern Zweig, bei dem sie sich ergiebiger
zeigen; — und welcher Zweig dies sei, lässt sich aus dem Vergleiche der Marktpreislisten mit den zu veranschlagenden respektiven
Produktionskosten überall herausfinden. Der Handel ist es, welcher,
wohlverstanden bei völliger Konkurrenzfreiheit, gleichsam die
Funktion einer volkswirthschaftlichen Polizei ausführt, und einerseits
durch die Prämie eines rentirenden Gewerbes, andererseits durch
die Strafe der Brodlosigkeit Jeden dazu anhält, seine Arbeits- und
Kapitalmittel so zu verwenden, dass sie unter den gegebenen
Naturverhältnissen den möglichst grossen Beitrag zur Gesammt-
befriedigung liefern, die Mittel zum Kulturleben möglichst mehren
helfen. Den Handel beschränken, die freie Konkurrenz hemmen,
heisst die Durchbildung der Arbeitstheilung verhindern, dem Grundprinzip aller volkswirthschaftlichen Vergesellschaftung entgegen-
streben, den Kulturfortschritt aufhalten.

Wenn auch der Befriedigungsdrang die mächtige Triebkraft
ist, welche die volkswirthschaftliche Vergesellschaftung hervorruft
und leitet, so stellen doch segensreiche Naturgesetze an die Erreichung vermehrter Befriedigung in der Wirthschaftsgemeinde
Bedingungen, die wir nicht ausser Acht lassen dürfen. — Zuerst
muss man arbeiten, schaffen, seine körperlichen und geistigen Kräfte
bethätigen und dadurch entfalten; man muss sie auf das wirksamste

anwenden, also seine Kenntnisse zu vermehren suchen; man muss
seine Kräfte durch Mässigkeit und geregeltes Leben erhalten;
man muss seine Hilfsmittel vermehren, also sparen, Enthaltsamkeit
üben; man muss sich in einen ununterbrochenen Arbeitsgang fügen,
seine natürlichen Triebe durch die Herrschaft des verständigen
Willens ganz dem Reglement der grossen Produktionsanstalt unterwerfen; man muss nicht nur Eigenthum, Recht und Freiheit selbst
achten, sondern sich auch mit allen Gemeindegenossen zur that-
kräftigen Mehrung von Eigenthum, Recht und Freiheit vereinigen.
Die Vergesellschaftung hat also neben dem volkswirthschaftlichen
auch *wissenschaftliche*, *sittliche* und *politische* Hebel, welche so
innig zusammenhängen, dass nur durch deren gleichmässige Wirksamkeit die gesellschaftliche Aufgabe gefördert werden kann. Wo
ein unübersteigliches Hinderniss der Entwicklung irgend eines dieser
Hebel entgegensteht, da stockt, da verkümmert die Kultur. Dagegen
wirkt eine Errungenschaft in einer Richtung stets fördernd
nach allen Seiten hin: ein Fortschritt der Wissenschaft bereichert
die Wirthschaft, hebt die Sittlichkeit, trägt zur Läuterung des
staatlichen Systems bei; — der Durchbruch zu einer höhern
politischen Entwicklungsstufe schafft den wissenschaftlichen, sittlichen und wirthschaftlichen Kulturtrieben freieren und festeren
Boden zu ihrer Bethätigung.

Man würdigt allgemein und gebührend die Bedeutung, welche
ein wissenschaftlicher, sittlicher und politischer Fortschritt für die
Kulturentwicklung hat. Aber noch viel zu wenig würdigt man den
Einfluss eines wirthschaftlichen Fortschritts auf Wissenschaft,
Gesittung und Politik. Der wirthschaftliche Wohlstand aber
bestimmt, wie viel Kräfte und Mittel für die berufsmässige Pflege
der Wissenschaft verfügbar gemacht werden können; er schafft in
weiteren Kreisen das Interesse und die Musse für wissenschaftliche
Belehrung. Je entwickelter das Wirthschaftsystem, um so mehr
belohnt es den Fleiss, die Ordnungsliebe, die zuverlässige Redlich-
keit, die Sparsamkeit, — Tugenden, welche eine feste Herrschaft
des sittlichen Willens voraussetzen; um so nachdrücklicher auch
bestraft es durch Entziehung des Kredits und durch Brodlosigkeit
die entsprechenden Laster: die Arbeitsunlust, die Ausschweifung
und die Unredlichkeit. Die Moral soll allerdings einer höheren

Quelle des reinen Gefühls entströmen; doch sind für ihre Herrschaft begünstigende äussere Umstände keinesweges gleichgültig. Und die entwickelte Volkswirthschaft, indem sie die Menschen zu gegenseitigen Förderern des zeitlichen Wohlbefindens macht, stimmt auch die Menschen, welche dies erkennen und würdigen, zu jenem Gefühl der Nächstenliebe, welche zugleich Wurzel und Frucht wahrer Gesittung ist.

Und die Politik! Es wäre mir ein leichtes, wenn es nicht gar zu weit führte, nachzuweisen, dass jede Hauptphase politischer Gestaltung einer gewissen Wirthschaftsstufe entspricht und aus derselben hervorgeht, und dass mit dem Ersteigen einer höheren Wirthschaftsstufe jedesmal eine politische Umgestaltung erfolgen muss. Doch in Betreff des Zusammenhangs zwischen dem volkswirthschaftlichen und dem politischen Leben (wenn sie sich überhaupt als getrennt denken lassen) beschränke ich mich auf eine kurze Bemerkung. Politische Gestaltungen, das wird man wohl gleich zugeben, hängen ab von den herrschenden Anschauungen über die Elemente der Staatsgemeinde und die Aufgabe der Staatsmacht. Wie verschieden nun, ja wie entgegengesetzt sind diese Anschauungen, je nachdem sie *ohne* oder *mit* einem Verständniss der Volkswirthschaft gefasst sind! Wer den volkswirthschaftlichen Organismus nicht begriffen hat, der betrachtet eine Bevölkerung als eine Masse unzusammenhängender, nebeneinander meist Einer auf Kosten des Andern leben wollender, sich gegenseitig bedrängender Individuen, deren grosse Mehrzahl, von den bösen Trieben des Fleisches erfüllt und in erbsündiger Finsterniss verharrend, zu allem Verkehrten die Neigung hat. Er glaubt, dass in diese verderbte Masse Ordnung sich nur durch Gewalt hineinbringen lasse: durch die physische Gewalt des Säbels, des Gefängnisses und des Galgens, unterstützt von der geistigen Gewalt der ererbten Autorität und des blinden Glaubens. Er glaubt, dass die Menschenmenge in Klassen, Stände, Körperschaften, Zünfte gegliedert, diese Staatsglieder theils übereinander geschichtet, theils nebeneinander gestellt, Jedem sein Wirken umgrenzt, sein Verhalten vorgeschrieben werden müsse. Er fürchtet, dass bei einem Nachlassen solches staatlichen Abpferchungszwangs ein atomistischer Zerfall, die Anarchie erfolgen müsse! Der Volkswirth dagegen glaubt nicht, dass die Menschheit in die Welt gesetzt wurde ohne naturgesetzliche Vorkehrungen für ihr Beisammensein, — dass die gesellschaftliche Ordnung nicht erst von einer kleinen Minderheit erfunden und eingeführt werden musste, und am allerwenigsten, dass sie auf Zwang beruhen müsse; denn als Ordnung kann er nur Das anerkennen, was das allgemeine Wohlergehen fördert, was sich also durch das allgemeine Interesse von selbst aufrecht erhalten kann. Der Volkswirth erkennt, dass die Einzelnen in der Vergesellschaftlichung, wie die Atome jedes lebenden Organismus, mit ganz bestimmten Anziehungs- und Verbindungskräften ausgestattet sind, woraus feste, in den Schöpfungsanlagen vorgezeichnete Gebilde hervorgehen, — woraus ein System hervorgeht, welches alle einzelnen produktiven Thätigkeiten, die materiellen, geistigen und sittlichen, zum Ganzen fasst, sie gegenseitig auf einander wirken, sich gegenseitig bedingen und fördern lässt; — ein System, in welchem Jeder frei zu sein glaubt und doch von der Gesammtheit bestimmt wird, — jeder Einzelne zunächst seinen eigenen Vortheil sucht, aber, indem er diesen erreicht, auch für Andere Nutzen stiftet, — ein System, dessen höhere Ausbildung die gesteigerte Herrschaft des Menschengeistes und der Menschenkraft über die äussere Naturwelt, die geistig-sittliche Kultur ist. Der Ausbau dieser Kulturordnung kann zeitweise aufgehalten und verunstaltet werden durch einsichtslosen Zwang; — das zeitweise nothwendig eintretende Abwerfen solchen Zwanges nebst seinen Verunstaltungen kann vorübergehend Verwirrung mit sich führen; — gegen gesellschaftliche Anarchie aber haben wir, gottlob! eine zuverlässigere Schutzwehr als den oft zusammenbrechenden Zwang, — wir haben das ewige Naturgesetz.

Zum Schluss werfen wir einen kurzen Blick auf gegenwärtige Zustände.

Wir haben erkannt, dass die Kulturentwickelung die naturgesetzliche Bestimmung der Menschheit, ein vor sich gehendes Schöpfungswerk ist. Wir müssen aber leider auch erkennen, dass die Kultur sich erst bei wenigen Völkern entwickelt, und sogar in diesen nur einer kleinen Minderzahl zu Gute kommt. In den ausgedehntesten Gebieten unserer Erde sind die Kulturhebel kaum angesetzt; selbst in den am meisten vorgeschrittenen Ländern hat

die grosse Masse der Menschen die Kulturbedingungen nicht erfüllt.
Der offenbare Grund dieses kläglichen Missstandes ist der, dass
selbst in unsern sogenannten Kulturländern aus Mangel einer volkswirthschaftlichen Anschauung des gemeinsamen Interesses die
Glieder jedes Volkes und die Völker untereinander dem Wahne
nachhängen, dass das eigene Interesse durch Beschränken oder
Beeinträchtigen des Interesses Anderer zu erstreben sei. Die verschiedenen Staaten, einander gegenüber, achten Leben, Freiheit
und Eigenthum nur, soweit diese Güter vor Gewalt durch Gegen-
gewalt sich schützen. Die Staatsregierungen, in ihren alten Vorstellungen befangen, verhindern unendlich viele Produktionsthätig-
keiten, hemmen den Fortschritt der Arbeitstheilung und die freie
örtliche Vertheilung der Arbeitskräfte und Produktionsmittel,
stemmen sich ängstlich jeder neugestaltenden Bewegung des Wirthschaftslebens entgegen. Was das Schlimmste aber ist, um ihre
Zwangsordnung im Innern durchzuführen und ihre respektiven
Gebiete vor den stets drohenden Gewaltsamkeiten von aussen zu
schützen, müssen sie von der Arbeitskraft und dem Kapital der
Wirthschaftsgemeinden so viel unproduktiv verzehren, dass die
Mittel zur Erweiterung des eigentlichen Kulturkreises im Volke
nur sehr langsam gewonnen werden können. Von dem Maasse, in
welchem der Staatsaufwand die Kulturmittel eines Volkes aufzehrt,
haben sehr Wenige nur eine annähernde Schätzung. Zu den
vielen Beispielen, wodurch man dies anschaulicher zu machen sucht,
will ich eines hinzufügen. Es ergiebt sich nämlich aus einer
leichten Berechnung, dass sämmtliche Eisenbahnpassagiere in
Preussen in Kutschen befördert werden könnten mit nur drei
Vierteln der Pferde, welche die preussische Armee in Friedenszeit
füttert!

Den Regierungen ist deshalb ein Vorwurf nicht zu machen;
sie herrschen nur kraft der im Volke herrschenden Vorstellungen.
Die Völker, welche dem Massenelend und dem politischen Drucke
unterliegen, büssen darin nur die Folgen ihrer Unwissenheit in
Bezug auf die naturgesetzlichen Bedingungen gesellschaftlicher und
staatlicher Wohlfahrt. Ihren Mangel an Achtung für Unabhängig-
keit und Besitz, einander gegenüber, büssen sie in der eigenen
Armuth und Verknechtung. Der verallgemeinerte Genuss eines

Kulturlebens ist nicht für Menschenmassen bestimmt, bei denen
das geistig-sittliche Menschenthum noch so wenig ausgebildet ist,
dass sie sich in jedem Augenblick als blinde Kriegswerkzeuge
mordend und verwüstend auf einander hetzen lassen. »Ja, wird
man sagen, das war bei den Menschen von jeher so.« — Zuge-
standen! Nur schliessen wir nicht daraus, dass es auch so bleiben
muss; denn jedes Uebel der Unkultur war von jeher bei den
Menschen da, — und währte doch nur, bis es von dem Fortschritt
überwunden wurde. Die am meisten verbreiteten und am tiefsten
eingewurzelten Vorstellungen der Menschen ändern sich erstaunlich
rasch, wenn die Lebenszustände, aus denen sie erwuchsen, sich
ändern. Und eine solche Aenderung geht jetzt in grossartigstem
Maassstabe mit reissender Schnelligkeit vor sich, obgleich sie seit
verhältnissmässig kurzer Zeit in solchen Gang gekommen ist.
Zwar eine volkswirthschaftliche Anlage hat die Gesellschaft von
jeher gehabt; man hat von jeher für sein Brod arbeiten müssen,
einigermaassen die Arbeiten getheilt, Produkte ausgetauscht,
Handel mit entfernteren Gegenden getrieben. Doch bewegte sich
dies Verkehrsleben nur in kleineren Kreisen mit lokalen Mittel-
punkten. Die Masse der bewegten Tauschgüter war im Verhältniss
zum Gesammtverbrauch sehr klein, die Kapitalmittel zur Organisirung
der Produktion und des wirthschaftlichen Verkehrs im Grossen
ganz unzulänglich und die Kommunikationswege fehlten. Das
volkswirthschaftliche Vergesellschaftungsprinzip war da; aber die
Verwirklichung fand nur im Kleinen statt, fasste nur Nachbar-
schaften, nicht einmal das Gesammtgebiet der grösseren Staaten,
viel weniger also die verschiedenen Kulturländer zu einer Wirthschaftsgemeinde. Die einigende Wirthschaftskraft war also viel
zu schwach, um maassgebend und gestaltend auf das Staatsleben
zu wirken. Aus jener Zeit der wirthschaftlichen Vereinzelung
und Schwäche stammen nun noch unsere Staatseinrichtungen und
staatlichen Anschauungen, — nämlich aus der Zeit vor der Einführung der Dampfmaschine, der Eisenbahnen, der Dampfschiffe,
der elektrischen Telegraphen, — vor der allgemeinen Anwendung
der Maschinerie und dem Fabrikwesen im Grossen; sie passen
nicht mehr zu dem néu entstandenen Wirthschaftsleben, zu der
lawinenartig wachsenden Güterbewegung; sie werden in ihrer Praxis

an allen Ecken zurückgedrängt, müssen täglich Konzessionen dem unabweisbaren Bedürfniss wirthschaftlicher Befreiung machen. Die Länder absperrenden Tarife werden durchlöchert, die Zunftschranken fallen, das Konzessionswesen wird abgeworfen, die Freizügigkeit verbreitet. Allenthalben wächst die wirthschaftliche Saat durch den Boden des alten Staats durch; die alten eingefleischten Anschauungen werden gedrängt in neue Einrichtungen. Der ererbte nationale Antagonismus schlägt in den Drang nach nationaler Einigung um. Der dadurch erweckte Trieb des staatspolitischen Prinzips wird wohl für die nächste Zukunft die volkswirthschaftliche Idee überstrahlen; es werden die auf nationaler Rivalität fussenden Politiker zunächst die Leitung der Geister und Kräfte ergreifen; doch spielen sie nur das alte Drama zu Ende, bahnen für die Herrschaft der Volkswirthe den Weg, — denn die Volkswirthe werden durch das ewige Gesetz der Kultur sicher emporgetragen!

Vermischte

volkswirthschaftliche Schriften.

Valeur et Monnaie.

Sur l'identité de la valeur et de la monnaie. — Réponse à M. W. Lipke.*)

(«Journal des économistes», Num. 152, Décembre 1853.)

I.

M. W. Lipke a daté de Berlin, où il s'est distingué dans la Société des libre-échangistes, un article sous le titre de *Notion de la monnaie*. Comme il prend, à l'aide d'une logique d'ailleurs assez originale, une position tout à fait individuelle, et qu'il ne représente aucune classe d'économistes allemands, il est juste que les économistes français, auxquels il vient de s'adresser, sachent qu'à lui seul appartient la découverte par laquelle il prétend «extirper un vice funeste dans l'organisation de la société actuelle», et dont il croit avoir «établi l'existence *à priori* avec une certitude mathématique.»

Comme «résultat de ses observations et de ses réflexions à cet égard», il propose une vaste augmentation de papier-monnaie, moyennant un système de banques qui doivent émettre et prêter, pour 1/2 pour 100 par an, une somme de billets «égale à la «moitié de la valeur de tout les biens, meubles ou immeubles,

---

*) Article inséré, dans le n° 149, du „Journal des économistes", septembre 1853, tome XXXVI, p. 321. — Voir numéro 150, octobre 1853, tome XXXVII. p. 109, un article intitulé: *Réflexions sur la notion de la monnaie*, par M. Joseph Garnier. Note de la rédaction.

« qu'on voudra leur déposer, soit en nature, soit par tradition
« symbolique. »

Assurément il conviendra que ce n'est pas là qu'on doit
chercher ce que son article peut contenir d'original. Il sait fort
bien qu'un grand nombre de personnes, avant lui, ont cru que l'on
pourrait faire circuler toute quantité de papier-monnaie, quelque
grande qu'elle fût, pour peu qu'elle fût fondée sur des biens
de valeur suffisante. Il sait aussi combien de fois on a tâché
d'agir sur ce principe, et comment ces tentatives ont toujours
échoué.

Mais il croit que sa nouvelle « Notion sur la monnaie », comme
élément tout nouveau, sera capable de faire réussir dorénavant ce
quit était infaisable jusqu'ici. Il pose un syllogisme qu'il croit
inattaquable, et moyennant lequel il prétend faire changer de
direction toutes les affaires monétaires, réduire à rien l'intérêt des
prêts, et doubler le capital de tout possesseur de bien. — Or,
c'est le privilége du génie d'opérer, par les moyens les plus simples,
les plus grands résultats !

Et le petit mécanisme de logique, qui met au jour la grande
« vérité fondamentale », le voici : « Tout se mesure par soi-même;
— la valeur se mesure par la monnaie; — donc la monnaie est
identique à la valeur. — Qui a valeur a monnaie. »

Donc les gens d'affaires qui, entraînés par le désir séduisant
d'étendre leurs entreprises, vidaient leurs caisses, et se croyaient
obligés à faire tant d'efforts pour obtenir un renfort d'argent
comptant, auraient pu s'épargner toutes ces peines superflues, s'ils
avaient seulement eu la sagacité de reconnaître « que tout se
mesure par soi-même ! et que qui a valeur a monnaie. » Cela établi,
il serait vraiment agréable de vivre dans un monde où l'on pourrait
accumuler chez soi autant de choses de valeur que l'on voudrait,
sans diminuer sa monnaie !

Mais, avant de m'abandonner à un si beau rêve, j'ai eu la
précaution d'examiner un peu de près la démonstration sur laquelle
il fonde ce qu'il nomme la « vérité fondamentale. »

M. Lipke dit : « Quelque diverses que soient les opinions sur
la nature de la monnaie, elles s'accordent cependant sur ce

point: que la monnaie est, entre autres choses, la mesure de la valeur.»

C'est là une façon de parler familière et elliptique, mais inadmissible dans une déduction scientifique. Il faut dire, comme M. Lipke l'a remarqué lui-même sur la page suivante de son écrit: *la valeur* de la monnaie est la mesure de *la valeur* des autres choses.

M. Lipke dit encore: « Mesurer c'est partager. »

Mesurer, c'est faire connaître une quantité inconnue, ce qu'on fait en la représentant comme multiple d'une quantité connue, et par conséquent fixe. Le mesurage a pour but de nous mettre en état de comparer, comme de simples quantités numériques, toutes les quantités commensurables, c'est-à-dire réductibles à une même unité.

M. Lipke ajoute: « Mesurer, c'est diviser un tout par une de ses propres parties.»

Les *propres parties* d'un tout sont les parties dont la quantité se détermine par celle du tout, c'est-à-dire les parties aliquotes. La moitié ou le quart est une propre partie du tout, qui ne peut avoir pour moitié ou pour quart qu'une seule quantité, laquelle ne peut être la moitié ou le quart d'aucune autre quantité totale. Mais déclarer qu'un tout contient deux moitiés ou quatre quarts, ce n'est pas le mesurer.

M. Lipke prétend que: « La mesure d'une pièce de drap n'est ni le mètre de bois, ni l'unité de longueur qu'il représente, mais bien le mètre de drap. »

Le *drap*, comme tel, ne se mesure point du tout. Quand, en langage familier, on parle de mesurer une pièce de drap, c'est à *la longueur* du drap que l'on pense. Ainsi, M. Lipke soutient en termes précis que la mesure de la longueur d'une pièce de drap n'est pas l'unité usuelle de longueur! Mais le mètre « de ce drap » comme quantité de longueur, est identique à un mètre de toile ou de quoi que ce soit; et c'est aller contre toute logique que de vouloir regarder la *qualité* comme détermination essentielle de la *quantité,* qui implique l'abstraction faite de la qualité.

M. Lipke dit encore: « La mesure de la chaleur n'est pas non
plus le mercure qui s'élève ou s'abaisse dans le tube d'un thermomètre, mais bien une quantité fixe de chaleur, et, s'il s'agit de
la division Réaumur, c'est la quatre-vingtième partie d'un tout
bien déterminé, laquelle ce savant a choisie comme unité pour le
mesurage de toutes les quantités de chaleur qui peuvent se présenter
en général. — Ainsi donc, le drap se mesure par le drap, la
chaleur par la chaleur . . . . »

« Il s'ensuit que la valeur aussi ne peut être mesurée que
par la valeur, et que la monnaie, si elle est la mesure de la
valeur, ne peut, quant à sa nature, être autre chose que la valeur
elle-même. »

La chaleur, ne se manifestant que par ses effets, ne se laisse
point mesurer *directement*.   On ne mesure que les quantités d'effet,
en supposant qu'elles sont en proportion des quantités de chaleur
en action.   Ce que l'on mesure *directement*, c'est pourtant la
quantité de l'expansion du mercure, indiquée par la portion qui
s'élève ou s'abaisse dans le tube d'un thermomètre. — Mais
puisque M. Lipke explique si bien, en parlant de chaleur, que
l'unité de mesurage est une quantité fixe, partie aliquote d'un
tout bien déterminé, nous ne comprenons pas comment il a pu
perdre de vue tout cela, en parlant de drap, lui qui a été
manufacturier de drap!

Ayant commencé par dire: « Mesurer, c'est partager », il semble
oublier que l'on peut partager sans mesurer; car il oublie de
distinguer entre diviser *en*, et diviser *par*.   Une pièce de drap se
divise *en* morceaux de drap, et *par* les ciseaux; mais le drap ne
se divise ni ne se mesure comme drap, ni par drap, il ne se
mesure que comme quantité et par quantité.   Aucune quantité ne
se laisse mesurer par elle-même. Ainsi, l'unité de mesure ne se laisse
point mesurer.   En langage familier, on parle, par exemple, de
« mesurer le méridien terrestre »; en vérité on ne fait que le diviser.
Quand on dit qu'il est long de quarante millions de mètres, on
dit seulement que sa longueur contient quarante millions de quarante
millionièmes.   Il s'ensuit que M. Lipke aurait dû dire: La valeur
ne peut être mesurée que par une unité de valeur; donc la
valeur de la monnaie, si elle est la mesure de la valeur

d'autres choses, ne peut être commensurable qu'avec la valeur
d'autres choses, c'est-à-dire réductible à un même rapport de
quantité.

M. Lipke conclut en disant: « La monnaie et la valeur sont
donc essentiellement identiques.» Deux choses ne sont pas identiques
parce qu'elles se laissent envisager sous un rapport commun. Il y
a loin de la commensurabilité à l'identité.

II.

Mais j'ose encore solliciter la permission de soumettre aux
lecteurs de ce journal quelques remarques, un peu élémentaires
peut-être, sur la nature de la valeur et de la monnaie, — deux
matières auxquelles s'accrochent toujours de nouvelles erreurs,
malgré tout le soin que la science a mis à les éclaircir. Or, la
science n'est pas quitte de sa tâche pour avoir offert, une fois pour
toutes, un exposé épuisant et irrécusable d'un sujet. Il lui faut
répéter, de jour en jour, ses leçons, et trouver toujours de
nouvelles formes de démonstration pour toutes les différentes
sortes de têtes. Peut-être que la forme mathématique, dont j'ai
revêtu quelques parties de l'exposé suivant, sera du goût de maint
penseur.

En économie politique, comme science de l'échange social, « une
chose a de la valeur en tant que, pour l'obtenir, on donne quelque
chose que l'on ne donne pas pour rien. »

Pour cela, il faut qu'elle soit utile à satisfaire un besoin ou
un désir, et qu'elle se laisse pas remplacer sans frais de travail
ou de capital. Or, plus le remplacement exige de frais, plus la
chose est rare; et plus elle donne de satisfaction ou plus elle est
rare, plus on l'estime. En échangeant des choses mutuellement
désirées, on se rend mutuellement service; mais la valeur n'est ni
utilité, ni travail, ni rareté, ni estimation, ni service. Ce ne sont
là que des éléments, dont le concours, *moyennant son influence
sur l'offre et la demande*, ou la production et la consommation,
fait naître la valeur et règle l'équivalence.

Constater le principe de l'influence directe et indirecte qu'exer-
cent les combinaisons innombrables des éléments sociaux sur l'offre

et la demande, c'est-à-dire sur la valeur, voilà la tâche compliquée
et étendue de la science de l'économie politique.

S'il était possible d'établir, comme on a quelquefois tâché de
le faire, une identité entre valeur et travail, valeur et utilité,
valeur et une *seule* chose quelconque, l'économie politique serait
réduite à un seul mot; — on posséderait un « ouvre-toi, sésame »,
qui donnerait accès aux trésors de la science sans recherches
pénibles. Mais, certes, on doit être encore quelque peu novice
pour se proposer sérieusement de mettre en œuvre les procédés des
Contes des mille et une Nuits.

Valeur, étant le pouvoir qu'a une chose de se faire prendre
en échange d'une chose qui ne se donne pas pour rien, implique
essentiellement un *rapport* entre *deux* choses; donc elle ne peut
être regardée comme « incarnée, constituée, contenue » dans *une*
chose. Une quantité x de valeur, c'est le pouvoir d'une chose de
se faire échanger pour une quantité x *d'autre chose.*

Désignons par B, C, D, F, G etc., des mesures usuelles de
différents biens: mètres de drap, hectolitres de blé, kilogrammes
de fer, etc. Que l'on donne pour B, à un certain temps, en
certain endroit, x C; on y donnera, pour B, x fois autant de D
ou de F, que pour C; la valeur de B y est alors x fois plus
grande que celle de C. On peut constater de même la proportion
momentanée et locale entre la valeur d'un bien quelconque et
celle de chaque autre bien.

Mais l'inconvénient de comparer, une à une, les quantités
équivalentes, saute tellement aux yeux, que l'on a été forcé de
comparer à un seul bien tous les autres, pour donner à toutes les
équations de valeur un terme commun. Ce seul bien choisi, dont
une certaine quantité forme l'unité d'évaluation, c'est la monnaie,
que nous désignerons par M. Ainsi, l'on a $B=p\text{M}$; $C=q\text{M}$; $D=r\text{M}$;
$F=s\text{M}$; $G=t\text{M}$; $H=o\text{M}$, etc. Et l'on sait tout de suite que
B a $\frac{p}{s}$ fois la valeur de F; que G a $\frac{t}{r}$ fois la valeur de D;
que H vaut $\frac{o}{q}$ C, etc.

Outre la valeur relative d'un bien par rapport à tel autre
bien, on voudrait préciser sa valeur générale. Pour différents
endroits et différentes époques un bien ne peut avoir qu'une valeur

moyenne. Mais si, par valeur générale, ou entend l'indication que, en certain lieu, à certain moment, un bien vaut *ou* ceci, *ou* cela, *ou* bien encore cela, c'est ce qu'on peut préciser par la formule suivante, dans laquelle n désigne le nombre de tous les biens échangeables:

$$B = p \left(\frac{C}{q} + \frac{D}{r} + \frac{F}{s} + \frac{G}{t} + \frac{H}{o} + \text{etc.} \right)$$

$$D = r \left(\frac{B}{np} + \frac{C}{nq} + \frac{F}{ns} + \text{etc.} \dots \dots \right)$$

D'où les variations de valeur générale se manifestent tout de suite. Car si, plus tard, on a $D = x\,r\,M$, et $G = \frac{t}{y} M$, on aura

$$B = p \left(\frac{C}{nq} + \frac{D}{nr} + \frac{F}{ns} + \frac{yG}{nt} + \frac{H}{no} + \text{etc.} \right)$$

$$D = xr \left(\frac{B}{np} + \frac{C}{nq} + \frac{F}{ns} + \text{etc.} \dots \dots \right)$$

La valeur générale de B, ainsi que celle de C, F, H, n'aura subi que peu de changement, vu la grandeur de n*). La valeur générale de D s'indique comme x fois plus grande, et celle de G comme y fois plus petite qu'auparavant. En revanche, on peut présumer que le renchérissement n'a eu lieu que parce que la production de D s'est diminuée. Si donc, à la première époque,

---

*) Or, il faut avouer que la *valeur générale*, bien que tout le monde s'efforce naturellement à se la figurer, ne s'accommode à une formule que par suite d'une généralisation, admissible pour l'éclaircissement d'un principe scientifique, mais qui ne s'applique pas sans modification à l'état actuel des choses. Personne ne veut échanger son produit contre des *quantités égales* de *tous* les biens échangeables. L'idée la plus générale de valeur, que se fait chaque classe de personnes, se rapporte à certains biens, qui forment les objets principaux de ses besoins. Si, par exemple, D signifie les denrées les plus nécessaires, les producteurs de B, C, H trouveront que, par suite du renchérissement des D, leurs produits leur valent beaucoup moins qu'auparavant; et les plus pauvres d'entre eux, ceux qui ont à donner pour l'achat de denrées la plus grande portion de leur revenu, éprouveront le plus fortement un changement de valeur, qui n'apparaît guère dans notre formule. Note de l'auteur.

les producteurs de D avaient zD à vendre au prix de rM, et n'avaient plus tard que $\frac{z}{r'}$ D à vendre au prix de $x r$ M, leur recette totale à la seconde époque sera plus grande ou plus petite qu'à la première, selon que x est plus grand ou plus petit que x'. En général x sera moins grand que x'; la hausse de prix moins grande que la diminution de production; de sorte que le renchérissement d'un produit indique ordinairement une diminution de recettes pour les producteurs.

Maintenant supposons que, à une troisième époque, nous avons B $= zp$M; C $= z$qM; D $= zr$M, etc. La valeur relative, de même que la valeur générale de B, C, D, etc., sera tout à fait comme à la première époque. Il n'y aura de changé que la valeur générale de la monnaie. M, au lieu de valoir

$$\frac{B}{np} + \frac{C}{nq} + \frac{D}{nr} + \text{etc.}$$

ne vaudra que

$$\frac{1}{z}\left(\frac{B}{np} + \frac{C}{nq} + \frac{D}{nr} + \text{etc.}\right)$$

Tel qui, à la première époque, ayant donné des biens pour M, l'aurait prêté pour le reprendre à la troisième époque, ne recevrait qu'un z ième de ce que ce M lui aurait coûté. *C'est pourquoi il faut choisir pour monnaie un bien dont la valeur relative change le moins possible.*

Un bien dont la valeur relative ne change point est évidemment chose impossible. Pour peu que la valeur relative d'un seul bien change, la valeur générale de tout autre bien en est affectée. Si, à la première époque, M valait

$$\frac{B}{np} + \frac{C}{nq} + \frac{D}{nr} + \text{etc.,}$$

et à la seconde époque,

$$\frac{B}{np} + \frac{C}{nq} + \frac{D}{nar} + \text{etc.,}$$

la différence ne serait peut-être qu'imperceptible; mais il y aurait une différence; et puisqu'il y a de jour en jour des variations

plus ou moins grandes do la valeur relative de beaucoup de choses,
il faut regarder comme très-variable la valeur générale même des
biens, entre l'offre et la demande desquels la proportion est la
plus stable. Une quantité *fixe* de valeur suppose un bien, dont
une certaine quantité s'échange toujours et partout contre une
quantité fixe de chaque autre bien; — elle suppose que certaines
quantités de biens, qui ne restent pas équivalentes entre elles,
conservent leur équivalence respective à certaine quantité de tel
autre bien; — supposition qui froisse terriblement « l'intuition
mathématique ». Et puisqu'il n'y a point de valeur fixe, il
n'y a point de mesurage exact de valeur. La valeur de la
monnaie n'est au plus, qu'une mesure approximative de valeur
relative *).

Puisqu'il faut choisir pour monnaie un bien dont la valeur
générale varie le moins, il faut que la proportion entre l'offre et
la demande des métaux précieux soit le plus stable.

Quant à l'offre, elle consiste dans la quantité accumulée
pendant plusieurs siècles. La quantité que l'on peut y ajouter
dans l'espace de quelques années est, en général, trop petite pour
pouvoir produire un changement relativement grand. A l'époque
de la découverte de l'Amérique, la quantité accumulée étant beaucoup
plus petite qu'elle ne l'est aujourd'hui, et le surcroît annuel
s'augmentant dans une proportion très-forte, l'augmentation de la

---

*) Quant au *standard idéal*, dont parle M. Lipke, et qui doit être
„une quantité de valeur que la force de l'esprit humain maintiendra
immuable", je suis absolument incapable de me le figurer. Bien que la
soi-disant „monnaie normale", l'écu de banque projeté, ne doive pas
représenter une quantité fixe ni de métal précieux ni d'aucun bien spécial,
il vaudra (s'échangera pour) plus ou moins, selon que les prix des biens
viendront à baisser ou à hausser; donc sa valeur variera, — à moins
que M. Lipke ne prétende faire cesser les fluctuations des prix; ce qu'il
n'a pas encore osé promettre. Mais il croit que la valeur de son écu
de banque demeurera immuable par „la force d'inertie", puisqu'il n'a pu
prévoir „l'intervention d'une force perturbatrice." Que l'effort de sa
pensée constitue donc pour son écu de banque une certaine valeur; qu'il
décide péremptoirement que son écu vaudrait immuablement une mesure

quantité de métal précieux dépassa rapidement l'augmentation de la quantité des produits à échanger; la proportion entre l'offre et la demande des métaux précieux fut altérée; la valeur de la monnaie diminua très-perceptiblement. Aujourd'hui encore, par suite de découvertes récentes dans la Californie et l'Australie, l'accumulation de métal précieux a commencé à devenir beaucoup plus rapide qu'auparavant. Mais un surcroît annuel, même décuplé, est loin d'impliquer une offre totale décuplée. L'offre totale ne s'est augmentée que dans la proportion qui se trouve entre la quantité accumulée pendant les siècles précédents et cette quantité, plus le surcroît des derniers cinq ans. Et, de l'autre côté, il y a eu en même temps une augmentation très-considérable de demande, par l'extension de nouvelles branches de commerce où le crédit est peu développé; par l'augmentation surprenante d'émigration, et par la position menaçante de la politique européenne. Si, après avoir bien précisé la proportion qu'il y a aujourd'hui et celle qui existait, cinq ans auparavant, entre l'offre et la demande de métaux précieux, on trouve, en les comparant, que le niveau général de prix, qu'il est très-difficile de constater, n'a pas suivi le mouvement; alors on serait en droit de déclarer, «que la valeur de l'or et de l'argent a la privilége d'être presque indépendante des rapports entre l'offre et la demande». L'auteur de la «Notion sur la monnaie» présente-t-il une recherche de

_____

de blé; — au moment où les cultivateurs de blé se trouveraient dans la position de refuser de donner une mesure de blé pour moins de deux écus de banque, M. Lipke s'apercevrait de ce que c'est qu'une force perturbatrice par rapport à la valeur.

M. Joseph Garnier a déjà montré que M. Lipke a tort d'imputer à Montesquieu la notion d'une unité idéale de valeur fixe, puisque ce grand penseur dit expressément que, dans le cas cité, „chaque portion de marchandise est monnaie de l'autre", la mesure de valeur étant, non pas une quantité idéale fixe, mais une portion de marchandise de valeur variable. D'ailleurs, il a été prouvé que *la macute* en question signifie *une natte*, et qu'elle représente au fond une certaine quantité de travail le plus simple, ou bien la quantité de denrées nécessaire pour faire subsister un Africain ndant la fabrication d'une macute. Note de l'ateur.

faits qui autorise le moins du monde l'hypothèse d'une telle anomalie?

Il est vrai que, quoique la proportion entre la quantité de l'or et celle de l'argent soit changée, leur valeur relative est restée immuable. Mais c'est parce que les payements se font aussi facilement en or qu'en argent, même dans les pays où l'on compte en argent. L'or peut partout remplacer parfaitement l'argent; de sorte que la demande de l'argent diminue à mesure que l'offre de l'or augmente; donc leur valeur obéit à une même impulsion et suit la même direction. Il en est de même de plusieurs marchandises qui se laissent substituer; le prix de l'une suit le mouvement du prix de l'autre plus ou moins exactement, à mesure que l'une remplit plus ou moins bien l'emploi de l'autre. Si les gouvernements des États principaux empêchaient, par des ordonnances arbitraires, d'acquitter les obligations monétaires avec de l'or comme avec de l'argent, alors le cours qu'a conservé l'or, et qui est en quelque sorte devenu conventionnel, ne se maintiendrait plus; la force d'inertie, qui règne, tant qu'il est indifférent que les payements se fassent en argent ou en or, céderait tout de suite à la force perturbatrice qui exigerait exclusivement, en certains cas, l'emploi de l'argent; la valeur relative de l'or et de l'argent devrait s'accommoder au changement de leurs quantités respectives. Lorsque le gouvernement de la Hollande « démonétisa son or », on craignait que les autres gouvernements ne fissent de même, et que l'on n'eût plus la liberté de remplacer partout l'argent par l'or, de sorte que la demande de celui-ci subirait une diminution, et celle de l'argent une extension forcée; et cette crainte fit tomber le cours de l'or. Mais la proportion antérieure de valeur se rétablit, « quand on s'aperçut que l'exemple donné par la Hollande n'était point suivi ». Dans tout cela, il n'y a certes point d'anomalie.

Il est bien vrai qu'en adoptant comme monnaie les métaux précieux, on a ajouté à la stabilité relative de l'offre une stabilité relative de demande. Si les métaux précieux ne servaient qu'à des objets de luxe, dont on pourrait se défaire en temps de détresse générale ou par un changement de mode, la demande serait très-variable. Mais la demande de la monnaie étant réglée par la quantité totale de produits à échanger simultanément, moyennant le comptant, est relativement stable, malgré la fluctuation momentanée de maintes branches de la production.

La formule de la valeur des métaux précieux s'établit assez facilement:

Désignons par yO la quantité accumulée de grammes d'or en circulation, par zA, celle de l'argent, et par $p : 1$, la proportion de leur valeur respective. On pourra y substituer $(y + \frac{z}{p})$ O$=$O', poids total d'or, équivalent à la somme d'or et d'argent.

Désignons par sB$+t$C$+v$D, etc., les quantités totales de produits, dont les valeurs relatives seront comme les quantités, 1, m, n, etc. On pourra de même substituer sB$+\frac{t}{m}$B$+\frac{n}{n}$B$+$ etc. $= $ P, somme de mesures de B, équivalente à la somme de tous les produits différents.

Or, il ne se trouve simultanément au marché et il ne s'échange pour *le comptant* qu'une partie $\frac{P}{x}$ de ces produits. En revanche, il faut que, pour éviter un épuisement de caisse, chacun tienne une provision de monnaie pour plus ou moins de temps, ou, en moyenne, pour x' jours. Ainsi, la demande de la monnaie sera $\frac{x'P}{x}=$P'. Donc le prix de B sera $\frac{O'}{P'}$, quantité déterminée de grammes d'or, ou p fois cette quantité de grammes d'argent. Que cette quantité de métal précieux, d'après l'unité monétaire du pays, soit lM; le prix de C sera mlM; celui de D sera nlM, etc. D'où on tire aussi la valeur générale de la monnaie, comme nous l'avons déjà montré. — Les plus fortes fluctuations du niveau général des prix résultent ordinairement d'un ébranlement général du crédit, lequel fait exiger souvent l'argent comptant· où l'on se contentait d'une promesse, et excite le désir d'un plus fort approvisionnement de caisse; de sorte que, en diminuant le diviseur x, et en augmentant le multiplicateur x', il rehausse de deux côtés la quantité P'.

Le papier-monnaie bien réglé, remplaçant parfaitement, dans les payements, l'or et l'argent, on peut le regarder comme un surcroît de métal précieux; de sorte que, dans le calcul précédent, on aurait dû désigner l'offre totale de monnaie par O'$+$E, c'est-à-dire par le poids total de métal précieux en circulation, plus le poids représenté par le papier-monnaie*). Si l'on a $E = nO'$, la valeur de la monnaie sera diminuée; par l'émission de papier, à raison de $1 : 1 + n$.

Cependant l'émission de papier-monnaie a des limites naturelles bien précises; car il faut que, dans chaque endroit, le niveau général des prix ait, par rapport à celui des autres endroits, une certaine proportion, pour que l'équilibre entre l'importation et l'exportation de produits se maintienne. Si, quelque part, l'émission de papier-monnaie rend la valeur de la monnaie trop petite, et hausse trop le niveau des prix, il y aura un excès d'importation qu'il faudra payer par une exportation de monnaie. Mais le papier-monnaie ne circulant librement que dans un certain rayon, il faut en réaliser autant que l'on doit exporter de numéraire, et diminuer l'émission jusqu'à ce que le niveau normal de prix soit rétabli. Si le papier-monnaie n'est pas réalisable, il faudra acheter avec ce papier, en donnant une prime, la monnaie métallique nécessaire pour l'exportation; ce qui continue jusqu'à ce que le papier-monnaie déprécié ne représente qu'une quantité de métal précieux, laquelle, jointe à la monnaie métallique, donne une somme normale. Bien qu'il soit nécessaire de fonder sur des biens le papier-monnaie pour le faire admettre à la circulation sans contrainte gouvernementale, une étendue illimitée de fondement ne saurait effacer les limites que le besoin défini du commerce prescrit à la somme totale de monnaie circulante. Au contraire, *la possibilité de réaliser soutient la valeur nominale du papier-monnaie, principalement en tant qu'elle donne la facilité d'en restreindre la circulation aussitôt que l'émission devient excessive*, et empêche le niveau des prix de s'élever trop haut. Le papier-monnaie non réalisable ne se déprécie point, s'il est en si petite quantité que le complément métallique de circulation offre toujours ce qu'il faut pour l'exportation occasionnelle, sans que la peine de le recueillir vaille une prime.

Les projets par lesquels on prétend révolutionner le système

---

*) Naturellement on devra tenir compte du métal précieux retiré de la circulation comme fonds de réalisation pour le papier. Note de l'auteur.

monétaire roulent tous sur une même erreur, c'est-à-dire sur la notion qu'une quantité illimitée de papier-monnaie peut circuler, pour peu qu'il soit fondé sur des biens d'une certaine valeur.

Il n'y a peut-être pas de limites à la quantité de monnaie que l'on accepterait d'une banque socialiste sans payer d'intérêt, ou bien, que l'on fabriquerait, pour les seuls frais du papier si on en fin de l'échanger contre des biens réels. Mais il y a des limites très-définies et bien étroites à la quantité que l'on voudra accumuler d'une monnaie pour laquelle il faut donner des biens; car la monnaie, c'est un bien que l'on ne prend que *provisoirement,* ou jusqu'à ce que l'occasion se présente de le vendre pour les biens dont on a immédiatement besoin pour son industrie ou sa consommation. Se défaire de ses produits pour accumuler sans limites un bien d'utilité provisoire, c'est diminuer sans limites la quantité des matériaux immédiats do sa production. Comment donc s'imaginer que tout le monde s'y prête? Tout au contraire, c'est un procédé auquel tout le monde résiste obstinément; car tout homme d'affaires s'efforce d'effectuer son commerce avec le plus petit approvisionnement de caisse possible. On accepte volontiers un prêt de capital, que l'on reçoit peut-être sous la forme d'argent comptant; mais c'est pour se défaire de cet argent le plus tôt possible, en se procurant des biens d'utilité immédiate pour son industrie. Toujours l'effort général d'économiser sa monnaie, de réduire au minimum la quantité qui est en circulation, régle la valeur et la distribution de la monnaie; car aussitôt que, dans un rayon de commerce, on trouve dans sa caisse plus que la somme dont on croit avoir ordinairement besoin pour l'équilibro entre ses payements et ses recettes, on cherche à acheter des biens avec le surplus. Mais ce surplus ne fait que passer dans les mains d'autrui, qui de son côté aura surplus, si la monnaie est en excès. De là, augmentation de la demande des biens et hausse des prix, qui continue jusqu'à ce que le dérangement du niveau des prix amène une prépondérance d'importations, et conséquemment une diminution de la quantité de monnaie en circulation, ce qui s'opérerait par la réalisation de papier-monnaie, si l'excès de monnaie avait son origine dans une émission excessive.*)

La notion vulgaire, que tout pays commerçant cherche à enlever aux autres pays leur monnaie pour l'accumuler chez soi, est le contraire de la vérité. L'effort d'un pays n'est que la somme des efforts de tous les individus dans un pays. Et quand chaque individu s'efforce d'accumuler chez lui le moins possible de monnaie, il est impossible que tous ensemble s'efforcent à en accumuler le plus possible. Il serait plus juste de dire que chaque pays ne retient chez lui que le *minimum* de monnaie qu'il ne saurait faire passer à l'étranger; que chaque pays cherche à hausser la valeur de sa monnaie, et non pas à en augmenter la quantité. Cependant, la monnaie ne se distribue point parmi les différents pays en proportion égale; car elle a une valeur bien différente en différents endroits. Là où l'industrie, la pro-

---

*) On s'est souvent demandé si l'on ne devrait pas regarder comme papier-monnaie tout papier qui représente une valeur, et notamment *les lettres de change.* Il est bien vrai que, dans beaucoup de cas, on peut acheter avec des lettres de change au lieu de monnaie. Nous ne pouvons pas ici expliquer toutes les distinctions; mais puisque l'on se donne souvent tant de peine pour échanger les lettres de change contre la monnaie, il doit sauter aux yeux que les deux choses ne sont pas identiques. Surtout, il faut distinguer entre *le papier qui porte intérêt,* et celui qui n'en porte pas. Quand on a dans sa caisse des lettres de change, on en gagne l'escompte en les gardant; donc on ne se hâte pas de s'en défaire, pour épargner la perte d'intérêt que cause un surplus de monnaie.

Or, c'est *la perte d'intérêt sur l'argent comptant en caisse* qui fait naître l'effort général de réduire *au minimum* la quantité de monnaie, — *principe régulateur de la distribution et de la valeur de la monnaie.* Les lettres de change, en ce qu'elles portent intérêt, n'entraînent point une demande inquiète de biens, comme le fait un surplus de monnaie; on achete même souvent, avec un surplus de monnaie, de lettres de change au lieu de biens. — Or, nous avons bien tenu compte des lettres de change, en déduisant, de la quantité totale des produits, celle qui se vend à crédit. Etant contenues dans la formule $\frac{t'P}{t}$, elles ne peuvent plus être ajoutées à la formule O' + E. Note de l'auteur.

ductivité du travail est le moins développée, le salaire du travail,
le prix des matériaux, le loyer, etc., c'est-à-dire le niveau des
prix de ce que produit ce pays sera le plus bas. Sans cela ce
pays ne saurait aucunement concourir avec les pays plus avancés.
Car, puisque chaque produit lui coûte proportionnellement plus de
travail, il ne peut concourir qu'en donnant pour ce travail proportionnellement moins de monnaie. Le niveau normal de prix
sera approximativement en raison inverse de la productivité du
travail en chaque pays. Et il y aura prépondérance d'importation
ou d'exportation, transmission de monnaie, jusqu'à ce que la
monnaie soit distribuée et le niveau des prix réglé en telle proportion, qu'il y ait équilibre de commerce, sauf les dérangements
par suite de causes locales et passagères, ou bien d'un changement
de la productivité relative du travail.

III.

M. Lipke finit par imputer à la science de l'économie politique
des opinions qu'elle ne saurait jamais se laisser attribuer.

« Dans sa définition de la monnaie, dit-il, la science n'entend
« parler que d'une unité (de monnaie), déterminée d'après sa gran-
« deur, unité qui doit servir pour le mesurage (approximatif de
« valeurs relatives) et pour l'échange. La science exige encore, en
« outre, que cette quantité de valeur (?!) déterminée (?!) soit en
« même temps contenue (?!) dans une quantité corporelle égale-
« ment déterminée. »

Mais la science ne s'est jamais avisée d'exiger que l'unité
monétaire ait une « quantité de valeur déterminée », si par cela on
veut dire *fixe*. La science s'évertue à faire comprendre que la
valeur générale de l'unité monétaire s'indique par le niveau général
des prix, lequel est plus ou moins variable.

« Toute l'économie politique reconnaît de la manière la plus
« formelle que tous les corps qui contiennent de la valeur,
« quand même dans la pratique ils y seraient peu propres,
« possèdent cependant en principe la propriété de pouvoir mesurer
« la valeur, et de servir de monnaie tout aussi bien que l'or et
« l'argent. »

    contraire, toute l'économie politique reconnaît que, d'après le principe essentiel de mesurage, nul autre corps ne peut servir de mesure de valeur tout aussi bien que celui dont la valeur relative est la moins variable, c'est-à-dire dont la quantité offerte est relativement la plus stable.

« Mais, dit M. Lipke, la science demande (et, à la vérité, « nonseulement dans la pratique, mais aussi dans la sphère de la « pure théorie) que l'humanité fasse un *choix* et se décide à fixer « un corps quelconque, dont la valeur devra *seule* avoir la faculté « de servir de monnaie, à l'exclusion de la valeur incarnée dans « tous les autres corps. »

D'abord, la science de l'économie politique, n'ayant affaire qu'à des hommes avec leurs besoins, n'occupe aucune place dans la sphère de la théorie pure. Toutes les questions qu'elle a à résoudre roulent, au fond, sur la restriction naturelle des facultés humaines et des sources de production. La division du travail, qui fait naître la sphère économique, provient de l'incapacité de l'homme de travailler avec dextérité sans l'exercice qui exige un emploi spécial. Et l'emploi de la monnaie, d'où naît-il? sinon de l'incapacité de l'homme de calculer aisément les relations de valeur sans les réduire à une dénomination commune? Un motif du choix des métaux précieux, n'est-ce pas l'incapacité de juger précisément de la quantité d'autres biens, et de les emmagasiner provisoirement chez soi? La science ne peut donc se permettre que quelques généralisations très-circonspectes, qui tiennent compte des imperfections de toute sorte. Dans une sphère de théorie, où l'on ferait abstraction de ce qui est propre à la pratique, on n'aurait point de base pour aucun principe d'économie politique. — D'ailleurs, il n'est pas vrai que la science demande que l'humanité fasse un choix. Elle ne fait qu'expliquer pourquoi les hommes, tels qu'ils sont, ne sauraient se passer de faire un choix; et par quel principe ils sont forcés à choisir, non pas une chose quelconque, mais certaine chose.

« L'économie politique a conquis sa place parmi les sciences « par sa découverte : que la *valeur* n'est pas contenue d'une « manière plus vraie dans l'or et dans l'argent que dans les autres « biens. » Il faudrait dire, par la démonstration que la valeur n'est point contenue dans une chose, vu qu'elle implique un rapport d'échange entre deux choses, et qu'une accumulation des moyens d'échange au delà du besoin n'augmente point les biens dont on a besoin.

« Mais cette découverte n'est que la moitié de la vérité « économique. Aussi longtemps que les économistes méconnaîtront « cette autre vérité : que *la monnaie* n'est pas contenue d'une « manière plus vraie dans l'or et l'argent que dans tous les autres « biens, ils auront *tort* de soutenir que c'est chose tout à fait « indifférente si la valeur est incarnée dans l'or et l'argent ou dans » d'autres corps. »

Mais ils ne soutiendront rien de pareil, car une « incarnation de valeur » restera pour eux toujours un contre-sens. Et dans la « notion sur la monnaie » ils n'auront certes rien découvert qui ressemble à une preuve que tous les autres biens possèdent les propriétés essentielles à la monnaie, et notamment la stabilité relative de valeur.

« Que l'économie politique ajoute à sa base le complément « indispensable qui lui manque aujourd'hui, et *aussitôt* on « verra cesser l'impuissance de la théorie vis-à-vis la question sociale. »

La théorie de l'économie politique n'est point impuissante vis-à-vis la question sociale, si par cela on entend cette question : quel principe la société doit-elle suivre pour arriver le plus tôt possible au plus haut degré de bien-être pour le plus grand nombre possible? Elle donne les renseignements les plus directs et les plus pratiques pour le développement des facultés et des sources productives; et elle indique comme le principe qui garantit la plus parfaite justice dans la distribution des biens une parfaite liberté de commerce. Mais quand « question sociale » veut dire : comment atteindre au but tout d'un saut; comment avoir tout de suite foison pour tous, sans animer les efforts de tous par l'aiguillon de la concurrence et l'amour de la propriété, sans accumuler par l'épargne les moyens d'élever et d'utiliser les forces de tous; comment mener l'homme au bien-être en le soustrayant à la responsabilité individuelle de son succès, c'est-à-dire en lui arrachant l'appui essentiel de l'être moral; comment faire passer, tout d'un coup, au plus haut degré de la civilisation des classes et des nations encore assez ignorantes pour s'imaginer que, nuire à l'intérêt d'autrui, c'est avancer le sien propre; — même vis-à-vis la question ainsi conçue, la science de l'économie politique est *puissante*, par le sentiment du devoir, qui lui fait mettre une patience infatigable à la réfutation réitérée d'erreurs perverses, et à exposer dans leur vrai jour les prétendus messies, qui, en promettant des montagnes d'or, fomentent les passions aveugles, d'où naissent les plus grands obstacles au progrès social, et surtout à celui des classes les plus souffrantes.

John Prince-Smith.

Berlin.

Der eiserne Hebel des Volkswohlstandes

von

John Prince-Smith.

Berlin 1859.

I.

Jede Nation möchte ihren Reichthum nach Kräften vermehren und hat ganz Recht darin. Erblickt eine Nation irgend eigenthümliche Quellen des Reichthums in einem anderen Lande, so fragt sie, ob bei ihr nicht ähnliche zu eröffnen seien. Nach England, wo der Reichthum auf die mannigfachste Weise und mit dem glänzendsten Erfolge geschaffen worden ist, richten sich am sehnsüchtigsten die Blicke aller Welt hin.

»In seiner Eisenproduktion besitzt Grossbritannien eine Hauptquelle des Reichthums. Die britischen Eisenbergwerke und Eisenhütten produziren jährlich einen Werth von mehr als 70 Millionen Thalern, d. h. mehr als den jährlichen Ertrag aller Gold- und Silberbergwerke der Welt. Wir müssen eine Eisenindustrie haben. Das sicherste Mittel dazu ist ein hoher Schutzzoll.« — So raisonnirt der Schutzzöllner.

»In der wohlfeilen Versorgung mit Eisen haben die Engländer einen Haupthebel ihres industriellen Aufschwungs, mithin ihres Reichthums. Versorgen wir uns also auf die wohlfeilste Weise mit Eisen. Dazu ist Handelsfreiheit nöthig.« — So raisonnirt der Freihändler.

»Die Eisenproduktion ist die Basis der modernen Industrie«, sagt der Schutzzöllner.

»Zugegeben; denn die moderne Industrie braucht viel Eisen«, fügt der Freihändler hinzu.

»Also müssen wir Eisen produziren.«

»Das folgt keinesweges daraus. Wir haben es nicht nöthig, Alles zu produziren, was wir brauchen. Wenn gesagt wird: die Eisenproduktion ist die Basis der modernen Industrie, so heisst das bloss: *Irgendwo* muss viel Eisen zur Befriedigung des industriellen Bedarfs produzirt werden; die Industrie muss möglichst viel Eisen für ihr Geld, also möglichst wohlfeiles Eisen überall beziehen können. Für die Förderung der Produktivität, mithin des Reichthums in einem Lande, kommt es darauf an, mit Eisen versorgt zu werden. Wenn also ein Land, indem es seinen Eisenverbrauch auf Versorgung aus einheimischen Gruben und Hütten beschränkt, für das Geld, mit welchem man sonst zwei Zentner kauft, nur einen Zentner Eisen erhält: so verkümmert es dadurch seine Produktionsmittel und hemmt die Vermehrung seines Reichthums.«

»Das wohlfeilste ist dasjenige Eisen, welches aus dem eigenen Boden kommt und nur die eigene Arbeits- und Kapitalskraft kostet« — replizirt der Anhänger eines nationalen Industriesystems.

Antwort: »Mit dem Produkte der eigenen Arbeits- und Kapitalskraft kauft man Alles. Es fragt sich nur, ob man seine Mittel besser benutzt, wenn man eine gewisse Menge Arbeit und Kapital verwendet, um aus eigenem Boden einen Zentner Eisen zu gewinnen, oder wenn man mit demselben Aufwande auf eigenem Boden andere Dinge zieht, mit welchen man zwei Zentner Eisen eintauschen kann.«

So liegt die Streitfrage.

Es handelt sich um einen Haupthebel des Volkserwerbs, bei dem ein Missgriff die verhängnissvollsten Folgen nach sich ziehen muss. Es handelt sich um Beträge, deren Erübrigung oder Verwirthschaftung entscheidend für das Vorschreiten oder Zurückgehen des Volkswohlstandes sein muss. Der Gegenstand ist es wohl werth, dass man mit allem Ernste sich bestrebe, ein sicheres Urtheil über die volkswirthschaftlichen Maassregeln zu bilden, welche zum Besten des Landes bei der Eisenfrage zu ergreifen sind.

II.

Die Meisten wollen den Werth der Eisenindustrie für Grossbritannien darin sehen, dass dieselbe ein Produkt liefert, welches einen grossen Verkaufswerth hat und einen grossen Erlös dem Produzenten einbringt; doch erklärt dieser Umstand keinesweges die ungeheure Vermehrung des Reichthums, die das Volk unbestreitbar der Eisenproduktion verdankt.

Allerdings liefern jetzt die britischen Bergwerke jährlich etwa 60 Millionen Zentner Roheisen. welche zum durchschnittlichen Marktpreise von 1 Thaler verkauft werden.

Aber zur Beschaffung dieser Eisenmenge müssen Lebensmittel. Kleidungsstücke und sonstige Dinge durch die Arbeiter verbraucht werden. Es werden auch Werkzeuge, Maschinen, Einrichtungen, Gebäude dabei abgenutzt. Es müssen ferner Befriedigungsmittel für die Konsumtion sowohl Derjenigen, welche das Unternehmen leiten, als Derjenigen, welche das Kapital dazu hergeben, geliefert werden. Jene Einnahme aus dem Verkaufe des produzirten Roheisens dient wohl dazu. das bei dem Produktionsbetriebe Verzehrte und Abgenutzte wieder zu ersetzen, bildet aber nicht einen Zuwachs zum Nationalreichthum. Im Verlaufe eines Jahres setzt man, durch den Betrieb der Gruben und Hochöfen, 60 Millionen Zentner Roheisen an die Stelle anderer Gegenstände von gleichem Betrage. welche für jenes Produkt verwendet wurden. Insofern ist keine Vermehrung der Werthe ersichtlich. Wenn auch Dieser oder Jener sich enthält, Alles, was er für seine Mitwirkung bei der Eisenproduktion erwarb, zu verzehren, und dadurch seine Habe vermehrt. so rührt solche Aufsammlung von einer Sparsamkeit her, wie sie sich bei jedem Gewerbe geltend machen kann. Die Eisenproduktion bietet hierin keine besonderen Vorzüge, welche dieselbe zu einer ungewöhnlich ergiebigen Quelle des Volksreichthums machen dürften. Wären jene Arbeiter und Kapitalisten nicht mit der Eisenproduktion, sondern mit der Produktion von anderen Dingen, für welche man Eisen eintauschte, beschäftigt gewesen, so hätten sie ebenso viel Lohn und Zinsen verdienen können; auch stände es bei ihnen, aus ihrem Verdienste, nach Maassgabe ihres Spartriebes, Vermögen zu sammeln.

Die Eisenproduktion nährt ihren Mann, wie jede andere

rentirende Industrie; aber noch zeigt sich nicht der Umstand, der sie zu einer ausserordentlichen Quelle des Volksreichthums macht.

Vielleicht wird man unsere Annahme bestreiten, dass der Erlös aus dem gewonnenen Eisen nur Dasjenige wiederersetzt, was bei der Produktion desselben verbraucht und abgenutzt wird. Man wird uns vielleicht einwenden, dass, bei den häufig sich steigernden Preisen, die Eisenproduzenten viel mehr als den Betrag des verausgabten Lohnes und des verbrauchten Materials nebst üblichen Kapitalszinsen und Unternehmergewinn beziehen; dass sie eine starke Bergwerksrente und Aktien-Dividende übrig behalten, aus denen sie ihr Vermögen rasch und mächtig vermehren können. Vergessen wir aber nicht, dass, so oft dies der Fall ist, die Rente oder Dividende, welche in die Tasche der Eisenproduzenten hineinfliesst, der Tasche der Eisenkonsumenten entzogen wird; — je mehr der Eisen produzirende Theil des Volks einnimmt, um so mehr giebt der Eisen konsumirende Theil des Volks aus; — je grösser die Jahresbilanz für Jenen, um so schlechter schliesst dieser Theil ab; der Abschluss des General-Konto's für die Nation bleibt derselbe; und je mehr die Eisenproduzenten bei der gedachten Mehreinnahme sammeln können, um so weniger vermögen die Eisenverbraucher bei der entstehenden Mehrausgabe zu erübrigen. Eine blosse Uebertragung des Geldes aus der Tasche des einen Gliedes einer Nation in die Tasche eines anderen Gliedes derselben, bereichert ein Land ebensowenig, als das blosse Ab- und Zuschreiben im Kontobuch den Gewinn eines einzelnen Geschäfts zu heben vermag.

Den Grund der besonderen Vermehrung des Volksreichthums durch die Eisenindustrie müssen wir anderweitig suchen.

III.

Denken wir uns einmal, die jetzt in Betrieb genommenen reichen Erzgruben nebst den sie versorgenden Kohlenflötzen von Mittelengland, Wales und Schottland befänden sich nicht innerhalb der britischen Reichsgrenze, sondern im Schoosse einer ein paar Meilen von der Küste entfernten unabhängigen, sonst unfruchtbaren Insel. Wenn man zwischen jener Insel und Grossbritannien völlig freien Handel walten liesse, so würden die jetzigen britischen

Verbraucher von Roheisen Befriedigungsmittel zum Werthe von
60 Millionen Thalern produziren und nach der Insel zum Austausch
gegen Roheisen senden, wie jetzt nach den Eisendistrikten im
eigenen Lande. Diejenigen, welche jetzt in Grossbritannien Eisen
herstellen, um gegen dieses sonstige Befriedigungsmittel einzu-
tauschen, würden ihre Arbeit und Kapital verwenden, theils um
sich jene Befriedigungsmittel direkt zu produziren, theils um
andere Dinge zu erzeugen, mit denen sie solche, ebenso gut wie
mit Eisen, eintauschen könnten. Der ganze Unterschied wäre der,
dass, neben der jetzigen Zahl von Arbeitern und Kapitalisten in
Grossbritannien, welche nach wie vor, wenn auch theilweise bei
verändertem Gewerbe, sich ebenso gut wie jetzt ernähren würden,
noch auf einer benachbarten Insel eine Anzahl anderer Menschen
guten Erwerb hätte.

Dass die reichen Eisengruben innerhalb der britischen Staatsgrenzen liegen, ist also auch nicht der Umstand, der sie zur
besonderen Quelle des Volksreichthums macht; denn bei völlig
freiem Handel würden sie, wenn sie auch nicht der britischen Krone
unterworfen wären, aber ebenso erreichbar wie jetzt blieben, dieselben
Vortheile wie jetzt gewähren.

IV.

Den gewöhnlichsten und ärgsten Rechnungsfehler begehen
Diejenigen, welche den Nutzen für den Volkswohlstand nach der
Menge von Arbeit und Kapital schätzen, die ein gewisses Produkt
zu seiner Herstellung erfordert.

Die Eisenbergwerke Grossbritanniens, sagen sie, beschäftigen
so und so viel Arbeit und Kapital, und dadurch fördern sie so
stark den Volksreichthum.

Demnach würde die Produktion der 60 Millionen Zentner Roh-
eisen, wenn sie noch mehr Arbeit und Kapital erforderte, den
Volksreichthum noch mehr fördern; denn es fänden dabei mehr
Leute ihr Brot, wie man zu sagen pflegt.

Die Ansicht, dass es Aufgabe der Volkswirthschaftspflege sei,
die Veranlassung zur Beschäftigung möglichst zu mehren, ist diejenige, auf welcher das Schutzsystem beruht.

Das Maass der Beschäftigung aber hängt von der Menge des

vorhandenen Kapitals ab. Ohne Kapital, d. h. ohne Materialien, Werkzeuge, Maschinen und Vorschüsse kann man Arbeiter, wenn auch noch so viele da sind, nicht industriell benutzen. Wo also das Kapital nicht zur Beschäftigung aller Arbeiter ausreicht, bleiben viele derselben brodlos. Es fehlt, wie man sagt, an Arbeit für sie.

Unmöglich kann damit gemeint sein, dass es an einem Zweck für Arbeit, an unbefriedigten Bedürfnissen nämlich, fehle, denen die Arbeitsprodukte abhelfen könnten, welche sich aus dem Beschäftigen jener Brodlosen gewinnen liessen. Denn die Bedürfnisse jener Brodlosen selber rufen dringend genug nach Befriedigung. Wo der Mund leer und die Hand zugleich müssig ist, da ist Veranlassung genug zur Arbeit für diese, um jenen zu füllen; aber leider lässt es sich nicht aus der Hand in den Mund arbeiten, sonst würde man unmöglich je von Arbeitslosigkeit hören. Die Veranlassung zur Beschäftigung, oder der Arbeitszweck ist ebenso unbegrenzt und mannigfach, wie die menschlichen Bedürfnisse unbegrenzt und mannigfach sind. Die Volkswirthschaftspflege braucht keinesweges diese zu vermehren. Die Möglichkeit der Beschäftigung von Arbeit ist aber durch das Maass des vorhandenen Kapitals beschränkt. Nur durch Vergrösserung der Arbeitsmittel, des Kapitals, lässt sich die Beschäftigung mehren. Auf möglichste Vergrösserung des Kapitals also hat die Volkswirthschaftspflege zu achten.

Das Kapital indessen lässt sich nur dadurch möglichst mehren, dass man mit den vorhandenen Arbeitsmitteln die möglichst reiche Fülle von Produkten erziele, damit ein möglichst grosser Ueberschuss zum Ansammeln neuer Werkzeuge, Stoffe und Vorschüsse verbleibe. Dies bedingt, dass jedes einzelne Produkt mit möglichst geringem Aufwand von Arbeit und Kapital erzielt werde. Wer mit seinen Mitteln möglichst viel ausrichten will, muss natürlich bei der Verwendung derselben im Einzelnen möglichst haushälterisch verfahren. Je mehr er auf den einen Zweck verwendet, um so weniger bleibt ihm für andere Zwecke disponibel.

Man sollte glauben, dies wäre Allen zu einleuchtend, um einer näheren Ausführung zu bedürfen. Dennoch beruht die ganze Schutzzollwirthschaft auf einem Verkennen dieses selbstverständlichen

Verhältnisses. Der Schutzzöllner weist auf unbeschäftigte Kräfte hin und giebt vor, die Arbeit mehren zu können. Anstatt aber die Arbeitsmittel im *Ganzen* zu mehren, nöthigt er uns bloss, *auf die Gewinnung eines einzelnen Produkts* einen grösseren Theil unserer Arbeitsmittel zu verwenden.

V.

Unsere Bedürfnisse sind unbegrenzt, unsere Arbeitsmittel beschränkt. Wir wollen mit unsern Mitteln möglichst weit reichen. Der Schutzzöllner sucht für uns Gewerbe, deren Betrieb möglichst viel Mittel beansprucht, Gewerbe, bei denen die verwendeten Mittel am wenigsten weit reichen. Der Volkswirth sagt z. B.: »Unser Land braucht, zur Entwickelung seines Erwerbs, viel Eisen. Dieses muss man ihm so verschaffen, dass dabei die Mittel zur Erfüllung sonstiger dringender Bedürfnisse am wenigsten gekürzt werden.« Der Schutzzöllner fordert, dass das Land auf die Eisenmenge beschränkt werde, die im Lande selber produzirt werden kann, und giebt als Grund an, dass der einheimische Betrieb der Eisenproduktion gar viel von den einheimischen Beschäftigungsmitteln absorbire. Wie passt der schutzzöllnerische Vorschlag zur volkswirthschaftlichen Aufgabe? Oder sollten wir diese Aufgabe falsch gestellt haben? Sollte es sich nicht eben darum handeln, die Arbeit, die wir mit unserem vorhandenen Kapitale überhaupt beschäftigen können, so zu verwenden, dass möglichst viele Produkte erzielt werden? Sollen wir im Gegentheil nach Gewerben suchen, welche im Verhältniss zum erzielten Produkte einen möglichst grossen Antheil unserer Mittel erfordern? Sollen wir uns bestreben, mit unseren Mitteln möglichst weit zu reichen, oder im Gegentheil möglichst rasch mit denselben zu Ende zu sein?

Wenn man die Ansicht aufstellt, dass die britische Roheisenproduktion deshalb den Volkswohlstand so sehr hebt, weil sie so viel Arbeit und Kapital beschäftigt, so muss man folgende logische Folgerungen nothgedrungen sich gefallen lassen:

    1) die Roheisengewinnung in Grossbritannien würde den Volkswohlstand noch mehr heben, wenn sie mehr Kapital und Arbeit erforderte;

2) würde sie ihn weniger heben, wenn sie sich mit weniger
Aufwand bewerkstelligen liesse.

Aber Gruben- und Hüttenwerke sind mehr oder weniger ergiebig,
je nachdem die Beschaffung eines gewissen Produkts aus denselben
mehr oder weniger Aufwand erfordert. Nicht die Menge von
Erzen, welche an einem Orte unter der Erde liegen, sondern die
Menge, die man mit einem gegebenen Aufwande daselbst heraus-
bringen kann, bestimmt den Grad der Ergiebigkeit des Orts. Wenn
also aus den britischen Bergwerken die 60 Millionen Zentner Roheisen sich mit halb so viel Arbeit und Kapital als jetzt herstellen
liessen, so wären jene Quellen doppelt so ergiebig als jetzt. Würden
sie aber, weil sie ergiebiger wären, den Volkswohlstand weniger
heben? Und sind Gruben in dem Maasse für den Nationalreichthum
erspriesslich, als sie im Verhältniss zum Produkt viel Kapital und
Arbeit erfordern, also verhältnissmässig weniger ergiebig sind?
Allerdings möchten die Schutzzöllner diese Ansicht unter allerlei
Verhüllung einschmuggeln. Wenn sie uns nur glauben machen
können, dass für den Nationalerwerb Bergwerke in dem Maasse
förderlich sind, als sie Arbeit und Kapital zu ihrer Ausbeutung
beschäftigen, also Aufwand erfordern, dann liegt die Bearbeitung
einheimischer Quellen *eben wegen deren verhältnissmässiger
Unergiebigkeit* im volkswirthschaftlichen Interesse!

Der Widersinn, zu dem die mehrerwähnte sehr verbreitete
Ansicht nothwendig führt, ist augenfällig. Denn wir müssten aus
jener Ansicht folgern, dass, wenn in England das reine Eisen-
metall oben zu Tage läge und mit ganz geringer Arbeit bloss
aufzulesen und wegzufahren wäre, der Nationalwohlstand dabei
verlöre.

Es würden vielleicht 150,000 Arbeiter und für 150 Millionen
Thaler Kapital nicht die Beschäftigung bei der Roheisenproduktion
finden, die sie jetzt haben. Wäre dies nicht ein Verlust für den
Nationalerwerb? — dürfte man fragen.

Nein!

Denn wenn die 60 Millionen Zentner Roheisen fast ohne
Arbeit und Kapital erlangt würden, so kosteten sie fast Nichts.
Von den 60 Millionen Thalern, welche jetzt für Roheisen gegeben
werden müssen, würden die Verbraucher das Meiste auf andere

Dinge, die sie jetzt entbehren, verwenden können; und die Herstellung jener anderen Dinge, zum Werthe der an der Ausgabe für Eisen ersparten Summe, müsste auf neue Weise alle Arbeit und alles Kapital beschäftigen, welche bei der Eisenproduktion entbehrlich geworden wären.

VI.

Zur richtigen Anschauung volkswirthschaftlicher Verhältnisse kann man erst dann gelangen, wenn man erkennt, dass jede Ersparniss an den Produktionskosten auch eine entsprechende Ersparniss an der Ausgabe der Verbraucher bedingt. Wenn also Arbeit und Kapital bei irgend einem Produktionszweige entbehrlich werden, so wird gleichzeitig eine Summe in den Händen der Verbraucher disponibel, für welche sie neue Befriedigungsmittel eintauschen wollen; und die Herstellung dieser neuen Befriedigungsmittel giebt für Arbeit und Kapital neue Beschäftigung.

Man denke sich z. B. einen Gutsbesitzer, der ohne eigene Waldung eine Brennerei betreibt und jährlich tausend Thaler für Holz ausgiebt, welches aus bedeutender Entfernung herbeigefahren wird. Er beschäftigt dadurch die Arbeit der Holzschläger und Knechte, das Kapital der Waldeigenthümer und der Besitzer von Wagen und Pferden. Mit einem Male entdeckt er dicht bei seinem Wirthschaftshofe eine Kohlengrube, aus der er sich für hundert Thaler seinen Brennstoff schafft. Er beschäftigt nicht mehr die Arbeit der Holzschläger und Fuhrknechte und das in Wagen und Pferde gesteckte Kapital. Ist deshalb die Entdeckung jener Grube, welche Arbeiter brodlos und Kapital werthlos macht, ein Verlust für den Nationalwohlstand? Man vergesse nur nicht, dass der Gutsbesitzer über neunhundert Thaler zu verfügen hat, die er nicht mehr für Brennstoff auszugeben braucht. Vielleicht verwendet er sie zu seinem persönlichen Genusse und giebt damit für die Arbeit und das Kapital von Tischlern, Schneidern, Seidenwebern, Weinbauern, Künstlern, Gastwirthen u. s. w. ebenso viel Beschäftigung, wie früher für Holzschläger und Fuhrleute. Die Summe von Arbeit und Kapital, die er beschäftigt, bleibt dieselbe; er beschäftigt nur Andere als vorhin. Der Erwerb der Uebrigen hat sich im Ganzen nicht vermindert, wohl aber haben seine Befriedigungsmittel sich vermehrt. Sollte man nun solche Bewegungen der industriellen Entwickelung hemmen, die Uebertragung der Beschäftigung von einem Zweige auf den anderen verhindern dürfen, die Holzschläger und Fuhrleute in ihrem Erwerbe schützen wollen? Mit welchem Rechte aber dürfte man den Tischlern, Schneidern und dergl. den ihnen sich zuwendenden Erwerb vorenthalten? Und mit welchem Rechte dürfte man dem gedachten Gutsbesitzer die Vermehrung seiner Befriedigungsmittel verkümmern?

Wenn er der Leistungen der Holzschläger und Fuhrleute nicht mehr bedarf, so müssen diese ihre Arbeit und Kapital bei Anderen oder auf andere Weise zu verwerthen suchen. Sie mögen dabei für den Augenblick in Verlegenheit gerathen und Verluste erleiden, ebenso wie andererseits die Gewerbsleute, denen die tausend Thaler jährlich zugewendet werden, augenblicklich sich eines Aufschwungs erfreuen. Solche Konjunkturen sind indessen von der freien Verwendung der Arbeitsmittel unzertrennlich; mit jeder neuen Entwickelung des Erwerbs werden Arbeits- und Kapitalskräfte aus der einen Richtung hinaus- und in eine andere Richtung hineingedrängt, an der einen Stelle entbehrlich gemacht und an der anderen Stelle hereingezogen. Doch eine solche Bewegung geschieht immer nur in Folge des Strebens, die allgemeinen Befriedigungsmittel durch eine wirthschaftlichere Verwendung der Produktionsmittel im Ganzen zu mehren.

Stelle man sich aber vor, jener Gutsbesitzer sei weniger auf die Vermehrung seiner Genüsse, als auf Erweiterung seiner Einnahmequellen bedacht; er lasse sich für die ersparten neunhundert Thaler Bauholz anstatt Brennholz anfahren, baue eine Ziegelei, beschäftige die früheren Holzschläger beim Lehmgraben, Streichen, Ein- und Auskarren, und die Fuhrleute zum Transport seiner Ziegel. In diesem Falle wäre die Veränderung der Beschäftigung weniger beunruhigend; der Gewinn aber für den Nationalwohlstand würde in die Augen leuchten. Denn der Besitzer der neuen Ziegelei würde den Ueberschuss aus dessen Betrieb zur Belebung aller Industrie verwenden, und vielleicht neue Anlagen zur Beschäftigung neuer Arbeiter machen. Der Gewinn aber wäre im erstgedachten Falle darum nicht geringer, wenn man vielleicht auch

12*

nicht so leicht dabei angeben könnte, welche neue Beschäftigung
die bei der Ausgabe für Brennstoff ersparte Summe den bei der
Beschaffung der Brennstoffe entbehrlich gewordenen Produktionsmitteln geben würde.

VII.

Gesetzt nun, der vorhin gedachte Gutsbesitzer wohnte an der
Landesgrenze, und die entdeckte Kohlengrube läge in einem
Nachbarstaate, aus dem die Einfuhr von Kohlen freiständе, so dass
er für hundert Thaler seinen Brennstoff, der ihm früher aus einheimischen Waldungen tausend Thaler kostete, einführte. Wird
hierdurch an der Sache etwas geändert? Keinesweges. Er giebt zur
Beschäftigung einheimischer Arbeiter und einheimischen Kapitals nach
wie vor tausend Thaler jährlich aus; aber nicht mehr bloss an Holzschläger und Fuhrleute, sondern: hundert Thaler für die Produkte,
womit im Nachbarstaate die Kohlen eingetauscht werden, und neunhundert Thaler für die sonstigen Produkte, auf die er die beim
Brennstoffbedarf gemachte Ersparniss verwendet; und er selber
hätte, neben der früheren Brennstoffmenge, noch für neunhundert
Thaler andere Produkte obenein, — was eine reine Vermehrung
des Nationalwohlstandes wäre. Käme nun die Staatsgewalt, als
Beschützerin vaterländischer Industrie, zum Schutze der Holz-
lieferanten mit einem Verbote der Kohleneinfuhr herbei, so würde
sie bloss eine vortheilhafte Veränderung der Beschäftigung vaterländischer Arbeit und einen Gewinn an Befriedigungsmitteln zum
Betrage von neunhundert Thalern hindern; sie würde alle vermehrte Beschäftigung hindern, die aus der Kapitalisirung dieses
Produktengewinnes erfolgen könnte. Aus dieser letzten Aufstellung
unseres Beispieles ersieht man übrigens, dass bei Handelsfreiheit
der Gewinn für uns aus wohlfeilerer Versorgung ebenso gross ist,
möge die Ersparniss an Arbeit und Kapital bei der Herstellung des
Produkts im eigenen oder im fremden Lande gemacht worden sein.
Denn immerhin wird bei uns dadurch eine Ausgabesumme disponibel,
welche unserer Industrie neuen Erwerb giebt.

Fassen wir den Kern der eben gemachten Ausführung in der
übersichtlichsten Form, in Form eines Konto's zusammen! — Als
Resultat der gedachten Entdeckung einer Kohlengrube im Nachbar-

lande und der entbehrlich gewordenen einheimischen Holzlieferung
hätten wir Folgendes:

A. *Konto der nationalen Beschäftigung:*

Abgang: An verlorenem Erwerb für Waldbesitzer, Holzschläger
und Fuhrleute . . . . 1000 Thlr.

Zugang: Bei gewonnenem Erwerb für Produzenten von
Ausfuhrgegenständen zum Austausch gegen
Kohlen . . . . 100 Thlr.

Bei gewonnenem Erwerb für Produzenten der
Erzeugnisse, welche mit der am Brennstoff
ersparten Summe gekauft werden . . . . 900 Thlr.

1000 Thlr.

B. *Konto der nationalen Verbrauchsmittel:*

Abgang . . . . nichts.

NB. Die Kohlen befriedigen denselben
Verbrauch wie früher das Holz.

Zugang: Bei Produkten, welche für die am Brennstoffbedarf ersparte Summe erzeugt werden . 900 Thlr.

Hört die Nothwendigkeit, Kapital und Arbeit auf die Produktion eines Verbrauchsmittels zu verwenden, auf, so vermindert
sich dadurch die Beschäftigung für Kapital und Arbeit oder der
Erwerb der Produzenten im *Ganzen nicht;* aber die Summe der
für den Verbrauch gewonnenen Mittel mehrt sich um den Betrag
aller neuen Dinge, welche mit den Mitteln hergestellt werden
können, die bei dem einem Zweige entbehrlich und zu neuen Produktionen disponibel gemacht worden sind.

Wenn man den Werth der britischen Eisenindustrie für den
Volkswohlstand darin setzt, dass sie so viel Arbeit und Kapital
beschäftigt, und demnach es für ein Uebel ansehe, wenn sie ihre
Produkte mit weniger Aufwand von Mitteln herstellte, dann muss
man auch folgerichtig behaupten, dass eine Maassregel, welche die
britische Eisenindustrie nöthigt, doppelt so viel Arbeit und Kapital
als jetzt zu beschäftigen, eine volkswirthschaftliche Wohlthat wäre.
Eine solche Maassregel wäre wohl zu ersinnen. Es dürfte das
Parlament nur verbieten, dass in den Gruben und Hütten länger
als fünf Stunden täglich gearbeitet werde. Alsdann würde man
zur Beschaffung der bisherigen Eisenmenge bei halber Arbeitszeit

doppelt so viel Arbeiter, doppelt so viel Maschinen und doppelt so grosse Anlagen bedürfen. Sollte aber wirklich der Volkswohlstand sich durch gesetzlich gebotenes Faullenzen befördern lassen?! Und dennoch wäre eine solche Maassregel, so widersinnig sie auch Jedem klingt, im Grunde weniger verkehrt, als die Schutzwirthschaft, welche die Regierungen auf Anrathen sogenannter Sachverständigen in's Werk setzen. Wenn den britischen Gruben- und Hüttenarbeitern vom Parlamente geboten würde, den halben Tag zu feiern, dann würde das Eisen doppelt so viel kosten; aber der Arbeiter gewönne viel freie Zeit, die er zu seinem Vergnügen oder vielleicht nützlich anwenden könnte.

Wenn aber ein deutscher Staat gebietet, dass Arbeiter, welche in einem Tage ein Gewerbsprodukt erzeugen können, mit welchem sich ein Zentner Roheisen vom Auslande eintauschen lässt, anstatt dessen sich zwei Tage in einem einheimischen Eisenwerke zur Gewinnung von einem Zentner Eisen anstrengen sollen, so wird, ebenso wie bei dem gedachten britischen Arbeitsverbot, mit einer gegebenen Arbeitskraft nur halb so viel Eisen gewonnen, wie man sonst erzielen könnte. Aber in dem erstgedachten Falle wäre doch Musse gewonnen, — und wenn einmal die Staatsgewalt darauf versessen ist, das Arbeitsprodukt auf die Hälfte zu reduziren, so ist es jedenfalls besser, dass sie zu diesem Zweck die Hälfte der Arbeit in Ruhe versetze, als dass sie zu einer doppelten Arbeit nöthige.

VIII.

Dass man die im eigenen Gebiete liegenden Erzläger unbenutzt lassen und Eisen vom Auslande lieber kaufen solle, ist ein Gedanke, der Vielen gar nicht in den Kopf will. »Metallerze sind Erdschätze, die uns die Natur geschenkt hat; sie gehören uns; sie haben einen Werth; wir müssen sie doch verwerthen« — sagen jene Leute.

Prüfen wir dies näher! —

Ich habe in meiner Tasche ein Viergroschenstück; es ist von Edelmetall und hat einen Werth: um es zu verwerthen, brauche ich es nur aus der Tasche herauszuholen und für Etwas hinzureichen, was mir keine Mühe macht. Gesetzt aber, das Viergroschenstück fiele in einen Brunnen, aus dem es nur mit Arbeit wieder herauszuholen wäre, welchen Werth hätte es dann? Wenn das Ausschöpfen des Brunnens acht Groschen kostete, würde Keiner das hineingefallene Geldstück des Hervorholens werth erachten. Ein Ding hat erst dann für uns Werth, wenn wir es in unserer Gewalt haben; ein Ding, welches wir wohl in unsere Gewalt bringen können, aber noch nicht in unserer Gewalt haben, hat nur insofern einen Werth, als der Aufwand für die Herbeischaffung weniger beträgt, als was wir für das Herbeigeschaffte erlangen können.

Wir können also nicht ohne Weiteres sagen: das Eisen, welches in den Erzen unter unserem vaterländischen Boden liegt, hat einen Werth. Erst müssen wir fragen, wieviel die Herausschaffung und Ausschmelzung kostet, und ob diese Kosten weniger als den Werth des fertigen, in unsere Gewalt gebrachten Eisens, betragen. Als den Werth des fertigen Eisens müssen wir den Preis setzen, für welchen uns Eisen bei freier Konkurrenz verkauft wird, und dieser Preis richtet sich nach den allgemeinen Produktionskosten. Also haben unsere vaterländischen Erzläger nur dann einen Werth, wenn aus denselben das Eisen mit ebenso geringen Kosten; wie im Allgemeinen aus anderen Erzlägern herbeigeschafft werden kann.

Der Umstand, dass ein Erzlager innerhalb unseres Staatsgebiets sich befindet, sichert uns bloss, dass, wenn wir dessen Bearbeitung rentabel finden, keine Menschengewalt sich unserem Unternehmen widersetzen werde. Ob wir es aber nicht, wegen der Naturhindernisse rathsam finden, davon abzustehen, ist eine Frage, die sich nur durch Berechnung entscheiden lässt. Unsere Aufgabe ist es, die ergiebigsten Quellen, behufs Befriedigung unseres Eisenbedarfs, zu suchen, d. h. den Aufwand von Kapital und Arbeit, den wir zur Beschaffung von Eisen machen, so zu verwenden, dass wir damit das meiste Eisen erzielen. Die am nächsten gelegene Quelle ist indessen keinesweges darum die zugänglichste. Nicht die Grösse der räumlichen Entfernung, sondern die Schwierigkeit der Ueberwindung derselben kommt in Betracht. Der Transport auf bergigen Landwegen, von wenigen Meilen her, bietet oft mehr Schwierigkeit, macht mehr Kosten, als eine Fahrt von ebenso viel

hundert Meilen über das Meer und auf Kanälen. Die ungeheure
Entwickelung der Schifffahrt und der Eisenbahnen in unserer Zeit
bezweckt ·ja bloss, durch Beseitigen der Transporthindernisse, ent-
ferntere Bezugsquellen uns ebenso zugänglich zu machen, wie es
sonst die näheren waren. Für Magdeburg z. B. sind die in England
belegenen Kohlengruben zugänglicher, als die nur um wenige
Meilen entfernten sächsischen; auch kostet dem Danziger der
Transport von Eisen aus Wales viel weniger, als aus Schlesien.
Ebenso können uns die in einem fernen Lande gelegenen Eisengruben viel leichter zugänglich als die einheimischen sein. Es
kommt lediglich darauf an, ob das Herausschaffen, Herstellen und
Herbeifahren des Eisens aus den eigenen, oder aus den fremden
Quellen, mehr Arbeit erfordert. Denn Zugänglichkeit misst sich
nach der Grösse der auf Ueberwindung von Hindernissen zu ver-
wendenden Menge von Arbeit; und da wir alle solche Arbeit
bezahlen müssen, drückt sich die Menge derselben im Preise aus.
Demnach ist für uns allemal diejenige Quelle am zugänglichsten,
aus der wir ein Produkt am wohlfeilsten beziehen können. Wenn
z. B. der Zentner Roheisen aus Grossbritannien bis nach Berlin
für 35 Sgr. und aus Schlesien für nicht weniger als 45 Sgr.
geliefert werden kann, so bekundet dies, dass sich für uns die
erste Quelle mit weniger Arbeit, als die letzte erreichen lässt, dass
sie uns also zugänglicher ist.

IX.

Die Bezeichnung »*eigene*« Bergwerke und »*fremde*« Bergwerke
bedarf einiger Beleuchtung. So lange fremde Eisenproduzenten
uns ihr Produkt frei verkaufen, und wir dasselbe frei bei uns einführen lassen, gehören uns alle Gruben der Welt. Es gehört uns
zwar nicht das von Anderen in dieselben gesteckte Kapital, aber
wir haben die volle Benutzung desselben unter denselben Bedingungen
wie alle Anderen. Bei freiem Handel hätten die Bewohner Berlins
und Iserlohns denselben Nutzen von den reichen Eisenwerken
Staffordshire's, wie die Bewohner Londons und Birminghams: den
Nutzen wohlfeiler Versorgung. Wenn also die reichen Eisenquellen Grossbritanniens nicht bloss den mit Eisenproduktion
beschäftigten Kapitalisten und Arbeitern, sondern auch dem ganzen

übrigen britischen Volke nachweislich einen grossen Nutzen bringen
einen Nutzen, den wir, wenn wir es wollen, ebenso gut und in
ebenso vollem Maasse bei freier Eiseneinfuhr haben können: warum
weisen wir diesen Nutzen von uns? Warum legen wir, in Form
eines Zolles, eine Geldstrafe auf die Benutzung unserer im Auslande
liegenden so reichen Eisenquellen, nach denen wir sonst so gierig
greifen würden?

In gewissem Sinne können wir sagen, dass wir das eingeführte,
ebenso gut wie das einheimische Eisen selber produziren. Das,
eine ist ebenso gut wie das andere ein Produkt unserer Arbeit
und unseres Kapitals. Ja, wir können sogar behaupten, dass jeder
Erwerbende alle Gegenstände, die er an sich bringt, selber produzirt. Wenn z. B. ein preussischer Gutsbesitzer Eisen an sich
bringen will, so gräbt er zwar nicht Erze, sondern beauftragt mit
dieser Arbeit einen Eisenproduzenten; er selber verrichtet bei seiner
Landwirthschaft eine entsprechende Arbeit, deren Produkt er auf
den Handelsmarkt bringt und gegen Eisen austauscht; er verwendet
aber zur Erlangung des Eisens genau so viel Arbeit und Kapital,
wie der Eisenproduzent verwendet; die Eisenproduktion hat ihm
ebenso viel Beschäftigung, wie er der Eisenproduktion, gegeben.
Der Gutsbesitzer kann sagen, er habe eigentlich mit dem Ertrage
seiner Produkte Eisenwerke gemiethet und Eisenarbeiter gelohnt,
also Eisen produzirt; ebenso wie der Grubenbesitzer sagen kann,
dass er mit seinem Erlös ein Feld gemiethet und Getreide produzirt habe; der Eine arbeitet im Auftrage und für die Zwecke
des Anderen; Jener beschäftigt für Diesen ebenso viel Arbeit und
Kapital, wie Dieser für Jenen. Die Frage, auf die es ankommt,
ist: welchen Eisenproduzenten soll der preussische Gutsbesitzer
mit der Herstellung des verlangten Eisens beauftragen? Augenscheinlich doch Denjenigen, der den Zentner Eisen mit dem
geringsten Aufwande an Arbeit und Kapital herstellt und demnach
dafür die geringste Gegenleistung an Arbeits- und Kapitalskraft
fordert. Der Gutsbesitzer wird diejenige Quelle benutzen, wo er
Eisen in grösster Fülle für seine Rechnung produziren lassen kann.
— Ob demnach Arbeit und Kapital auf die Bearbeitung einheimischer Eisenerze überhaupt verwendet werden sollen, hängt
davon ab, ob auf diesem Wege, oder durch Verwendung jener

Arbeits- und Kapitalsmenge auf die Produktion anderer Dinge
zum Austausch gegen Eisen, mehr Eisen zu erlangen sei; ob
man also besser thut, die Eisenproduktion unmittelbar daheim
zu betreiben, oder sie in seinem Auftrage anderwärts betreiben
zu lassen?

Die Frage ist in einfachster Form: Soll man den Brunnen
ausschöpfen, um das auf dem Boden liegende Viergroschenstück
zu erlangen, oder thut man besser, sich durch eine andere Arbeit vier
Groschen leichter zu verdienen? — Das Schutzsystem ist bloss ein
Mittel, die Viergroschenstücke so selten und das Verdienen derselben
so schwer zu machen. dass man aus Noth zum Ausschöpfen des
Brunnens, wie beschwerlich dies auch sei, greifen muss. Und
als Grund für die Anwendung dieses Mittels wird angegeben.
dass man nicht wisse, was man denn sonst mit seiner Arbeitskraft
machen solle!

X.

Wir haben auf die Hebung des britischen Volkswohlstandes
durch die Eisenproduktion, als auf eine anerkannte Thatsache
hingewiesen und zu beweisen gesucht, dass die segensreiche
Wirksamkeit derselben nicht da liegt, wo man sie gewöhnlich zu
erblicken glaubt.

Sie liegt nämlich

nicht in der Grösse des aus dem Verkaufe des Eisens
  erzielten Erlöses, mit welchem der Produktionsaufwand
  wiederersetzt wird;

nicht in einem etwaigen Gewinnüberschuss oder einer Rente für
  die Grubenbesitzer;

nicht in dem Umstande, dass die Eisenwerke innerhalb des
  Staatsverbandes liegen;

nicht in der Menge von Arbeit und Kapital, welche zur Herstellung des Eisens verwendet werden muss.

Wo liegt sie denn? Sollte sie tief verborgen liegen, schwer
aufzufinden sein?

Keinesweges. Sie liegt auf der Hand; aber das Nächstliegende
und Einfachste erkennen die Meisten allemal am schwierigsten.
Hätte man gar nicht gesucht, sondern die Thatsachen so genommen.

wie sie sich von selber geben, so wäre nie eine Schwierigkeit dabei
entstanden. Die Eisenindustrie hebt den Volkswohlstand dadurch,
dass sie den Stoff liefert, mit welchem die Hilfsmittel aller
Produktionszweige vollkommener, dauerhafter, wirksamer gemacht
werden. Der volkswirthschaftliche Gewinn aus der Eisenindustrie
verwirklicht sich eigentlich erst in dem Mehrbetrag an Produkten,
welcher mit Hilfe des Eisens bei dem Ackerbau, der Spinnerei,
der Weberei, der Kurzwaarenfabrikation u. s. w. erzielt wird; in
den erhöhten Leistungen des vom Eisen so mächtig unterstützten
Transportwesens; in der grösseren Kapitalsansammlung, welche
durch die Haltbarkeit der mit Eisen befestigten Kapitalsgegenstände
ermöglicht wird; in dem erhöhten Lebensgenuss, durch die Verwendung des Eisens zur Vervollkommnung der Beleuchtung, der
Heizung, der Versorgung mit Wasser, und der Vorkehrungen für
Reinlichkeit. Man muss es gesehen haben, um begreifen zu können,
in welcher kolossalen Ausdehnung und mit welchem glänzenden
Erfolge das Eisen zu allen Zwecken der Industrie und der Lebens-
bequemlichkeit in England angewandt wird. Anderthalb Zentner
Eisen jährlich auf den Kopf der Bevölkerung, oder 7½ Zentner
jährlich auf die Familie, kommt in Grossbritannien behufs Vermehrung der Kapitalsgegenstände zur Verwendung. Man denke
sich also, wie, bei der Haltbarkeit des Stoffes, die eisernen
Kapitalsgegenstände, Arbeitsmittel und Veranstaltungen zur Erleichterung des Lebens sich dort anhäufen müssen; wie der Wohlstand des Volkes, bei der Fülle des Eisens, mit dem es versorgt
wird, wachsen muss! Die Grösse der britischen industriellen
Produktion, die hohe Stufe materieller Kultur in England, welche
jeden Fremden in Erstaunen setzt, sind ja die redenden Beweise
für einen Aufschwung des Reichthums, dessen Haupthebel in der
Eisenfülle liegt.

Und wir im Zollverein? Wir könnten dieselbe Fülle des Eisens
geniessen, wir könnten die reichen Quellen von Staffordshire,
Wales und Schottland ebenso gut für uns, wie für die Briten
fliessen lassen. Aber wir laboriren unter dem Einfluss einer
Theorie, welche uns gebietet, diese Fülle von uns zu weisen, jede
noch so reiche Quelle abzuschneiden, wenn sie über die Staats-
grenze herfliesst. Wir verdammen uns selbstwillig, uns mit

¹/₂ Zentner Eisen jährlich auf den Kopf zu behelfen. Unsere Industrie soll mit aller Welt konkurriren, und wir verschliessen ihr die Waffe der Konkurrenz. Wir wollen den Volksreichthum heben und verkümmern den Verbrauch des Stoffs, aus dem zumeist das Kapital wächst! Wir wollen unsere Arbeiter beschäftigen und hemmen die Anhäufung der Arbeitsmittel! Wir wollen die Volksbedürfnisse befriedigen, und kürzen den Haupthebel der Produktion! Unsere Theorie verwechselt Zweck und Mittel. Die Verwendung von Arbeit und Kapital zur Produktion von Eisen stellt sie als Zweck hin, während dieselbe bloss ein Mittel ist, um Eisen zu haben, welches wiederum als Mittel dient, um die Fülle der Produkte zur Befriedigung unserer Zwecke zu mehren. Nicht *Mühe und Kosten* bei der Herstellung des Eisens, sondern die *Befriedigungsmittel* haben, welche sich mit Hilfe des Eisens erzielen lassen, ist unser volkswirthschaftlicher Zweck. Wenn wir Eisen in Fülle umsonst, ohne Mühe und Kosten, haben könnten, um so besser; da aber dies einmal nicht geht, müssen wir wenigstens darauf sehen, wie wir für unsere Mühe und Kosten möglichst viel Eisen erlangen können, um daraus möglichst reiche Früchte zu ziehen; also müssen wir nach der möglichst wohlfeilen Versorgung mit Eisen greifen, anstatt künstlich unseren Bedarf zu vertheuern.

Indem man durch Schutzzölle das Eisen im Zollverein künstlich vertheuert und dadurch Arbeit und Kapital zur Produktion von Eisen im Inlande hinleitet, schlägt man der übrigen industriellen Produktion im Ganzen von zwei Seiten Wunden; erstens entzieht man ihr Arbeit und Kapital, an denen sie überhaupt Mangel leidet; zweitens versetzt man sie in einen künstlich erzeugten Mangel des ihr unentbehrlichsten Hilfsmittels, nöthigt sie, mit der empfindlichsten Entbehrung, der des Eisens, zu kämpfen. Setzen wir als den Werth der jährlichen Produktion im Zollvereine z. B. 1500 Millionen Thaler. Wenn nun seit 30 Jahren völlige Handelsfreiheit bestanden, das Eisen halb so viel gekostet und man doppelt so viel davon verwendet hätte, so dass vielleicht jetzt in unserem Vorrath von eisernen Kapitalgegenständen Hundert Millionen Zentner mehr steckten, um wie viel grösser wäre dann wohl unsere Produktion! Um wie viel vollkommener wären dann unsere Acker-

geräthe, unsere Fuhrwerke, Maschinen, Werkzeuge und Gebäude!
Um wie viel geschickter und rühriger wären aber auch unsere an
vollkommenere Einrichtungen und bessere Geräthe gewöhnten
Arbeiter! Wir glauben nicht zu übertreiben, wenn wir annehmen,
dass, ohne die bisherige schutzzöllnerische Verkümmerung des
Eisenverbrauchs, wir um ein Drittel mehr Befriedigungsmittel im
Ganzen produzirten, also ein um 500 Millionen Thaler grösseres
Volkseinkommen aufzuweisen hätten! Und diesen Aufschwung hätten
wir gewaltsam verhindert, bloss damit eine gewisse Menge Arbeit
und Kapital sich der Eisenproduktion zuwenden möchte, anstatt
bei anderen Gewerbszweigen, welche dieselben ebenso gut beschäftigt
und ernährt hätten, nutzbar gemacht zu werden?!

XI.

Wenn von »vaterländischer Eisenindustrie« die Rede ist, darf
man nicht vergessen, auch die Eisengiesser, Maschinenbauer,
Eisenwaarenfabrikanten, Schmiede, Schlosser, überhaupt alle Diejenigen in Betracht zu ziehen, für deren Industrie die Gruben und
Eisenhütten bloss das Material zur weiteren Verarbeitung liefern.
Der Bergwerks- und Hüttenbetrieb umfasst ebenso wenig die ganze
Eisenindustrie, wie die Schafzucht und Spinnerei die ganze Wollindustrie ausmachen. Die Verarbeitung von Hüttenprodukten
beschäftigt viel mehr Arbeiter, bewirkt eine viel grössere Werths-
vermehrung als die Bergwerke und Hütten. Denn die fertigen
Gussstücke, Werkzeuge, Waaren und Maschinen aus Eisen haben
durchschnittlich viel mehr als den doppelten Werth der dazu verwendeten Halbfabrikate. Dieser Haupttheil vaterländischer Eisenindustrie hat auch einen Anspruch auf Berücksichtigung, ja ein
Recht auf Schutz vor dem empfindlichsten Nachtheil, der einer
Industrie zugefügt werden kann, nämlich: *auf Schutz gegen die Vertheuerung des ihr nöthigen Materials.*

Wenn in Grossbritannien auf den Kopf der Bevölkerung jährlich
anderthalb Zentner, bei uns nur ein halber Zentner Eisenhütten-
produkt zur weiteren Verarbeitung kommt, so rührt dieser Unterschied daher, dass wir das Material, welches wir ebenso wohlfeil
als die Engländer haben könnten, künstlich durch Schutz vertheuern; wir treffen ja Maassregeln, welche geradezu bezwecken,

dass wir für unser Geld weniger Eisen erhalten sollen, und weil
wir für unser Geld so wenig Eisen erhalten und verwenden können,
wird unsere industrielle Produktion, unser Wohlstand gehemmt, so
dass wir weniger Geld auf den Ankauf von Eisen verwenden
können. Durch den angeblichen Schutz vaterländischer Eisenindustrie wird also der Haupttheil derselben, die Verarbeitung des
Hüttenprodukts, auf doppelte Weise beeinträchtigt: es wird ihr
das Material künstlich vertheuert; dies nöthigt sie, höhere Preise
für ihre Waaren zu fordern; die erhöhten Preise beschränken den
Absatz, verkümmern die Beschäftigung; und, was das Schlimmste
ist, die gewaltsame Einschränkung der Anwendung von verarbeiteten
Eisenprodukten hemmt den allgemeinen Wohlstand, raubt dem
Volke die Mittel, den Verarbeitern des Eisens so viel Beschäftigung
und Verdienst zu geben, als sonst geschehen wäre. Wenn wir,
wie es bei freiem Handel sogleich geschehen dürfte, im Zollverein
bloss fünf Millionen Zentner mehr Eisenhüttenprodukte als jetzt
verarbeiteten, so würde dies eine Beschäftigung für vaterländische
Eisenindustrie bilden, welche reichlich einige Verminderung der
Produktion in einheimischen Gruben und Hütten (die wir übrigens
keinesweges voraussetzen) aufwiegen müsste.

Nach Carnall's Angaben über Bergwerks- und Hüttenbetrieb
im preussischen Staate, wurde vom Jahre 1844, als der Schutzzoll
von 10 Sgr. pro Zentner auferlegt wurde, bis Ende 1847, zu
welcher Zeit die politischen Wirren den Gang der Industrie zu
stören begannen, die Roheisenproduktion von 1,800,000 Zentner
auf 2,500,000 Zentner gehoben und dabei die Arbeiterzahl in den
Bergwerken und Schmelzhütten von 14,000 auf 19,000 ausgedehnt,
wozu noch eine Mehrbeschäftigung von etwa 1000 Arbeitern zur
Beschaffung des Mehrverbrauchs an Kohlen hinzuzurechnen ist.
Diese Mehrausbeute von 700,000 Zentner Roheisen, nebst Mehrbeschäftigung für etwa 6000 Arbeiter, ist an sich ganz erfreulich.
Es fragt sich nur, mit welchem Opfer dies Resultat erzielt worden
ist — ein Punkt, den der Schutzzöllner gern übergeht, den aber
der Volkswirth scharf in's Auge fassen muss.

Um jenes Resultat nämlich zu erzielen, hat man vermittelst
des Schutzzolls den Preis des inländischen Roheisens um 10 Sgr.
pro Zentner erhöht, also für die gelieferten 2,500,000 Zentner den

Konsumenten einen Ueberpreis im Betrage von über 833,000 Thlrn. abgenöthigt. Demnach ist jene Mehrausgabe von 700,000 Zentnern Roheisen mit einem Geldopfer verbunden, welches einem Zuschuss von 1¹/₆ Thlr. für den Zentner gleich kommt; so dass jeder Zentner solchen Mehrprodukts, den man für 1 Thlr. hätte kaufen können, 2 Thlr. 5 Sgr. gekostet hat; man hat Werthgegenstände zum Betrage von 1,500,000 Thlrn. verbraucht, um im Inlande eine Roheisenmenge zu erzeugen, welche das Ausland gegen Verbrauchsgegenstände im Werthe von 700,000 Thlrn. geliefert hätte; oder, was auf Dasselbe hinaus kommt, man hat durch eine Verwendung von Werthen, wofür sich 1,500,000 Zentner Roheisen einführen liessen, bloss 700,000 Zentner im Inlande gewonnen. Und für jeden der 6000 Arbeiter, deren Beschäftigung uns als Frucht jenes Schutzes gerühmt wird, mussten die Konsumenten aus ihrer Tasche ein Jahrgeld von beinahe 140 Thalern zahlen! Sehr freundlich von den Herren Roheisenproduzenten, gegen einen baaren ihnen zugewendeten Zuschuss von 833,000 Thlrn. 6000 Mann für ihre Rechnung arbeiten zu lassen! Aber gegen Vergütigung von 50 pCt. über den auszuzahlenden Lohnbetrag, möchte wohl Jeder so freundlich sein, Arbeiter anzunehmen und für sich arbeiten zu lassen! Sollten die Konsumenten nicht im Stande sein, wenn sie jene 833,000 Thaler behielten, selber 6000 Paar Hände damit zu beschäftigen, und die Früchte von deren Arbeit auch für sich zu benutzen? Hier offenbart sich die Faulheit der Schutzwirthschaft! Denn, indem jene 833,000 Thlr. jährlich rein geopfert, in den bodenlosen Brunnen einer zuschussbedürftigen Operation geworfen werden, anstatt von den Eisenkonsumenten zur Erweiterung ihrer auf freier Konkurrenzfähigkeit stehenden Industrie benutzt zu werden: so wird dadurch ein Kapitalzuwachs verloren, der jedes Jahr, ohne Opfer für irgend wen, wenigstens 2500 neue Arbeitsstellen zur fortdauernden Ernährung von ebenso vielen Familien geschaffen hätte. Also kostet die Anstellung jener neuen Arbeiter bei der Roheisenproduktion das Opfer von 2500 Arbeitsstellen jährlich; und in 10 Jahren werden jene 6000 Schützlinge nicht weniger als 25,000 unbeschützte Familien aufgezehrt haben!

Wir haben bisher hauptsächlich nur von Roheisen gesprochen: die den Konsumenten auferlegte Mehrausgabe für Stangeneisen ist

viel beträchtlicher. Aus einheimischen und eingeführtem Roheisen
werden im Zollvereine wohl über 7 Millionen Zentner Stangeneisen
unter einer künstlichen Vertheuerung um 1½ Thlr. pro Zentner
fabrizirt. Dazu kommt noch die Vertheuerung des Kleineisens,
des façonnirten Eisens, der Bleche und Gussprodukte um 2½ bis
3 Thlr. pro Zentner; so dass der Eisenschutz im Ganzen den
Konsumenten wenigstens 15,000,000 Thlr. jährlich kosten dürfte.
Dies ist eine Summe, die für den Volkswohlstand etwas sagen
will. Fünfzehn Millionen, den Kapitalfonds für mehr als 40,000
Arbeitsstellen jährlich, allen konkurrenzfähigen Gewerben entziehen, um damit ein seine Kosten sonst nicht deckendes
Gewerbe zu fristen; — fürwahr, es gehört eine eiserne Konsequenz im Irrthum dazu, nach allen erhobenen Reklamationen
und Angesichts der wirthschaftlichen Bedrängnisse im Volke, dabei
zu beharren!

Die Eisenkonsumenten im Zollverein haben Produkte ihrer
Industrie zum Werthe von 28 Millionen Thalern, für die sie
Stangeneisen eintauschen wollen. Die inländischen Hütten bieten
7 Millionen, die ausländischen 11 Millionen Zentner Stangeneisen
dafür. Die Schutzwirthschaft nöthigt sie, jene 7 anstatt der 11
Millionen Zentner hinzunehmen, Wie ersetzt sie aber den Verlust
aller jener Produkte, welche mit Hilfe der vorenthaltenen 4 Mil-
lionen Zentner Eisen produzirt worden wären? Sie weist auf die
Beschäftigung einheimischer Kräfte bei Herstellung jener 7 Millionen
Zentner Stangeneisen. Aber die Beschäftigung, oder vielmehr der
Erwerb bei Verarbeitung der 4 Millionen Zentner Stangeneisen,
wenn man sie hereingelassen hätte, wäre sicherlich ebenso gross.
— Und leuchtet es denn nicht ein, dass, insofern die einheimische
Eisenproduktion nur mit Hilfe des Schutzes bestehen kann, es ein
Gewinn für alle übrigen Volksklassen wäre, wenn sämmtliche
einheimischen Gruben und Hütten, mit Allen, die darin arbeiten,
von der Erde verschwänden! — Man hätte für die jetzt verausgabten Werthgegenstände 4 Millionen Zentner mehr Stangeneisen zum Verbrauche, oder man behielte zum eigenen Genuss
Gegenstände im Werthe von 10 Millionen Thalern, die man
jetzt fortgeben muss. Welchen Riss macht man aber in das
soziale Gebäude, wenn man auf diese Weise die eine Klasse

des Volkes in solchen Konflikt mit dem Interesse aller übrigen Klassen bringt!

Einen Ersatz für die durch einen Schutzzoll den Konsumenten einer Waare verursachte Mehrausgabe wollen die Schutzzöllner darin sehen, dass die beschützten Produzenten, durch ihren Verbrauch aller anderen Waaren, die Preise derselben bessern. Sie schaffen, sagt man, einen einheimischen Markt, der stets der vortheilhafteste ist. Wir fragen aber ganz einfach: Ist der Preis einer Quantität Produkte denn besser, wenn sie von Inländern mit 7 Millionen, oder wenn sie von Ausländern mit 11 Millionen Zentnern Stangeneisen bezahlt wird? Dies ist die wahre Form der Frage. Alle Umwickelungen derselben bezwecken nur Täuschung.

XII.

Die Eisenproduzenten im Zollvereine fordern den Schutz oder die gewaltsame Vertheuerung der Eisenhüttenprodukte, weil, wie sie behaupten, eine gewisse Höhe der Preise nöthig sei, wenn sie ihre Produktion in unverminderter Ausdehnung fortsetzen und noch erweitern sollen.

Die Erfahrung in England zeigt indessen, dass die Ausdehnung der Produktion gerade bei sinkenden Preisen stattfand. Natürlich sinken die Preise in Folge einer sehr stark vermehrten Produktion; aber die niedrigen Preise sind ebenso natürlich eine Ursache vermehrter Anstrengung bei Ausbeutung der Werke. Am Schlusse des vorigen Jahrhunderts produzirte Grossbritannien bei einem Preise von 2 Thlrn. pro Zentner nur 3,000,000 Zentner Roheisen. Heutzutage liefert es, für den Preis von 1 Thlr. pro Zentner, die zwanzigfache Menge. Hätte man damals die britischen Sachverständigen, d. h. die bei den Eisenwerken Interessirten, gefragt, so hätten sie einstimmig erklärt, dass bei einem Sinken des Absatzpreises auf die Hälfte alle ihre Hochöfen kalt stehen, alle ihre Arbeiter, bis auf den letzten Mann, brodlos werden müssten. Und warum sollten wir glauben, dass die deutschen Eisenwerke nicht ebenso gut der Wirkung einer Preisverminderung entgegen arbeiten, sich durch Anstrengung emporschwingen, ihre Ausbeute in noch grösserem Verhältniss, als in dem der Preisverminderung ausdehnen

könnten? Die Einnahme der britischen Hochöfen, bei dem jetzigen
Preise von 1 Thlr. für den Zentner Roheisen, beträgt 60 Millionen
Thaler; während sie zum Preise von 2 Thlrn. nur 6 Millionen Thlr.
betrug, also ist der Arbeitserwerb in ungeheurem Maasse gewachsen;
auch ist der Unternehmergewinn, wenn auch ein geringerer
Prozentsatz, doch dem Betrage nach sehr gewachsen. Den Nutzen
für den Volkswohlstand im Ganzen durch den vermehrten Eisenverbrauch haben wir gezeigt; doch müssen wir hier darauf hinweisen, dass auch die Wohlfeilheit aller Verbrauchsgegenstände,
welche aus der reichlichen Versorgung mit Eisen erfolgte, die
Produktionskosten des Eisens reduzirte, so dass die Reduktion des
Eisenpreises in Wirklichkeit geringer ist, als sie wohl scheinen
dürfte. Denn für 1 Thlr. kauft man in England jetzt viel mehr
als die Hälfte der Waarenmenge, die man vor 50 Jahren für
2 Thlr. erlangte.

Im Zollvereine würden bei Aufhebung des Eisenschutzes
ähnliche Wirkungen eintreten. Die Produzenten würden genöthigt
werden, ihren Betrieb zu vervollkommnen. Hierzu ist Raum genug.
In allen Berichten der Sachverständigen über deutsche Eisenindustrie lesen wir, dass die Wege verwahrlost, die Anlagen zu
klein sind, das Gasgebläse nicht hinlänglich angewandt wird,
während überall schwere Abgaben noch die drückende Last einer
lähmenden Staatskontrolle verschlimmern. Diese sind keine in der
Natur liegenden Hindernisse, sondern Mängel, zu deren Abhilfe
eine Energie gehört, wie sie unter dem Sporn freier Konkurrenz
am sichersten sich entfaltet. Aber wie soll ein schwungvoller
Betrieb der Eisenproduktion erfolgen, so lange der Staat durch
Zolloperationen für Preise sorgt, bei denen ein ungenügender
Betrieb bestehen kann? Keiner ändert gern sein Geschäft, so lange
es ihn ernährt; selbst augenfällige Verbesserungen, aus denen
grosser Gewinn zu erhoffen ist, müssen gewöhnlich durch die Noth
den Menschen aufgedrungen werden. Diese Erscheinung wiederholt
sich durch die ganze Geschichte industrieller Entwickelung hindurch.
Nur aus dem Ringen gegen verminderte Preise geht der Aufschwung
hervor. So lange z. B. der Weizen in Preussen 3 bis 4 Thaler
pro Scheffel galt, predigte *Thaer* nur tauben Ohren; es war
unmöglich, die Leute aus der alten Dreifelderwirthschaft heraus-

zutreiben. Erst als der Weizen auf 1 Thaler sank, bequemte man sich zur Schlagwirthschaft, Schafzucht, Brennerei u. s. w. Die Zinkindustrie in Deutschland verdankt ihre Blüthe lediglich einer Preiskonjunktur, welche ihr den Tod zu geben drohte. Die Entwickelung der britischen Leinenindustrie im Jahre 1830 und die Reform der Baumwollspinnerei in 1840 sind lediglich den gesunkenen Garn- und Twistpreisen zu verdanken. Und zahllose ähnliche Beispiele liessen sich anführen. Es ist gar kein Grund vorhanden, anzunehmen, dass die Roheisenproduktion des Zollvereins, welche sich *ohne Schutz* bis 1843 regelmässig ausdehnte, nicht auch jetzt ohne Schutz bestehen und sich entwickeln sollte; ebensowenig ist anzunehmen, dass die deutschen Walz- und Hammerwerke bei gleich wohlfeilem Roheisen und wohlfeilerer Arbeit nicht die Konkurrenz mit den englischen bestehen sollten, wenn sie nur durch freie Konkurrenz zu einem gleich vollkommenen Betriebe genöthigt würden.

Was man bei der Frage wegen der Konkurrenzfähigkeit der deutschen Eisenproduktion gewöhnlich vergisst, ist die Berücksichtigung der verschiedenen Qualitäten. Das Roheisen aus Wales und Schottland, welches für 1 Thlr. pro Zentner sich beziehen lässt, ist von geringerer Güte, als das meiste in Deutschland erzeugte Eisen. Ebenso ist das britische Stangeneisen, welches für etwa 3 Thaler pro Zentner zollfrei einzuführen wäre, weniger gut, als das Produkt vieler deutschen Hütten. Aber für viele Verwendungen ist es gut genug, erfüllt es völlig den Zweck. Für Treppen, Geländer, Säulen, Röhren, Rinnen, für die gröberen Theile und das Gestell vieler Maschinen, für Eisenstücke, die nicht leicht zu sein, oder Reibung auszuhalten brauchen, da ist die Wohlfeilheit des Materials eine Hauptrücksicht. Wird man genöthigt, das theuere deutsche oder das künstlich vertheuerte fremde Eisen zu verwenden, so wird die ganze Sache zu theuer, übersteigt den Kapitalsfond, den man sonst darauf verwenden möchte. Wenn aber das geringere und wohlfeilere fremde Eisen frei zugelassen würde, so dass die Anwendung von Eisen zu allerlei Gegenständen sich in grossen Massen vermehrte, dann würde auch für die Theile und Stücke, zu denen geringere Eisensorten nicht passen, eine vermehrte Nachfrage nach dem besseren

13*

Eisen entstehen, so dass das gute deutsche Eisen wohl einen
rentirenden Preis ohne allen Schutz behaupten dürfte. Es giebt
in England Eisensorten, welche nicht besser als das beste
schlesische Holzkohleneisen sind, und wegen ihrer Güte, die sie
zu gewissen Zwecken unentbehrlich macht, selbst im englischen
Markte einen ebenso hohen Preis, als bei uns das geschützte
Eisen, erreichen. Das beste Eisen würde also, selbst bei freier
Einfuhr, kaum billiger werden. Und bei der Vorzüglichkeit
deutscher Erze liesse sich fast durchweg mit sorgfältiger Fabrikation
ein Produkt herstellen, welches in freiem Markte einen über den
Durchschnitt rangirenden Preis behielte. Es ist keinesweges anzunehmen, dass bei guter Fabrikation das deutsche Eisen im
Allgemeinen ohne Schutz auf den Preis des schottischen Eisens
herabgedrückt werden würde. Wenn freie Einfuhr uns gestattete,
das wohlfeilste Eisen in vollem Maass dazu zu gebrauchen, wozu es
gut genug ist, würden wir gern für besseres Eisen, von dem wir
auch viel brauchen würden, einen angemessenen Preis geben; auch
würden wir einen solchen dann leichter geben können. Der Schutz
aber macht das geringere Eisen, welches wir doch in grosser
Menge einführen müssen, ebenso theuer, als das bessere; er macht
die Gegenstände, zu denen geringes Material genügt, ebenso theuer,
als diejenigen, zu denen das bessere benutzt werden muss; er
hindert Ersparnisse und nöthigt zu Verschwendungen bei dem
Eisenverbrauch, vereitelt die wirthschaftliche Verwendung des in
den Eisenverbrauch hineinzusteckenden Kapitals und verkümmert
dadurch den Wachsthum des Kapitals überhaupt. Als schreiendes
Beispiel des hier berührten, durch den Schutz bewirkten Nachtheils,
erwähnen wir die Thatsache, dass wir im Rheinlande das schönste
Eisen, welches sich zur Stahlfabrikation geeignet hätte, zu eisernen
Oefen vergiessen sahen; und als wir gegen solche Verschwendung
remonstrirten, erhielten wir die Antwort: »Was sollen wir machen?
Das schlechteste schottische Eisen würde uns mit Zoll ebenso viel
kosten, also nehmen wir unser eigenes, welches nicht theuerer ist.«
Ebenso wird, unter der Wirkung des österreichischen Schutzes,
ein grosser Theil des feinen steiermärkischen Eisens zu den
gröbsten Zwecken verschwendet. Wenn solche Verschwendungen
aufhörten, und der Volkswohlstand in Deutschland, durch reich-

liche Versorgung mit Eisen, sich heben dürfte, so würde die Produktion von Eisen in Deutschland, die an sehr vielen Stellen einer naturgemässen Entwickelung wohl fähig ist, auch Theil am Segen haben.

Freie Einfuhr oder Schutz? — Eisen in Fülle oder verkümmerten Verbrauch? — den eisernen Hebel in den Händen emporstrebender Industrie, oder die eiserne Ruthe in der Faust kurzsichtiger Beschränkungssucht? — Man wähle!

III.

Die Grundlagen der Volkswirthschaft.

Ein Fragment.

(Noch nicht veröffentlicht.)

1868.

Eine klare Vorstellung von dem Wesen der Volkswirthschaft erreichen wir am leichtesten wenn wir unsern Blick dahin werfen, wo die Volkswirthschaft nicht entwickelt ist, und sehen, was dort Alles fehlt von Dem, was wir besitzen und geniessen. Ueberhaupt muss man einen Vergleichungspunkt stets suchen, um über einen Gegenstand in's Klare zu kommen; denn erst dadurch, dass wir eine Sache mit ihrem Gegensatz zusammenhalten, werden wir derselben recht bewusst. Für uns, die wir in einem hochzivilisirten Lande, inmitten einer grossartig entwickelten Volkswirthschaft geboren und erzogen sind, ist es um so nöthiger, einmal die Zustände, wo solche volkswirthschaftliche Entwickelung noch fehlt, in's Auge zu fassen, da wir sonst gar Manches, womit die lange Gewohnheit uns zu sehr vertraut gemacht hat, leicht übersehen. Wir leben in der Volkswirthschaft, wie in der Luft, die wir athmen und in dem Lichte, das uns umfliesst. Wir nehmen die wunderbarsten Einrichtungen volkswirthschaftlicher Entwickelung, ohne darüber nachzudenken, hin, als wären sie Naturgeschenke, als ob sie sich von selbst machten. Dass, bei uns, selbst der Unbemittelte, morgens bei seinem Aufstehen sein Stück Brot und seinen Topf Kaffee bereit findet, scheint uns nichts Wunderbares. Fragen wir uns aber einmal, was Alles dazu gehört, um selbst diese bescheidenen Befriedigungsmittel herbeizuschaffen, so gewinnen wir von der Sache eine andere Ansicht. Das Getreide zum Brod ist weit von der Stadt gebaut worden; es gehörte dazu eine ausgebildete Landwirthschaft, mit Gebäuden,, Viehbestand und mit Ackergeräthen, grossentheils von Eisen, zu dessen Herstellung wieder Bergwerks-, Hütten- und Schmiedeeinrichtungen erforderlich waren. Dann musste das Getreide auf einer künstlichen und kostspieligen Mühle gemahlen, und in einer gehörig angelegten Bäckerei verbacken werden. Der Kaffee, in Südamerika oder Ostindien gewachsen, ist auf Schiffen nach unserem Welttheil gebracht worden; zu dem zinnernen Löffel, womit unser Mann seinen Morgentrank umrührt, hat ein Erzgang tief unter dem Boden Englands den Stoff geliefert. Wollten wir Alles, bis in die fernste Verkettung aufzählen, was dabei mitwirken musste, um dieses Stück Brot mit dem Töpfchen Kaffee für unsere Unbemittelten herbeizuschaffen, so kämen wir kaum damit zu Ende; in näherer oder entfernterer Verbindung damit fänden wir die Mitwirkung aller Industriezweige, vieler Wissenschaften und mehrerer Nationen, — auch die Leistungen entfernter Jahrhunderte, die Erfindung des Kompasses und die Endeckung Amerika's. Und dies eben ist das Eigenthümliche und Bezeichnende an der Volkswirthschaft, dass Alles in ihr zusammenhängt, dass die Thätigkeit jedes Einzelnen Wirkungen hat, die sich oft unabsehbar weit über das Ganze erstrecken; und die Befriedigung jedes Einzelnen aus unübersehbar weiten Kreisen des Ganzen geschöpft wird.

Wollen wir nun das Gegenstück zu den volkswirthschaftlichen Leben betrachten, so finden wir es sowohl in früheren Zeiten als in fernen Gegenden.

Hier, wo jetzt Berlin prangt, standen vor Jahrhunderten nur wenige armselige Lehmhütten, deren Bewohner einen Damm durch die Spree zur Erleichterung des Fischfangs geschüttet hatten, und da Brücken damals fehlten, so erhielt der Ort seine erste Bedeutung durch die Bequemlichkeit, womit man auf diesem Damme den Fluss passiren konnte. Besehen wir diese Hütten, mitten in einer Wüstenei von Sümpfen, Sandflächen und Kieferwäldern, betrachten wir das darin enthaltene Geräth, und die mit Thierfellen und Baumrinde bekleideten Bewohner, so würden wir einen Menschenzustand finden, wie er heute bei den Buschmännern oder in Australien besteht. Einem solchen Lebenszustande fehlt Alles, was den unseren auszeichnet: feste und geräumige Wohngebäude, warme und zierliche Bekleidung, Abwechselung und Schmackhaftigkeit der Speisen, Bequemlichkeit und Schmuck der Geräthe, Kenntnisse, geistige Befriedigung, Kunstgenuss, die Leichtigkeit des Reisens, mit einem Worte: Alles was Kultur ausmacht. Jenem Zustande der Unkultur fehlt auch vor Allem die Menschenmasse; und zu den auffälligsten Unterschieden zwischen dem wirthschaftslosen und dem volkswirthschaftlichen Zustande gehört es, dass auf demselben Boden, wo einst, ohne Volkswirthschaft, nur eine spärlich zerstreute Menschenmenge kümmerliche Nahrung fand, später, bei einer ausgebildeten Volkswirthschaft, eine dichte Bevölkerung sich reichliche Befriedigung der mannichfachsten Bedürfnisse, eine Fülle höherer Genüsse, schafft.

Fragen wir also, worin bestehen denn die Einrichtungen der Volkswirthschaft, durch welche *Mittel* verwandelt dieselbe die Barbarei in Kultur, auf welche Weise macht sie es möglich, die Befriedigungsmittel so zu mehren, dass da, wo einst Stämme, die höchstens nach Tausenden zählten, entblösst von allen Bequemlichkeiten, nur die rohesten Nothwendigkeiten des Lebens sich schaffen konnten, jetzt Kulturvölker, die sich nach Millionen angehäuft haben, sich einer Fülle der mannichfachsten Genüsse erfreuen?

In dem vorwirthschaftlichen oder Urzustande geniesst Jeder nur Dasjenige, was er sich selber schafft. Es muss *selber* sich seine Hütte bauen, *selber* die Thiere erlegen, mit deren Fellen er sich bedeckt, und mit deren Fleisch er sich sättigt, *selber* seine Geräthe und Waffen verfertigen. Er ist lediglich auf seine eigene Kraft und seine eigene Geschicklichkeit angewiesen. Er muss allerlei verrichten, was die Befriedigung seiner verschiedenen Bedürfnisse erheischt. Er ist also auf Dasjenige beschränkt, was in seiner unmittelbaren Nähe zugänglich ist. Angewiesen auf Dasjenige, was er durch sich allein von den Erzeugnissen einer einzigen Gegend sich aneignen kann, ist seine Befriedigung nothwendigerweise äusserst einfach und spärlich. Nur die für die Erhaltung des Lebens unerlässlichsten Mittel vermag er sich zu verschaffen. Er lebt von der Hand in den Mund, und ist ganz ausser Stande, Vorräthe zu sammeln, Vorkehrungen zur Besserung seines Looses zu treffen.

Bei solchem Zustande kann man von einer menschlichen, Gesellschaft noch gar nicht reden. Es besteht nur die Vereinigung der Gatten und ihrer Erzeugten, so lange diese noch im Alter der Hilfsbedürftigkeit sind, wie bei den Thieren. Die einzelnen Familien suchen ihre Nahrung neben und unabhängig von einander; höchstens schaaren sie sich zusammen zur Vertheidigung, wie die wilden Büffelheerden, oder zum Raube, wie die Wölfe.

Die Entwickelung der Volkswirthschaft verändert diesen Zustand von Grund aus. Die Volkswirthschaft vereinigt alles Volk zu einer gemeinsamen Wirthschaft, und zwar zu einer Gemeinsamkeit, in welcher, da sie sich nach Naturgesetzen bildet, jeder Einzelne seine Freiheit und Selbstständigkeit bewahrt, zu einer Gemeinsamkeit, welche sich nur dann den Naturgesetzen gemäss entwickeln kann, wenn die Freiheit und Selbstständigkeit der Einzelnen gewahrt wird.

Die grosse allgemeine Grundlage der Volkswirthschaft besteht darin, dass der Einzelne nicht mehr unmittelbar die verschiedenen Befriedigungsmittel produzirt, die er selber braucht; sondern er produzirt nur Einerlei für den Markt, und tauscht im Markte dieses Einerlei gegen das Vielerlei, dessen er bedarf. Indem Jeder seine ganze Zeit und seine ganze Aufmerksamkeit auf eine einzige Arbeit beschränkt, ist er im Stande, genaue Kenntniss seines Fachs zu erwerben, eine grosse Geschicklichkeit durch Uebung in demselben auszubilden und vollkommene Werkzeuge für dasselbe anzuschaffen. Bedenken wir nur einen Augenblick, was der ausgebildete Handwerker mit Fachkenntniss, Uebung und gutem Werkzeuge leisten kann, im Vergleiche zu dem Menschen, dem dies Alles fehlt, so haben wir einen Maassstab für den Grad, in welchem die Produktion der Befriedigungsmittel, durch die Entwickelung der grossen volkswirthschaftlichen Genossenschaft, vermehrt wird.

Dieses Vertheilen der arbeitenden Menschen unter die verschiedenen Arbeitsfächer, die sogenannte *Theilung der Arbeit*, ist der erste Schritt volkswirthschaftlicher Organisation. Ebenso wichtig ist der zweite Schritt: Die *Vereinigung der Arbeitskräfte*, wodurch Werke zu Stande kommen, welche die Kräfte eines Einzelnen niemals bewältigen könnten. Betrachten wir wieder die

‚Leistungen einer grossen Fabrikanstalt mit ihrer Dampftriebkraft und grossartigen Hilfsmaschinen, im Vergleiche zu den Leistungen des Handwerkers mit seinem Werkzeuge, so können wir die Vermehrung der Produkte durch Vereinigung der Kräfte ermessen.

Aber nicht bloss die bei einander wohnenden Menschen theilen sich in die verschiedenen Arbeitsfächer und vereinigen ihre Kräfte, sondern auch unter den verschiedenen Gegenden wird die Arbeitstheilung durchgeführt. Die verschiedenen Gegenden der Erde sind nämlich durch Verschiedenheit des Klimas und der Bodenbeschaffenheit für sehr verschiedene Produktionen geeignet. Es kommen in der einen Gegend Produkte in Fülle fort, die in einer andern gar nicht zu erzielen sind. Baumwolle und Kaffee wachsen nur in den heissen Ländern. Seefische sind nicht in Binnengewässern zu fangen, und Bergbau kann man nicht in Niederungen betreiben. Hätten wir keine volkswirthschaftlichen Einrichtungen, welche die Fülle der Produkte der einen Gegend den anderen Gegenden zuführt, so müsste die Produktion im Ganzen sehr viel geringer sein. Wenn in Java nur für die Einwohner jener Insel Kaffee wachsen sollte, so würde kaum ein Tausendstel der jetzigen Menge dort gebaut werden; und wenn in Staffordshire nur für die Bewohner jener Grafschaft Eisen produzirt werden sollte, so hätten unmöglich die grossartigen dortigen Berg- und Hüttenwerke entstehen können. Die unermesslich reichen Quellen von Befriedigungsmitteln, welche die gütige Natur an den verschiedenen Punkten der Erde niedergelegt hat, würden fast ungenutzt bleiben, wenn nicht eine volkswirthschaftliche Einrichtung da wäre, sie zum Gemeingute Aller zu machen.

Diese volkswirthschaftliche Einrichtung ist der *Handel*. Der Handel ist es, welcher die besondere Produktionsfähigkeit der einen Gegend allen anderen Gegenden zugänglich macht, so dass für uns auf der brandenburgischen Sandscholle unter einem rauhen nordischen Himmel, der Kaffee und die Gewürze des Orients, und die Apfelsinen Siziliens reifen, die Baumwolle Georgiens wuchert, die Heringe der Nordmeere schwärmen, und die tief im Schoosse fremder Länder liegenden Metallerze gehoben und ausgeschmolzen werden. Ohne den Handel müssten wir der Vielfältigkeit unserer Befriedigungsmittel entbehren. *Freiheit des Handels fordern, heisst nichts Anderes fordern, als unseren vollen Antheil an allen verschiedenen Segnungen der Produktion, welche die Natur mit verschwenderischer Hand über einzelne entfernte Gegenden ausgegossen hat.* Jene Segnungen sind für Alle da, für die Fernen wie für die Nahen, für uns so gut wie für Andere, wenn wir uns nicht durch eigene Verkehrtheit von deren Genuss ausschliessen.

Der Handel ist es, welcher die Arbeitstheilung, nicht bloss unter entfernten Gegenden, sondern auch unter den Einwohnern derselben Gegend, erst möglich macht. Denn wenn Jedermann nicht das Vielerlei produzirt, was er bedarf, sondern nur Einerlei, wovon er am meisten produziren kann, so muss ihm dies Einerlei abgenommen, und ihm dafür das Vielerlei dargereicht werden. Dies bewirkt der Handel. Nachdem also die Arbeitstheilung jedes Produktionsgeschäft in die von der Natur am meisten dafür begünstigte Gegend verlegt, und es den fähigsten besonders dazu ausgebildeten Händen zugewiesen hat, — wodurch die Fülle der Produktion so erstaunlich vermehrt wird, — da kommt der Handel und führt jedes Produkt dahin, wo man dessen bedarf, versorgt Jeden aus allen Gegenden mit Allerlei was ihm beliebt, natürlich nur bis zum Betrage des von ihm erworbenen *Antheils* an den hervorgebrachten Befriedigungsmitteln. Dieser Antheil ist für die verschiedenen Menschen sehr ungleich, weil die Mittel und Fähigkeiten, also die Leistungen der verschiedenen Menschen sehr ungleich sind; wo aber volle wirthschaftliche Freiheit besteht, da ist Jeden sein gerechter Antheil an den Befriedigungsmitteln gesichert; da geniessen zwar, wie gesagt, nicht Alle gleich (was höchst ungerecht wäre, weil die Leistungen sehr ungleich sind) aber Jeder geniesst von den gemeinschaftlich hervorgebrachten Befriedigungsmitteln genau in dem Maasse, in welchem er zur Hervorbringung derselben mitgewirkt hat.

Die volkswirthschaftlichen Einrichtungen der Arbeitstheilung, der Arbeitsvereinigung und des Handels, denen wir die grosse Vermehrung und Vervielfältigung unserer Befriedigungsmittel verdanken, erfordern Mittel zu ihrer Durchführung. Das volkswirthschaftliche Produktionssystem unterscheidet sich von der vereinzelten Arbeit des Urzustandes eben dadurch, dass man bei denselben

nicht von der Hand in den Mund lebt. Jedes Produkt geht durch
viele Hände, macht oft weite Reisen, und bedarf bisweilen einer
langen Zeit, ehe es zum Verbrauche kommt. Es wird z. B.
Kupfererz in Australien gegraben, in Hamburg ausgeschmolzen, in
Berlin zu Messing gemacht, daraus eine Lampe verfertigt, welche
vielleicht erst in Nordamerika ihren Verbraucher findet; — für
den Erlös wird vielleicht Baumwolle gekauft, welche, in Manchester
gesponnen und gewebt, endlich nach ein paar Jahren in der Gestalt
eines Shirtinghemdes an den Erzgräber in Australien gelangt. Da
nun der Mensch jeden Tag leben muss, kann er nicht auf den
Ersatz seiner Arbeit warten, bis ein Produkt, an dem er mit-
gearbeitet hat, den ganzen volkswirthschaftlichen Kreislauf durch-
gemacht hat. Er müssen also *Vorräthe* vorhanden sein, um die
augenblicklichen Bedürfnisse zu befriedigen, die Menschen mit
Allem zu versorgen während der Zeit, welche zwischen dem
Beginn einer produktiven Arbeit und dem endlichen Verbrauchen
des Produkts verstreicht. Und nur in dem Maasse, als diese
Vorräthe angesammelt werden, lässt sich die Arbeitstheilung und
Arbeitsvereinigung weiter entwickeln, die Produktion volkswirthschaftlich vermehren.

Zur volkswirthschaftlichen Produktion gehören aber auch Ausbildung der Menschen, Erwerbung von Kenntnissen und Aneignung
von Fertigkeiten, und hierzu gehören wieder Vorräthe, um nämlich
die Menschen, während der Zeit ihrer Ausbildung, sammt ihren
Lehrern, zu ernähren. Dann die Werkzeuge und Maschinen und
Werkstätten, und die Einrichtungen zum Transport und für den
Handel: die Strassen, Brücken, Wagen, Zugthiere, Eisenbahnen,
Kanäle, Schiffe, Häfen, Speicher, Läden u. s. w. Man bedenke
nur, wie viel Mittel erübrigt werden müssen, um alle diese Dinge
herzustellen, welche die nothwendigen Hilfsmittel der volkswirthschaftlichen Organisation bilden. Alle diese Vorräthe und Hilfsmittel dienen nicht direkt zur Befriedigung unserer Bedürfnisse,
sondern sie setzen uns in den Stand, volkswirthschaftlich zu
arbeiten, und die Produktion der Mittel direkter Befriedigung
zu steigern.

Diese Vorräthe und Hilfsmittel entstehen durch Erübrigen,
dadurch nämlich, dass man nicht Alles gleich verbraucht, was

produzirt wird, nicht seine ganze Arbeit auf Dinge verwendet, welche sofort Genuss gewähren sollen, sondern einen Theil seiner Arbeit auf die Herstellung von Dingen verwendet, welche die Arbeit künftig unterstützen und ergiebiger machen sollen; so dass, wenn man heute sich einen Genuss versagt, man später mehr zu geniessen haben wird.

Diese Vorräthe und Hilfsmittel nun, welche durch Erübrigung entstehen, heissen in der volkswirthschaftlichen Sprache: *Kapital*. Das Kapital ist augenscheinlich der Haupthebel volkswirthschaftlicher Entwickelung; von der Vermehrung des Kapitals hängt der volkswirthschaftliche Fortschritt ab. Ohne Kapital wäre die Arbeitstheilung, der Handel unausführbar; es müsste Jeder für sich, ohne vervollkommnete Werkzeuge, ohne Maschinen, von der Hand in den Mund arbeiten; wir wären in der Dürftigkeit des Urzustands stecken geblieben. Da nun der Erübriger, der Kapitalist, so mächtig zur Vermehrung der Befriedigungsmittel beiträgt, ist es gewiss nur gerecht und billig, dass ihm ein grosser Antheil an dem Genusse zu Theil wird. Und sein Antheil, so gross er auch erscheinen mag, ist, bei näherer Prüfung, kein übermässiger; denn es lässt sich nachweisen, dass Niemand, durch Ansammlung eines Kapitals, sich Genüsse verschaffen kann, ohne die Befriedigungsmittel für Andere in noch stärkerem Maasse zu vermehren.

In der bisherigen flüchtigen Skizze der volkswirthschaftlichen Organisation im Allgemeinen, war nur die Rede von Vermehrung der Produktion, von Befriedigungsmitteln und *Genuss*. Wenden wir uns aber zu der Wirklichkeit, so sehen wir in weiten Kreisen um uns Mangel und Entbehrung. Bei Vielen ist die Ansicht eingewurzelt, dass das Elend mit der volkswirthschaftlichen Entwickelung nothwendig verbunden sei, dass Reichthum und Mangel unzertrennliche volkswirthschaftliche Gefährten seien, und stets Hand in Hand vorschreiten werden. Wäre dies wahr, so wäre es eine Frage, ob die ganze volkswirthschaftliche Entwickelung mehr ein Segen oder ein Fluch wäre. Es ist aber nicht wahr, und das Studium der Volkswirthschaft ist es, das uns von jener trostlosen Ansicht erlöst. Verschiedene Gesellschaftsklassen mit verschiedenem Antheil an den Befriedigungsmitteln muss es immer geben, auch eine unterste Klasse; aber es giebt keinen volkswirthschaftlichen

Grund, warum diese unterste Klasse eine darbende sein solle.
Die Kräfte der Menschen, wirthschaftlich ausgebildet und geeinigt,
sind wohl im Stande, und gerade bei dichter Bevölkerung, auch
für Alle die Mittel einer behaglichen Existenz zu schaffen: aus-
reichende gesunde Nahrung, saubere Kleidung, gesunde Wohnung,
angemessene geistige Bildung, zuträgliche Erholung, kurz ein
körperliches, geistiges und sittliches Wohlbefinden und Gedeihen,
bei welchem Jeder seines Menschenwerthes sich bewusst, seines
Daseins froh wird. Wenn wir also noch immer sehen, dass die
Mehrzahl, der grosse Arbeiterstand, noch Manches entbehrt, was
zu den bescheidenen Ansprüchen eines mässig behaglichen Lebens
gehört, und mit mancher Sorge zu kämpfen hat; und wenn wir
noch sehen, dass, selbst in den industriellsten Ländern, noch ein
grosser Theil der Bevölkerung dem Elende geradezu preisgegeben
ist; dass er ohne Ausbildung des Geistes, des sittlichen Willens,
der körperlichen Fähigkeiten aufwächst, weder die Eigenschaften
erlangt, noch die Gelegenheit findet, wirthschaftlich den Bedarf
eines zivilisirten Lebensunterhalts zu erwerben, sondern von Sorge
entmuthigt, durch Noth gebrochen, unter rohen Verrichtungen
verwildert, ein freudenloses, der Menschenwürde völlig leeres Leben
durchmacht, — so ist hierin nicht die natürliche volkswirthschaftliche Organisation schuld, sondern im Gegentheil, die Schuld liegt
an althergebrachten Einrichtungen, welche, aus Mangel an volkswirthschaftlicher Einsicht entsprungen, die freie Entwickelung der
volkswirthschaftlichen Organisation und die Vermehrung volkswirthschaftlicher Produktionsmittel hemmen, — der volkswirthschaftlichen Gemeinde die Mittel rauben, die beschäftigten Arbeitskräfte besser zu belohnen, und die noch nicht beschäftigten
auszubilden und in den produktiveren Betrieb einzureihen.

John Prince-Smith.

Eine Lebensskizze

von

Dr. Otto Wolff.

John Prince·Smith.

Eine Lebensskizze

von

Dr. Otto Wolff.

John Prince-Smith war geboren am 20. Januar 1809 in London. Sein gleichnamiger Vater war barrister at law und muss ein hochgebildeter Mann gewesen sein. Im Jahre 1813 erschien von ihm ein noch jetzt in der volkswirthschaftlichen Literatur genanntes Werk über das Geld.*) Auch ist von ihm ein schwungvolles Gedicht vorhanden, auf den Tod des Generalmajors Mackinnon, welcher im Halbinselkriege bei ber Einnahme von Ciudad Rodrigo fiel. Später wurde der Vater Prince-Smith Zivil-Gouverneur von Englisch-Guyana, wo in Folge davon der Sohn einige seiner Knabenjahre zubrachte; schon früh legte er dadurch den Grund zu der ihn vor vielen seiner Landsleute auszeichnenden Fähigkeit, sich in fremdländische Zustände hineinzufinden. Mit Humor erzählte er in seinem späteren Alter, wie er von einem der zur englischen Botmässigkeit gehörigen Indianerstämme, der sich vom Gouverneur die im Namen der Krone alljährlich allen Indianern zu zahlenden Geschenke holte, zu seinem Kaziken gemacht sei: mehr als viele europäische Herrscher, meinte er, sei er von Rechtswegen Fürst.

Nach England kehrte sein Vater zu der Zeit zurück, als dort die öffentliche Meinung durch den Prozess der Königin Karoline

---

*) The elements of the science of money founded on principles of the law of nature.

auf das Tiefste erregt war (im Jahre 1820). Auf den elf- bis
zwölfjährigen Knaben machte die skandalöse Rolle, welche damals
ein grosser Theil der englischen Aristokratie durch seine lediglich
auf Kriecherei gegen den König beruhende Parteinahme gegen die
unglückliche Königin spielte, und wovon unser John in den gesellschaftlichen Kreisen seiner Familie genug zu hören bekam, den
nachhaltigsten Eindruck. Nach seiner eigenen Erzählung wurde
dadurch in ihm der Grund zu seiner unbefangenen, ja bis zu
einem gewissen Grade gegnerischen Haltung gegen die englische
Aristokratie gelegt, der er doch durch seine Geburt und die amtliche Stellung seines Vaters so nahe stand. Einige Jahre später,
mit dem Tode des Vaters, wurde das Band, welches ihn bis dahin
noch mit den aristokratischen Kreisen verknüpft hatte, vollends
zerrissen. Der Vater hatte sein Vermögen in Bergwerken angelegt;
sie wurden vollständig werthlos, so dass nach des Vaters Tode
(die Mutter war schon in Amerika am gelben Fieber gestorben)
der Sohn lediglich auf sich selbst angewiesen war, um sich und
seiner einzigen Schwester eine Existenz zu schaffen. Der Vater
hatte ihn auf die berühmte Schule von Eton geschickt, wo er den
Grund zu der reichen Kenntniss der beiden klassischen Sprachen
legte, welche ihn in hohem Maasse auszeichnete, und welche ihn
von Hause aus davor bewahrte, bei seinen späteren volkswirthschaftlichen Bestrebungen einem einseitigen Materialismus zu
huldigen. Doch der Tod des Vaters unterbrach frühzeitig diesen
auf eine gelehrte Schulbildung gegründeten Bildungsgang.

Gegen Ende des Jahres 1824 trat er als Lehrling in das im
Jahre 1790 begründete, noch heute bestehende Londoner Handlungs-
haus *Thomas Daniel & Co.* (4 Mincing Lane), eine Firma ersten
Ranges. Nachdem er dort 3½ Jahr thätig gewesen, bewarb er
sich (im März 1828) um die neu zu besetzende Stelle eines
Londoner Hafenschreibers (clerk to the Harbour Masters.) Aus
den (noch vorhandenen) in hohem Grade empfehlenden Zeugnissen,
welche ihm, ausser von seinen Chefs, von verschiedenen anderen
Seiten zur Unterstützung seiner Bewerbung zu Theil wurden,
ergiebt sich das grosse Ansehen, welches er ob seines Talents und
Karakters im Kreise seiner Bekanntschaft genoss. Ob er die
erstrebte Stelle erhielt weiss ich nicht, bezweifle es aber. Jedenfalls

war er in den zwei bis drei Jahren, welche er noch in England verbrachte, zeitweise in einem Bankgeschäft, und zuletzt als Parlaments-Reporter und sonst als Journalist thätig. Hierdurch bot sich für ihn die Veranlassung zu seiner Uebersiedelung nach Deutschland, zunächst als Mitarbeiter an dem seit dem Jahre 1828 in Hamburg erscheinenden englischen Blatte »The Hamburg Reporter«. Doch war hier seines Bleibens nicht lange. Schon im Frühjahr 1831 ging er nach Elbing.

Ein reicher Engländer, Richard Cowle, welcher dort längere Zeit gelebt, hatte der Stadt sein bedeutendes Vermögen (von mehr als 200,000 Thlrn.) vermacht, theils behufs Errichtung verschiedener humanitärer Stiftungen, theils zur Dotirung der Stelle eines Lehrers der englischen und französischen Sprache an dem (damals städtischen) Gymnasium, als welcher womöglich ein geborener Engländer angestellt werden sollte. Die erste Wahl traf einen fein gebildeten, der französischen wie der deutschen Sprache gleich mächtigen Engländer Namens Patterson, der sich der allgemeinsten Verehrung erfreute, dem aber die Verhältnisse in Elbing bald zu eng wurden, und der deshalb zu Neujahr 1831 nach England zurückkehrte. Auf seine Empfehlung wurde John Prince-Smith vom Kuratorium der Cowle'schen Stiftung am 5. April 1831 zum ordentlichen Lehrer der englischen und französischen Sprache am Gymnasium zu Elbing gewählt, und trat bereits am 14. desselben Monats sein Amt an. Auf Grund eines von der wissenschaftlichen Prüfungs-Kommission in Berlin ausgestellten Prüfungszeugnisses wurde auf Autorisation des Kultusministeriums seine Wahl unter dem 4. August bestätigt.

Wenig über 22 Jahre alt begann er seine für ihn aus mannigfachen Gründen schwierige Lehrthätigkeit. Nicht nur hatten seine früheren Beschäftigungen seinem neuen Berufe durchaus fern gelegen, sondern er brachte auch eine nichts weniger als genügende Kenntniss der deutschen Sprache mit, während er die vorzügliche Kenntniss der französischen Sprache, welche er fast wie seine Muttersprache handhabte, wohl schon in England erworben hatte.

Ueber die erste Zeit seines Aufenthalts in Elbing schreibt mir der einzige noch lebende seiner dortigen alten Freunde, Herr Sanitätsrath *Cohn*:

»Anfangs musste Prince-Smith alle seine Bestrebungen dahin
richten, sich eine richtige Aussprache und Gewandtheit im Ausdruck
sowie eine solche Geläufigkeit der grammatikalischen Regeln anzueignen, dass er vor seinen Schülern mit Ehren bestehen konnte. Er sah
bald ein, dass es hierzu zwei Wege gab, einmal den Verkehr in
gebildeter Gesellschaft, zweitens die Uebung im schriftlichen Aufsatz. In ersterer Beziehung kam ihm sehr zu statten, dass ihm
Patterson's Beliebtheit die Thüren aller gebildeten Familien geöffnet
hatte; bald wurde auch er dort als ein geistreicher junger Mann
geschätzt und gern gesehen. Aber auch die Zeitereignisse waren
ihm günstig. Elbing gehörte zu den Orten, in welchen nach der
Julirevolution ein regeres politisches Interesse erwachte. Eine
grössere Anzahl gebildeter Männer trat zusammen, um durch gegenseitige Belehrung und Unterhaltung sich aus dem Alltagsleben
herauszureissen. Es wurde eine Gesellschaft gegründet, von dem
Tage ihrer Zusammenkünfte die »Mittwochs-Gesellschaft« genannt,
in welcher jedes Mitglied sich zu einem Vortrage verpflichten
musste, über welchen dann eine Debatte stattfand, welche den
Abend ausfüllen sollte. Den vielen der Gesellschaft angehörigen
Kaufleuten gab ganz besonders die englische Korn-Gesetzgebung
Anlass zu Debatten. Prince-Smith wusste diese nicht nur durch
genauere Detailkenntnisse, sondern auch durch neue Gesichtspunkte
immer frisch zu beleben, und erlangte eben dadurch eine solche
Schlagfertigkeit des deutschen Ausdrucks, dass er bald die ganze
Unterhaltung beherrschte. So wie er sich auf diese Weise Geläufigkeit im mündlichen Vortrag angeeignet hatte, suchte er auch
nach Gelegenheit zur Erlangung von Gewandtheit im schriftlichen
Ausdruck. Diese Gelegenheit bot sich ihm durch die Bekanntschaft
mit dem Buchdruckereibesitzer A. Wernich, dem Herausgeber
unseres Lokalblattes, der »Elbinger Anzeigen«, indem er darauf
einging, ihm Beiträge für sein Blatt zu liefern. Prince-Smith
hatte eine nervöse Reizbarkeit, gepaart mit Geistesschärfe, die ihn
sehr bald alle schwachen Seiten einer Unterhaltung erkennen und
durch Witz und, wenn man will, durch einen diabolischen Humor
die lächerlichen Momente zum Ausdruck bringen liess. Dies gab
ihm Veranlassung, unter der Bezeichnung eines »Elbinger Müssiggängers« die Kleinstädtereien, die Absonderlichkeiten einzelner

bekannter Persönlichkeiten, und namentlich den Ton der Elbinger Privatgesellschaften zu schildern und zu persifliren, so dass das Interesse der Elbinger an diesen Schilderungen mit jeder Nummer wuchs, wodurch sich der Absatz des Blattes erheblich steigerte. Nur einer strengen Anonymität hatte er es zu danken, dass er nicht als Verfasser der Aufsätze bekannt wurde. Zu dem Zweck war es jedoch nöthig, dass alle fremdartigen Ausdrücke und Wendungen daraus entfernt wurden, was seine näheren Freunde sich gern angelegen sein liessen. Es ist kaum glaublich, in wie kurzer Zeit er auf diese Weise sich nicht nur den grammatikalisch richtigen und fliessenden Ausdruck aneignete, sondern wirklich deutsch denken lernte.«

»Nicht gewohnt auf seinen Körper besonders Rücksicht zu nehmen, zog er sich bei der an der Küste besonders häufigen rauhen und nasskalten Witterung einen heftigen Lungenkatarrh zu, der bei jugendlicher Vernachlässigung arge asthmatische Beschwerden veranlasste, bis es mir gelang, ihn davon in der Hauptsache zu befreien. Die unfreiwillige Musse, die er durch Schulversäumniss während seiner Krankheit erlitt, veranlasste ihn zum Verfassen einer kurzgefassten »Gymnasial-Grammatik der englischen Sprache« (Elbing 1836) mit dem karakteristischen Motto: »a great book is a great evil«, die sich durch ihre Architektonik und Zweckmässigkeit bis jetzt als Lehrbuch hier eingebürgert hat.«*)

»Sein Alleinsein während seiner Krankheit veranlasste ihn, zu seiner Pflege seine Schwester von England kommen zu lassen. Sie war eine Dame von grosser wissenschaftlicher und sprachlicher Bildung, welche das Französische (gleich ihrem Bruder) wie ihre Muttersprache sprach und sehr bald auch das Deutsche sich gut aneignete. Auch sie wurde bald in alle gebildeten Kreise der Stadt aufgenommen. So lernte sie die Familie des Grafen v. Hülsen auf Wiese kennen, in welcher sie demnächst mehrere Jahre lang als Erzieherin und Gesellschaftsdame der beiden jungen Töchter des Grafen aufgenommen wurde.«

---

*) Das Letztere scheint ein Irrthum zu sein, da, so viel ich habe erfahren können, diese Grammatik nicht mehr im Gebrauche ist.

Aus dieser Schilderung ergiebt sich ein anschauliches Bild von der gesellschaftlichen Stellung Prince-Smith's, und · ganz besonders davon, wie es ihm gelang, sich in kurzer Zeit alle Elemente der deutschen Bildung in einem für einen Engländer überaus seltenen Grade anzueignen. Seine Herrschaft über die deutsche Sprache war zwar sein ganzes Leben lang keine unbedingte, indem ihm, wenigstens beim Sprechen, Verwechselungen der Geschlechter u. dergl. mit unterzulaufen pflegten. In Bezug auf durchsichtige Klarheit aber und die Freiheit von allen zweideutigen Ausdrücken und Wendungen — also in Bezug gerade auf das Wesentliche des Ausdrucks — wird sein Stil von wenigen der besten deutschen Schriftsteller übertroffen; und wenn auch die ihm eigenthümliche Richtung auf Bestimmtheit der Begriffe eine nothwendige Bedingung dazu war, so gab es doch zur Ausbildung seines Stils in dieser Richtung kein besseres Mittel, als die Gewöhnung, welche er von der Zeit seiner ersten schriftstellerischen Versuche lange Zeit hindurch regelmässig beibehielt, jede seiner Arbeiten, ehe er sie in den Druck gab, einem wenn nicht in der Sache so doch in Bezug auf den Stil urtheilsfähigen Hörer vorzulesen, um sie unter Benutzung von dessen kritischen Bemerkungen durchzufeilen.

Ebenso aber wie in Bezug auf die Sprache, gelang es Prince-Smith, sich in Bezug auf die aesthetischen, wissenschaftlichen und sozialen Grundanschauungen vollständig mit dem deutschen Geiste vertraut zu machen In einer Rede bei einem von dem Freihandelsverein zu Stettin im Februar des Jahres 1849 ihm gegebenen Festessen konnte er auf den von schutzzöllnerischer Seite gegen ihn erhobenen Vorwurf, dass er als Engländer in Deutschland für den Freihandel auftrete, erwidern, dass er einen grösseren Theil seines Lebens in Deutschland als in England zugebracht habe, und eigentlich durch deutsche Verhältnisse und deutsche Sitte ausgebildet worden sei:

»Ich wurde nach Deutschland hingezogen durch den Trieb nach wissenschaftlicher Bildung und ich fand hier noch mehr als was ich suchte: eine echte Humanität, welche, in der ausgedehntesten Toleranz jeder Meinung sich zeigend, mich dauernd auf deutschem

Boden fesselte. Nur nach der politischen Freiheit, die ich hinter mir gelassen, sehnte ich mich öfter zurück.«

Wenn nun Prince-Smith bei alledem in seinen Anschauungen immer auch ein Engländer zu sein fortfuhr, so lag der Grund zum erheblichen Theil darin, dass er gerade in Bezug auf seine hauptsächliche Thätigkeit — auf dem Gebiete der *Volkswirthschaft* — nicht an deutsche Grundlagen anknüpfte und anknüpfen konnte, sondern nur an Englische, wie sie durch *Adam Smith* gelegt worden.

Ob er bereits vor seiner Uebersiedelung nach Deutschland sich mit volkswirthschaftlichen Studien abgegeben, habe ich freilich nicht ermitteln können. Während schon aus seinen frühesten publizistischen Leistungen der durch mannigfache praktische Erfahrungen — im kaufmännischen und journalistischen Leben — geschulte Blick des volkswirthschaftlichen Beobachters hervorleuchtet, deutet doch nichts darauf hin, dass er schon in so früher Zeit sich mit volkswirthschaftlichen Doktrinen befasst habe; im Gegentheil lässt die geringe Bezugnahme auf diese Doktrinen, wodurch alle seine Betrachtungen nur um so mehr den Eindruck der Ursprünglichkeit machen, darauf schliessen, dass er die Volkswirthschaft als Wissenschaft erst zu einer Zeit kennen lernte, in der sich seine Individualität bereits in bestimmter Richtung und mit Bewusstsein entwickelt hatte. Aus seinen gelegentlichen Mittheilungen über seine Jugend entsinne ich mich nur seiner bestimmten Erwähnung des Einflusses, welchen der Utilitarismus Bentham's frühzeitig auf ihn gewonnen, ein Einfluss, der, wenn auch später durch mannigfache andere Einflüsse modifizirt, doch immer in der Gesammtheit seiner Anschauungen sichtbar blieb, und vielleicht den ersten Grund zu seiner Empfänglichkeit für volkswirthschaftliche Betrachtungen legte. Dazu kamen dann wahrscheinlich noch persönliche Beziehungen zu Männern, welche in der volkswirthschaftlichen Agitation, die in England in den letzten Jahren seines dortigen Aufenthaltes begann, eine Rolle spielten. Namentlich muss ich annehmen, dass er mit dem Parlamentsmitgliede Oberst Thompson, den er mir als das eigentliche geistige Haupt der gegen die Korngesetze gerichteten Bewegung bezeichnete, schon von England her in näherer Verbindung gestanden, die dann wesentlich dazu beigetragen haben mag, ihn, sobald er in Elbing die nöthige Kenntniss der deutschen Sprache und Literatur erlangt hatte, auf das Studium der Volkswirthschaft hinzulenken, und zwar sogleich mit der bestimmten Richtung auf eine praktisch reformatorische Thätigkeit. Hierdurch trat er von vornherein in Gegensatz zu der rein gelehrten Thätigkeit der wenigen Männer, welche sich damals in Deutschland mit der Volkswirthschaft als Wissenschaft beschäftigten. Nur etwa *Friedrich List* ist ihm in dieser Beziehung einigermaassen gleichzustellen, der aber in der agitatorischen Thätigkeit so vollständig aufging, dass er als Mann der »Wissenschaft« erst neuerdings, ein Menschenalter nach seinem Tode, im Kreise seiner Anhänger zur Geltung kommt. Während aber List, nachdem er einmal dazu gelangt war, sich einer praktischen Reform-Thätigkeit zu widmen, in seinem doktrinären Eifer immer einseitiger wurde, und mit der Welt, die sich von ihm nicht reformiren lassen wollte, in immer heftigeren Widerspruch gerieth, der ihn schliesslich in den freiwilligen Tod trieb — blieb bei *Prince-Smith* die praktische Agitation immer nur der Ausläufer rein wissenschaftlicher Betrachtungen und Untersuchungen, und über seine Bemühungen, zum Wohle seiner Mitmenschen durch ihre Aufklärung in seinem Sinne beizutragen, vergass er doch nie das Streben, durch stete Berichtigung seiner eigenen Ansichten, die Welt besser zu begreifen. So blieb er, wenn seine Thätigkeit keinen Erfolg zu haben schien, ebenso entfernt von der Verzweiflung, wie zur Zeit ihres Gelingens vom Uebermuth, und stets bewahrte er sich jenen Idealismus, welcher ihn gerade als Mann der Agitation für solche Zwecke, die nur zu leicht vom *rein materiellen* Standpunkte verfolgt werden, so hoch stellt.

Die oben in dem Schreiben des Herrn Cohn erwähnten »Blätter aus dem Tagebuche eines Müssiggängers« in den »Elbinger Anzeigen« erschienen im Sommer des Jahres 1835. Das achte dieser Blätter (abgedruckt am 5. September) enthält die erste volkswirthschaftliche Betrachtung. Sie scheint mir karakteristisch genug, um sie theilweise hier abzudrucken. Es heisst darin:

„Die Abneigung gegen Arbeit, und die Rohheit unserer niedrigsten Arbeitsklasse sind wegen des daraus entstehenden Elends höchst bedauernswerth; betrachtet aber als die Haupthindernisse bei Erweiterung des industriellen Betriebes und Beförderung des Wohlstandes werden sie für Alle zum Gegenstande banger Besorgniss . . . . Der Maassstab nach welchem die arbeitende Klasse mit den Lebensbedürfnissen versorgt wird, richtet sich nach dem Verhältniss der Arbeiterzahl zur Menge der zu verrichtenden Arbeit. Dieses Verhältniss aber wird stets auf die Dauer von den Arbeitern selbst bestimmt. Denn es muss ein solches sein, dass der Arbeiter mit einer Familie *nach seinem Begriffe der Behaglichkeit* sein Auskommen hat. Kann der Arbeiter nicht genug verdienen, um Frau und Kinder nach seinem Begriffe von dem was zur Existenz nöthig ist, zu ernähren, so übernimmt er nicht die Last einer Familie, sondern bleibt unverheirathet und verzehrt seinen Lohn allein. Die Vermehrung der Bevölkerung wird auf diese Weise gehemmt, bis das Verhältniss der Arbeiter zur Arbeit sich so gestaltet, dass das Volk sich in einer Lage befindet, in welcher es sich vermehren will. Der bestimmende Umstand also ist immer, der bei der arbeitenden Klasse herrschende Begriff von dem was zur Existenz nothwendig ist, mit einem Worte: der Grad ihrer geistigen Bildung . . . . Nun stehen die Begriffe unseres hiesigen Volkes mit Bezug auf das was zum Leben erforderlich ist, leider auf einer sehr niedrigen Stufe . . . . Gesunken wie unser niederes Volk ist, fehlt ihm die Anregung zur angestrengten Thätigkeit."

Im Wesentlichen haben wir hier bereits den Kern der später von Prince-Smith als »goldenes Gesetz«, gegenüber dem von den Sozialisten sogenannten »eisernen Lohngesetz« formulirten Anschauung, wonach die, wenn auch nur schwer und langsam, so doch mit der Kraft eines wirthschaftlichen Gesetzes vor sich gehende Steigerung der Lebensgewohnheiten, die Arbeiter zu einer immer behaglicheren Lebensweise erhebt, während nach dem »eisernen Lohngesetze« die Arbeiter sich stets so vermehren sollen, dass der Lohnsatz bis auf das niedrigste Maass herabgedrückt werde. Zu jener Zeit, in der Mitte der dreissiger Jahre, als erste Aeusserung eigenen Denkens auf volkswirthschaftlichem Gebiete, ist jene Betrachtung doppelt interessant.

Wie Prince-Smith hier sogleich das erste Mal, wo er die Arbeiterfrage in den Kreis seiner Betrachtung zog, sich mit seinen Gedanken in der Richtung bewegte, welche er später stets inne gehabt hat, so sind auch die nachfolgenden Abhandlungen, welche er über volkswirthschaftliche Gegenstände in den »Elbinger Anzeigen« veröffentlichte, für die hauptsächlichen Gegenstände seiner gesammten volkswirthschaftlichen Publizistik typisch geworden.

Der erste Artikel: »Wirkung der Schutzzölle mit besonderer Beziehung auf die Fabrikation des Runkelrübenzuckers« (abgedruckt in No. 28 des Jahrgangs 1836 der »Elbinger Anzeigen«) enthält die Anfänge seiner späteren, so reichen und vielseitigen Polemik gegen das Schutzsystem; in dem zweiten Artikel: »Bemerkungen über Handel und Geld« (abgedruckt in No. 32 desselben Jahrganges) finden sich die Anfänge seiner Arbeiten über Geld und Kredit; der dritte: »Ueber die Wirkung eines Verbots der Getreideausfuhr« (abgedruckt in No. 71 des Jahrgangs 1838) ist der erste Vorläufer seines Buches »Ueber die englische Tarifreform.« Unentwickelt wie der Inhalt aller dieser Artikel im Vergleich zu den späteren Arbeiten des Verfassers erscheint, würden sie doch — vielleicht gerade deshalb — selbst heute noch wohl geeignet sein, in das Studium der betreffenden Fragen einzuführen, und deshalb scheint mir das dem zweiten vorgesetzten Motto: ament meminisse periti (welches auch auf späteren, namentlich auf einer Anzahl unvollendeter und deshalb ungedruckt gebliebener Arbeiten wiederkehrt) im vollsten Maasse zu passen. Aus den »Bemerkungen über Geld und Handel« werden die Leser, wie ich annehme, mit Interesse Einiges hier abgedruckt finden. Nachdem der Verfasser die Entstehung des Geldes aus den Schwierigkeiten des unmittelbaren Austausches der Produkte abgeleitet, fährt er fort:

„Das Geld trägt also nichts unmittelbar zum Genusse oder zur Befriedigung der Bedürfnisse bei; es ist nur ein Werkzeug, wodurch der Tausch erleichtert und die Vertheilung der Arbeit möglich gemacht wird; die auf die Anschaffung dieses Werkzeugs verwandte Arbeit muss aus dem durch die Gewerbe-Vertheilung bewirkten Gewinn ersetzt werden. Sollten nun alle Austauschungen von Produkten in grösseren Partien stets gegen baares Geld gemacht werden. so wäre dazu eine solche Menge Gold und Silber nöthig, dass die Kosten derselben den Gewinn des Tausches sehr schmälern würden. Die Tausch-Vermittler oder Kaufleute suchen also, dieses Werkzeug seiner Kostspieligkeit wegen so viel wie möglich zu entbehren. Anstatt ein Pfand zu fordern bei der Ueberlieferung einer Waare, begnügen sie sich mit der Verpflichtung, den Gleichwerth auf Verlangen nachher dafür zu geben; das Gegebene wird in ihren Büchern gegen das Empfangene abgeschrieben und die Differenz

durch Wechsel ausgeglichen. In London bestehen die vollkommensten
Einrichtungen zur Ersparniss des Geldes. Jeder Kaufmann legt sein
Geld bei einem Wechsler nieder, der für seine Mühe nichts fordert.
Alle Zahlungen werden durch Anweisungen auf den Wechsler gemacht,
und alle empfangenen Anweisungen auf andere Wechsler ihm zum Ein-
kassiren zugeschickt. Die verschiedenen Wechsler kommen zu einer
bestimmten Stunde zusammen und gleichen ihre gegenseitigen Forderungen
aus. Auf diese Weise werden täglich Geschäfte zum Betrage von
40 Millionen Thalern ohne ein einziges Geldstück abgemacht. Wenn
aber alle Geschäfte mit baarem Gelde gemacht würden, und man annimmt,
dass ein Kaufmann einen baaren Vorrath für die Forderungen von zehn
Tagen halten müsse, so würde die Kaufmannschaft von London für
400 Millionen Thalern mehr Gold und Silber, als sie jetzt hat, sich
anschaffen und den Betrag ihrer gewinnbringenden Handelsartikel um
jene Summe verringern müssen. . . .

So einfach und einleuchtend diese Darstellung der Natur des Handels
und des Geldes auch ist, giebt es keinen Gegenstand, worüber so gefähr-
liche Irrthümer herrschen, als gerade über diesen. Die sogenannten
„praktischen Männer" haben hierüber Ansichten aufgestellt, deren Schein-
gültigkeit ihnen bei den Nichtdenkenden allgemeinen Glauben verschafft
hat. Nun sind diese praktischen Männer Leute, welche nichts Anderes
praktisirt haben, als Baumwollenspinnen, Seidenweben oder Waaren
spediren! Bei dergleichen Verrichtungen muss auch ihre Stimme entscheidend sein. Aber die Verfolgung einer Erscheinung bis zu ihren
entfernteren Ursachen, das Abstrahiren gemeinschaftlicher Merkmale und
die Entwickelung eines Gesetzes aus mehreren Erscheinungen, ist, was
jene Männer gar nicht praktisirt haben. Wenn es sich also um allgemeine
Grundsätze handelt, sind jene Männer die aller unpraktischsten und ihre
Ansichten sind von keinem Gewichte.

Zuerst traten die „praktischen Köpfe" mit der Weisheit der Handels-
Bilanzen auf. Indem sie Geld, welches nur eine Anweisung auf Reich-
thümer ist, für den Reichthum selbst hielten, kamen sie auf den Einfall,
Geld im Lande aufhäufen zu wollen. Zu diesem Ende sollte die Ausfuhr
begünstigt, die Einfuhr beschränkt werden, woraus ein überschüssiger
Absatz entstehen würde, den das Ausland mit baarem Gelde bezahlen
müsse. Am Anfange könnte vielleicht wirklich baares Geld dadurch in's
Land fliessen. Aber die Leute, welche schon vorher Baarschaft genug
zu ihren Geschäften hatten, erhielten durch den Zuwachs zu viel, welches
ihnen Verlust bringt. Jeder ist begierig, für das überflüssige Geld
Waaren zu erhalten. Das Geld verliert an Werth und die Waarenpreise

steigen. Durch das entgegengesetzte Verfahren steigt im Auslande der Werth des Geldes und die Waarenpreise fallen. Die Folge hiervon ist, dass es vortheilhafter wird, einzuführen als auszuführen, und eine überschüssige Einfuhr entsteht, welche das Geld ebenso rasch aus dem Lande hinausjagt als es hineingekommen war. Alles was man von der Spekulation hat, ist der Verlust durch das Sinken des Geldes und eine unnöthige Beschränkung des Verkehrs.

Als ihr Versuch, sich des Geldes ihrer Nachbarn zu bemächtigen fehlgeschlagen war, fingen die „praktischen Männer" an, für ihr eigenes Geld besorgt zu werden. Sie fürchteten, dass der Ausländer ihnen seine Waaren geben würde, ohne die ihrigen dafür zu nehmen. Sie wollten also Alles für sich erzeugen, damit das Geld nicht aus dem Lande ginge, und beraubten sich dadurch der Vortheile die aus dem Handelsverkehr mit den Nachbarländern entstehen. Es ist eben gezeigt worden, auf welche Weise das Geld bald zurückkommen müsse, falls es aus dem Lande ginge. Geld ist von allen Waaren diejenige, bei welcher, wegen der Leichtigkeit des Transports, die Zufuhr am schnellsten sich der Nachfrage anpasst, und von welcher ein Mangel am wenigsten zu fürchten ist. Es ist nicht wahr, dass Jedermann nur nach der Baarschaft dessen, mit dem er handelt, trachtet. Die „praktischen Männer" behaupten dieses zwar in ihrer Theorie, aber es ist Keiner von ihnen, der nicht in seiner Praxis diese Behauptung Lügen straft, indem er seine Geschäfte mit so wenig baarem Gelde wie möglich zu betreiben sucht. Das Geld des Nächsten umsonst erhalten und es ausgeben, will wohl Jeder gerne; aber Waaren dafür zu geben, um es einzuschliessen, fällt keinem Verständigen ein."

Während die in diesem Artikel so drastisch kritisirten »Theorieen« der »praktischen Männer« vom Gelde und der Handelsbilanz unsterblich zu sein scheinen, hat es der Artikel »über die Wirkung eines Verbots der Getreideausfuhr« mit Anschauungen zu thun, welchen — in dieser Gestalt wenigstens — durch die seitdem eingetretene gründliche Veränderung der thatsächlichen Verhältnisse der Boden vollständig entzogen ist. Dazu aber, dass dies geschehen, hat die volkswirthschaftliche Kritik wesentlich mitgeholfen. Vor 50 Jahren galt es, wie überall, so auch in Preussen — trotz der freihändlerischen Richtung seiner allgemeinen Handelspolitik — als selbstverständlich, dass eine vorsorgliche Regierung im Falle einer mangelhaften Getreideernte durch ein rechtzeitiges Ausfuhrverbot einer Hungersnoth vorbeugen

müsse, und es war eins der ersten Verdienste, welche sich Prince-
Smith auf dem Gebiete volkswirthschaftlicher Reformen erwarb,
dass er zuerst dieses populäre Vorurtheil mit ebenso wissenschaftlich stichhaltigen, wie auch dem Verstand des Laien einleuchtenden
Gründen bekämpfte. Er war in der That der Urheber jener
Agitation, welche — allerdings von der gewaltigen Entwickelung
des Kommunikationswesens und des Handels wesentlich unterstützt
— in weniger als zwanzig Jahren die volle und unbedingte Freiheit
des Getreidehandels durchsetzte. Sowohl wegen seiner Bedeutung
für diese so wichtige und erfolgreiche Agitation, wie wegen der
aus ihm so deutlich hervortretenden Veränderung der thatsächlichen
Verhältnisse auf dem Gebiete des Getreidehandels während des
verflossenen halben Jahrhunderts, halte ich es für angemessen den
Artikel in der Hauptsache vollständig abzudrucken.

Der Artikel knüpft an die von verschiedenen Zeitungen verbreitete Nachricht, in Berlin werde allgemein von einem Verbote
der Getreideausfuhr gesprochen, falls die Preise zu steigen fortfahren sollten. Zunächst wird bestritten, dass an eine solche
Maassregel wirklich gedacht sein könne, weil, trotz aller Schwierigkeiten beim Einbringen, die Ernte keineswegs spärlich zu nennen
sei. Darauf heisst es weiter:

Dann aber ist die Maassregel an und für sich in allen Beziehungen
zu verwerflich, als dass sie jemals von einer in staatswirthschaftlicher
Hinsicht so aufgeklärten Regierung, wie die unsrige, welche auch in der
Errichtung des Zollverbandes dem Siege der Wissenschaft über altes
Vorurtheil das stolzeste Denkmal gesetzt hat, versucht werden sollte.
Wenige Worte über das Wesen unseres gewerblichen Verkehrs werden
genügen, um das Gerücht des Verbots als Dasjenige darzulegen. wofür
wir es halten, nämlich: für den Versuch eines Spekulanten, die Leicht-
gläubigkeit der Ununterrichteten zur Herabdrückung der Preise zu benutzen.

Das Gedeihen und der jetzige Kulturzustand unserer Provinzen
beruhen darauf, dass diese ihre rohen Produkte an stark bevölkerte und
kapitalreiche Länder zu hohem Preise absetzen und fabrizirte Waaren zu
billigen Preisen dafür erhalten. Dadurch werden sie zugleich in den
Besitz vieler Bedürfnisse gesetzt, die sie nicht im Stande sein würden,
für sich selbst zu verfertigen, und erlangen am schnellsten das ihnen
nöthige Kapital, um selbst eine dichtere Bevölkerung unterhalten zu
können. Wenn ihnen dieser Verkehr mit reicheren Ländern benommen
und sie genöthigt werden sollten, sich selbst mit Allem zu versorgen

und tausenderlei Gewerbe zu treiben, wozu das Kapital ihnen fehlt, anstatt sich auf den Produktionszweig zu legen, der vorzugsweise sich für sie eignet, so würden sie sich bald auf dieselbe Kulturstufe, als etwa Podolien oder die Krim, versetzt sehen.

Die Bodenerzeugnisse bilden bei uns die Quelle, aus welcher fast Alle, unmittelbar oder mittelbar, ihre Existenz beziehen. Viele Städtebewohner leben theils von Zinsen der auf Landgüter gegebenen Gelder, theils von dem Handel mit Bodenprodukten, also unmittelbar vom Boden; Andere führen fremde Waaren ein, welche durch die ausgeführten Produkte bezahlt werden; eine Menge Handwerker arbeiten für Diejenigen, welche unmittelbar oder mittelbar vom Boden leben; die Staatsdiener beziehen ihr Einkommen durch die auf den Boden oder auf den Verkehr gelegten Abgaben, also aus derselben Quelle. Es bleiben sehr wenige Erwerbszweige übrig, von denen man sagen kann, dass sie nicht von unserm Ackerbau hervorgerufen wurden und von ihm erhalten werden. Auf die hohen, von den Märkten des Auslandes abhängigen Produktenpreise sind alle Zahlungen unserer inländischen Gewerbe und des Arbeitslohns basirt. Je höher der Preis des ausgeführten Produktenüberschusses, um so mehr fabrizirte Waaren erhält man dafür, um so mehr auch giebt es unter die inländischen Gewerbe zu vertheilen.

Nun liegt es in den unglücklichen Zollgesetzen des Auslands, dass, anstatt eines regelmässigen Absatzes zu festen Preisen, plötzliche Konjunkturen mit langen Stockungen der Ausfuhr abwechseln, und dass demnach das Getreide von Spekulanten gesammelt werden muss, welche mehrere Jahre hindurch Preise bezahlen, die nicht durch einen augenblicklichen Wiederverkauf zu realisiren wären, sondern auf die hohen Preise einer, vielleicht erst nach einer Reihe von Jahren eintretenden, Konjunktur berechnet sind. Der Landmann erhält zwar bisweilen hohe Preise bei reicher Ernte und ist dann für den Augenblick wohl daran; dagegen muss er auch mitunter die karge Spende eines Misswachses zu niedrigen Preisen hingeben und geräth dadurch in die grösste Verlegenheit; bei dem natürlichen Gange der Dinge aber kann, bei einer Missernte, der Produzent nur in der Steigerung der Preise eine theilweise Entschädigung finden, wobei er wegen der geringen Menge dessen, was er zu verkaufen hat, doch stark im Verluste bleibt; und nur in der festen Erwartung eines solchen Ersatzes kann er seine Produktion in dem bisherigen Umfange fortsetzen. Hierbei muss man nicht bloss die bedeutenderen Gutsbesitzer im Auge haben, sondern auch die Bauern, und selbst die Arbeiter, deren Subsistenz von dem Erlös ihres Antheils an dem ausgedroschenen Getreide zum grossen Theile abhängt. Eine plötzliche Steigerung des Preises der Nahrungsmittel kann allerdings eine, jedoch nur augenblickliche Verlegenheit für die ärmeren Klassen hervorbringen, indem, trotz des Vortheils für die Gesammtheit, der Arbeitslohn sich nicht so schnell in demselben Verhältnisse ändern kann, und hierin liegt ein Hauptübelstand unserer Verhältnisse zum Auslande; aber der Versuch, diesem Uebel durch eine Gewaltmaassregel abzuhelfen, welche die Entwerthung der Bodenprodukte bewirken und einen Bankerott des Ackerbaues zur Folge haben müsste, könnte nur mit dem Benehmen eines Müllers verglichen werden, welcher seine Dämme einreisst, weil bei einer Dürre das Wasser nicht so reich wie gewöhnlich floss. Eine Maassregel, welche den Ackerbau lähmt, muss auch auf alle Interessen sich erstrecken, die von ihm abhängen; mit seiner Verarmung versiegen alle damit zusammenhängenden Erwerbsquellen, und wenn das Getreide durch ein Ausfuhrverbot entwerthet und die unmittelbar vom Ackerbau Lebenden bankerott würden, so müssten so viele Arbeiter entlassen, so viele Erwerbs-Verbindungen unterbrochen werden, kurz eine solche Nahrungslosigkeit eintreten, dass die Mittel das billige Getreide zu kaufen unendlich viel schwerer für die Arbeiter zu erschwingen sein würden, als wenn man die höheren Preise unter den naturgemässen Verhältnissen belassen hätte.

Man stelle sich den Ausfall an Landschaftszinsen, die Sequestration der Güter, das Aufhören der Bestellungen der Landleute und Kleinstädter vor, nebst den Verlusten der gegen sie ausstehenden Forderungen, den Fallissements der Kaufleute, sowohl der Spekulanten als der Waarenhändler, und dabei die Nothwendigkeit baarer Rimessen ans Ausland für entnommene Fabrik- und Kolonialwaaren mit dem daraus erfolgenden Geldmangel — und dann sage man, ob an ein Verbot der Getreideausfuhr jemals nur für einen Augenblick gedacht werden konnte, in einem Staate, dessen Vorsicht und Weisheit in seinen Maassregeln über Gewerbe und Handel ihm so hohes Ansehen erworben haben.

Aber die entfernteren Wirkungen eines Verbots der Getreideausfuhr für unsere Gegenden zeigen noch deutlicher, wie fürchterlich jeder Eingriff gerächt wird, den wohlwollende Kurzsichtigkeit in den von einer höheren Anordnung zum Besten Aller geregelten Gang der Dinge macht. — Zuerst würde hier die Spekulation aufhören, welche, wie schon angedeutet, durch Aufspeicherung des Getreides, die Preise in gesegneten Jahren hält, und den Ausfall der Missernten durch übertragene Vorräthe mildert. Dieser wohlthätige Erwerb, der ohne alle Traumdeutereien von selbst für die Ausgleichung der sieben mageren durch die sieben fetten Kühe sorgt, könnte alsdann nur von Ausländern betrieben werden, welche sogleich ihre Vorräthe in Sicherheit bringen würden. Bei Missernten würde man also nie gelagerte Bestände zur Aushilfe vorfinden. Die erhöhten Lagerungskosten in fremden Häfen würden eine dauernde Preis-

verminderung für die hiesigen Produzenten verursachen. Diese permanente
Verminderung des Getreidepreises, nebst dem Gefühl der Unsicherheit,
welches eine Gewaltmaassregel sehr lange überlebt, würde die Gutsbesitzer bewegen, sich so viel als möglich auf den Bau anderer Gewächse
zu legen, woraus sie einen besseren Ertrag erhielten und an denen man
sich nicht so leicht vergreifen könnte. Ein Ausfuhrverbot also, indem
es die augenblickliche Verlegenheit nur verschlimmerte, selbst für die
arbeitenden Klassen in den Städten, würde auf diese Weise, durch Ver-
treibung der Vorrathsläger und Entmuthigung des Getreidebaues, uns
wirklich künftig der Gefahr einer Hungersnoth aussetzen können —
wovon bei dem jetzigen Umfange unseres Ackerbaues und der Vielfältigkeit der Gewächse, nie die Rede sein kann. Wenn die Halmfrüchte
fehlen, so helfen die Kartoffeln und die Erbsen aus; und eine missrathene
Kartoffelernte ist für die ärmeren Klassen ein viel mehr zu befürchtendes
Uebel als eine Steigerung der Getreidepreise.

Im Interesse dieser und der Getreide exportirenden Provinzen des
Staats überhaupt kann also niemals ein Verbot der Getreideausfuhr
liegen. Sollte aber damit vielleicht den Provinzen, welche in der Regel
Getreide bedürfen, eine Wohlthat erzeigt werden, so wäre mit dieser
Wohlthat eine zu offenbare Ungerechtigkeit gegen die ersteren, schon
durch das Missrathen ihres Haupt-Produktes, des Getreides, hart genug
heimgesuchten Landestheile verbunden (und also schon deswegen, bei
dem väterlichen Gerechtigkeitsgefühl unserer Regierung ein solches Verbot
eine undenkbare Sache); sodann aber würden die einführenden Provinzen
die oben angedeuteten, traurigen Folgen jener vielleicht für den Augenblick ihnen vortheilhaft scheinenden Maassregel zu ihrem grössten Schaden
bald genug inne werden.

Die Preiserhöhung bei Missernten, weit entfernt ein Uebel zu sein,
dient erstens dazu, den Verlust zwischen den Produzenten und Konsumenten zu theilen; dann aber ist sie auch das einzige Mittel, um die
verkürzte Menge der Nahrungsstoffe so zu vertheilen, dass man damit
auskommt, indem sie zu Surrogaten treibt und eine verhältnissmässig
spärlichere Konsumtion erzwingt. Wenn bei einer halben Ernte die
Preise nicht steigen sollten, so würde man in demselben Maasse als
sonst verzehren; in sechs Monaten wäre der ganze Vorrath für das Jahr
aufgeräumt und statt einer Theuerung entstände eine Hungersnoth! —
In früheren Zeiten haben wohlwollende Regierungen, durch die Noth
des Volks gerührt, verschiedene Versuche gemacht, dem Uebel einer
Theuerung durch ihre Einmischung zu steuern. Die Geschichte jener
Versuche sollte hinreichen, um wenigstens die Fruchtlosigkeit solcher
Anschläge darzuthun, wenn man auch nicht einsieht, dass ihre Durch-

setzung die Lage der Dinge nur verschlimmert. Man hat nämlich verboten, mehr als einen gewissen Preis für das Getreide zu nehmen. Die Besitzer der Vorräthe hielten damit zurück, bis das Volk, neben dem früheren hohen Preise, noch eine Vergütigung für die Gefahr der Gesetzesübertretung bezahlte. — Man befahl, den Arbeitslohn im Verhältniss zu dem Brodpreise zu bezahlen. Die Arbeiten wurden eingestellt und die Arbeiter entlassen. Und wenn es möglich gewesen wäre, die Arbeitsherren zur Erfüllung jenes Befehls zu zwingen, so wäre' der Brodpreis mit jeder Lohnerhöhung, selbst bis ins Unendliche, durch den jedesmaligen Begehr gesteigert und die Absicht vereitelt worden. Beide Maassregeln gingen darauf hinaus, die Theuerung in Hungersnoth zu verwandeln.

Wenn es Gott gefällt, seine Gaben zu verkürzen, so ist es eine physische Unmöglichkeit, dass der Mensch so viel geniessen könne, als wenn eine reichere Spende dem freigebigen Erdenschoosse entströmt. Hierin vermag kein Staatsmann etwas zu ändern, — es sei denn, dass ihm „ein Kornfeld wüchse in der flachen Hand".

Aber Einige meinen, man könne das Verbot der Getreideausfuhr als Repressalie anwenden, um sich an England für die Kornbill zu rächen! — Das ist spasshaft! — England richtet seine Gesetze so ein, dass, anstatt immer zu mässigen Preisen Getreide zu bekommen, es nur bisweilen und zu hohen Preisen dasselbe erhält; es erschwert dadurch die Ernährung seiner Arbeitskräfte, verringert den Kapitalgewinn, beschränkt das Wachsthum des Kapitals, mithin der Bevölkerung; es selbst setzt dadurch seiner politischen Bedeutsamkeit künstliche Schranken. — Dies nimmt man ihm übel. Man sinnt auf Repressalien, und da verfällt man auf die Idee, im eigenen Lande das Eigenthumsrecht zu untergraben, allgemeine Verlegenheit zu verbreiten und die Quelle des Gedeihens zu vernichten. — Solche Repressalien erinnern an die chinesischen Duelle, wo Einer, um seinen Nachbar zu chikaniren, sich den Bauch aufschlitzt; und dieser, um nicht an Bosheit nachzustehen, sich auch sogleich entleibt!

Was wir bisher von Prince-Smith's Leistungen auf volkswirthschaftlichem Gebiete kennen lernten, bewegt sich durchaus in dem engen Rahmen der Journalistik. Seine erste ausführliche Abhandlung erschien im Jahre 1839 als Programm des Elbinger Gymnasiums unter dem Titel: »*Andeutungen über den Einfluss des Reichthums auf geistige und moralische Kultur.*« Als »Beitrag zur Philosophie der Kulturgeschichte« bezeichnet der Verfasser selbst diese »Andeutungen«, vielleicht etwas kühn, aber

keinesweges unpassend. Die hergebrachten Vorwürfe gegen den
»Reichthum«, als sei er unverträglich mit Tugend und edler,
geistiger Entwickelung, werden von ihm nicht in ähnlich oberflächlicher
Weise beantwortet, in welcher sie zu den verschiedensten Zeiten
von Moralisten und Weltverbesserern erhoben sind; vielmehr macht
er sie zum Ausgangspunkte eines Versuchs, die Gesammtheit der
menschlichen Entwickelung vom volkswirthschaftlichen Standpunkte
zu begreifen. Auch dieser Versuch wird für uns wieder dadurch
besonders interessant, dass die Grundgedanken von dem Verfasser
sein ganzes Leben hindurch festgehalten sind: wie die bisher
besprochenen Zeitungsartikel ein jeder als Vorläufer einer bestimmten
Richtung seiner späteren publizistischen Thätigkeit anzusehen sind,
so diese Andeutungen über den Einfluss des Reichthums als Vorläufer jener Untersuchungen, welche ein volles Menschenalter
später — von der ursprünglichen Ausdehnung auf das ganze
Wesen des Menschen, auf eine seiner Hauptrichtungen beschränkt
— in dem Aufsatz »Der Staat und der Volkshaushalt« ihren Abschluss fanden. Doch nicht bloss als solcher Vorläufer sondern
um seines eigenen Inhalts willen, soweit er in des Verfassers
späteren Schriften nicht wiederkehrt, werden diese Andeutungen
das Interesse des Lesers erwecken, weshalb ich sie unter den
Anlagen dieser Lebensskizze unverkürzt zum Abdruck bringe.
(Siehe Anlage 1.)

Bald nach dem Erscheinen dieser Abhandlung nahm das Leben
des Verfassers eine entscheidende Wendung, indem er seine Stellung
als Lehrer am Gymnasium zu Elbing aufgab, eine Stellung, welche
ihm aus verschiedenen Gründen auf die Dauer um so weniger
zusagen konnte, je mehr er sich in die ihm Anfangs vollständig
fremden deutschen Verhältnisse eingelebt, und je vollständiger er
an dem damals nach mannichfachen Richtungen hin bewegten
Leben in Elbing und den benachbarten Landestheilen Theil zu
nehmen begonnen hatte. In welchem Maasse dies der Fall war,
davon bildet *ein* Fall ein redendes Zeugniss, welcher auch für die
Entwickelung des allgemeinen politischen Bewusstseins in Deutschland nicht ohne Interesse ist.

Als im Jahre 1837 die »sieben Göttinger Professoren«, welche
gegen den gewaltsamen Umsturz der Hannoverschen Verfassung

protestirt hatten, ihres Amtes entsetzt wurden, nahm der bereits oben erwähnte Kreis von Elbinger Männern, in welchem das Interesse am öffentlichen Leben sich konzentrirte, Veranlassung, an einen jener Sieben, den Professor Albrecht, einen geborenen Elbinger, eine Adresse zu richten. Diese Adresse, in jener Zeit des in dem deutschen Bürgerthum erst in schwachen Ansätzen erwachenden politischen Bewusstseins schon für sich allein eine Art Ereigniss, wurde es noch mehr dadurch, dass sie, von den Unterzeichnern gleichzeitig an den Minister des Innern v. Rochow übersandt, von diesem eine Antwort hervorrief. Eine in dieser Antwort enthaltene Wendung gab zu dem geflügelten Worte von dem »beschränkten Unterthanenverstande« Anlass, obwohl dieses Wort sich nicht ganz genau darin findet. Der Minister wies die in der Adresse nieder-gelegten Ansichten mit der Erklärung zurück, dass es sich dem Unterthan nicht zieme, »die Handlungen des Staatsoberhauptes an den Maassstab seiner beschränkten Einsicht anzulegen.« Während heute ein derartiger Ausspruch in erster Linie vielleicht wegen seiner stilistischen Verschrobenheit die Kritik herausfordern würde, war er damals gegenüber gerade dem sich entwickelnden politischen Bewusstsein in der That von einer gewissen politischen Bedeutung, welche ihren Ausdruck eben in dem daraus hergeleiteten Worte von dem »beschränkten Unterthanenverstande« fand. Der Anreger und Verfasser der Adresse war Prince - Smith, und ebenso hatte er die Uebersendung an den Minister veranlasst, in der bestimmten Erwartung dadurch eine Aeusserung hervorzurufen, welche in dem an Ereignissen noch so armen »öffentlichen Leben« jener Zeit als weiteres anregendes Moment wirken würde — eine Er-wartung, welche denn auch im vollsten Maasse befriedigt wurde.

Die drei Aktenstücke lauten:

Adresse der Elbinger.

Der Schritt, den Sie jüngst gethan haben, indem Sie als Ver-theidiger des Rechts und der Gesetzmässigkeit hervortraten, zeugt von jenem edlen Muthe, der nur in der Brust des Biedermanns aus lauterem Gewissen emporsteigt. Die Augen von ganz Europa sind auf Sie und Ihre sechs gleichgesinnten, gleichwürdigen Kollegen gerichtet. Eine Maassregel, die Sie mit ruhiger Ueberlegung ergriffen haben, werden Sie auch mit unerschütterlicher Beharrlichkeit durchführen. Die moralische Kraft, welche die Ueberzeugung einer gerechten Sache verleiht, wird

jede Ungleichheit der Kampfreihen aufheben. Der ermuthigende Zuruf
der edelsten Herzen Deutschlands wird Sie stärken. Doch werden Sie
einer nicht gewöhnlichen Kraft bedürfen, um die eingenommene Stellung
zu behaupten; und Keiner, welcher der Sache des Rechtes wohl will,
darf jetzt mit seiner Stimme zurückhalten. Wie tröstend und beruhigend
muss ein herzliches Wort aus Ihrer Vaterstadt, wenn auch von wenigen
befreundeten Stimmen ausgesprochen, in einem solchen Augenblicke für
Sie sein! Und wie sollten die Herzen Ihrer Landsleute nicht höher
schlagen, wenn sie Einen aus ihrer Mitte unter den kühnern Wortführern
der gesetzmässigen Ordnung erblicken! — Der Friede und die gesicherte
bürgerliche Ordnung sind die Grundbedingungen alles gesellschaftlichen
Gedeihens. Friede und Ordnung werden gesichert allein durch die
gerechte Ausübung verbürgter Gesetze. Unbedingter Gehorsam gegen
bestehende Gesetze ist die erste Pflicht des Bürgers — die allgemeine
Bedingung, unter welcher er des Segens einer gesetzlichen Ordnung theil-
haftig werden kann. Aber gesetzliche Ordnung ist nur die vollkommene
Unterdrückung jeder Willkür; gegen die Willkür sind alle Gesetze
gerichtet. Und, um vor Willkür schirmen zu können, müssen die
Gesetze mit einer Macht bekleidet sein, — welche ein, der höchsten
Gesetzesquelle entspringender, das ganze Volk durchdringender Geist der
Gesetzmässigkeit allein verleihen kann. Und wer sollte die Wahrheit
dieser Grundsätze lebhafter empfinden, als ein Sohn Preussens — des
Landes, wo König und Unterthan vor dem Gerichte gleichstehen; wo
der Monarch stets das Beispiel jener Ehrfurcht vor der Heiligkeit der
Gesetze giebt, die er vom Bürger fordert! — Erheischt die Wohlfahrt
eines Landes eine Abänderung bestehender Institutionen, so gebietet eine
nur gewöhnliche Rücksicht auf die öffentliche Sicherheit, dass ein solcher
Schritt allein unter Mitwirkung sämmtlicher vom Gesetze konstituirter
Staatsmächte, und vor allem nur auf dem vom Gesetze dargebotenen
Wege ausgeführt werde. Ein gewaltsamer Eingriff in die bestehende
Ordnung, selbst wenn Gutes dadurch bezweckt würde, erstreckt seine
lähmende Kraft stets bis auf die innersten Funktionen alles Staatslebens.
Die Gesetze, welche heute vor dem Machtspruch haben weichen müssen,
werden morgen gegen die Ungebühr auch kraftlos sein! — Diese Gefühle
waren es, welche Sie und Ihre würdigen Kollegen zu dem Protest vom
18. November v. J. gegen das Königl. Hannoveranische Patent vom
1. November bewogen, ein Patent, welches das bestehende Staatsgesetz
auf eine nach Ihrer Ueberzeugung gesetzwidrige Weise aufhob. Sie
haben auf jenes Staatsgesetz einen Eid geleistet und Ihren Eid dem
Landesherrn als Vollzieher des Gesetzes abgelegt, und Sie glaubten, dass
nichts als die Uebereinstimmung aller durch jenes Grundgesetz konstituirten

Staatsmächte Sie von Ihrem Eide entbinden konnte. Sie glaubten, dass der Zeitpunkt gekommen wäre, wo Sie zeigen mussten, wie tief Sie Ihre Verpflichtungen gegen ein Land fühlten, welches Sie als Bürger aufgenommen, als Lehrer des Staatsrechts eingesetzt hatte. Mit Hintansetzung jeder persönlichen Rücksicht vom Gefühle der Pflicht gekräftigt, und beseelt, sind Sie als Vertheidiger des Rechtes muthig hervorgetreten. Mögen Ihre Mitbürger Ihre Absichten theilen; Ihrem Beispiele folgen oder nicht; — Sie haben sich Ihrer Pflicht gegen sie würdig entledigt und Ihr Gewissen gerettet.

Aber eine weit höhere Bedeutsamkeit hat für denkende Menschen der von Ihnen gethane Schritt. Er bildet einen Wendepunkt in der Geschichte des sozialen Fortschreitens, — welcher sicherlich nicht ohne segensreichen Erfolg bleiben wird. In einer Staatskrisis, wo sonst nur zu oft die rohe Gewalt unter Auflösung aller gesellschaftlichen Bande entschied, da haben Sie, im Geiste der Verpflichtung, auf die unverletzliche Macht des Rechtes und der Ordnung hingewiesen — hätten in früheren Zeiten Männer von Ihrem Ansehen und ihrer Mässigung auch Ihren Muth besessen, wie manche blutige Scene wäre dadurch der Menschengeschichte erspart worden! — Und welche Beruhigung muss es jetzt dem loyalen Bürger gewähren, da Sie ihm den sichern Hafen der Gesetzmässigkeit gezeigt haben, an welchem das Staatsschiff im Augenblicke der Gefahr ankern kann, um unbesorgt die Wechsel zu erwarten, welche die nothwendige Entwickelung des Staatslebens, früher oder später, unter jeder Form der Gesellschaft herbeiführt. — Theilen Sie Ihren würdigen Kollegen diese unsere aufrichtigen Gesinnungen mit und behalten Sie in steter Erinnerung *als Freunde der gesetzlichen Ordnung*

Jacob v. Riesen. T. W. Härtel. A. Silber. Eilers. A. v. Roy. E. W. Härtel. Prince-Smith. W. Bartelt. A. Rieck. Schönwaldt. Berlack. Stub. Cohn.

Schreiben des Herrn von Riesen an den Minister von Rochow.

Ew. Excellenz erhalten hiermit die Abschrift eines Schreibens, welches mehrere Einwohner Elbings an den Professor Albrecht, der ein geborner Elbinger und persönlicher Freund der Unterzeichneten, gesandt haben. Da das Schreiben öffentliche Angelegenheiten betrifft, so würde ich es für eine Ermangelung der schuldigen Achtung ansehen, wenn dasselbe auf indirektem Wege an Ew. Excellenz gelangen sollte; denn ich bin überzeugt, dass die darin ausgesprochenen Gesinnungen solche sind, welche dem guten Bürger und loyalen Preussen geziemen.

Elbing, den 30. Dezember 1837.   *v. Riesen.*

Antwort des Ministers von Rochow.

Ich gebe Ihnen auf die Eingabe vom 30. vorigen Monats, mit welcher Sie mir die von mehreren Bürgern Elbings unterzeichnete Adresse an den Hofrath und Professor Albrecht überreicht haben, hierdurch zu erkennen, dass mich dieselbe mit unwilligem Befremden erfüllt hat. Wenn ich auch annehmen will, dass es nur Gewissens-Zweifel gewesen sind, welche den Professor Albrecht bewogen haben, die ihm angesonnene Eidesleistung für unstatthaft zu halten, so bin ich doch so weit entfernt, die in der Erklärung des Albrecht und seiner Göttinger Amtsgenossen ausgesprochene Beurtheilung des Verfahrens Sr. Majestät des Königs von Hannover dadurch gerechtfertigt oder auch nur entschuldigt zu finden, dass ich solche vielmehr für eine ebenso unbesonnene als tadelnswerthe, und nach diesseitigen Landesgesetzen selbst strafbare Anmaassung halte.

Die Unterzeichner der Adresse an den Professor Albrecht laden daher mit Recht denselben Vorwurf auf sich, indem sie jene Erklärung billigen und loben und dadurch die Gründe derselben zu den ihrigen machen.

Es ziemt dem Unterthan, seinem König und Landesherrn schuldigen Gehorsam zu leisten und sich bei Befolgung der an ihn ergehenden Befehle mit der Verantwortlichkeit zu beruhigen, welche die von Gott eingesetzte Obrigkeit dafür übernimmt; aber es ziemt ihm nicht, die Handlungen des Staatsoberhauptes an den Maassstab seiner beschränkten Einsicht anzulegen und sich in dünkelhaftem Uebermuthe ein öffentliches Urtheil über die Rechtmässigkeit derselben anzumaassen. Deshalb muss ich es eine recht bedauerliche Verirrung nennen, wenn die Unterzeichner der Adresse in dem Benehmen der Göttinger Professoren eine Vertheidigung der gesetzmässigen Ordnung, einen Widerstand gegen die Willkür zu erkennen geglaubt haben, während sie darin ein ungeziemendes Auflehnen, ein vermessenes Ueberheben hätten wahrnehmen sollen.

Eines noch beklagenswertheren Irrthums haben Sie aber sich schuldig gemacht, wenn Sie wähnen, dass solche Gesinnungen und Ansichten von allen guten Bürgern und loyalen Preussen getheilt werden würden.

Dies ist Gottlob! so wenig der Fall, dass ich mich überzeugt halten darf, selbst die grosse Mehrzahl werde Ihren Schritt ernstlich missbilligen und es beklagen, dass durch die Irrthümer der unberufenen Uebergeber der Adresse die gute und patriotische Gesinnung der ganzen Stadt verdächtigt worden ist.

Ich überlasse Ihnen, diese meine Eröffnung den Unterzeichnern der Adresse bekannt zu machen.

Berlin, den 15. Januar 1838.

Der Minister des Innern und der Polizei

v. Rochow.

An

den Kaufm. Herrn Jacob v. Riesen Wohlgeb.

zu Elbing.

Während nun aber Prince-Smith in der geschilderten Weise sich als Volkswirth und Politiker zu entwickeln begann und dabei bereits innerhalb des Kreises der ihm nahestehenden Männer einen bestimmenden Einfluss ausübte, wollte es ihm nicht gelingen, sich in seiner Stellung als Lehrer in ähnlicher Weise zur Geltung zu bringen. In der Danziger Zeitung widmete ihm bald nach seinem Tode ein ehemaliger Schüler einen Nachruf, welcher zwar, was die sonstigen Mittheilungen aus seinem Leben betrifft, auf nur oberflächlicher Kenntniss beruhte, aber seine Wirksamkeit als Lehrer am Elbinger Gymnasium anschaulich genug schilderte. »Englisch« heisst es darin, »haben wir nicht gar zu viel bei ihm gelernt, Französisch, worin er gleichfalls unterrichten musste, wohl ebenso wenig. Das lag indessen vielleicht mehr an uns, als an ihm. Wir Knaben brauchten eine feste Disziplin, ein regelmässiges, systematisches Vorgehen, genaue peinliche Anleitung, und das war nicht recht seine Sache. Vom Schulmeister hatte Prince-Smith wenig, für Studenten und reifere Menschen wäre er ein vortrefflicher Lehrer gewesen, anregend und eingehend, wo er Verständniss und Interesse fand. Gelernt haben wir indessen doch viel von ihm, wenn auch nicht gerade Englisch. Manchmal wenn der junge, von der besten Gesellschaft ausgezeichnete, willig den Wegen unserer goldenen Jugend folgende Lehrer Morgens etwas ermüdet in die Klasse kam, mögen ihn die Deklinationen und Konjugationen, das Einpauken der Regeln, die holprigen Uebersetzungsversuche, unsere plumpe Ungeschicklichkeit, wohl unüberwindlich abgestossen haben. Dann klappte er schallend das Lehrbuch zu, zog einen Band Shakespeare aus der Tasche und begann uns, Deutsch, vorzulesen. Er las ganz ausgezeichnet. Die frühesten Eindrücke, welche Shakespeare auf mich gemacht, danke ich ihm, und nicht

nur diese, sondern eine Menge geistvoller Bemerkungen, trefflicher
Gedanken, feiner Urtheile, die er als Perlen damals wohl meist
an den unrechten Ort, unter uns zwölf- oder dreizehnjährige
Jungen warf.«

War Prince-Smith so seinem ganzen Wesen nach zum Lehrer
für Schulknaben wenig geeignet, so fiel es ihm auch schwer, ja
zeitweise war es ihm unmöglich, sich in die ganze Strenge der
Pflichten zu fügen, welche ihm sein Amt auferlegte. Hieraus entstanden allerlei Konflikte mit seinen Vorgesetzten, welche sich
Anfangs allerdings lediglich auf seine Thätigkeit an der Schule
selbst beschränkten, wobei ihm zeitweise Unpünktlichkeit und
Nachlässigkeit vorgeworfen wurde. Später aber, als er mehr und
mehr anfing sich um öffentliche Dinge, auch ausserhalb seines
Berufskreises, zu kümmern, nahmen jene Konflikte einen ernsteren
Karakter an. Wie es scheint, lediglich in Folge einer Klatsch-
geschichte, wurde ihm (im Jahre 1838) vom Magistrat vorgeworfen,
dass er die Bauern im Werder, welche zu jener Zeit alljährlich
von den Ueberschwemmungen der Weichsel zu leiden hatten, gegen
die Behörden aufgehetzt habe. Statt mit Thatsachen war diese
Anklage u. A. — in für die damaligen Anschauungen sehr
bezeichnender Weise — mit dem Hinweise auf seine »Zeitungs-
schreiberei« motivirt, welche ihn eher gegen derartige Ver-
dächtigungen hätte schützen sollen. Seine in sehr entschiedener
Sprache geführte Vertheidigung scheint vollständig ihren Zweck
erreicht zu haben: die sich für Prince-Smith ziemlich bedrohlich
anlassende Sache verlief vollständig im Sande. Indessen in Verbindung mit seiner von Jahr zu Jahr wachsenden Selbsterkennt-
niss, dass er sich als Lehrer nicht an seinem rechten Platze
befinde, mochte sie seinen Entschluss, seine Lehrerstelle aufzugeben, zur Reife bringen helfen, ein Entschluss, welcher begreiflicher Weise dem Magistrate nur willkommen war. So kam
zwischen beiden Theilen ein Abkommen zu Stande, wonach Prince-
Smith am 1. Oktober 1840 aus seinem Amte schied, während ihm
das Gehalt noch ein Jahr länger gezahlt wurde.

Es war ein unter den damaligen Verhältnissen doppelt kühner
Schritt, den er damit that, sich, ohne den Anhalt einer festen
Stellung, keinem anderen Berufe als dem der freien Schriftstellerei

zu widmen, zumal auf einem Gebiete, für welches in weiteren
Kreisen ein Verständniss noch vollständig fehlte, durch ihn selbst
erst zu schaffen war. Allerdings begann zu jener Zeit, mit dem
Regierungsantritt Friedrich Wilhelm's IV., auf allen Gebieten des
öffentlichen Lebens ein neuer Aufschwung, und damit wurde auch
den volkswirthschaftlichen Bestrebungen, denen sich Prince-Smith
fortan ausschliesslich widmete, das freie Feld geöffnet, welches
ihnen bis dahin gefehlt hatte; aber zur Begründung einer Lebensstellung hätten die Erfolge nur dann etwa ausgereicht, wenn
Prince-Smith sich zu einer regelmässigen, journalistischen Thätigkeit hätte entschliessen mögen. Daran scheint er aber in den
ersten Jahren seiner wiedergewonnenen Freiheit um so weniger
gedacht zu haben, als ihn zunächst hochfliegende schriftstellerische
Pläne beschäftigten, welche sich mit der zu einem so grossen
Theile rein mechanischen Arbeit eines Zeitungsredakteurs am
wenigsten vertragen hätten.

In seinem Nachlass findet sich der Anfang eines »Chatechism
of the Science of Political Economy« sowie eines weit umfassender
angelegten Werkes unter dem Titel: »The Laws of Production and
Distribution of Wealth, considered as Illustrations of Divine Pro-
vidence by John Prince-Smith jun.« mit einer »Dedication To Her
Most Gracions Majesty The Queen.« Den Schluss der Einleitung
des letzteren Werkes sollte eine Uebersetzung des wesentlichen
Theils seiner »Andeutungen über den Einfluss des Reichthums auf
geistige und moralische Kultur« bilden, was um so mehr dafür
spricht, dass diese Arbeit sowie die damit dem Inhalt nach ziemlich
gleichartige des »Chatechism« in die erste Zeit nach seinem
Scheiden aus dem Lehreramte fällt. Beide Versuche sind übrigens
hauptsächlich nur deshalb von Interesse, weil sie beweisen, wie
Prince-Smith sich ernstlich mit so systematischen Arbeiten befasst
hat, um doch, wie es scheint, bald die Ueberzeugung zu gewinnen,
dass sie ebenso wenig im Bereich seiner eigentlichen Aufgabe
lagen wie die Lehrer-Thätigkeit. Neben untrüglichen Zeugnissen
seines Scharfsinnes enthalten sie allerlei seinen sonstigen schriftstellerischen Leistungen fremde Auswüchse, Weitschweifigkeiten
und selbst schwülstige Phrasen, so dass es als ganz natürlich

erscheint und keinesweges zu bedauern ist, dass sie unvollendet
blieben.

Fortan wandte sich Prince-Smith ausschliesslich der Behandlung einzelner volkswirthschaftlicher oder auch politischer Fragen
zu, indem er erst gegen Ende seines Lebens noch einmal zu einer
umfassenden Darstellung seiner volkswirthschaftlichen Anschauungen,
in der jedoch von ihm selbst als »Skizze« bezeichneten Abhandlung
»Der Staat und der Volkshaushalt« gelangte.

Jene Art schriftstellerischer Thätigkeit wurde ihm in den
ersten Jahren nur möglich mit Hilfe einer Anzahl naher Freunde,
welche er sich in den zehn Jahren seiner Lehrerthätigkeit durch
die Fülle seiner Geistesgaben und durch seine natürliche Liebens-
würdigkeit erworben hatte — darunter verschiedene Gutsbesitzer
in der näheren und weiteren Umgebung von Elbing. Bei ihnen
hielt er sich bald kürzere, bald längere Zeit auf, überall ein höchst
willkommener Gast, welcher in die ländliche Einsamkeit geistiges
Leben mitbrachte — während Elbing nach wie vor sein eigent-
licher Wohnort blieb, in welchem er inmitten seiner alten Freunde
eine Art Heimath fand, bis er im Jahre 1846 nach Berlin
übersiedelte.

Die erste seiner zum Druck gelangten Arbeiten aus dieser
Zeit findet sich in den »Elbinger Anzeigen« im Januar und
Februar 1841 in einer Reihe von Artikeln, zuerst unter der Ueber-
schrift: »Apologie der Gewerbefreiheit«, dann — als sich dem
Verfasser, während des Schreibens sein Ziel etwas verrückt hatte
— unter der Ueberschrift: »Ueber die Quelle des Pauperismus«.
Hier finden wir die erste seiner überhaupt gedruckten volkswirthschaftlichen Betrachtungen, dass das Loos des Arbeiters auf die
Dauer von seinem Begriff der Behaglichkeit abhängig sei — eine
Betrachtung, in welcher wir schon oben den Kern seines »goldenen
Lohngesetzes« fanden — weiter ausgeführt. In dieser Ausführung
ist es *ein* neuer Gedanke, welcher besonders hervorgehoben zu
werden verdient, weil er sich seitdem wie ein rother Faden durch
eine Reihe seiner Untersuchungen hindurchzieht, welche ihn bis an
sein Lebensende beschäftigten — der Gedanke, dass die Massenarmuth unserer Tage hauptsächlich den *militärischen Lasten* zu
danken sei. Dieser Gedanke nahm dann freilich in den ver-

schiedenen Zeiten seines Lebens eine mehr und mehr sich ver-
ändernde Richtung an, indem er sich Anfangs in theoretisch-
schroffer Weise gegen die bestehenden staatlichen Zustände wandte,
während er schliesslich — in dem Aufsatze »Der Staat und der
Volkshaushalt« — seinen polemischen Karakter ganz und gar
verlor. Wesentlich beruhte diese Wendung auf der geschichtlichen
Entwickelung der letzten dreissig Jahre; dass aber diese an Prince-
Smith auch in dieser Beziehung nicht wirkungslos vorüberging,
und dass er in Bezug auf die »Militär-Frage«, als diese
für Preussen und Deutschland aus dem Bereiche theoretischer
Spekulation heraustrat, nicht zur verbitterten Opposition überging,
das verdankte er seinem wahrhaft geschichtlichen Sinn, der bei
ihm das Maass geschichtlicher Einzelkenntnisse erheblich überwog.
Der Mangel an solchen Kenntnissen verleitete ihn dazu, in der
»Apologie der Gewerbefreiheit« seinem ersten Ausspruch über die
Lasten des Militärwesens einen Ausdruck zu geben, dessen gewaltige Uebertreibung auch von Denen nicht geleugnet werden kann,
welche etwa an seiner prinzipiellen Anschauung auch heute noch
festhalten. Prince-Smith sagt:

„Was ist der Zustand, den wir heutzutage Frieden nennen? Etwa
eine Befreiung von den Kosten der Kriegführung? Leider ist in unseren
Tagen die Stellung der Europäischen Staaten einander gegenüber eine
solche, dass die Unterhaltung grosser Heeresmächte in Zeiten der ausgesetzten Feindseligkeiten (denn mehr kann unser Friede fast nicht
genannt werden) einem jeden durch die Nothwendigkeit aufgedrungen
wird. Dem preussischen Staate kostet dieser Friede an baarem Gelde
allein über 500 Millionen Thaler, ohne die Arbeitskräfte zu veranschlagen,
die das stehende Heer der Industrie gerade in dem Lebensalter entzieht,
welches zur gewerblichen Ausbildung desselben am wichtigsten ist.
Wollte man den Werth dessen in Rechnung bringen, was die also durch
das stehende Heer absorbirten Kräfte mit Hilfe des im Militärwesen
verbrauchten baaren Kapitals bei industrieller Anwendung hätten produziren können, so würden sich unsere Friedenskosten mindestens auf
das Dreifache der genannten Summe herausstellen. Was wollen hier-
gegen die Kosten und Lasten des siebenjährigen, oder sogar des dreissig-
jährigen Krieges bedeuten!"

Die Verkehrtheit des Vergleichs der Kosten der stehenden
Heere mit denen langer Kriege, zumal von so verheerender

Wirkung wie der siebenjährige, oder gar der dreissigjährige,
liegt auf der Hand. Für Prince-Smith war die Deutsche Geschichte damals noch ein fremderes Gebiet, als die Englische.
War aber das Material, welches ihm die letztere für ein tiefer
gehendes Urtheil über die Frage der stehenden Heere bot,
nur ein mangelhaftes, so floss ihm daraus ein um so reich-
licheres zu für die Frage der Armenpflege.

Hierüber theile ich aus dem Schlusse des Artikels das
Wesentliche mit, welches auch heute noch von Interesse ist,
wobei ich noch vorausschicken muss, dass der Verfasser »Pauperismus« als das Vorhandensein von Menschen definirt, »deren
Bedürfnisse sich nicht mit ihrer Produktionsfähigkeit ausgeglichen
haben, und welche daher ohne die Hilfe Anderer nicht fortbestehen
können«.

Er sagt:

Will man über die Wirkung einer gesetzmässigen Ernährung der
hilfesuchenden Armen Belehrung haben, so muss man sich zu den Erfahrungen, welche England gemacht hat, wenden; denn dort ist eine
solche Maassregel in der schrankenlosesten Ausdehnung und mit den
grössten Mitteln versucht worden. Dort hat man Lehren erkauft, deren
Kosten wohl kein anderes Volk zu bestreiten vermöchte; auch ist um so
weniger Grund, sie sich selber zu erkaufen, da sie klar am Tage liegen,
und für ein wenig Nachdenken zu haben sind. „Keiner liebt Betriebsamkeit und Sparsamkeit ihrer selbst willen", schreibt die Edinburg
Review. „Die besten Menschen unter uns, üben sie nur als Mittel
zu einem Zwecke aus; d. h. als Mittel um sich das Nothwendige
und Angenehme während der Gesundheit zu verschaffen, und um Hilfs-
quellen für Zeiten der Krankheit und im Alter zu sichern. Wenn nun
dies wahr ist, und der Staat erklärt, dass alle Diejenigen, welche unfähig
sind, sich selbst zu ernähren, auf öffentliche Kosten ernährt werden
sollen, so ist es augenfällig, dass dadurch die mächtigsten Antriebsmittel
zur Thätigkeit und Enthaltsamkeit gänzlich vernichtet, oder zum wenigsten
sehr geschwächt werden müssen. Dies aber thun die Armengesetze.
Sie sagen: kein Mensch in England, wie träge und liederlich er auch
sei, soll Mangel leiden. Ihre praktische Wirksamkeit zeigt auch allgemein,
dass sie geradezu und in hohem Grade dazu beitragen, die Armen träge
und liederlich zu machen; sie lehren dieselben sich auf die Gemeinde-
kasse, anstatt auf ihre eigenen Anstrengungen, verlassen; sie verlocken
dieselben, unvorsichtige Verbindungen zu schliessen, indem sie ihnen die

Versicherung geben, dass wenn der Ertrag der Arbeit jemals für ihren
Unterhalt unzureichend würde, ihnen das Fehlende durch einen Zuschuss
aus dem Armenfonds gedeckt werden solle." Das englische Gesetz für
die erzwungene Ernährung der hilfsbedürftigen Armen wurde im Jahre
1601 erlassen. Die Masse der Hilfesuchenden nahm augenblicklich so
rasch zu, dass die Gemeinden energische Maassregeln gegen das Uebel
ergriffen. Sie gewährten Unterstützung nur innerhalb der Arbeitshäuser
und schreckten die Trägen und Liederlichen durch harte Anstrengung,
kargen Unterhalt, strenge Ordnung und gänzliche Opferung aller Freiheit
ab; wogegen sie nur jene Sicherstellung der Existenz darboten, auf
welche der Pauper keinen Werth legt. Sie erschwerten den Untüchtigen
die Niederlassung in der Gemeinde, rissen die Kathen nieder und machten
es dem Pauper, falls er heirathen wollte, fast unmöglich eine Wohnung
sich zu verschaffen. Durch diese und ähnliche Maassregeln, gelang es,
den Pauperismus in England während zweier Jahrhunderte niederzuhalten;
vielleicht wurde er dadurch in engere Schranken gehalten, als der Fall
gewesen wäre, wenn keine Furcht vor der erzwungenen Ernährung der
Armen die Bemittelten zur strengen Bewachung derselben bewogen hätte.
Im Jahre 1685 betrugen die Armengelder 665,000 Pfund Sterling, bei
einer Bevölkerung von fünf Millionen Menschen; im Jahre 1750 waren
sie, bei einer Bevölkerung von sechs Millionen, auf 690,000 Pfd. Sterl.,
also im Verhältniss von 133 zu 115, reduzirt worden. Nach dem Frieden
von 1763 liess man in der strengen Umsicht der Armenverwaltung sehr
nach. Die Verleihung des Wahlrechts an Erbpächter mit einem Jahres-
zins von 40 Shillingen vermehrte die Anzahl der Kathen. Die Beschränkungen der persönlichen Freiheit durch verweigerte Niederlassung
und erzwungene Rückkehr an den Heimathsort widerstritt in gleichem
Maasse den erhöhten Begriffen von Humanität und den, aus dem neuen
Fabrikationswesen hervorgehenden gesellschaftlichen Bewegungen. Daher
finden wir im Jahre 1793 die Armengelder auf etwa 1,500,000 Pfd. Sterl.,
bei einer Bevölkerung von neun Millionen, also von 115 auf 166, wieder
gestiegen. Von dieser Zeit an aber eröffnet sich ein neues und lehr-
reiches Schauspiel im Verfolge der englischen Armenverwaltung. Die
französische Revolution brachte ganz neue Ideen von den Rechten der
Menschheit in Gang; unter Anderem wurde nun in England proklamirt,
als die Grundbedingung, unter welcher die Menge dem Einzelnen ein
gesondertes Besitzthum liess: dass die Menge erst gesättigt werden
müsse, ehe der Einzelne schwelgen dürfe; dass Keiner des Nothdürftigen
ermangeln solle, so lange Andere mehr als das Nothdürftige besässen.
Es wurde die als das Nothdürftige erachtete Menge von Unterhalts-
mitteln festgesetzt, und die entsprechende Geldsumme in Tabellen bekannt

gemacht, nach den jedesmaligen Brodpreisen und der Familienzahl berechnet. Was nun an dem Einkommen eines Jeden bis zum Betrage des als nöthig Festgesetzten fehlte, welches aber in der That sehr reichlich war, das konnte er von rechtswegen, nicht aus Gnade und Barmherzigkeit, fordern. Der Eintritt in das Arbeitshaus wurde ganz erlassen, weil, wie der Eingang des Gesetzes von 1793 sagt: „Diese Bedingung der Unterstützung *der Gemächlichkeit der Armen Abbruch thut!"* Wo die Kirchspielsgebäude unentgeltlich zur freien Bewohnung gestellt waren, wurde der Vorschlag in allem Ernste gemacht, den für die Armen so verhassten Namen *„Arbeitshaus"* in einen milderen zu verwandeln. Welche Fortschritte der Pauperismus unter solchen Umständen machen musste, lässt sich vermuthen; folgende Zahlen zeigen sie:

Jahr.	Armengelder.	Bevölkerung.
1793.	1,500,000 Pfd. Sterl.	9,000,000
1803.	4,077,000 „	9,500,000
1812.	6,656,000 „	10,700,000
1818.	7,890,000 „	11,700,000

Hier erreichten die Sachen ihren Kulminationspunkt, denn mit den Verwaltungskosten betrug die Armensteuer im letztgenannten Jahre 9,320,000 Pfd. Sterl. oder 62,133,000 Thaler, also beträchtlich mehr als die ganze preussische Staatseinnahme. In diesen fünfundzwanzig Jahren, während welcher der Krieg und die beispiellose Ausdehnung der Industrie eine immer wachsende Nachfrage nach Arbeit veranlasste, stiegen die Armenunterstützungen wie von 166 auf 674, also um mehr als das Vierfache. Dass man dieses nicht vorhergesehen haben sollte, ist unbegreiflich. Kann man geglaubt haben, dass es irgend eine Grenze für die Zahl der sich ausstreckenden Hände geben würde, wenn den Spenden keine Grenze gesetzt war? Wenn alle Diejenigen vom Staate pensionirt werden, welche sich selbst nicht ernähren können, wer würde wohl säumen, durch Trägheit und Liederlichkeit auf jene Wohlthat sich Qualifikation und Recht zu verschaffen? „Der Zustand Englands im Jahre 1834" schreibt ein geistreicher und kundiger Zeuge, „hinsichtlich der unteren Klassen, ist einzig in seiner Art; die Geschichte weist einen gleichen nicht auf. Die Nation leidet nicht von irgend einer natürlichen Zunahme weder in der Anzahl noch in den Bedrängnissen jener Unbemittelten, welche niemals im Lande aufhören werden. Das Volk seufzt nicht unter Noth, Krankheit oder irgend einer anderen vom Himmel aufgelegten Heimsuchung, sondern an Pauperismus — einer Krankheit lediglich menschlichen Ursprungs, welche aus falschen Begriffen von Pflicht und Menschlichkeit unter Staatsmännern, die vernünftiger hätten sein sollen, hervorgegangen ist. Der Arbeitsmarkt ist gänzlich in Verwirrung

gerathen; der Lohn, anstatt eine Sache des Vertrags zu sein, wird zur
Sache der Berechtigung gemacht; der Arbeiter wird zur Verkennung
seiner Pflichten, mithin seines besten Vortheils, verlockt; man lehrt ihn
auf den Armenpfleger und den Friedensrichter, anstatt auf sich selbst,
sich verlassen. Entartung des Karakters ist unausbleiblich; die Selbstständigkeit und Kraft des Mannes verwandelt sich in die Abhängigkeit
und Hilflosigkeit des Kindes. Während der vorigen Ernte in der Grafschaft Essex wurden 24 Shillinge Schnitterlohn für den Acre geboten;
doch verfaulte der schönste Weizen auf den Feldern aus Mangel an
Arbeitshänden, während gesunde Kerle, die von Armenfonds lebten, sich
unter den Hecken sonnten.« Um dieses Uebel auf radikale Weise zu
heilen, wurde im Jahre 1834 das neue Armengesetz erlassen, welches
die ganze Armenverwaltung des Landes einer besonderen Kommission
mit der Anweisung übergab, nur in streng disziplinirten Arbeitshäusern
Unterstützung an Arbeitsfähige darzureichen. Durch diese Maassregel,
welche nur eine Rückkehr zu dem alten Systeme war, wurde die Armensteuer in einem Jahre um 45 % vermindert und seitdem ist mit der
Herabsetzung regelmässig fortgefahren worden. In vier Bezirken, welche
die Kommission nennt, fand sie 954 leibeskräftige Pauper; nur 5 derselben nahmen Hilfe in den Arbeitshäusern an; durch sorgfältige Er-
kundigungen erwies es sich, dass die Uebrigen fast sämmtlich an Ort
und Stelle sich Arbeit und Nahrung verschafft hatten, und nur 20,
notorisch Berüchtigte, genöthigt worden waren, sich anderweitig einen
besseren Ruf zu verdienen.

Bedarf es denn, nach solchen lautredenden Thatsachen, noch irgend
eines Wortes um zu der Ueberzeugung zu gelangen, *dass der Pauperismus
nur die Frucht ist, deren Saat in den Armengeldern besteht*, und dass
jener nur in dem Maasse aufgeht, in welchem man diese ausstreut?

Wenige Wochen später (im März 1841) brachten die »Elbinger
Anzeigen« einen Artikel von Prince-Smith über die »*Landgemeinde
in Preussen*«, veranlasst durch eine gleichnamige Broschüre des
Herrn v. *Peguilhen*, in welcher der Verfasser eine Reihe von
Vorschlägen zur Hebung des Bauernstandes machte. Während
Prince-Smith sich zu den übrigen Vorschlägen in der Hauptsache
nur berichterstattend und erläuternd verhält, wendet er sich entschieden kritisch gegen den Vorschlag, den Besitzern von Bauern-
höfen die zur Einführung eines besseren Wirthschaftssystems
erforderlichen Kapitalien durch die Errichtung von *Landbanken*
zu schaffen. »Das erforderliche Kapital«, so meinte Herr v. Peguilhen,

soll durch die Herausgabe von Bankzetteln beschafft werden, als deren Unterpfand die hypothekarisch auf das Grundvermögen gesicherten Pfandbriefe niedergelegt werden sollen. Auf solche Art würden die Grundbesitzer zugleich Aktionäre und Schuldner sein. Die Schuldner zahlen 4 Prozent Zinsen, wovon 2 Prozent zur Amortisation, 1 Prozent für die Verwaltung und zur Bildung eines Sicherheitsfonds, und endlich 1 Prozent als Abgabe an den Staat verwendet werden müssen, welcher durch seine Mitwirkung zur Entstehung und Erhaltung der Kreditinstitute so wesentlich beiträgt.« Prince - Smith's Kritik dieses Vorschlages enthält die Grundlagen seiner späteren Untersuchungen über Papiergeld und Kredit.

Es genügt, Folgendes daraus hervorzuheben:

Durch die Landbanken soll Wohlstand erfunden werden. Gegen solche sinnreiche Pläne muss man immer den Verdacht hegen, dass sie auf einer Selbsttäuschung beruhen. Erstens könnten solche Banken ihr Papiergeld nur bis zu dem Betrage des dadurch verdrängten Metalls ausgeben; der Gewinn würde also in der Ersetzung eines kostspieligen durch ein kostenloses Umsatzmittel bestehen und aus dem Einschmelzen und dem Ausführen des Metalls gegen Verbrauchswaaren erfolgen. Will der Staat den Vortheil dieses Rechts an Einzelne verleihen, so macht er ihnen damit ein Geschenk. Die vorgeschlagene Abgabe von 1 Prozent an den Staat wäre kein Ersatz; denn ihm gebühren von rechtswegen die vollen Zinsen, falls er das Kapital zur Verwendung überlässt. Aber die Herausgabe von Papiergeld aus verschiedenen Quellen macht die Regulirung des Umsatzquantums, mithin des Geldwerthes, unmöglich. Der Verkehr der ganzen Welt krankt jetzt an dem Zettelbanksystem. Die Banken vermehren und vermindern abwechselnd die Menge ihrer Herausgabe von Zetteln, drücken und heben den Preis des Geldes und suchen darin ihren Profit, dass sie Geld verkaufen, wenn es theuer, und kaufen, wenn es billig ist. Aber dadurch gerathen alle Verhältnisse zwischen Gläubiger und Schuldner, mithin aller Verkehr, in unauflösbare Verwirrung und Keiner ist Herr über sein eigenes Vermögen. Daher darf nur der Staat, oder eine einzige Behörde, Papiergeld emittiren."

Im Jahre 1843 trat Prince-Smith zuerst ausserhalb des Bereichs der Volkswirthschaft, als »politischer« Schriftsteller auf, und zwar zunächst mit einer Broschüre über eine politische Einzelfrage, die *Zensur**), mit dem Motto (von Göthe):

„Eigenthum.
Ich weiss, dass nichts mir angehört,
Als der Gedanke, der ungestört
Aus meiner Seele will fliessen.“

Der Gedankengang ist wesentlich derselbe wie in anderen gegen die Zensur gerichteten Schriften jener Zeit, die Sprache aber war zu einfach, zu frei von pikanten Schlagworten, als dass sie einen besonderen Eindruck hätte machen können. Die originale Seite des Verfassers lag eben nicht auf dem Gebiete der rein politischen Publizistik.

Was aber bei ihm einer hervorragenden Wirksamkeit als politischer Schriftsteller, so weit es sich um Einzelfragen handelte, entgegenstand — das ist es gerade was seiner einzigen *grösseren* politischen Broschüre, welche ungefähr gleichzeitig mit der eben erwähnten über die Zensur enstand, eine weit über das Tagesinteresse hinausreichende Bedeutung verlieh. Ich meine seine Schrift *»über den politischen Fortschritt Preussens«*. Das Titelblatt trägt die Jahreszahl 1844, die Vorrede ist aber bereits vom 1. Juni 1843 datirt. Die von der Preussischen Zensur beliebten Streichungen hatten den Verfasser veranlasst, zu dem damals für Zensurflüchtlinge aller Art beliebten Verlage des »literarischen Comptoirs zu Zürich und Winterthur« seine Zuflucht zu nehmen. Die Ausführungen, welche dem Rothstift des Zensors zum Opfer hatten fallen sollen, erscheinen uns heute höchst unschuldig, wie denn überhaupt die ganze Schrift im ruhigsten Tone einer wissenschaftlichen Untersuchung gehalten ist, welche man doktrinär zu nennen geneigt sein könnte, wenn nicht gerade die Grundanschauung sich ganz ausserhalb der politischen Parteidoktrin hielte; und die auf dieser Grundanschauung beruhende Gedankenentwickelung ist es, welche die Schrift auch heute noch lesenswerth macht, ebenso als geschichtliches Dokument für die politische Entwickelung Preussens, wie als Zeugniss für die Anschauungen des Verfassers.

In der Vorrede führt er aus, dass ihm die in der Schrift niedergelegten Betrachtungen durch das *bewegte*, alle Gesellschafts-

---

*) John Prince-Smith über Zensur. Königsberg. Bei H. L. Voigt. 1843.

kreise erfüllende politische Interesse aufgedrungen seien. Dies
habe es ihm zum Bedürfnisse gemacht, sich über die allerseits
besprochenen Verhältnisse Klarheit zu verschaffen; und wer einmal
sich den Beruf eines Schriftstellers erwählt habe, empfinde ein
ebenso unabweisbares Bedürfniss die Ergebnisse seines Denkens zu
veröffentlichen.   Er wolle also eigentlich durch diese wenigen
Bogen sich mit der Zeitfrage, der kein Denkender ausweichen dürfe,
vorläufig abfinden, damit er sich um so freier der Staatswirthschaft,
welche sowohl Neigung als Studium ihm als sein Fach bezeichneten, zuwenden könne.   »Wenn aber Einer«, fährt er fort, »aus
seinem eigentlichen Fache heraustritt, um in einem anderen etwas
zu unternehmen, und nicht etwa dabei bloss einer gewöhnlichen
Sucht zum Dilettiren folgt, so muss er zu seiner Rechtfertigung,
zwischen seiner eigentlichen Wissenschaft und dem berührten
Gegenstande nicht gewürdigte Beziehungen aufweisen, durch deren
Geltendmachung er berufen wäre, einen neuen und bedeutsamen
Gesichtspunkt aufzustellen.   Im vorliegenden Falle glauben wir
dies gethan zu haben.   Wir haben die Politik aus den dem Staatswirth eigenen Grundansichten beurtheilt.   Diese belehrten uns
nämlich, dass die äusseren politischen Formen stets durch den
innern sozialen Zustand bedingt seien, und dass, wenn auch jene
mächtig auf diesen einwirken, eine politische Umgestaltung nur
Folge, aber auch unausbleibliche Folge einer veränderten sozialen
Basis sei.   In der Entwickelung des jetzigen Industriesystems und
Weltverkehrs aber erkennen wir *neue* soziale Elemente, welche
nicht nur die früheren von der absoluten Regierungsform erfüllten
Anforderungen an eine Staatsmacht aufheben, sondern sogar entgegengesetzte Bedürfnisse erzeugen, mit denen das für eine
andere soziale Stufe berechnete Staatssystem nunmehr unverträglich ist.«

Wie der Verfasser diesen Grundgedanken in Bezug auf die
verschiedenen Seiten seines weitsichtigen Thema in klarer, bestimmter, durch den Mangel an Phrasen sich von den meisten
Produkten der damaligen Publizistik in wohlthuendster Weise
unterscheidenden Sprache ausführt, werden die Leser aus der zu
Anfang des II. Bandes der ges. Schriften vollständig abgedruckten
Abhandlung selbst ersehen.   Hier möchte ich daraus nur einen

Satz hervorheben, welcher in wenigen Zeilen ein glänzendes Zeugniss, ebenso von dem geschichtlichen Scharfblick, wie von dem politischen Bewusstsein des Verfassers, als Preusse, ablegt.

Dieser Satz lautet:

„*Preussen fühlt sich überreif.*" Mit allen seinen Trieben und Kräften will es sich vor der Welt bethätigen. Es fühlt, dass eine neue Zeit in Europa angegangen ist, aber sieht sich von der Theilnahme an derselben ausgeschlossen. Es mag die Ziethen'sche Husarenjacke oder den Blücher'schen Landwehrrock anziehen, den Dessauer Marsch brummen oder das Becker'sche Rheinlied singen, es wird nur für seine naive Wunderlichkeit belächelt, und fühlt sich vor der Welt gekränkt und innerlich gedemüthigt. Es schmachtet im Bedürfniss eines erhebenden und kräftigenden Gefühls. Es erkennt, dass, zur Zeit des Friedens und der Aufklärung, jene Selbstachtung, welche allein ein würdiges und schwunghaftes Nationalitätsgefühl einflösst, nur aus der Bethätigung seiner geistigen und sittlichen Selbstständigkeit sich schöpfen lässt. Es will in der bürgerlichen Kulturgeschichte jenen ersten Rang einnehmen, den es in der diplomatischen Staatengeschichte schon lange behauptet.*

In der Schrift über den politischen Fortschritt Preussens führt der Verfasser wiederholt seine vom Jahre 1843 datirte Schrift »Ueber Handelsfeindseligkeit« an, und verweist ferner darauf, dass er die durch das Industriesystem begründete Gegenseitigkeit des Interesses und der Gemeinschaft des Vortheils sowohl zwischen Nationen als zwischen allen Klassen und Individuen einer Nation künftig besonders beleuchten wolle. Eine besondere Schrift dieses Inhalts ist von Prince-Smith, so viel ich habe ermitteln können, nie geschrieben; doch ist der angegebene Gedanke wiederholt zum Gegenstande gelegentlicher Ausführungen von ihm gemacht worden.

Mit der Broschüre »*Ueber Handelsfeindseligkeit*«*) begann die Reihe klassischer Streitschriften gegen das System des Zollschutzes, durch welche Prince-Smith zu einem der hauptsächlichsten Begründer und wirksamsten Vorfechter der freihändlerischen Bewegung in Deutschland geworden ist, und deren vollständiger

---

*) Königsberg, bei Theodor Theile, 1843. Ein unveränderter Abdruck erschien 1849 unter dem Titel „Ein Gespräch über Handel".

16*

Wiederabdruck (im II. Bande) recht eigentlich zur Aufgabe dieser
Sammlung seiner Schriften gehört.

In der geschickt gehandhabten Form eines »Zwiegesprächs
zwischen einem Nationalisten und einem Kosmopoliten« sucht die
Broschüre zu zeigen:

1) dass die bewaffnete Diplomatie aus dem Antagonismus
   unter den Nationen hervorging;

2) dass der Antagonismus der Nationen nunmehr nur durch
   Missverständniss der Interessen des Verkehrs genährt
   wird;

3) dass eine absolute Regierung unentbehrlich zur Unterstützung einer bewaffneten Diplomatie ist;

4) dass folglich, von einer Regierung gleichzeitig Unbeschränktheit für den Bürger im Innern und Beschränkung
   des Erwerbs der Ausländer zu fordern, heisst: den Zweck
   ohne die Mittel wollen;

5) dass aber die Nationen, in Wahrheit, keine antagonistischen
   Interessen im erwerblichen Verkehre haben;

6) dass vollkommene Handelsfreiheit den letzten Rest des
   internationalen Antagonismus, das Feld der bewaffneten
   Diplomatie, mithin auch das Bedürfniss einer absoluten
   zentralisirenden Regierung aufheben wird;

7) dass durch den Völkerfrieden, welchen der freie Handel
   auf ewig befestigen muss, die Freiheit des Bürgers am
   sichersten zu erreichen ist.

»Die Ermöglichung bürgerlicher Freiheit durch Handelsfreiheit
ist also die unzweideutige Tendenz dieser Schrift«, fügt der Verfasser selbst hinzu. Indem er sich also in seinen Voraussetzungen
auf den Standpunkt des Liberalismus stellte, suchte er diesen über
die Missverständnisse aufzuklären, welche ihn dazu verleiteten,
sich mehr und mehr von den Schutzzöllnern in's Schlepptau nehmen zu
lassen, wobei denn freilich Prince-Smith in Bezug auf den von der vollkommenen Handelsfreiheit zu erwartenden Völkerfrieden sich einem
Optimismus hingab, über welchen wir heute, nach den Erfahrungen
eines vollen Menschenalters, uns leicht erhaben dünken können,
der aber zu jener Zeit nur ein Ausfluss der überschwenglichen

Erwartungen war, mit welchen die damalige im sichtlichen Aufsteigen begriffene Welt überhaupt der Zukunft entgegensah.

Bewegte sich die Schrift »über Handelsfeindseligkeit« noch mehr im Bereich allgemeiner Betrachtungen über die Handelspolitik und über die davon zu erwartenden politischen Folgen, so ging der Verfasser in der zwei Jahre später erschienenen, »Einem Hochverordneten Zollvereins-Kongress zur geneigten Würdigung hochachtungs- und vertrauensvoll von dem Verfasser vorgelegten« Schrift *»über die Nachtheile für die Industrie durch Erhöhung der Einfuhrzölle«* näher auf die Einzelheiten der handelspolitischen Frage ein. Es handelte sich damals um einen neuen Anlauf der Schutzzöllner gegen die dem Zollvereinstarif noch von seinem Ursprung innewohnende freihändlerische Tendenz.

Unter speziellem Eingehen auf die damalige Lage der hauptsächlichsten Industriezweige führt Prince-Smith aus, dass die in sichtlichem Aufschwunge begriffenen Industrieen in Baumwolle, Wolle und Seide durch vorgebliche Beschützung ebenso zu Grunde gerichtet werden würden, wie die Leinenindustrie dadurch zu Grunde gerichtet sei; und das Streben der Schutzzöllner nach Hemmung des Verkehrs stellt er in Gegensatz zu dem allgemeinen Streben nach Verbesserung des Kommunikationswesens. Die Schrift schliesst mit einem »feierlichen Protest gegen jede Vermehrung der Theuerungszölle«, eingelegt »im Namen der unparteiischen Wissenschaft, zur Wahrung des Allgemeininteresses und wider die Forderungen unwissenschaftlicher Sonderinteressen.«

Mit einer Spezialfrage der Steuerpolitik beschäftigte sich die unmittelbar folgende kleine Schrift: »*Wer trägt die Schlacht- und Mahlsteuer?*« Diese Frage hat seit jener Zeit von ihrem praktischen Interesse viel verloren, dagegen ist das an sie sich knüpfende theoretische Interesse fast unvermindert, wie das eine vielbesprochene Aeusserung des Fürsten Bismarck im Reichstage hinlänglich beweist. Der seiner Zeit durch seine Vielschreiberei über finanzielle und politische Fragen zu unverdientem Ansehen gelangte, seitdem längst vergessene Herr v. Bülow-Cummerow hatte die Frage der Schlacht- und Mahlsteuer in seiner gewohnten, unklaren und geradezu verwirrenden Weise behandelt. Prince-Smith führt in drastischer Weise seine Phrasen auf ihr Nichts zurück,

und setzt dann auseinander, dass die Schlachtakzise von den
Produzenten getragen werde, ausserdem aber als partielle Steuer
den Fleischkonsumenten in den Akzisebezirken eine Last auferlege
zum Besten der Konsumenten anderer Bodenprodukte ausserhalb
jener Bezirke, — dass die Mahlsteuer auf Weizen sich in Preussen
zwischen den Produzenten und den städtischen Weizenkonsumenten
in wechselnden Beträgen, je nachdem die Auflage im Binnenlande
oder in den Küstenprovinzen erhoben werde, vertheile, — dass
endlich die Mahlsteuer auf Roggen fast ganz von den städtischen
Konsumenten und nur zum sehr geringen Theile von den Produzenten getragen werde. Durch Aufhebung der Steuer würde
erfolgen: 1) für die Produzenten von Fleisch, Roggen und binnenländischem Weizen ein Gewinn zum ganzen Betrage der Steuer;
2) für die Konsumenten von besteuertem Weizen in den Küstenprovinzen, ein Gewinn zum ganzen Betrage der Steuer; 3) für die
besteuerten Konsumenten von Fleisch, Roggen und binnenländischem
Weizen, ein Gewinn — für unbesteuerte Konsumenten derselben
dagegen ein Verlust — der sich zum ganzen Steuerbetrag so ver-
hielte, wie die Konsumtion der Bodenprodukte durch Unbesteuerte,
zur ganzen Produktion des Bodens sich verhält.

In dem Maasse wie Prince-Smith angefangen hatte, sich an
der damals so lebhaften publizistischen Thätigkeit in Gestalt besonderer Broschüren zu betheiligen, trat seine journalistische
Thätigkeit, wie er sie früher in den »Elbinger Anzeigen« geübt
hatte, in den Hintergrund.

, »Ueber die Erörterung der Zeitfragen«, so lautete der letzte
seiner volkswirthschaftlichen Aufsätze, in welchem er zu Anfang
des Jahres 1845 eine dem Inhalte nach leicht hingeworfene, der
Form nach aber scharf *zugespitzte* Polemik gegen einen phrasenhaften Artikel richtete, welchen das Blatt kurz vorher gebracht hatte.
Die Einleitung dieser Polemik ist für die allgemeine Stellung,
welche Prince-Smith *als Volkswirth* gegenüber den Zeitströmungen
einnahm, so bezeichnend, und sie enthält zugleich eine auch heute
noch ziemlich ebenso wie damals gültige Wahrheit, dass ich sie
um dieser beiden Gründe willen hier folgen lasse.

Prince-Smith sagt:

Unsere Zeit brüstet sich damit, eine vorzüglich wissenschaftliche zu

sein. Es ist auch wahr, dass sie zahllose Dinge sehr wissenschaftlich
betreibt und täglich mit löblichem Fleisse die Wissenschaften erweitert
und vermehrt. Sie macht fast Alles zu einer Wissenschaft. Aber Eins
vergisst sie dabei, so wie man gewöhnlich das Zunächstliegende, eben
der Nähe wegen, übersieht, — nämlich: *die Wissenschaft von sich
selbst!* Unsere Zeit ist vorzugsweise eine erwerbende, eine Zeit des allgemeinen industriellen Verkehrs. Aber die Wissenschaft des Erwerbsverkehrs, Volkswirthschaft genannt, ist diejenige, welche fast Niemand
studirt. Und dennoch beschäftigt sich alle Welt mit fast nichts Anderem,
als mit Fragen aus der Volkswirthschaft. Man werfe nur einen Blick
auf die Schriften, welche den Tisch des jüngst hier eingerichteten Lese-
kabinets bedecken. Sie betreffen fast nichts anderes, als: Zollverein
und Schutzzölle, Seehandlung und Gewerbekonkurrenz mit dem Staate,
Kreditvereine, Eisenbahnanlagen, Wirkung der Steuern, Organisation der
Arbeit, Sozialreformen, Proletariat, Pauperismus, Hebung der niederen
Volksklassen u. s. w. u. s w. Ebendieselben Themata werden von den
Zeitungsartikeln abgehandelt und füllen alle ernsteren Gespräche aus.
Aber von Allen, die über dergleichen Dinge schreiben und sprechen, hat
selten Einer sich die Mühe gegeben, nur ein einziges Werk zu studiren,
worin sie wissenschaftlich abgehandelt wären! — Was würde man nun
zu Einem sagen, der, ohne das Landrecht einmal zu kennen, ein juristi-
sches Gutachten abgeben, oder von der Physiologie Etwas sich angeeignet
zu haben, über Heilkunde mitreden wollte? Man würde in der Grösse
seiner naiven Unverschämtheit nur den Maassstab für seine arglose Ein-
falt zu finden glauben! Man pflegt sonst weder saumselig noch gelinde
mit Verweisen zu sein, wenn der unwissende Laie in ein wissenschaftliches Fach hineintappt. Woher denn glaubt Jeder, ohne Weiteres, ein
Volkswirth sein zu können? Sollte man zum Verständniss des allge-
gemeinen Erwerbsverkehrs eines vorgeschrittenen industriellen Weltlebens
keiner gründlich wissenschaftlichen Bildung bedürfen? — Was ist denn
Wissenschaft überhaupt, und wann bedarf man ihrer? Wissenschaft ist
nur die sorgfältige Zergliederung und Zusammentragung aller Thatsachen, und die zweckmässige Anordnung derselben, behufs klarer Ueber-
schauung und richtiger Verknüpfung. Mithin bedarf man allemal der
Wissenschaft, wenn in einem Felde der Erscheinungen der Stoff sehr
reichhaltig und die Beziehungen sehr verwickelt sind. — Und giebt es
denn, frage ich, ein Feld der Erscheinungen, in welchem der Stoff reich-
haltiger und das Ineinandergreifen der Beziehungen verwickelter wäre,
als in dem Erwerbsverkehr der industriellen Welt, mit seinen Eigen-
thumsverhältnissen, Tauschverrichtungen, Werthsbestimmungen, Kon-

junkturen, und den unabsehbaren Hin- und Rückwirkungen jeder Schwankung irgend eines Gliedes der grossen engverschlungenen Kette?

Jedermann von einigem gesunden Verstande fühlt auch schon sattsam die Unerspriesslickeit des täglich sich jetzt hervorthuenden blossen Raisonnirens über grosse Lebensprobleme, zu deren Lösung man nicht einmal die ersten Bestimmungen ergründet hat; denn er liest und liest, ohne irgend ein praktisches Resultat zu ersehen; und hört und hört, ohne irgend eine überzeugende Einsicht zu gewinnen, — hier die abenteuerlichsten Vorschläge gänzlicher Umwälzung, dort die ungenügendsten Palliative oder verkehrtesten Maassnahmen; allenthalben ein reges Hinstreben nach dem einen Ziele: allgemeiner Wohlfahrt; nirgends eine klare Uebersicht des möglichen dahinführenden Weges. Die öffentliche Aufmerksamkeit, bis zum Ertödten ermüdet, hätte sich schon längst mit Verdruss von aller dieser Verwirrtheit abgewandt, handelte es sich nicht um Interessen, welche das Leben ihr täglich von neuem und immer dringender aufnöthigt, — wären es nicht Probleme, von deren Lösung das Bestehen aller gesellschaftlichen Kultur unmittelbar abhängt. Unsere Zeit *muss* sich damit beschäftigen, *muss* darüber in's Reine kommen: die sich aufdringenden Fragen für das gesellschaftliche Verkehrsleben, dessen Elemente im Kreisen sind, müssen gelöst werden; — und sie werden sich lösen! Aber es fragt sich, ob durch die heilvolle Leitung gewonnener Einsicht, ob durch den zerstörenden Kampf blinder Geschichtsmächte! — Fürwahr, es hat nie eine Zeit gegeben, welche weniger wirkliche Bewusstheit hinsichtlich der sie zunächst bewegenden Interessen besässe, als gerade die jetzige. Den Grund davon habe ich gezeigt, und er lässt sich nicht ableugnen, nämlich: *das Leben ist zu verwickelt geworden, um fortan ohne gründlichste Einsicht bewältigt zu werden, und unsere Zeit giebt sich nicht die Mühe, gründliche Einsicht durch wissenschaftliches Studium über ihr Leben zu gewinnen.*

Nachdem der Verfasser dann den Artikel, welcher ihn zu dieser Polemik veranlasste, im Einzelnen kritisirt hat, schliesst er wie folgt:

Ich hoffe, durch diese Andeutungen, es wenigstens fühlbar gemacht zu haben, dass zum Erörtern volkswirthschaftlicher Fragen, selbst für den Geistreichen und sonst Unterrichteten einige Vorbereitung gehören dürfte, wenn er nicht unbesonnene Behauptungen machen und die populären, sehr gefährlichen Irrthümer vermehren will. Aber man glaube doch nicht, dass ich, mit dem exkludirenden Dünkel der Fachmänner, alles Dazwischenreden der Laien in solchen Dingen etwa als unberufen abweisen möchte. Die Volkswirthschaft ist vielmehr das Fach jedes

Mannes, der in die Lebensverhältnisse seiner Zeit einige Einsicht haben will, denn ohne solche bleibt alles sonstige Wissen ein Stückwerk und entbehrt des eigentlichen umfassenden Rahmens. Alle denkenden Menschen sind heutzutage dazu berufen sich mit Volkswirthschaft zu beschäftigen, und thun es auch. Ich verlange nur, dass sie es mit einem, der Wichtigkeit des Gegenstandes angemessenen Ernste thun mögen. — Mögen sie nur Adam Smith erst inne haben, und dann Prof. Hagen*) oder Major v. Prittwitz**) oder Say***) zur Hand nehmen, so gewinnen sie wenigstens eine angemessene Vorstellung von Dem, was dazu gehört, um irgend eine allgemeinere Erscheinung des Erwerbsverkehrs richtig zu erfassen.

Wie gerne und wohlmeinend ich auch eine Mussestunde dazu gewidmet habe, diese Bemerkungen für die Leser der „Elbinger Anzeigen" niederzuschreiben, so kann es mir doch nicht zugemuthet werden, zur weiteren Erörterung über staatswirthschaftliche Theorieen in einem Lokalblatte eine Feder zu verwenden, welche für einen Kreis grösserer Oeffentlichkeit wichtigere Beschäftigung genug findet. Aber ich habe es diesmal gethan, weil ich noch immer, aus früherer Zeit her, eine Anhänglichkeit an das Elbinger Publikum habe; und diese wird sogar zur Achtung gesteigert, seitdem ich in neuester Zeit wahrzunehmen glaube, dass jener Geist des Fortschritts, welcher von jeher Einzelne hier belebte, nunmehr sich über einen grösseren Kreis verbreitet habe, und zu allseitigem praktischen Aufstreben anregt. Ich schliesse also, an der Schwelle eines neuen Jahres, mit dem herzlichen Zuruf: *Glück auf zum gedeihlichen Vorwärts!*

Auf diesen heftigen Angriff blieb nun allerdings eine, wenn auch nicht dem Inhalt, so doch der Form nach entsprechende Entgegnung nicht aus. Schon die nächste Nummer der »Elbinger

---

*) Aus einer Anmerkung des Verfassers ergiebt sich, dass er aus dem Werke des Geh. Rath *Hagen*, Professors an der Universität Königsberg „von der Staatslehre", den zweiten Abschnitt, der eine meisterhafte Darstellung der volkswirthschaftlichen Grundprinzipien enthielt, in's Englische übersetzt hatte; „wegen tiefer und eigenthümlicher Auffassung" hatte diese Arbeit in England „grosse Anerkennung" gefunden.

**) v. Prittwitz, der bekannte Ingenieuroffizier, schrieb ein Buch über Steuern, und über „die Grenzen der Zivilisation."

***) J. B. Say schrieb unter Napoleon I. ein grosses systematisches Werk über die „Politische Oekonomie."

Anzeigen« brachte von dem Verfasser des von Prince-Smith so
arg mitgenommenen Artikels eine »Danksagung« dafür, dass »Herr
Prince-Smith es über sich gewonnen, aus der Fackel seines Geistes,
welche über beide Hemisphären ihr staatswirthschaftliches Licht
zu ergiessen berufen ist, ein Fünkchen in die fünfzigtausend
dunklen Köpfe des Elbinger Kreises sprühen zu lassen.« In diesem
ironischen Tone geht es noch eine Zeit lang fort. Dann aber folgt
nachstehende in ihrer Art nicht ungeschickte Verwahrung des
»gesunden Menschenverstandes« gegen die im Namen der Wissenschaft von Prince-Smith erhobenen Ansprüche:

„In Bezug auf die von ihm ausgesprochenen Prinzipien kann Niemand
mit Herrn Prince-Smith mehr einverstanden sein, als Einsender. Namentlich „„die Unverschämtheit des *blossen* Raisonnirens über grosse
Lebensprobleme"" wird vor Allem von uns anerkannt. Wir dürfen
hinzufügen, dass überhaupt alles Raisonniren über politische und soziale
Fragen ohne gründliche philosophische Basis und umfassende geschicht-
liche Kenntniss für die Wissenschaft durchaus werthlos bleiben muss.
Gleichwohl müssen wir auch *die* Andeutung Herrn Prince-Smith bewahr-
heiten, dass alle jene grossen Fragen in Bezug auf Staat und Gesellschaft
praktisch doch zuletzt vom Volke selbst gelöst werden müssen, dass
pieses also das unveräusserliche Recht hat, vorläufig darüber *mitzu-*
sprechen, und hinterher nach seinem Dafürhalten zu handeln. Die
Weisheit also, die *nur* aus Folianten begriffen werden kann, wird ebenso
wenig das Volk und die Welt bewegen, wie die Stimme Derer, welche
sich als Inhaber des staatsökonomischen Dreifusses, als einzige Propheten
der „„volkswirthschaftlichen Grundbestimmungen"" geriren, die ihre
Sprüche als Dogmen, als Glaubensartikel angenommen wissen wollen
und sich zu vornehm dünken, den *Beweis* dem Volke in *Lokal*blättern
d. h. in den eigentlichen *Volks*blättern zu geben. Sie werden stets vor
dem Forum des gesunden Menschenverstandes, welcher eben über die
angeregten Fragen in letzter Instanz zu Gerichte sitzt, von Denen über-
flügelt werden, die, ohne die sieben Weihen empfangen zu haben, früh
in der Welt mit gesunden Sinnen umherspähen und nur an offenkundige
Erfahrungen, oder an allgemein anerkannte sittliche Prinzipien appelliren.
Beide freilich müssen sich vor jenem Dritten beugen, der, ein Jünger
wahrer Wissenschaft, dem Volke die Grundwahrheiten derselben klar
und eindringlich darzulegen vermag. Auf ihn hört es, ihm folgt es,
nicht Denen, die mit ihrer Weisheit geizen, und die es nach seiner
schlichten Weise mit geheimnisskrämerischen Charlatanen in eine Reihe

stellt. Denn das Volk will überhaupt nur geleitet, nicht kommandirt und am Seil gezogen werden."

Prince-Smith antwortete ziemlich in demselben Tone, wie er den Kampf begonnen, nahm aber dabei die »dankenswerthe Gelegenheit« wahr, um den Lesern der »Anzeigen« gegenüber ein ihm »höchst unangenehmes Missverständniss aufzuklären«:

„In meinem Aufsatze hatte ich, um die Nothwendigkeit volkswirthschaftlicher Studien fühlbar zu machen, eine Menge Fragen angeregt, welche nur durch ein systematisches Vortragen der ganzen Wissenschaft beantwortet werden konnten. Da nun ein solches Unternehmen sowohl Zweck als Grenzen eines Lokalblattes überschritten hätte, lehnte ich es am Schlusse ab, meine Feder dazu herzugeben, und zwar weil diese die Bestimmung hat, mir einestheils meinen Lebensunterhalt, anderntheils, wenn möglich, eine Lebensstellung zu erwerben, welche beide Zwecke nur durch das Arbeiten für den Kreis grösserer Oeffentlichkeit, den ich wählen muss, erreicht werden können. Einen Aufsatz für diese Blätter zu schreiben, darf also mir nicht Geschäft, sondern nur das Vergnügen einer Mussestunde sein — und es ist mir ein grosses Vergnügen, mich gelegentlich einem Kreise von Menschen mitzutheilen, für die ich meine Hochschätzung am direktesten dadurch zeige, dass ich gerade unter ihnen meinen Wohnsitz wähle, nachdem gar keine Berufsfesseln mehr mich an sie binden — und zwar weil ich, nachdem ich vieles von der Welt gesehen, nirgends mehr allgemeine Aufklärung und gesunden Sinn gefunden habe."

Diese von Prince-Smith geführte Fehde scheint in Elbing die Gemüther lebhaft erregt zu haben. Die nächste Nummer der »Anzeigen« beschäftigt sich fast ausschliesslich damit, zum Theil in ihm freundlichen, vorwiegend jedoch in gegnerischem Sinne. Unter seinen Gegnern befanden sich auch Männer, welche seine bedeutenden Leistungen wohl zu würdigen wussten, denen aber der von ihm angeschlagene Ton um so aufrichtiger leid sein mochte. Eine Anzahl dieser Männer erliess in jener Nummer der »Anzeigen« mit ihrer Namensunterschrift nachstehende direkt »an *Herrn John Prince-Smith*« gerichtete Erklärung:

„Wenn es Ihr Ernst ist, dass Sie, nachdem Sie Vieles von der Welt gesehen, nirgends mehr allgemeine Aufklärung und gesunden Sinn gefunden haben, als in Elbing,

so lassen Sie sich die Erfahrung, dass bei dem von Ihnen mit blinder Selbstüberschätzung geführten Streite diese allgemeine

Aufklärung und dieser gesunde Sinn sich entschieden gegen
Sie gekehrt hat,
zur Lehre, zur Warnung und zur Besserung dienen."

Mit dieser wohlgemeinten Verwarnung schloss jene journalistische
Fehde — die einzige ihrer Art, welche mir in der ganzen, so
viele Jahre umfassenden publizistischen Thätigkeit von Prince-
Smith bekannt geworden ist. Der Verlauf mag ihm in der That
zur Lehre gedient haben, dass er sich hüten müsse, seinem wissenschaftlichen Selbstbewusstsein nicht einen für die Leser, auf welche
er wirken wollte, verletzenden Ausdruck zu geben.

Im Uebrigen hat das Ansehen, welches er in Elbing genoss,
dadurch nicht gelitten. Sein Name wurde gerade zu jener Zeit
durch seine bereits oben besprochenen grösseren Arbeiten in
weiteren Kreisen bekannt, und dabei fehlte es natürlich nicht an
Angriffen auf ihn als »Engländer«. So brachte in Berlin die
»Vossische Zeitung« einen schutzzöllnerischen Artikel, in welchem
ausgeführt wurde, der handelspolitische Streit sei hervorgerufen:
1) nicht durch Verschiedenheit der Interessen, sondern der Ansichten und der widersprechenden Theorieen; 2) durch den Einfluss
des Auslandes, »dessen Interesse in diesem Kampf ebenso gut wie
die deutschen vertreten sind«, es stehe sogar an der Spitze der
Fechter für Handelsfreiheit ein ganz *Englischer* Name; 3) dadurch, dass alle Publizisten, Literaten u. dgl. von denen der Streit
hauptsächlich genährt wird, niemals praktisch Oekonomie, d. h.
Gewerbe getrieben haben u. s. w. Hierauf erwiderte ein Artikel
in den »Elbinger Anzeigen« (nach der Chiffre »A« von dem
angesehenen Kaufmann Albrecht, dem Bruder des Göttinger
Professors):

1) Die Theorie kann, wenn sie richtig ist, niemals der Praxis entgegenstehen, sie wird und muss ihr jederzeit zum sicheren Führer dienen;
und hat denn schon Jemand die Richtigkeit der Theorie der Handelsfreiheit mit Gründen bestritten, oder bestreiten können? Selbst der
Leiter der Merkantilisten, Dr. List, muss die Richtigkeit des Prinzips,
der Theorie der Handelsfreiheit zugeben, er meint nur, sie sei jetzt noch
nicht zeitgemäss; 2) der „englische Name, der an der Spitze der Fechter
für Handelsfreiheit steht", ist unser Elbinger John Prince-Smith. Wir
dürfen mit Recht sagen: „Elbinger", denn Herr Smith lebt nun schon
über 10 Jahre mit geringen Unterbrechungen in und bei Elbing, und

ist nicht allein der Sprache, sondern auch der Gesinnung nach ein Deutscher, ein Preusse geworden, der an dem Geschick seines freiwillig erwählten Vaterlandes den regsten Antheil nimmt und für dieses sein neues Vaterland gerne mit ganzem Herzen und mit Aufwendung aller seiner bedeutenden Geistesgaben wirkt; 3) es sind gewiss nicht alle Publizisten, welche für Handelsfreiheit ihre Stimme erheben, der praktischen Oekonomie fremd: die „Elbinger Anzeigen" können dies von mehreren ihrer für Handelsfreiheit kämpfenden Mitarbeiter bezeugen; sind denn überdies die Korporationen, welche ihre motivirten Bittschriften für das Prinzip der Handelsfreiheit eingegeben, *nicht* Gewerbtreibende, *nicht* praktische Oekonomen?

Wird hier von schutzzöllnerischer Seite Prince-Smith zum ersten Male als Führer der Fechter für Handelsfreiheit genannt, so zeigt die freihändlerische Antwort, wie stolz die Elbinger bereits auf ihn als einen der Ihrigen waren.

Der letzte Artikel von Prince-Smith den ich in den »Elbinger Anzeigen« finde (1. Oktober 1845), unter der Ueberschrift *»Bemerkungen über das Drama und die Oper«* behandelt einen Gegenstand ausserhalb des gewohnten Bereiches der Thätigkeit des Verfassers. Aber die Art der Behandlung steht in innigem Zusammenhange mit seiner volkswirthschaftlichen Anschauung, welche seinen Blick über die Schranken einer von der realen Welt der menschlichen Bedürfnisse losgelösten abstrakt-ästhetischen Betrachtung hinaus erweiterte und ihn auf diesem Gebiete zu Betrachtungen führte, wie wir sie in jener Zeit sonst wohl vergebens suchen, während sich ihre Berechtigung heute von selbst aufdrängt. Der Schluss des Artikels lautet:

Der Mensch ist nicht ausschliesslich geistig, sondern auch mit sinnlicher Empfänglichkeit begabt, und diese Seite seiner Natur will anerkannt und befriedigt sein. Befriedigungen, welche mehr auf geistiger Reproduktion beruhen, die höheren zu nennen, und Befriedigungen dagegen, welche unmittelbar von der sinnlichen Empfänglichkeit ausgehen, die niederen zu schelten, ist platte scholastische Verkehrtheit; denn die sinnliche Empfänglichkeit ist durch die Kunst einer unendlichen Veredelung fähig, und in dieser auch ganz geeignet, jene Gemüthseindrücke zu vermitteln, welche den Zweck der Kunst ausmachen. Für die Begeisterung des rezitirenden Drama können wir nicht allezeit gestimmt sein; wir können nicht lange und oft den von ihr geforderten geistigen Aufwand machen; sie reisst uns zu sehr aus uns selbst hinaus; sie kann nicht unter gewöhnlichen Umständen als eine Erholung dienen. Aber im Allgemeinen und für das gewöhnliche Leben soll uns die dramatische Kunst Genüsse bereiten, denen wir uns, in Erholungsstunden, ohne Scheu hingeben und gerne wieder zuwenden mögen, — Genüsse, welche sich an die menschliche Doppelnatur, an des Menschen sinnliche Empfänglichkeit, wie an seine geistige Reproduktionskraft richten. Dies vermag allein die Oper. Sie sucht nicht, wie das rezitirende Drama, den Gemüthszustand, einseitig durch die geistige Illusion allein, hinauf zu steigern, sondern wirkt, unter mässigerer Beanspruchung der Phantasie, vorzüglich durch die unmittelbar erregende Macht der Töne; sie setzt innere und äussere Anschauung in eine Harmonie, der die malerischen Hilfsmittel der Dekorationen, der Kostüme und des Ballets angemessen sind. Sie vereinigt das Poetische, Melodische, Malerische und Plastische; sie erhebt das Gemüth, durch gleichzeitiges Benutzen aller psychischen Hebel, und somit, ohne es aus seinem Gleichgewichte zu bringen. Daher betrachten wir die Oper, nämlich in jener Vollendung, deren sie, ihren Elementen nach, fähig ist, als die der menschlichen Doppelnatur entsprechendste Form dramatischer Darstellung. Noch fehlt ihr eine höhere Dichtungsstufe in ihren Texten; sie muss sich die erhabene Einfachheit und Grösse altgriechischer Dramen, und den hochpoetischen Schwung ihrer Chöre zum Maassstabe nehmen. Leider verfehlt noch immer manch' grosser Komponist seine Wirkung, weil die untergelegte Dichtung ohne dramatischen und poetischen Werth ist. Aber in der ferneren Ausbildung der Oper ahnen wir doch eine Fülle der ästhetischen Befriedigung, welche man als den Gipfel des Lebens in der Kunst anerkennen dürfte.

Dem rezitirenden Drama, in seiner vollen Erhabenheit, wenden wir uns in jenen Stunden geistiger Weihe zu, wenn das Herz sich geneigt fühlt, die schwankenden Gestalten, wie sie aus Dunst und Nebel um uns steigen, festzuhalten, damit der Zauberhauch, der ihren Zug umwittert, unseren Busen durchzittere. Doch als stets willkommene Freundin unserer Musse verbleibt uns vor Allem die Oper, welche, auf so mannigfachen Wegen sich in die Seele hineinschmeichelnd, die zu ihrem Empfange günstige Stimmung in uns jederzeit sich zu schaffen weiss.

Im November des Jahres 1845 begab sich Prince-Smith, getrieben von dem Verlangen nach einer weiteren Ausdehnung seiner Wirksamkeit auf dem Gebiete volkswirthschaftlicher, und speziell handelspolitischer Aufklärung, zu einem mehrwöchentlichen Aufenthalte nach Berlin.

Nach einer darauf bezüglichen Mittheilung in einer Berliner
Korrespondenz der »Elbinger Anzeigen« ging er damit um, nicht
nur über die damals in der Tagespolitik eine besonders hervorragende Rolle spielenden Fragen des Bankwesens zu schreiben
(was er in der That bald darauf, wenn auch nur in Form einer
kurzen Broschüre ausführte), sondern auch das berühmte Werk
des *Adam Smith* neu herauszugeben und von dem Standpunkte
der damaligen Entwickelung zu kommentiren. Leider ist er nie
dazu gekommen, diese Arbeit auszuführen, was allerdings für die
damalige Zeit ein geringerer Verlust war, als für die spätere.
Damals, inmitten der wachsenden politischen Erregung, welche
der Revolution von 1848 vorherging, war die Verbreitung des
Interesses an volkswirthschaftlichen Betrachtungen mehr von den
Tagesfragen aus zu erwarten, als von dem unmittelbaren Einfluss
den die Wissenschaft in weiteren Kreisen hätte ausüben können.
Und *Prince-Smith* selbst, wie er jenem in der ganzen Zeitrichtung
liegenden Streben bereits durch seine oben besprochenen Broschüren
den kräftigsten Vorschub geleistet hatte, setzte diese seine Thätigkeit, bald nach jener Berliner Reise, gewissermaassen die Krone
auf durch seine Schrift *»über die Englische Tarifreform und
ihre materiellen, sozialen und politischen Folgen für Europa«*)
deren Widmung an den »hochgeachteten Finanzmann, Herrn A. Bloch
zu Berlin« vom 5. Juni 1846 datirt ist.

Seine Schrift »über die Nachtheile für die Industrie durch
Erhöhung der Einfuhrzölle« hatte Prince-Smith nach Anführung
der beredten Worte des (damals noch zu den Tories gehörigen)
Herrn Gladstone zu Gunsten des freien Handels, mit der Bemerkung geschlossen: »Eine solche Sprache im Munde eines konser-
vativen Ministers und die in der Kornleague bethätigte Richtung
des Volkswillens beweisen, über jeden Zweifel hinaus, dass England,
welches die meiste Erfahrung und Aufklärung in Handelssachen
besitzt, alle handelbeschränkende Politik abgeschworen hat, und
ernstlich auf die Befreiung des Verkehrs von allen fiskalischen
Fesseln hinarbeitet.« Seine neue Schrift über die »Englische
Tarifreform« konnte er mit dem Hinweis beginnen, wie sehr jene

---

*) Berlin, Verlag von Julius Springer.

Behauptung über seine kühnsten Hoffnungen hinaus durch die
Ereignisse gerechtfertigt sei: »Jetzt, nach einigen Monaten, hat
sich das britische Parlament unter einer Aufregung der Gemüther,
wie sie fast nie früher erlebt wurde, versammelt, und zwar in der
klaren Erkenntniss, dass es seine unabweisbare Aufgabe sei, das
Prinzip der Handelsfreiheit zur That zu erheben.« Durch diesen
raschen Erfolg seiner Voraussetzung fühlt er sich in dem zuverlässigen Glauben an den bevorstehenden allgemeinen Sieg seiner
handelspolitischen Ansichten so gestärkt, dass die Schrift über die
»Englische Tarifreform« sich zu einer Art »Evangelium« des Freihandels gestaltet. Mit einer Kühnheit, welche heute, nach den
Erfahrungen der letzten dreissig Jahre erst recht unsere Be-
wunderung erregen muss, entwickelt er in grossen, aber keineswegs
verschwommenen, sondern sehr bestimmten Zügen, die Folgen, welche
die Durchführung der Tarifreform in England, für die wirthschaftliche und politische Gestaltung der gesammten zivilisirten Welt
haben müsse.

In seinen Voraussetzungen im Einzelnen war Prince-Smith
nicht frei von Irrthümern, zum Theil sogar tiefgreifender Art; ja
die gewaltige Täuschung über den unmittelbaren Einfluss, den die
Befreiung des Welthandels auf die Sicherung des Weltfriedens
und die Beseitigung oder wenigstens Beschränkung der stehenden
Heere haben sollte — eine Täuschung, welche in unserer Zeit
eine geradezu verhängnissvolle Rolle gespielt hat — ist von ihm
recht eigentlich in Kurs gesetzt. Aber wenn die Männer der
Praxis, und namentlich die praktischen Politiker, sich hierdurch berechtigt hielten, über ihn als unpraktischen Ideologen die Achsel
zu zucken, so steht ihm doch von den *übrigen* Theoretikern und
von *allen* Praktikern, welche sich in jenen letzten Jahren vor 1848
damit beschäftigten, der Zeit den Puls zu fühlen, in Bezug auf
die annähernde Richtigkeit des Gesammturtheils keiner gleich.
Die wirthschaftliche Entwickelung galt damals in allen politischen
und sozialen Erwägungen viel mehr nur als Objekt, denn als
treibender Faktor. Gegen diese Einseitigkeit machte Prince-Smith
mit der ganzen Fülle seiner Kenntniss des wirthschaftlichen
Lebens und mit der ganzen Schärfe seiner Logik Opposition; dass
er selbst dabei, in die entgegengesetzte Einseitigkeit verfiel, war

unvermeidlich, und ohne diese Einseitigkeit hätte er schwerlich
bei seinen Zeitgenossen Gehör gefunden. So aber wurde er einer
der Hauptbegründer jener neuen Richtung in der Entwickelung der
modernen Welt, welche dazu bestimmt war, den politischen Idealismus zu ergänzen und zum Theil zu ersetzen, nachdem dieser in
seiner Einseitigkeit zu der Katastrophe des Jahres 1848 geführt
hatte. Trotz solcher Täuschungen, wie die bezeichnete, hat sich
das Bild, welches Prince-Smith in dem Werke über die Englische
Tarifreform von der nächsten Zukunft Europa's entworfen hat, im
Grossen und Ganzen als ein richtiges bewährt und schwerlich ist
ihm in dieser Beziehung aus jener Zeit ein anderes an die Seite
zu setzen, am wenigsten aus dem Gebiete der Wechselwirkungen
zwischen wirthschaftlichen und politischen Erscheinungen.

Wenige Tage später als die Widmung des Werkes über die
Englische Tarifreform, ist das Vorwort einer Broschüre zur *Bankfrage* datirt (17. Juni 1846)*). Diese Broschüre sollte für einen
von Prince-Smith aufgestellten »Entwurf der Grundzüge eines
Statuts für eine Privat-Aktien-Bank für Elbing und dessen Umgegend« Propaganda machen, theils um von der Regierung die
Ertheilung der erforderlichen Konzession zu erlangen, theils um zu
bewirken, dass an allen bedeutenderen Geschäftspunkten derartige
Lokalbanken entständen und nach möglichst gleichen Grundsätzen
eingerichtet würden, um mit vollem Vertrauen untereinander verkehren zu können. Der Zweck wurde weder nach der einen noch
nach der anderen Seite erreicht, *weil Prince-Smith in seinen
Anschauungen über das Wesen der Banken seiner Zeit fast
um ein Menschenalter voraus war.* Die überaus eng bemessenen,
dem praktischen Bedürfnisse der Industrie und des Handels bei
weitem nicht mehr genügenden Grenzen des damaligen Preussischen und Deutschen Banksystems hatten gegen die Mitte der
vierziger Jahre eine zunächst in zahlreichen Projekten und
Broschüren ihren Ausdruck findende Bewegung zur weiteren Ausdehnung des Banksystems hervorgerufen, in welchen im Uebrigen
die allerverschiedensten Anschauungen über das Bankwesen zum

---

*) John Prince-Smith's Bemerkungen und Entwürfe behufs Errich-
tung von Aktien-Banken. Berlin, Julius Springer 1846.

Prince-Smith, Ges. Schriften. III.   17

Ausdruck gelangten, welche aber darin mit einander übereinstimmten, dass sie ein mehr oder minder grosses und entscheidendes Gewicht auf einen mehr oder minder grossen *Umlauf von Banknoten* legten.*) Unter welchen Formen oder Bürgschaften dieser Banknoten-Umlauf stattfinden solle — das war der eigentliche Gegenstand des Streites, während darüber kein Zweifel schien, dass dem Kredit-Bedürfniss nur durch Herstellung eines Banknoten-Umlaufs genügt werden könne. Dieser Bewegung wurde endlich für Preussen durch drei Kabinetsordres vom 11. April 1846 ein praktisches Ende gemacht, durch welche einestheils der Königlichen Bank das Recht zur Ausgabe von Noten bis zum Betrage von 10 Millionen Thalern gegeben und anderntheils die Genehmigung zur »Errichtung von Privatbanken in den Provinzen durch Gesellschaften mit vereinigten Fonds, bei solidarischer Verhaftung aller Theilnehmer« in Aussicht gestellt wurde. Prince-Smith richtete nun seine Kritik keineswegs dagegen, dass den Privatbanken das Privilegium zur Ausgabe von Noten vorenthalten bleiben sollte, sondern lediglich gegen die ihnen auferlegte Bedingung der *solidarischen Verhaftung aller Theilnehmer*.

»In England«, sagt er, »wo die Aktienbanken Noten ausgeben und keiner wirksamen Kontrolle unterliegen, wird solidarische Verhaftung gefordert, und, da die Leute dort mit dem Bankwesen vertraut sind, ohne Bedenken eingegangen. In Preussen aber, wo das Assoziationswesen noch gar nicht ausgebildet und das Banksystem völlig unbekannt ist, muss die Forderung solidarischer Verhaftung aller Theilnehmer mit ihrem ganzen Vermögen für die Schulden der Bank, Jeden von der Betheiligung abschrecken und die Errichtung von Aktienbanken hier völlig unmöglich machen. Keiner wird sich mit seinem ganzen Gute auf ein neues ihm fremdes Unternehmen, das überhaupt als äusserst gefährlich geschildert wird, einlassen wollen.«

Auf die Bedingungen, welche Prince-Smith sodann als unent-

---

*) Durch Kabinetsordre vom 5. Dezember 1836 war in Preussen der auch bis dahin höchst geringe Umlauf von Banknoten ganz aufgehoben und durch eigentliches Staats-Papiergeld (Kassen-Anweisungen) ersetzt.

behrlich zur Sicherung des öffentlichen Kredits bei Errichtung
von Privatbanken erklärt, brauchen wir hier nicht näher einzugehen.
Nur möchte ich erwähnen, wie er ausführt, dass die Bank niemals
auf ihre eigenen Aktien Geld leihen darf: »sonst können die
Aktionäre ein garantirendes Kapital mit der einen Hand ein-
schiessen und mit der andern Hand wieder herausziehen und
bleiben nur persönlich verpflichtet, was um so ungenügender sein
muss, als man die Personen der Aktionäre nicht kennt. Die Aktie
ist übrigens ein von der Bank ausgestellter Schuldschein; wenn
sie auf einen solchen leiht, nimmt sie nur ihre eigene Bürgschaft,
leistet sich selber eine Sicherheit die gerade dann Null wird, wenn
sie das Publikum sicher stellen soll. Aus eben diesen Gründen
dürfen Privatbanken, wo mehrere sind, nicht gegenseitig ihre Aktien
beleihen und einkaufen.«

Die Hauptsache in der Ausführung von Prince-Smith liegt
nun aber in der Klarheit und Schärfe, womit er sich *gegen* die
Noten-Emission erklärt. »Der Gedanke, dass eine Bank baares
Geld für das Publikum jederzeit nach Bedarf machen und ein
Papier, das fast nichts kostet, für gute Zinsen ausgeben sollte,
ist sehr anlockend. Doch ist die Geldkreirung kein eigentliches
Bankgeschäft, sondern ein Regal, dessen Ausübung durch Private
nur ein Missbrauch ist. Auch ist die Notenemission keinesweges
so einträglich als man Anfangs glaubt. . . . . Das legitime Geschäft einer Bank ist nicht Geld machen, sondern mit Kapital-
Darlehnen handeln, und wenn dies Geschäft nicht durch sich allein
rentirt, so ist es besser, die Bank bestehe gar nicht.« Speziell
geht der Verfasser dann auf das in England in so hoher Vollendung ausgebildete, in Deutschland aber damals noch durchaus un-
bekannte *Giro-Geschäft* ein.

Erwägen wir, wie lange Zeit die Entwickelung des Bankwesens
in Preussen und dem übrigen Deutschland in ganz anderer Richtung vor sich gegangen ist, und wie viele und schwere Erfahrungen
erst dazu gehört haben, um einer Reaktion dagegen zum Durchbruch zu verhelfen, so können wir uns um so weniger darüber
wundern, dass damals der von Prince-Smith erhobene Mahnruf
ungehört verhallte!

Anders stand es mit seinen gegen das Zollschutz-System gerichteten Bestrebungen. Unmittelbar an seine Schrift über die Englische Tarifreform knüpften sich die ersten Anfänge einer weitere Kreise umfassenden *freihändlerischen Agitation* zunächst in den Preussischen Ostsee-Provinzen. Wie im Jahre 1837 die Elbinger Adresse an die Göttinger sieben Professoren der politischen Bewegung im deutschen Bürgerthum erheblichen Vorschub leistete, so war es wieder eine Elbinger Adresse, welche zuerst die freihändlerische Bewegung aus den Kreisen der Publizistik und gewisser eng begrenzter Interessen in den Bereich allgemeiner Bestrebungen hinüberführte. Dies war die — gleichfalls wie jene erste Adresse — von Prince-Smith verfasste *Adresse* an *Sir Robert Peel.* Sie lautet:

„Hochverehrter Herr! Grosse Maassregeln für das Wohl eines Volkes, führen zu heilsamen Reformen für andere Völker; und ein Sieg der politischen Intelligenz in einer Nation ist ein Fortschritt für die Menschheit. Der wahrhaft grosse Staatsmann gehört nicht seinem Lande, nicht seiner Zeit allein, sondern dem sozialen Weltleben an.

Drei grosse Maassregeln verdankt England Ihrer Verwaltung: die Einkommensteuer, das Bankgesetz, die Zollreform.

Die Einführung einer Einkommensteuer proklamirte den Vorzug direkter Auflagen, welche den Staatsbedarf erst vom Erworbenen einfordern, vor indirekten Steuern, welche schädlich auf das Erwerben einwirken. Die Autorität Ihres Beispiels wird die allgemeine Anerkennung dieses Prinzips, zum Segen für kommende Geschlechter, fördern.

Das Bankgesetz beseitigte den Missbrauch der wechselnden Vermehrung und Verminderung des Papiergeldes, beendete die trüglichen Schwankungen des Geldwerthes, damit auch die kommerziellen Krisen, deren Wehen die ganze Verkehrswelt nachfühlen musste. Die staatswirthschaftlichen Grundsätze, die Sie durch diese Reform bethätigen, haben in unserm Vaterlande schon das Streben geweckt, ein Bankwesen, den Zeitbedürfnissen angemessen, zu schaffen.

Die Zollreform macht die Handelsfreiheit für Grossbritannien zum Gesetz und für Europa zur Nothwendigkeit. Handelsfreiheit macht die gegenseitig sich versorgenden Nationen einander ebenso nützlich als es sich die Bürger eines und desselben Landes sind; — sie verschmilzt die Interessen, sichert den Frieden, und schafft aus den staatlich geschiedenen Menschen eine einige Menschheit. Preussens Staatsmänner haben sich stets zum Prinzipe der Handelsfreiheit bekannt, dafür gewirkt; und sie widersetzen sich auch jetzt allen kurzsichtigen Bestrebungen, die preussische Handelspolitik aus dieser Bahn zu drängen. Der Erfolg Ihres Kampfes für die Handelsfreiheit ist auch für unser Vaterland entscheidend.

Die erleichterte Einfuhr des Getreides nach England begrüssen wir als einen Segen auch für uns. Entfernt von der eigensüchtigen Besorgniss, als könne die freie Konkurrenz ferner Welttheile den Werth unseres Getreides im englischen Markte mindern, glauben wir vielmehr, dass die britische Bevölkerung bei regelmässiger und reichlicher Versorgung mit Brod, an Zahl und Wohlstand rasch genug zunehmen werde, um stetige lohnende Preise selbst den reichlichsten Erzeugnissen des vereinten englischen und ausländischen Ackerbaues zu sichern.

Sie haben sich den unzweideutigen Forderungen der vorschreitenden Volkseinsicht nicht verschlossen, Sie haben die ganze Macht Ihres Geistes und Ihrer Stellung für Befriedigung jener Forderungen, mit hoher Selbstverleugnung, verwendet; — aber Sie haben auch den Vorzug, in einem Staate zu wirken, wo freie Presse und freie Rede den Kampf der politischen Intelligenzen rastlos fortführen, bis das Vernünftige siegt. — Gekräftigt durch das Bewusstsein der einen Pflicht gegen das Allgemeinwohl, haben Sie sich über jede Nebenrücksicht erhoben. Ihr Name wird mit Verehrung genannt werden von den Männern aller ehrenhaften Parteien, die sich nur in der Wahl *des Weges* zum Volksglück trennten. Die Partei im alten Sinne, als Verbindung des Sonderinteresses gegen das Interesse der Gesammtheit, haben Sie durch Vernichtung der Monopole gebrochen. Die Trümmer dieser Faktion mögen, für die Bedeutungslosigkeit in die sie fortan verwiesen sind, Ihnen grollen; doch ihr Hass hat keine Stimme mehr, um den Glanz eines grossen Namens zu verdunkeln.

Elbing, den 14. Juli 1846.*)

Die Antwort, welche Sir Robert Peel erliess, lautet in deutscher Uebersetzung:

---

*) Die Adresse trug folgende Unterschriften:
Aug. Albrecht. Geo. Wilh. Haertel, Kaufmann und Fabrikant. *Fr. W. Haertel*, Stadtrath. *J. L. Cohn*, Kaufmann. *Dr. Lichtheim*, prakt. Arzt. *Jacob Riesen*, Kaufmann. *Stub*, Kaufmann. *Schredt*, Bankier. *Schemioneck*, Kaufmann. *A. Schmidt*, Kaufmann. *Baumgart*, Kaufmann und Fabrikant. *Flottwell*, Syndikus. *Geo. Schmidt*, Kaufmann. *A. Bertram*, Gutsbesitzer. *Dr. Höltzel*, prakt. Arzt. *Berenger*, Rendant. *J. G. Förster*, Fabrikant. *Fr. L. Levin*, Buchhändler. *Aug. v. Roy*, Fabrikant. *J. D. Lickfett. F. Damitz. W. Matthias.*

London, 5. August 1846.

Meine Herren! Höchlich erfreut bin ich durch die mir übersandte Adresse, worin Sie Ihre Billigung der drei hauptsächlichen Maassregeln der Finanz- und Handelspolitik äussern, welche ich als erster Minister der Krone, dem Parlamente vorzuschlagen mich verpflichtet fand.

Die Einkommensteuer hatte nicht bloss den Zweck, ein im Vergleich mit dem öffentlichen Aufwand sich ergebendes Defizit in den Staatseinnahmen zu decken, sondern sie sollte den Grund zu einem gerechteren Besteuerungssystem legen — indem sie es möglich machte, die Zölle von den Rohstoffen für wichtige Fabrikationen aufzuheben, grosse Zweige der heimischen Gewerbthätigkeit (z. B. die Glas-Fabrikation) von der Plackerei der Akzise-Vorschriften zu befreien, und die Besteuerung vieler Einfuhr-Gegenstände, welche für das Wohlbehagen und den Lebensgenuss der arbeitenden Klassen unentbehrlich sind', aufzuheben oder zu ermässigen.

Die Bill wegen Beschränkung der Befugniss zur Ausgabe von Papiergeld hat die legitime Benutzung des öffentlichen oder Privat-Kredits nicht im Geringsten berührt, noch dem Lande die Vortheile eines Papiergeld-Umlaufs entzogen. Indem sie aber die Ausgabe von Papiergeld von gerechten Bedingungen abhängig machte, hat sie dessen Missbrauch zu Zeiten kommerzieller Aufregung und der Neigung zu leichtfertiger Spekulation verhindert, und dem Umlauf des Papiergeldes Stetigkeit verliehen, indem sie die Einlösbarkeit in Metallgeld, auf Verlangen des Inhabers, verbürgte.

Erfreulich ist es mir dabei zu erfahren, dass Zweck und Wirkung dieser Maassregeln von aufgeklärten Männern, den Bewohnern anderer Länder, richtig gewürdigt werden. Eine besondere Genugthuung aber gewährt mir *der* Theil Ihrer Adresse, in welchem Sie Ihre Uebereinstimmung mit den Grundsätzen der Handelsgesetzgebung erklären, welche von dem britischen Parlament im Laufe der gegenwärtigen Session in so grosser Ausdehnung bethätigt sind.

Die Maassregeln zur Ermässigung der Einfuhrzölle von Erzeugnissen

A. Schulz, Kaufmann. *Kühne*, Kondukteur. *Hesse*. *Julius Born*. *J. Lickfett*. *G. Wichert*. *Herzberg*, Dr. phil. *A. Tiessen*, Kaufmann und Fabrikant. *J. C. Simpson*, Kaufmann. *A. Schmack*. *Maurizio*. *Dehring*. *G. Adrian*. *Albert Ilgner*. *C. Rudel*, Kaufmann. *Joh. F. Silber*, Kaufmann. *Friedr. Silber*, Kaufmann. *S. Hirsch*, Bankier. *Aschenheim*, Stadtrath und Kaufmann. *Poplawsky*, Kaufmann. *C. F. Fritsch*. *Rusch*. *Müller*. *W. Mackrocki*. *Bressgott*. *A. Silber*. *John Prince-Smith*.

fremder Länder wurden vorgeschlagen, ohne vorher entsprechende Zugeständnisse zu verlangen; sie wurden vorgeschlagen, weil sie dem
Gemeinwohl *unseres* Landes förderlich sind — allerdings *weniger* förderlich als wenn die Politik anderer Nationen sofort der unsrigen entspräche,
so dass sie und wir zugleich den Vortheil ungehinderten Austausches
unserer beiderseitigen Erzeugnisse geniessen könnten — aber doch in
solchem Grade förderlich, um vollauf unsere Politik in dieser Beziehung
zu rechtfertigen, es sei denn, dass es die wahre Politik eines Landes ist,
einen hohen Preis für eine schlechte Waare zu zahlen.

Die Urheber jener Maassregeln hegten die Ueberzeugung, dass auch
ohne langwierige Unterhandlungen und verdriessliches Gezänk über den
genauen Betrag der zu verlangenden Aequivalente, die Grundsätze auf
denen sie beruhen, allmählich ihre Anwendung auch auf die Handelsgesetzgebung anderer Länder finden werden.

An Verzögerungen und Schwierigkeiten wird es dabei nicht fehlen.
Finanzielle Verlegenheiten, welche den kräftigsten Grund für die Erleichterung eines beschränkenden Zollsystems bilden, werden als Grund
für seine Beibehaltung vorgeschützt werden; und die, welche von hohen
Schutzzöllen Vortheil ziehen, finden in einigen Ländern bei den obersten
Behörden geneigtes Ohr, in anderen bilden sie in den gesetzgebenden
Versammlungen die Majorität oder eine sehr mächtige Partei, und hier
bietet sich für sie Gelegenheit genug, um sich zum Handeln im gemeinsamen Interesse zu verbinden. Aber gegen die Macht der Beweisführung
und die offenbaren Interessen des grossen Gesellschaftskörpers können sie
nicht den Sieg davon tragen.

Die doppelte Einbusse für die Staatsfinanzen — durch die Verlockung zum gesetzwidrigen Handel, und durch die kostspieligen Vorkehrungen gegen den Schmuggel — wird Diejenigen, welche für die
finanzielle Lage ihres Staates verantwortlich sind, zu der Politik führen,
den Handel zu ermuthigen und die Staatseinkünfte zu vermehren, indem
sie an Stelle der hohen oder der Prohibitiv-Zölle solche Zölle setzen,
welche allein den Zweck haben, dem Staate Einnahmen zu verschaffen,
und nicht auf Kosten der Staats-Einnahmen Schutz zu gewähren.

Die gesellschaftliche Lage derjenigen Länder, welche das Aus-
schliessungssystem am strengsten handhaben, wird man dem Zustande
anderer, welche eine liberalere Politik ergriffen haben, entgegenhalten —
und schliesslich wird die Ueberzeugung zur Geltung gelangen, dass wir
durch Ermunterung des freien Verkehrs zwischen den Völkern der Erde
die Wohlfahrt eines jeden einzelnen fördern, und die wohlthätigen Absichten eines allweisen Schöpfers erfüllen, welcher den verschiedenen
Ländern verschiedenen Boden, verschiedenes Klima und verschiedene

Produktionsfähigkeit gegeben hat, nicht um sie von einander unabhängig
zu machen, sondern gerade im Gegentheil damit sie ihre wechselseitige
Abhängigkeit fühlen und erkennen, durch den Austausch ihrer Befriedigungsmittel die Güte der Vorsehung in Gemeinschaft geniessen, und
den Handel zum glücklichen Werkzeug machen der Förderung der
Zivilisation, der Verminderung nationaler Eifersucht und Vorurtheile,
und der Befestigung des allgemeinen Friedens sowohl durch die Rück-
sichtnahme auf nationales Interesse als durch die Verbindlichkeit christ-
licher Pflicht. Ich habe die Ehre zu sein, meine Herren, Ihr ergebener
Diener   *Robert Peel.*

Dieser Schriftwechsel erregte ebenso in England wie in
Deutschland nicht geringes Aufsehen, wenngleich aus sehr ver-
schiedenen Gründen. In *England* knüpfte sich dies Aufsehen
lediglich an den auf die Einkommensteuer bezüglichen Satz in dem
Briefe Peel's. Bei der in der Englischen Presse veröffentlichten
Rückübersetzung aus dem Deutschen war dieser Satz ungenau wiedergegeben, und durch die daran sich knüpfende Polemik sah sich
Sir Robert Peel genöthigt, sich von Elbing eine Abschrift seines
Briefes schicken zu lassen, um sich durch Vorlesung der Stelle
im Parlament gegen gewisse ihm deshalb gemachte Vorwürfe zu
rechtfertigen. In *Deutschland* war es der freihändlerische Inhalt
der Elbinger Adresse, welcher die öffentliche Meinung beschäftigte.
Die schutzzöllnerische Presse suchte die Adresse als vorlaute, von
höchst verkehrten Anschauungen ausgehende Kundgebung lächer-
lich zu machen, bewirkte aber damit nur, dass die öffentliche
Meinung in weiteren Kreisen erst recht veranlasst wurde,
sich mit der Adresse zu beschäftigen, dermaassen, dass aus ihr
weit mehr als eine Demonstration, dass aus ihr ein wirklicher
Faktor der Entwickelung wurde. Eine über exclusive Kreise von
Gelehrten und Beamten und eine geringe Zahl von Interessenten
hinausgehende populäre Freihandels - Bewegung datirt erst von
jener Zeit, und die Wirkung, welche in dieser Beziehung die
Englische Tarifreform auf Deutschland ausübte, wurde wesentlich
durch die Elbinger Adresse und die sich an sie knüpfende Zeitungs-
Polemik vermittelt — während der sonstige Inhalt der Adresse
ohne Einfluss blieb. Für die Bankfrage bildete sich in Deutschland, wie schon oben erwähnt, erst weit später in weiteren Kreisen
ein Verständniss. während über die *Einkommensteuer* auch inner-

halb der freihändlerischen Partei die Ansichten erheblich geschwankt
haben. Den in der Adresse den »direkten« Auflagen vor den
»indirekten« nachgerühmten Vorzug kann man einräumen, ohne
dass damit über die Frage, in welchem Umfange etwa die letzteren
durch die ersteren zu ersetzen wären, etwas entschieden würde.
Prince-Smith kam in seinen eigenen Betrachtungen, soweit sie das
Steuerwesen mehr nur streiften, als dass sie näher darauf eingegangen wären, kaum über den bezeichneten Satz in der Adresse
hinaus und fand sich mit den Schwierigkeiten der Abschaffung der
indirekten Steuern lediglich dadurch ab, dass er gelegentlich
erklärte, er wünsche »so viel als möglich« zu direkter Besteuerung
überzugehen, ohne sich über die Grenzen dieser Möglichkeit näher
zu äussern. An den Untersuchungen über die Grund- und Gebäude-
steuer als Kommunalsteuer, über die Stempelsteuern etc., wodurch
die ihm zunächst stehenden seiner Schüler und Freunde mehr und
mehr dahin kamen, die Einkommensteuer nur in beschränktem
Umfange als wirthschaftlich zu rechtfertigende Steuer anzusehen,
nahm er keinen hervorragenden Theil; doch blieb er den Phantasieen
über die Einkommensteuer als »einzige Steuer« nicht nur im Allgemeinen fern, sondern er war auch positiv mit der Forderung
einverstanden, dass der Haushalt der Kommunen wesentlich auf die
ihnen zu überweisende Grund- und Gebäude-Steuer zu basiren sei.

Wie sehr nun aber die Elbinger Adresse in jener Zeit, in
welcher das öffentliche Leben noch immer so einförmig sich entwickelte, als ein »Ereigniss« angesehen wurde, dafür liegt noch
ein eigenthümlicher Beweis in dem Versuche, welcher gemacht
wurde, Prince-Smith das Verdienst als Verfasser der Adresse
streitig zu machen. In der »Elbinger Zeitung« wurde, bald nachdem die Adresse abgesandt war, die Behauptung aufgestellt,
Prince-Smith habe die Idee und den Entwurf zu der Adresse,
welche von einer anderen Person ausgegangen sei, sich angeeignet
um *seinen Namen* dabei in den Zeitungen anbringen zu können.
In Folge dessen, und auch deswegen, weil eine Art von politischer
Demonstration der Adresse beigemengt worden, hätten sich sowohl
Derjenige, von dem die Idee ausgegangen, als auch die Chefs der
städtischen Kollegien, welche die Sache zuerst auffassten und sich
dabei betheiligen wollten, gänzlich davon zurückgezogen.

An diesem Angriffe gegen Prince-Smith war (wie sich aus verschiedenen darauf bezüglichen Mittheilungen in den »Börsennachrichten der Ostsee«, welche die Adresse zuerst veröffentlicht hatten, ergiebt) nur das Eine wahr, dass der Mann, welcher angeblich, und vielleicht auch wirklich, die Adresse ursprünglich angeregt hatte, sich davon zurückzog; und zwar wegen des Satzes, in welchem es heisst, Peel habe den Vorzug in einem Staate zu wirken, »wo freie Presse und freie Rede den Kampf der politischen Intelligenzen rastlos fortführen bis das Vernünftige siegt«. Gewiss karakteristisch, dass Derjenige, welcher sich rühmt, die Adresse angeregt zu haben, einen solchen Satz zum Anlass nimmt, sich bei der Ausführung seines Gedankens nicht zu betheiligen. Im Uebrigen verfehlte die in der Mittheilung der »Elbinger Zeitung« enthaltene Bosheit gegen Prince-Smith um so vollständiger ihren Zweck, als die bald darauf erfolgende Antwort Peel's nicht nur von den Unterzeichnern der Adresse, sondern von der gesammten intelligenten Einwohnerschaft Elbings als eine der Stadt erwiesene Ehrenbezeugung aufgefasst wurde.*) Das Hauptverdienst darum wurde nunmehr dem Verfasser der Adresse, Prince-Smith, von keiner Seite mehr bestritten.

Bald darauf verliess Prince-Smith Elbing, um nach *Berlin* überzusiedeln. Zunächst dachte er wohl nicht daran, sich dauernd dort niederzulassen. Aus der Mitte der politischen Notabilitäten, welche es zu jener Zeit unternommen hatten, eine grosse liberale Zeitung — die »Deutsche Zeitung« — in's Leben zu rufen, wurde betreffs Uebernahme der Redaktion des handelspolitischen Theils unter Anderen auch mit Prince-Smith verhandelt; ohne Zweifel waren es die der Provinz Preussen angehörigen freihändlerischen Mitglieder des Komités, welche auf ihn die Aufmerksamkeit gerichtet hatten. Doch die schutzzöllnerischen Mitglieder aus dem Westen und Süden trugen den Sieg davon, und so fiel die Wahl an Stelle von Prince-Smith auf *Hoefken* (welcher später in österreichische Staatsdienste trat). Damit wurde die entscheidende

---

*) Das Schreiben Peel's wurde als werthvolles Dokument lange Zeit in der Gymnasialbibliothek aufbewahrt. Wohin es später gekommen ist, konnte ich auf eine desfallsige Anfrage nicht erfahren.

Wendung im Leben Prince-Smith's herbeigeführt: sein Aufenthalt in Berlin wurde ein dauernder; und statt den bei seinem
ganzen Wesen doch höchst zweifelhaften Versuch mit der in vieler
Hinsicht mechanischen Thätigkeit eines Zeitungsredakteurs zu
machen, ging er auf der bereits mit Erfolg betretenen Bahn der
freien agitatorischen Thätigkeit weiter, indem er vor Allem dahin
strebte, der bisher fast ausschliesslich mit publizistischen Mitteln
betriebenen freihändlerischen Agitation in irgend welchen Vereinen
einen festen Halt und die Möglichkeit allgemeineren und tieferen
Einflusses zu verschaffen. Eine Vereinsthätigkeit wie sie in
England gerade auf dem Gebiete der handelspolitischen Reform so
Grosses geleistet hatte, indem die Abschaffung der Getreidezölle
recht eigentlich das Werk der anti-cornlaw-league bildete, war
damals in Deutschland noch so gut wie unbekannt. Ihr in Berlin,
wo bis dahin nur mehr oder minder verfehlte Versuche damit
gemacht waren, Eingang zu verschaffen, das war das erste Verdienst, welches sich Prince-Smith nach seiner Uebersiedelung
dorthin erwarb.

Nachdem er durch Anknüpfung von persönlichen Beziehungen
den Boden dafür einigermaassen vorbereitet hatte, wurde am
11. Dezember 1846 in der damaligen Börse eine erste
Versammlung zur Stiftung eines *Deutschen Freihandelsvereins*
gehalten, welcher am 16. eine zweite folgte. Es war ein enger
Kreis von industriellen und kommerziellen Notabilitäten und Gelehrten, der sich hier zusammenfand; um so höher stand das Ziel,
welches den Theilnehmern bei ihren Berathungen vorschwebte:
noch ehe man mit einem Vereine für Berlin zu Stande gekommen
war, dachte man an die Bildung von Zweigvereinen in den grösseren
Provinzialstädten. Hinterher zeigten sich Schwierigkeiten mancherlei
Art, unter denen die polizeilichen nicht die geringsten waren.
Schon hiess es in der schutzzöllnerischen Presse, das Unternehmen
sei aufgegeben, und dahin wäre es auch ohne den unermüdlichen
Eifer von Prince-Smith gekommen. Endlich, am 7. April 1847,
fand zur Konstituirung des Vereins im Börsensaale eine Versammlung von mehr als 200 Personen, zum überwiegend grösseren
Theile aus dem Kaufmannsstande, statt. Prince-Smith eröffnete
die Versammlung mit einem Vortrage, in welchem er zuerst die

Theorie des freien Handels entwickelte, dann die Konkurrenzfähigkeit des Zollvereins gegenüber dem Auslande nachwies, und
endlich als Zweck des Vereins die Verbreitung richtiger Ansichten
über die Zweckmässigkeit des freien Handels aufstellte. Der Vortrag rief die lebhafte Opposition verschiedener Kaufleute und
Publizisten hervor, welche den Verein nicht von vornherein als
Organ der Freihandels-Partei konstituirt wissen wollten, sondern
als einen solchen, in welchem die Frage: »ob Freihandel oder
Schutzzoll?« erst erörtert und zum Abschluss gebracht werden
solle. Das Ergebniss der Verhandlungen war, dass von den Anwesenden 65 dem auf Grund der vorgelegten Statuten zu bildenden
Vereine durch ihre Namensunterschrift beitraten, eine Zahl, welche
sich demnächst auf 85 vermehrte.*) Während der vorbereitenden
Verhandlungen war der Verein als »wissenschaftlicher Verein für
Handel und Gewerbe« bezeichnet; an Stelle dieser weitschweifigen

------

*) Das in mancher Beziehung noch jetzt interessante vollständige
Namensverzeichniss lasse ich hier folgen:

Adenburg. Arndt, Dirigent der Güterexpedition der Berlin-Ham-
burger Eisenbahn. *Dr. Asher,* Direktor derselben Bahn. *G. Bauke.*
Wm. Beer. Theodor Behrend. F. Behrendt. A. Bergmann. Dr. Bettziech.
A. Bloch. C. Breest. H. C. Carl. H. L. Cochoy. Lion M. Cohn.
Julius Curtius. Julius David. Dieterici, Prof. *M. Dinglinger.*
Dr. Doenniges. Dorn, Justizrath. *H. J. Dünnwald. Dyrenfurth.*
Ebeling. E. Elsner. F. Eltze. Dr. Karl Friedlaender. S. M. Fried-
heim. Th. Goldschmidt. J. A. Günther. Moritz Güterbock. Wm.
Holfelder. v. Kall. Koselak. F. W. Krause. E. Kuhn. D. J. Leh-
mann. S. Lessing. Dr. H. Lessing. S. A. Liebert. Louis Liepmann.
W. Lipke. Lobeck. Mac Lean. Dr. Maron. Joseph Mendelssohn.
Dr. F. A. Märcker. Heinr. Mertens. Moritz. Mühlberg & Schemioneck.
Naunyn. C. Noback. F. Noback. Nobiling. L. F. Ossent. Gust.
Pfeiffer. J. Philippi. J. Prince-Smith. L. Ravené. Leonor Reichen-
heim. Römelt (Cottbus). *Rüffer. Dr. Rutenberg. J. Salzmann.*
Theod. Sarre. Schnoekel. Gervasi Schomburg. Wm. Schönlanck.
W. Steinthal. C. H. Schwendy. Moritz Seldis. Julius Springer.
B. F. Stein. Eduard Steinthal. Dr. Stubbe. A. F. Thiele. Dr. W.
Uhde. E. W. Ullmann. C. Wesenfeld. Dr. Wiss. Dr. Wöniger.
C. Wolff. L. G. Wolff. J. Wolff. Heinr. Wollheim. Ziegler.

und unbestimmten Bezeichnung trat jetzt der kurze und jede Zweideutigkeit ausschliessende Name »Freihandelsverein«.

Auch jetzt noch verging längere Zeit, ehe der Verein in einen regelmässigen Gang kam. Obgleich es ihm nicht an Mitgliedern fehlte, welche den Freihandel auch wissenschaftlich zu vertreten im Stande waren (wie z. B. *Doenniges*, der ein noch heute werthvolles Werk unter dem Titel: »Das System des freien Handels und der Schutzzölle mit vorzüglicher Rücksicht auf den deutschen Zollverein« herausgegeben hatte), so war doch nach wie vor Prince-Smith das eigentlich belebende Element des Vereins. Um so mehr befestigte und verbreitete sich das Ansehen, welches Prince-Smith als Führer der freihändlerischen Bewegung genoss.

Bald hatte er denn auch Gelegenheit, als Vertreter der deutschen Freihandelspartei auf dem ersten internationalen Kongress zur Behandlung wirthschaftlicher Fragen aufzutreten. Der *Belgische Freihandelsverein* hatte einen Aufruf zu einem allgemeinen Kongress erlassen, der am 16. September 1847 in *Brüssel* zusammentreten sollte, und zu welchem eingeladen waren: die Abgeordneten gelehrter Gesellschaften und öffentlicher Verwaltungsbehörden in Bezug auf die Fächer der Staatsökonomie und Statistik; öffentliche Beamte, Mitglieder der gesetzgebenden Versammlungen, Publizisten, Schriftsteller, Finanzmänner, und überhaupt alle solche Personen, die sich mit den Fragen und Interessen, über welche der Kongress berathen sollte, ernstlich beschäftigen. Die Berathungen des Kongresses sollten umfassen: 1) die allgemeinen staatsökonomischen Grundsätze und Lehren der Freihandelspartei; 2) das besondere Interesse oder die besonderen Gründe, welche ein Land *für* oder *gegen* den freien Handel anführen kann; 3) den Einfluss des Freihandelssystems auf die Lage der arbeitenden Klassen; 4) den Einfluss desselben auf Wissenschaft, Kunst und Zivilisation im Allgemeinen, wie auf den Frieden, dieses Resultat freundschaftlicher Beziehungen unter den Völkern insbesondere. »Der Belgische Freihandelsverein«, hiess es in dem Aufruf, »hält Brüssel für den geeignetsten Ort zu einem solchen Kongresse, da es gleichsam im Mittelpunkte der übrigen Länder liegt, die Gesetze des Landes einer Vereinigung von Männern aus allen Weltgegenden kein Hinderniss in den Weg legen, möge auch die Anzahl der Mitglieder noch so gross sein, weil ferner keine Polizei und keine andere Macht Jemanden am freien Aussprechen seiner Meinungen in unserem Lande hindern kann, und endlich weil von hier aus die schnellste Kommunikation mit allen übrigen Ländern möglich ist.«

Ungefähr 170 Personen stark trat der Kongress am bestimmten Tage zusammen; fast alle Hauptstaaten Europa's waren vertreten: England, Frankreich, Italien, Spanien, Belgien, Holland, Dänemark, Schweden, Deutschland, Russland und die Moldau (ausserdem nennt das Mitgliederverzeichniss einen Polen, den Grafen Lubinski aus Posen). Aus Amerika waren ein »Delegirter von Ohio« und ein »Delegirter des Handels-Direktors« (directeur du commerce) der Vereinigten Staaten erschienen. Aus Deutschland zählte der Kongress 9 Mitglieder, darunter aus Berlin ausser Prince-Smith auch Dr. Asher, eins der thätigsten Mitglieder des dortigen Freihandelsvereins, welcher auch zu einem der vier Vicepräsidenten des Kongresses erwählt wurde. (Präsident war der Belgier Herr v. Brouckère.)

Nur ungefähr drei Schutzzöllner hatten sich eingefunden, darunter auch der eine Vertreter Deutschlands, Literat *Rittinghausen* aus Köln (der auch auf dem volkswirthschaftlichen Kongress zu Köln im Jahre 1860 als Schutzzöllner auftrat, und dem Deutschen Reichstage in der Legislaturperiode 1877/78 als sozialdemokratisches Mitglied angehörte). Dieser hielt eine längere Rede, in welcher er die beiden Sätze aufstellte: 1) der Werth der Waaren und folglich der ganze Handel beruhe auf zwei Faktoren: dem Stoff und der Arbeit. 2) Jemehr man von dem einen dieser beiden Faktoren empfange, desto mehr müsse man von dem andern zahlen. Jemehr Arbeit man empfange, desto mehr Stoff müsse man dafür geben; man bleibe also reich an unbeschäftigten Armen, welche bald ein negativer Werth, eine Last würden, und man werde arm an den zum Leben unentbehrlichsten Verbrauchsgegenständen. Viel Arbeit gegen Stoff und wenig Stoff gegen Arbeit auszutauschen, das also sei die richtige Handelspolitik, die unglücklicher Weise von gewissen Nationen noch nicht erkannt sei, während die Engländer sie praktisch handhabten, indem sie durch die billigen Preise ihrer Fabrikate andere Länder ausbeuteten.

Prince-Smith erwiderte darauf:

„Man hat uns gesagt, dass die Engländer die fremden Länder
mittels niedriger Preise ausbeuten, d. h., dass die Engländer zu billig
verkaufen; mit anderen Worten, dass sie zu viel Waaren für eine gewisse
Summe Geld geben, oder dass sie zu wenig Geld für eine gewisse Menge
Waaren nehmen. Ich frage, wie kann man ein Land ausbeuten, indem
man ihm für wenig Geld zu viel Waaren giebt oder für viel Waaren zu
wenig Geld fordert!"

Allgemeines Gelächter und anhaltender Beifall folgte der
drastischen Beweisführung. Am andern Tage kam *Prince-Smith*,
abermals unter lebhaftem Beifall, etwas ausführlicher auf den
Gegenstand zurück:

„Herr Rittinghausen hat mit der Behauptung begonnen, dass man
zwischen dem Stoff und der Arbeit unterscheiden müsse. Da liegt der
Keim seines Trugschlusses. Stoff (matière) ist Sauerstoff, Wasserstoff,
Kohlenstoff; darum aber handelt es sich nicht; es handelt sich um
Materialien, nicht um Stoff. Die Materialien sind selbst die Frucht
einer Arbeit, man findet sie nicht; ich wüsste nicht, dass man in den
Strassen von Brüssel Mahagoniholz, Kupfer u. dgl. fände. Herr Rittinghausen kommt dann mittels einiger merkwürdiger Schlüsse, welche, wie
er sich ausdrückt, seinem Fundamental-Satz die Weihe der Logik geben
sollen, zu der noch merkwürdigeren allgemeinen Regel: „Viel Arbeit
gegen Stoff und wenig Stoff gegen Arbeit auszutauschen, das muss die
Handelspolitik der Völker sein." Ich will nicht all' den Scheinbeweisen
folgen, welche diese sich so nennende Weihe der Logik bilden. Ich
will alle Verallgemeinerung vermeiden, die Abstraktion verlassen und
die Frage von einem ganz speziellen und praktischen Gesichtspunkte
untersuchen. Herr Rittinghausen bietet mir selbst dazu die Gelegenheit;
denn indem er zeigen wollte, in wie verschiedenem Verhältniss seine
beiden Faktoren, Stoff und Arbeit, bei verschiedenen Waaren betheiligt
sind, fordert er uns auf, ein Pfund Mehl mit einem Pfunde Nadeln zu
vergleichen. Wohlan, machen wir diesen Vergleich. Zunächst muss
man nicht glauben, dass man ein Pfund Nadeln mit einem einzigen
Pfunde Mehl kauft; wäre das aber möglich, so müsste man sich davor
hüten zu glauben, dass dabei der Mehl-Verkäufer verlieren würde. Im
Handel tauscht man nicht ein gewisses Gewicht einer Waare gegen ein
gleiches Gewicht einer anderen Waare, nicht Pfund für Pfund, sondern
Werth gegen Werth. Man giebt also für ein Pfund Nadeln vielleicht
zwanzig Zentner Mehl und die Herstellung von zwanzig Zentnern Mehl
erfordert ebenso viel Arbeit, wie die von einem Pfunde Nadeln. Indem

man diese beiden Aequivalente austauscht, giebt man von beiden Seiten
gleichviel Arbeit. Aber man giebt auch von beiden Seiten gleich viel
Stoff; denn zur Produktion von einem Pfunde Nadeln genügt offenbar
nicht ein wenig Rohstahl; man gebraucht dazu Werkstätten, Maschinen,
Brennmaterial, Nahrung und Kleidung für die Arbeiter, d. h. eine
grosse Menge stofflicher Gegenstände, welche bei der Fabrikation von
Nadeln verbraucht werden; diese durch die fertige Waare repräsentirten
Gegenstände bilden das, was man den Arbeitswerth nennt, und bestimmen den Preis oder Tauschwerth des Produkts der Handarbeit. Ich
komme zu dem Schlusse, dass die Handelspolitik nur Zeit verlieren
würde, wenn sie sich damit beschäftigen wollte, über Stoff und Arbeit
als Elemente des Werthes zu theoretisiren, und dass das ganze Schutzsystem ebenso trügerisch ist, wie diese nichtige Unterscheidung, welche
ihm zu einer neuen Grundlage hat dienen sollen."

Noch ein drittes Mal, gegen den Schluss des Kongresses,
nahm Prince-Smith das Wort gelegentlich des von dem Grafen
Arrivabene, Vizepräsidenten der Belgischen Freihandels-Gesellschaft,
gestellten Antrages, wonach der Kongress, obgleich von der Wahrheit des Prinzips der Handelsfreiheit überzeugt, doch bei dem
gegenwärtigen Zustand der Geister seine Meinung dahin aussprechen
sollte, dass die Handelsfreiheit nur allmählich hergestellt werden
könne. Prince-Smith erklärte: bisher habe man nur Theorieen
erörtert; das habe ihn sehr interessirt, doch der Zweck seiner
Reise sei ein anderer gewesen. » Wir sollten die praktischen
Maassregeln erörtern, welche bei unseren Regierungen geltend zu
machen sind; darüber müssen wir einen Beschluss fassen. Was
mich betrifft, so bin ich dem Vorschlage der allmählichen Abschaffung (der Zölle) abgeneigt, das würde zu viel Zeit kosten. «
Er beantragte aber keine dahin gehende Erklärung, sondern nur
die Vertagung des Antrages des Grafen Arrivabene, weil es zu
einer eingehenden Erörterung an Zeit fehle. In der kurzen Debatte
hierüber, welche mit der Annahme des Vertagungsantrages endigte,
fügte Prince-Smith noch hinzu: er glaube, das System der allmählichen
Abschaffung der Zölle könne dem Handel mehr Schaden als Nutzen
bringen. Zum Beweise erinnerte er an die Geschichte von dem
Manne, welcher seinem Hunde den Schwanz abschneiden wollte,
ohne ihm weh zu thun, und ihm deshalb täglich ein kleines Stück

abschnitt — eine Geschichte, welche seitdem oft als Argument in den Fragen der Zollpolitik gedient hat.

Der Kongress schloss seine dreitägigen Verhandlungen mit einem glänzenden Bankett, welches der Belgische Freihandels-Verein den fremden Mitgliedern des Kongresses gab, und woran eine Menge Bankiers und Fabrikanten aus Brüssel und anderen Orten Belgiens Theil nahm. Dieses Bankett mit seinen stürmisch beklatschten Toasten bildet den Höhepunkt jener ersten Periode der Europäischen Freihandelsbewegung, welche in der Englischen Tarifreform ihren grossen Triumph gefeiert hatte, und welche ohne Zweifel schon damals auch in einem grossen Theile des Kontinents zu praktischen freihändlerischen Reformen geführt haben würde, wenn nicht die Revolution des Jahres 1848 mit ihren Folgen dazwischen getreten wäre. Von dem eigentlichen Gegenstande meiner Darstellung scheint es mir nicht zu weit abzuliegen, wenn ich hier, zur Karakteristik der dem Gedächtniss des heutigen Geschlechts längst entschwundenen Stimmung jener Zeit, welche im Sturmschritt einer friedlichen Entwickelung die höchsten Ziele politischer und sozialer Entwickelung erreichen zu können glaubte, einen kurzen Bericht über die bei dem Bankett ausgebrachten Toaste einfüge. »Auf die Handelsfreiheit« trank Graf *Arrivabene*. »Die auswärtigen Mitglieder« liess Advokat *Faider*, Secretär des Belgischen Freihandelsvereins, leben. Ihm dankte im Namen der Fremden der *Herzog von Harcourt*, Präsident des Pariser Frei-handelsvereins, Mitglied der Pairs-Kammer. Er sprach dabei die Hoffnung aus, dass bald alle Völker der Erde sich um das Banner des freien Handels schaaren werden, »denn ich nehme keinen An-stand es auszusprechen, dass nächst dem Evangelium die Handels-freiheit das zivilisirendste Element ist.« Oberst *Thompson*, Dele-girter der Städte Bradford, Huddersfied, Sheffield und Sunderland, Mitglied des Englischen Parlaments, trank »auf das Wohl aller Asso-ziationen.« In erster Reihe gelte sein Trinkspruch den Assoziationen für das Freihandelssystem, sodann aber auch allen übrigen; denn in freien Ländern sei eins der ersten Rechte, zusammen zu kommen und sich gemeinschaftlich und öffentlich zu besprechen. Die Aus-übung dieses Rechts stähle und stärke die betreffenden Nationen. »In England haben wir ebensowenig vor den Arbeitervereinen

Furcht, als vor irgend welchen anderen Vereinen. Ich kann nur
wünschen, dass diese Institution in die Sitten aller Völker über-
gehe. Wenn irgend die Grundlagen eines ewigen Friedens unter
den Völkern gelegt werden können, so geschieht es durch
Assoziationen wie die unsrige.« (Lauter Beifall.) Herr *Wolowski*,
Professor der industriellen Gesetzgebung an Konservatorium der
Künste und Gewerbe zu Paris: »Auf die Gesundheit der Arbeiter.«
»Man warf uns diesen Morgen vor, dass an dem Kongresse keine
Arbeiter theilnahmen. Man wird uns aber wenigstens nicht sagen
können, dass die lebhafteste Sympathie für die Arbeiter in unserem
Sitzungssaale gefehlt habe. Das Ziel, das wir mittels der Handels-
freiheit zu erreichen hoffen, ist, das Loos unserer arbeitenden
und leidenden Mitbürger zu verbessern.« (Beifall.) Herr *Rittinghausen:* »Obgleich verschiedener Ansicht, haben wir doch Alle
das nämliche Ziel vor Augen: Verbesserung der Lage der arbeitenden Klassen. Das sprach unser Herr Präsident unter dem lauten
Beifall Aller aus. Darum auf das Wohl des Herrn *v. Brouckère!*«
Herr *Suringar*, Präsident der Holländischen Gesellschaft zur
moralischen Hebung des Volkes, sprach gegen den Krieg: »Die
Souveräne werden klug genug sein, ihn nicht zu provoziren. Wir
reihen uns unter die Fahne des Heils der Völker und des freien
Handels, die uns mit Gottes Hülfe zum ewigen Frieden führen
wird.« Herr *Bowring*, Mitglied des Englischen Parlaments:
»Auf die Verschmelzung und heilige Allianz der Völker.« (Donnernder
Beifall). Den Schluss bildete ein Hoch auf *Sir Robert Peel*,
ausgebracht von dem Präsidenten Herrn *v. Brouckère.*

Für Prince-Smith knüpfte sich an seine Theilnahme an dem
Kongresse eine Polemik mit der »Trier'schen Zeitung«, welche den
Kongress im allgemeinen und die Aeusserungen von Prince-Smith
im besonderen zum Gegenstande eines lebhaften Angriffes machte.
Die Antwort, welche Prince-Smith darauf in den »Börsen-Nach-
richten der Ostsee«*) gab, ist auch heute noch interessant genug,
um sie in der Hauptsache hier wieder zu geben. Zunächst bezieht
sie sich auf die Polemik der »Trier'schen Zeitung« gegen seine
Aeusserungen auf dem Kongresse.

---

*) Oktober und November 1847.

Prince-Smith sagt:

Als Herr Rittinghausen auf dem Kongresse üusserte, dass die Engländer, durch zu grosse Wohlfeilheit ihrer Produkte, andere Nationen bedrückten, sagte ich: „Zu grosse Wohlfeilheit hiesse nur mit andern Worten, dass man zu viel Waare für eine gewisse Geldsumme gäbe, oder zu wenig Geld für eine gewisse Waarenmenge nähme. Ich büte daher um nähere Erklärung, wie man überhaupt durch Zuvielgeben oder Zuwenignehmen Andere bedrücken könne." Darauf erwidert die Triersche Zeitung: „Einem Lande zu viel Waaren geben und zu wenig Geld von ihm fordern, heisst, seine industrielle, seine Kraft überhaupt einschläfern, es von der Arbeit entwöhnen; forderte man ihm mehr Geld ab, so würde es sich besinnen und vielleicht selbst arbeiten." Hier ist eine Einigung über den Ausgangspunkt und die Richtung der Erörterung nöthig. Entweder denkt die Trier'sche Zeitung an die Entziehung des Metallgeldes aus einem Lande — oder sie giebt zu, wie jetzt selbst die meisten Gegner der Handelsfreiheit es thun, dass ein Land auf die Dauer nur mit den Produkten seiner Arbeit kauft. Von diesem Satze, dessen Begründung ich, auf Verlangen, umständlich geben will, gehe ich jetzt aus. — Gesetzt also, dass man in einem Lande mit der Arbeit eines Tages nur *ein* Pfund eines gewissen Verbrauchsmittels, dagegen im Auslande mit der Arbeit eines Tages *zwei* Pfund desselben, also doppelt so wohlfeil erzeugen kann. Wenn man nun im gedachten Lande, jenen Umstand benutzend, mit seiner Arbeits- und Kapitalskraft nicht jenes Verbrauchsmittel, sondern ein anderes erzeugt, wovon man daselbst bei gleichem Aufwande ebenso viel als im Auslande herstellen kann, und dies andere als Kaufmittel beim Ausländer gebraucht, so erreicht man, durch die Arbeit eines Tages, zwei Pfund auf dem Wege der Einfuhr, anstatt des einen Pfundes vermittelst einheimischer Verfertigung. Die Beschäftigung für Arbeit ist für den Augenblick in beiden Fällen gleich gross, nur die Menge der durch die Arbeit erlangten Verbrauchsmittel ist, wegen der zweckmässigeren, den Naturverhältnissen angemesseneren Verwendung der Arbeit, in dem einen Falle doppelt so gross, als in dem anderen. Da man aber seine Kapitale in dem Maasse rascher vermehren kann, in welchem man, durch Verwendung seiner Produktionsmittel, mehr Verbrauchsgegenstände erzielt, so wird auch im Verfolge durch Einführen dessen, was man billiger kaufen als selber herstellen kann, die Nachfrage nach Arbeitskräften am raschesten vergrössert. Diese Ansicht bildet den Grund der Forderung eines unbedingt freien Handels und zwar im eigenen Interesse des eigenen Landes, welches dadurch die Freiheit erlangt, möglichst viele Verbrauchsmittel, durch naturgemässeste Verwendung seiner Produktivkräfte, zu erzielen. Sollte man mir dagegen einwenden: „das Ausland kann vielleicht *alle* Verbrauchsmittel mit geringerem Aufwand herstellen, und dann gäbe es kein einheimisches Produkt, welches als Kaufmittel beim Ausländer Abnahme fände", so erwidere ich, dass dieser Schluss nicht richtig ist; denn, die Voraussetzung zugegeben, so würde ein Produktentausch dennoch fortbestehen, weil das produktionsfähigere Land es am vortheilhaftesten finden würde, seine Mittel *ausschliesslich* denjenigen Zweigen, in denen seine Ueberlegenheit am *grössten* wäre, zu widmen, und solche Produkte, bei deren Herstellung seine Vorzüge verhältnissmässig geringer wären, *einzuführen.* Uebrigens habe ich, abgesehen von aller Theorie, den gedachten Einwand gegen die faktische Forderung der Handelsfreiheit für das heutige Deutschland, dadurch entkräftet, dass ich aus den Ein- und Ausfuhrlisten nachgewiesen habe, wie die Gewerbswaaren des Zollvereins aus sämmtlichen Industriezweigen (die Halbfabrikate zum Theil ausgenommen) hinlänglich mit dem Auslande jetzt wirklich konkurriren. Die von den Handelsmärkten und Hafenplätzen entfernten Herren wissen nur nicht, welche tausenderlei Dinge, Produkte des Deutschen Gewerbfleisses, an's Ausland täglich abgesetzt werden, und wie unendlich viele Zweige desselben, bei Freiheit des Handels, einen sehr bedeutenden Umfang gewinnen müssten.

Um nun auf den Ausspruch der Trier'schen Zeitung zurückzukommen: „Einem Lande zu viel Waaren geben und zu wenig Geld von ihm fordern, heisst seine industrielle, seine Kraft überhaupt einschläfern, es von der Arbeit entwöhnen", so habe ich mich redlich bemüht, denselben nicht misszuverstehen. Er scheint die Besorgniss zu äussern, dass eine zu leicht erreichte Befriedigung, wie z. B. in den Tropenländern bei rohen Völkern mit sehr geringen Bedürfnissen, der Entwickelung gewerblicher Thätigkeit hinderlich sein könne. Aber von solchen kulturlosen Völkern unter einem Klima, welches die körperliche Ruhe zum Hauptbedürfniss macht, ist bei der Freihandelsfrage keine Rede, und gewiss vermöchte keine Douanenlinie solche industriell zu machen. Man darf nicht in diese Frage Umstände einmischen, welche von Einflüssen herrühren, die mit der Wirkung internationaler Konkurrenz nichts gemein haben; man darf nicht, wie geschehen, aus dem staatswirthschaftlichen Zustande der Türken Schlüsse für die industrielle Lage des Grossherzogthums Berg ziehen. Wenn aber eine Nation, durch Beschaffenheit ihrer Race, des Klimas, ihrer Lage, ihrer Regierung und Eigenthumsgesetze zur Erwerbsarbeit überhaupt befähigt ist, dann steigert sich ihre Thätigkeit jedesmal in dem Maasse, in welchem sie durch das Arbeiten mehr Verbrauchsmittel sich verschaffen, mehr und höhere Bedürfnisse sich angewöhnen, ihre Kultur überhaupt steigern und Kapitalien rascher ansammeln kann. Der Arbeitsame arbeitet stets in dem Maasse emsiger, als seine Arbeit lohnender wird. Durch die unter Handelsfreiheit sich bewerkstelligende Arbeitstheilung zwischen den verschiedenen Nationen wird die Arbeit für jede derselben lohnender, folglich bietet gerade die Handelsfreiheit für kultur- und erwerbsfähige Völker die sicherste Anregung zur industriellen Thätigkeit. — Wenn die in Rede stehende Theorie der Trier'schen Zeitung in Wahrheit begründet wäre, so müsste das wohlfeile Einkaufen von ausserhalb ebenso gut eine Grafschaft oder eine Stadt, als ein Land einschläfern und von der Arbeit entwöhnen. Demnach liefen Kent oder London Gefahr, durch die Wohlfeilheit der aus Manchester und Birmingham gesendeten Waaren ihrer Anstrengungsfähigkeit beraubt zu werden! — Doch verlasse ich die theoretische Erörterung, um auf die wirkliche Sachlage und zwar zunächst der Deutschen Erwerbsverhältnisse, schliesslich zurückzukommen. Demnach frage ich, ob die freie Einfuhr wohlfeilen Gespinnstes aus England die industrielle Kraft der Weber, Färber, Drucker und sämmtlicher Verbraucher von gewebten Stoffen in Deutschland einschläfere, oder diejenigen deutschen Spinnereien, welche in günstiger Lokalität zweckmässig eingerichtet sind, von der Anstrengung entwöhnen würde? Ferner: ob das freie Einführen des wohlfeilen Roh- und Stabeisens aus England die Hüttenarbeiter, Schmiede, Schlosser, Maschinenbauer, und alle Verfertiger und Verbraucher von Eisengeräth unthätig, oder diejenigen Berg- und Hüttenwerke, welche nicht gar zu arm an Erz und Brennstoffen sind, weniger betriebsam machen würde?

Auf ihre eigenen Argumente allein verlässt sich die Trier'sche Zeitung nicht. Sie stützt sich mit ganz besonderem Nachdrucke auf ein dem Kongresse vorgelesenes „motivirtes Urtheil" von Don Ramon de la Sagra. Sie nennt dasselbe „einen genialen Exkurs"; ist der Meinung, „dass man etwas so Gescheidtes nicht alle Tage hört", und macht mir namentlich bemerkbar, wie ich daraus hätte ersehen sollen, „dass man wohl ein Land *ausbeuten* kann, indem man ihm *zu wenig Geld abfordert*, oder *zu viel Waaren giebt.*" Don Ramon motivirt sein Urtheil wie folgt:

„A., B., C. sind drei Völker. A. ist reich, wie England; B. ist reich, wie Frankreich; C. ist arm, eine Insel, die irgendwo liegt, ohne Ackerbau, ohne Industrie, deren ganzer Reichthum, deren ganze Bevölkerung in einem Kaufmanne, mit einem Schiffe und einem geringen Kapitale besteht. Dieser Kaufmann heisst X. Der Handel zwischen A., B., C. ist frei; der Boden frei, kann überall von Fremden, wie von Einheimischen gekauft und besessen werden. X. geht nach A. mit seinem Kapital.

Er kauft eine Waare, die in B. mehr gilt als in A. Nehmen wir an,
er bezahlt 4 dafür. Er schafft sie nach B. und verkauft sie dort für 5,
nach Erstattung aller Kosten. Das passirt alle Tage, das ist eine sehr
zulässige Hypothese. Mit dem Profite von 1 kauft X. Boden in B., und
nimmt für 4 von einer anderen Waare, die in A. mehr gilt. Er schafft
sie hin und verkauft sie für 5, auch alle Kosten abgerechnet. Mit dem
Profite von 1 kauft er Boden in A., und nimmt 4 von einer anderen
Waare, die mehr in B. gilt. X. treibt diesen Handel weiter. A. und B.
werden nach C. ausführen, um die Pacht der von X. gekauften Ländereien
abzutragen, oder vielmehr sie führen in einander aus, um X. zu bezahlen, der diese Zahlungen zum Ankauf neuer Ländereien verwendet
und neue Kapitale anlegt. Nach einer gewissen Zahl von Reisen und
Jahren, die sich leicht bestimmen lässt, werden A. und B. weder Boden
noch Kapitale mehr haben, ihre Einwohner werden für X. arbeiten, der
C. bereichert und Eigenthümer von A. und B. wird. — Ist das klar?
Ist es nicht vielleicht zu klar? Aber, wird man sagen, A. und B. werden
C., d. h. X., diesen Handel nicht erlauben. Richtig. Das wirft aber
den Satz nicht um, *dass der beste Kaufmann alle anderen ruinirt, mit
denen er in Verbindung steht.*"

Wenn wir aber diesen Satz nicht umwerfen, so ist das Ver-
dammungsurtheil nicht bloss über den freien internationalen Handel,
sondern über allen geschickt geleiteten Handel, alle „beste Kaufleute"
überhaupt gefällt. Denn A. und B. können zwei Provinzen eines und
desselben Staates sein und durch den ersten besten Kaufmann dahin
gebracht werden, „dass sie bald weder Boden noch Kapital mehr haben."
Nirgends indessen verspüren wir seitens der Grundbesitzer die Besorgniss,
als wären sie eine so leichte Beute der Kaufleute; und ebenso wenig
bei den Kaufleuten erkennen wir das Bestreben, sich durch Ländereien-
ankauf zu Alleinbesitzern von Königreichen zu machen. Dies hätte dem
Herrn de la Sagra und der Trier'schen Zeitung fühlbar machen können,
dass ihr Raisonnement, trotz der mathematisch demonstrativen Form,
wesentliche Mangel enthalten und auf einen Trugschluss geführt haben
müsse. Ich hätte geglaubt, diese Mängel lägen zu sehr auf der Hand,
als dass irgend Jemand sie übersehen sollte; da indessen die Trier'sche
Zeitung mich eines Anderen belehrt, und so gewaltigen Lärm über Don
Ramons Exkurs schlägt, der in ihren Augen „den ganzen Kongress förmlich in die Luft hob", so werden meine Leser es mir verzeihen, wenn
ich, nothgedrungen, mich anschicke, sogar das von selbst Einleuchtende
durch etwas ruhige Kritik zu beleuchten.

Hypothetisch möglich ist es, dass ein ursprünglich kleines, mit
25 Prozent Gewinn bei jedem Umsetzen genutztes Handelskapital, wovon

der Gewinn jedesmal zum Ankauf von Boden, dessen Rente wieder zum Bodenkauf verwendet würde, nach Verlauf von Jahrhunderten, wenn keine Störungen einträten, den ganzen Flächenraum zweier Staaten, A. und B., ankaufen könnte; dass mithin ein fremdländischer Kaufmann, X., als endlicher Besitzer jenes so glücklich verwalteten und angehäuften Kapitals, einziger Eigenthümer alles Bodens in A. und B. würde. („Eigenthümer von A. und B." schlechtweg, wie Don Ramon sagt, wird er nicht; denn es giebt in einem Staate, ausser dem Boden, noch viel anderes Eigenthum, möglicherweise auch von noch grösserem Betrage als der Bodenwerth. Dergleichen Nachlässigkeiten im Ausdrucke bei wissenschaftlichen Erörterungen sind sehr zu rügen, denn sie involviren häufig, wie auch hier der Fall, die ganze Frage.) Wenn aber auch, der Hypothese gemäss, die Bewohner von A. und B. keinen Grundbesitz mehr hätten, worauf stützt sich die Behauptung, dass sie *kein Kapital* mehr hätten? *Was sollen sie mit dem als Kaufgeld für den Boden empfangenen Kapitale gemacht haben?* Sollten Don Ramon und die Trier'sche Zeitung diesen Hauptpunkt ganz übersehen haben? In dem Falle wären sie offenbar unfähig, selbst die einfachsten staatswirthschaftlichen Probleme zu behandeln, und ihre Exkurse hätten keinen Anspruch auf ernstere Beachtung. Ich nehme lieber an, dass man im Exkurs stillschweigend vorausgesetzt habe, die Bewohner von A. und B. wären unfähig, ein flüssig gemachtes Betriebskapital zu nutzen und zu mehren, und hätten also die ganze empfangene Kaufsumme aufgezehrt. Gut! Man kann in einer Hypothese die Annahmen, insofern sie sich nicht widersprechen, beliebig stellen, wie man sie gerade braucht; aber um sicher zu gehen, darf nichts stillschweigend angenommen, sondern Alles muss dabei bestimmt ausgedrückt werden. Wie ganz anders nun erscheint Don Ramons Argumentation, sobald wir jene versteckt angenommene Erwerbsunfähigkeit von A. und B., welche sich unter die Schlüsse hineingeschmuggelt hat, unter die bestimmt ausgedrückte Prämisse, wo sie hingehört, bringen. Alsdann sagt im Grunde der ganze Exkurs bloss: „dass, wenn ein mit beständigem Glück und Geschick handelnder Erwerbsmann sich unter lauter Verschwendern befindet, welche ihre Güter veräussern, um den Erlös aufzuessen, er am Ende der einzige Reiche unter lauter Armen sein wird." Das bedarf keines Beweises; — aber ebenso wenig beweist es mir, dass man ein Land durch wohlfeile Preise bedrücken könne; — ich merke noch immer nicht, wie es möglich sei, durch Zuweniggeben und Zuvielnehmen Andere auszubeuten. Der Exkurs, wodurch, wie die Trier'sche Zeitung glaubt, Don Ramon es „klar, zu klar" macht, „dass der beste Kaufmann alle Anderen ruinirt, mit denen er in Verbindung steht," sündigt offenbar auf doppelte Weise

gegen die Gesetze der Logik: erstens formell, indem er eine Prämisse
als Schlussfolgerung figuriren lässt; denn wenn A und B am Ende keine
Kapitale mehr haben (wie Don Ramon ganz willkürlich *setzt*, keineswegs
folgert), so liegt die Schuld davon lediglich an ihnen selber, sie haben
sich selber ruinirt und nichts begründet den Schluss, dass sie durch X.
ruinirt worden seien; zweitens sündigt er materiell, indem er auf das
wirkliche Leben den Schluss aus einer Hypothese überträgt, deren Prämissen keinesweges mit der Wirklichkeit übereinstimmen; denn es ist
nicht im wirklichen Leben wahr, dass alle Diejenigen, mit denen der
beste Kaufmann in Verbindung steht, die in ihre Hände kommenden
Kapitale aufzehren, sie ruiniren sich ebenso wenig selber, als der Kaufmann sie ruinirt.

Den weiteren Verlauf von Don Ramons Urtheil brauche ich nicht
zu untersuchen, denn mit dem Vernichten des eben geprüften Satzes
wird alles Weitere, welches nur eine leise Amplifikation jenes Trugschlusses ist, im eigentlichen Sinne des Worts, zum „Exkurse", auf
Deutsch: Ausschweifung. Allerdings enthielt sich der Kongress zu
Brüssel, das sogenannte motivirte Urtheil des Herrn de la Sagra irgendwie zu unterbrechen, und ging darüber hinweg, als wäre nichts vorgefallen,
und zwar lediglich und allein, weil man daselbst höfliche Schonung gegen
einen kranken Gast ausüben wollte, trotzdem dass er, in seiner naiven
Exzentrizität, glaubte, von Spanien hineilen zu müssen, um einer Versammlung alter Staatswirthe das ABC ihrer Wissenschaft zu lehren. —
Die von der Trier'schen Zeitung für Don Ramon beliebte Benennung
„tropischer Denker" mag jenes Herrn Idiosyncrasie passend genug karak-
terisiren. Da aber die Trier'sche Zeitung seinen ganzen Exkurs adoptirt,
alle seine logischen Sprünge mitmacht, so sehe ich nicht ein, was sie
dazu berechtigt, sich selber in die entgegengesetzte Klasse „der Menschen
mit kälterem Urtheile" zu bringen.

Zum Schluss geht Prince-Smith auf den Vorwurf ein, welchen
die „Trier'sche Zeitung" der Brüsseler Versammlung gemacht hatte,
dass sie kein Kongress behufs wissenschaftlicher Untersuchung
sondern ein Meeting sei, wo eine Partei sich konstituirt und einen
Agitationsversuch gemacht habe.

Prince-Smith antwortet:

Ein so unwichtiges Mitglied jener Versammlung, als ich bin, darf
sich nicht anmaassen, das Wort für dieselbe zu führen und eine Erklärung
über deren Karakter zu geben. Für meine Person indessen darf ich
erklären, dass es mir niemals eingefallen wäre, „behufs wissenschaftlicher
Untersuchung" mich aus der Stille meines Studirzimmers in Berlin unter

ein Menschengewühl im Rathssaale zu Brüssel zu begeben. Das Ver-
sammeltsein und Redehalten taugt, meines Erachtens, gar nicht zum
wissenschaftlichen Untersuchen, sondern nur zum Geltendmachen der
Ergebnisse *vorangegangener* Untersuchungen.

Die Ueberzeugungen der Freihandelsmänner, wenngleich auf wissen-
schaftlichem Wege gewonnen, betreffen doch praktische Interessen, und
können nur durch die Macht einer Partei zur Geltung gebracht werden.
Und nur weil ich erwartete, dass die Freihandelsmänner des Festlandes
sich zu einer Partei, behufs thätiger Anregung ihrer Sache, konstituiren
sollten, begab ich mich nach Brüssel. Eine Debatte musste natürlich
zum Vereinigungspunkte, wenn auch nicht zum eigentlichen Zwecke,
dienen. Und wenn auch, was ich nicht leugnen will, die Freihandelsmänner zu Brüssel zum Theil ihre Reden zu sehr mit Allgemeinheiten
füllten, und die gefassten Beschlüsse bisweilen mehr diktirten als motivirten, so ist dennoch für ihre wissenschaftliche Bewegung der Gewinn,
dass sie sich der Allgemeinheiten, die bei jedem Anfange ihren Platz
haben wollen, entledigt haben. Sie haben auch das Terrain mit eigenen
Augen rekognoszirt, und aus dem Paar vorgeschobener Posten, auf die
sie stiessen, die Lage der feindlichen Verschanzungen erkannt, auf die
sie für den Entscheidungskampf ihre Operationen richten müssen. Sie
schmeichelten sich nicht, dass sie durch eine einzige grosse Schlacht
auf Belgiens Boden siegen sollten, sie wollten nur ein Heer zur beharrlichen Kriegführung bereiten. Für mein Theil bin ich mit dem, was
ich in Brüssel erreichte, zufrieden. Ich habe den Männern in's Gesicht
geschaut, welche die Freihandelsagitation in England siegreich vollendet
und in Frankreich mit glänzendem Talente angefangen haben, und habe
dadurch mir einen klaren Begriff von den Eigenschaften und Mitteln
verschafft, welche zur populären Verfechtung einer Parteifrage nöthig
sind. Mit fernen Freihandelsvereinen habe ich auch einen Schriftverkehr
angeknüpft und ein Zusammenwirken verabredet, wodurch die Bestrebungen hiesiger Freihandelsvereine gefördert werden dürften. Die Grundlagen und Anknüpfungspunkte sind da, — jetzt soll es sich erweisen,
ob die Freihandelsmänner in Deutschland die Wichtigkeit ihrer Sache
hinlänglich fühlen, um sich vereint anzustrengen, und beharrlichen Fleiss
genug besitzen, um ihren Anstrengungen einen Erfolg zu sichern. Arbeiten und ausharren, — darauf kommt es jetzt für uns an. Denn, wie
mich der Augenschein in Brüssel überzeugt hat, ist es nicht glänzende
Beredtsamkeit, philosophische Bildung, ein hoher Standpunkt oder ein
umfassender Gesichtskreis, sondern rastlose Thätigkeit, fester Wille und
entschlossenes Vordringen nach einem nahe gesteckten Ziele, wovon der
Erfolg bei populären Kämpfen abhängt, — und das ist ein grosses Glück,

denn die erstgenannten Eigenschaften sind die Vorzüge weniger Menschen. Die letztgenannten aber kann die Ueberzeugung einer guten Sache bei einer hinlänglichen Masse erwecken, um das Gute endlich zur Verwirklichung zu bringen.

Beim Aufzählen der zum Kongress versammelten Elemente sagt die Trier'sche Zeitung: „Die Freunde der Nationalarbeit, so wie die Vertheidiger der Gerechtigkeit unter den Nationen wie unter den Individuen hatten sich fern gehalten." Dieser Satz enthält ein zu arges Vorwegnehmen des ganzen Fragepunkts, als dass er ungerügt durchgehen dürfte. Die Nationalarbeit befreunden, die Gerechtigkeit unter den Nationen, wie unter Individuen vertheidigen — das will der Freihandelsmann mit ebenso redlichem Eifer und fester Ueberzeugung, als es der Tarifmann oder der Anti-Civist es nur wollen kann. Das letzte Ziel, die Nationalwohlfahrt, ist allen Parteien gemein. Nur über die Mittel zur Erreichung desselben besteht noch heftiger, unversöhnlicher Meinungskampf. Und wie die Parteien sich nur durch Verschiedenheit ihrer Mittel, nicht ihres Zieles, unterscheiden, so darf auch die Benennung eines jeden nur die von ihr beliebten Mittel bezeichnen. Die eine Partei schlägt 'freien Handel, die andere einen auf gewisse Weise normirten Tarif, die dritte schlägt Aufhebung der gegenwärtigen Grundgesetze des bürgerlichen Vereins vor. Demnach habe ich sie nur Freihandelsmänner, Tarifmänner und Anti-Civisten genannt. Wer aber von allen dreien, so lange der Streit schwebt, darf sich vorweg „Freund der Nationalarbeit, Vertheidiger der Gerechtigkeit" nennen, ohne auf eine nicht zu duldende Weise die Frage zu präjudiziren? Besonders die Tarifmänner treiben Missbrauch damit, dass sie ihre Mittel geradezu nach dem vorgeblichen Ziele nennen, als ob diese beiden zusammenfielen. „Schutzzoll" und „Schutzsystem" sagen sie schlechtweg, als wenn es unbestreitbar wäre, dass ihr Zollsystem wirklich einen Schutz und lediglich einen Schutz bewirkte. Aber das einzige dabei Unbestreitbare ist, dass ihre Zölle gewissen einheimischen Produkten erhöhte Preise, wenn auch angeblich nur vorübergehend, verschaffen sollen. Ihre *unmittelbare* Wirkung ist also eine *Vertheuerung.* Ob diese Vertheuerung einen Schutz, als *mittelbare* Wirkung jener Zölle, ergebe, das ist gerade das Bestrittene. Daher müssen wir stets darauf bestehen, jene Zölle nur nach ihrer *unmittelbaren* Wirkung, also *Vertheuerungszölle*, zu nennen. Wir dürfen niemals durch Annahme des Namens „Schutzzoll" zugeben, dass sie überhaupt schützen. Es ist dies scheinbar ein Streit um Wörter, — aber wer das Wort erstritten hat, hat leichtes Spiel. Wir müssen dies nicht leicht nehmen. Wir *müssen* unseren Gegnern vor Allem die Wörter abstreiten, womit sie ihre bestechenden Phrasen bilden, — denn

die Phrase war von jeher in unserer Welt eine gar grosse Macht! Der
Nachtheil ist fürwahr nicht gering, in den wir versetzt werden, wenn
es heisst: „Die Tarifmänner nehmen die einheimische Industrie in Schutz,
die Freihändler sind Feinde der Nationalarbeit.‟

Ein ebenso perfides Vorwegnehmen des Fragepunktes versuchte auf
dem Kongress Herr Duchateau, indem er wiederholt um Entschuldigung
bat, dass er, als Franzose, zuvörderst auf den Nutzen Frankreichs bedacht, mithin für Vertheuerungszölle gestimmt sei. Ist es denn aus-
gemacht, dass Vertheuerungszölle zum Nutzen Frankreichs sind? Haben
Duc d'Harcourt, Dunoyer, Blanqui bei ihrem Bekämpfen der Vertheuerungszölle etwas anderes als Frankreichs Nutzen im Auge? Wenn andere
Nationen gleichfalls durch freie Einfuhr nach Frankreich Nutzen haben,
so ist das ein Vortheil in den Kauf, aber doch nicht der Grund, worauf
sie ihre Forderung des freien Handels stützen. Sie wollen durch Handelsfreiheit den Französischen Konsumenten möglichst wohlfeil versorgen
und die Französischen Kapitalien lediglich zu konkurrenzfähigen, d. h. zu
den für Frankreichs Verhältnissen produktivsten Gewerben verwenden
lassen. Mithin wollen sie durch wohlfeilste Konsumtion und ergiebigste
Produktion die Kapitalien, folglich auch die Arbeiterbeschäftigung, in
ihrer Nation möglichst vermehren. Der Freihandelsmann, von welcher
Nation er auch sei, will zuvörderst den Nutzen seiner Nation und tritt
durchaus als Freund der Arbeiter in seiner Nation auf. Mögen die
Anderen, Tarifmänner und Anti-Civisten, beweisen, dass sie bessere
Freunde derselben sind. Herr Duchateau brauchte sich gar nicht zu
entschuldigen, wenn er nur bewiesen hätte, dass er im ausschliesslichen
Interesse seiner Nation sprach. Aber er füllte seine Rede mit jenen
schlauen Entschuldigungen seines vorgeblichen Nationalsinnes aus, theils
um die Beweise zu umgehen und den Fragepunkt vorweg zu nehmen,
theils um den Gesichtspunkt der Frage zu verrücken. Denn die Annahme eines ausschliesslichen Interesses seiner Nation, welches durch
Vertheuerungszölle befördert werden soll, schliesst auch in sich die Annahme, dass es sich bei der Freihandelsfrage lediglich um einen Konflikt
zwischen einheimischen und fremdländischen Produzenten handele, wogegen
es sich dabei zunächst um das Interesse sämmtlicher einheimischer Konsumenten gegenüber dem Interesse einzelner Klassen einheimischer
Produzenten handelt. Auf diesen Gesichtspunkt müssen wir die Gegner
ausdrücklich zurückführen, so oft sie denselben zu verrücken suchen, —
d. h. fast so oft sie überhaupt argumentiren.

Herr Blanqui sagte auf dem Kongresse: „er wolle nicht die Unterdrückung jeder Art von Douane.‟ Darauf bemerkt die „Trier'sche
Zeitung‟: „man konnte sich die Ohren abhören, um zu verstehen,

welche Art von Douane denn Herr Blanqui zuletzt stehen lassen
will." Und doch ist es bekannt genug, dass Herr Blanqui lediglich die
sogenannten reinen Finanzzölle. d. h. solche Zölle will, welche der Finanz-
kasse die ganze Summe einbringen, um die sie die Konsumtion unmittelbar oder mittelbar vertheuern. Er würde also keine Zölle auf einer
Höhe stehen lassen, welche eine ausgedehnte Schmuggelei veranlasste.
Dann aber würde er keinen Eingangszoll auf eine Waarengattung, welche
auch im Inlande produzirt wird, stehen lassen, weil unter demselben der
Konsument derartiger im Inlande verfertigter Waare einen um den Zoll-
satz erhöhten Preis zahlt. ohne dass dieser Aufschlag in die Staatskasse
fliesst. Der Spruch der Freihandelsmänner ist: *Wir lassen ein Bedürfniss nur zum entsprechenden Nutzen für die Staatsfinanzen vertheuern*
— on ne paie d'impôt qu'à l'état! Diese Norm für den Freihandelstarif
ist so einfach, nämlich: „Zölle, niedriger als der Betrag der Schmuggel-
kosten, und nur auf solche Waarengattungen, die *nicht im Inlande* produzirt werden;" — aber unsere Gegner wollen diese Norm nicht verstehen."

Am 2. November 1847 hielt Prince-Smith im Freihandelsverein zu Berlin einen Vortrag über eine im Namen der *Breslauer
Kaufmannschaft* herausgegebene *Denkschrift für Differenzialzölle*. Seit dem Jahre 1845 spielten im Zollverein die Bemühungen, durch Einführung eines Differenzialzollsystems die Seeplätze
dem Freihandel abwendig zu machen und den ausserhalb des Zollvereins stehenden Nordwesten, namentlich aber die Hansestädte
zum Eintritt in den Zollverein zu nöthigen, eine grosse Rolle; ja
sie bildeten gewissermaassen den Angelpunkt der handelspolitischen
Bestrebungen, welche unter der Firma der »Nationalität« eine
systematische Ausbildung des Schutzsystems und seine Ausdehnung
über ganz Deutschland — ausserhalb Oesterreichs — bezweckten.
Als Prince-Smith durch die Breslauer Denkschrift Gelegenheit
erhielt, sich mit diesem Gegenstande zu befassen, war in den
Hansestädten und in den Preussischen Seestädten die Entscheidung
bereits gegen das Differenzialsystem herbeigeführt, — in den
letzteren hauptsächlich durch den in der *Stettiner* Kaufmannschaft
gegen ihre damaligen Vorsteher, welche sich zu Gunsten der
Differenzialzölle erklärt hatten, siegreich geführten Kampf. Für
die Fortentwickelung des erst in diesen Kämpfen in dem Handelsstande der Seeplätze zur Geltung gelangenden freihändlerischen
Bewusstseins war es aber nicht ohne Bedeutung, dass Prince-Smith
sich mit der Schärfe seiner Dialektik auch noch gegen die Bres-

lauer Denkschrift wandte; und obgleich jene Bestrebungen ganz ausserhalb unseres heutigen Gesichtskreises liegen und die thatsächlichen Verhältnisse, an welche sie anknüpften sich seitdem gründlich verändert haben, so scheint doch der Wiederabdruck des Vortrages von Prince-Smith (welcher damals als No. I. der »Verhandlungen im Freihandelsverein zu Berlin« erschien) nicht überflüssig — um so weniger, da wir bei der rückläufigen Strömung unserer Tage nicht sicher sind, dass nicht demnächst auch die Differenzialzoll-Bestrebungen von vor 33 Jahren wieder auftauchen.*)

Während nun im Winter 1847/48 der Berliner Freihandelsverein einen lebendigeren Aufschwung nahm, bis er durch die revolutionären Bewegungen unterbrochen wurde, war Prince-Smith durch seine Vermählung mit Frl. Auguste Sommerbrod, aus einer angesehenen Berliner Bankiersfamilie, in eine wohlkonsolidirte bürgerliche Stellung gelangt. Das zu jener Zeit in den besitzenden Klassen noch ganz allgemein verbreitete Misstrauen gegen das »Literatenthum«, auf welches Prince-Smith bei seinen agitatorischen Bestrebungen gewiss nicht selten gestossen war, musste ihm gegenüber von selbst schwinden, seit er selbst zu den »wohlsituirten« Grundbesitzern in einem der besten Stadttheile Berlins, »Unter den Linden« gehörte. Als in der Sitzung der Berliner Stadtverordnetenversammlung am 21. März 1848 sämmtliche Mitglieder ihr Mandat niederlegten, um durch neue Wahlen zu erfahren, welche Männer das Vertrauen der Bürgerschaft besässen, wurde Prince-Smith von dem damaligen Akademie-Bezirk, welcher die Häuser unter den Linden No. 26—46 und Umgegend umfasste, zum Stadtverordneten gewählt, und vom 10. Juni, dem Tage des Zusammentritts der neugewählten Versammlung, gehörte er ihr etwas über zwei Jahre an.

In dem Sturm der Revolution, welcher zeitweise wie die staatlichen Zustände, so auch die herrschenden Anschauungen ganz allgemein auf den Kopf stellte, gehörte Prince-Smith zu den wenigen Männern, welche bei lebhaftester Theilnahme für die sich entwickelnden Ereignisse, sich doch weder durch die Furcht vor

---

*) Seitdem dies geschrieben war — im Herbst 1878 — hat sich die hier als möglich hingestellte Annahme in der That verwirklicht.

den drohenden Gefahren, noch durch die Hoffnung auf die vielleicht
zu erringenden grossen Erfolge, die ruhige Ueberlegung rauben
liessen. In seinen volkswirthschaftlichen Anschauungen besass er
inmitten des scheinbaren allgemeinen Umsturzes einen festen Halt
gegen alle Verirrungen nach rechts, wie nach links. Seine (vom
12. August 1848 datirte) Petition an die Deutsche Nationalversammlung *um Schutz gegen Beschränkung des Verkehrs*,
erscheint zwar heute als der Ausdruck schwärmerischer Hoffnungen:
aber im Vergleich zu allen anderen Volks- und Menschheits-
Beglückungs-Bestrebungen aus der Zeit des damaligen *Völker-
Frühlings* bewegte sie sich auf höchst realem Boden, und vielleicht lag gerade hierin der Grund, dass sie den Erwartungen,
welche der Verfasser an sie knüpfte, so wenig entsprach. Prince-
Smith hoffte *sie zu einer Monsterpetition zu machen, wenn Alle,
die ein Interesse daran hätten, für die Sammlung von Unterschriften wirken wollten.* Trotz ihrer ebenso anregenden wie
klaren Sprache stiess sie in jener Zeit hastiger und wirrer Erregung auf ein viel zu vereinzeltes Verständniss, als dass diese
Bedingung für ihren Erfolg hätte erfüllt werden können. Immerhin
bildet sie noch heute ein Dokument von historischem Werth: sie
hielt der Bewegung des Jahres 1848 einen Spiegel vor, in welchem
diese eine ihrer schwächsten Seiten — ihre vollständige Unklarheit
über die Fragen der Wirthschafts- und Verkehrspolitik — hätte
sehen können, wenn die leidenschaftliche Stimmung überhaupt ein
ruhiges Betrachten zugelassen hätte.

Inzwischen, als Prince-Smith diese Petition entwarf, befand er
sich bereits auf dem Wege zu einer von allem Idealismus ab-
sehenden, auf ein bestimmtes, wenn man will, höchst beschränktes
Ziel gerichteten Thätigkeit, welche aber der Ausgangspunkt der
zweiten Phase der Freihandelsbewegung in Deutschland werden
sollte. Zur Wahrung ihrer Interessen bei Feststellung der von
Deutschland künftig zu befolgenden Handelspolitik kamen in
Frankfurt a. M. in der zweiten Hälfte des August Abgeordnete
Deutscher Handels- und Fabrikplätze zusammen, unter ihnen auch
Prince-Smith als Deputirter der Danziger Kaufmannschaft. Bald
stellte sich heraus, wie unfruchtbar es sein würde, wollten die
Schutzzöllner und die Freihändler zusammen versuchen, einen

Zolltarif auszuarbeiten. Jede von beiden Parteien tagte deshalb
für sich, und so kamen zwei Zoll-Entwürfe zu Stande, ein schutz-
zöllnischer und ein freihändlerischer, welche allerdings *beide* Entwürfe bleiben mussten (da die damals dem Anschein nach in
sicherer Aussicht stehende handelspolitische Einigung nicht zu
Stande kam), welche aber einen festen Anhalt für die handelspolitischen Agitationen in den nächstfolgenden Jahren bildeten.
Der freihändlerische Entwurf suchte das System der *reinen Finanzzölle* durchzuführen, freilich in einer Weise, welche heute nicht
mehr als genügend angesehen werden könnte, indem der aus dem
Preussischen Tarifgesetz von 1818 herübergenommene Satz von
zehn Prozent des Werthes ziemlich schablonenmässig auf die verschiedensten Rohprodukte, Halbfabrikate und Fabrikate angewandt
wurde. Der Satz von der *Beschränkung der Zölle* auf eine
möglichst geringe Zahl von Waaren war damals den Theoretikern
sowohl wie den Praktikern noch fremd.

Dass Prince-Smith bei der Bearbeitung des Tarif-Entwurfs,
nachdem einmal das Prinzip feststand, eine besondere Rolle gespielt
hätte, ist nicht anzunehmen. Die Möglichkeit einer seinem besonderen
Talent entsprechenden Wirksamkeit auf dem Gebiete der Zollfragen begann erst, als die Gegner ihre Stellung zu diesen Fragen
zu motiviren suchten. Der von dem Sächsischen Fabrikanten
Eisenstuck verfasste Bericht des volkswirthschaftlichen Ausschusses
der Deutschen Nationalversammlung gab Prince-Smith Gelegenheit,
in der vom 30. November 1848 datirten Schrift »*Für und Wider
Schutz- und Differenzialzölle.* Eine Berufung an das kritische
Urtheil Deutscher Volksvertreter« sein Talent zur Kritik der hohlen
Phrasenmacherei des sich im sittlichen und nationalen Dünkel
aufblähenden Schutzzöllnerthums in glänzendster Weise zu zeigen.
Seine Satz für Satz durchgeführte Verarbeitung dieses Berichts
kann noch heute als unübertroffenes, vielleicht kaum je wieder
erreichtes Muster einer eingehenden Kritik einer derartigen Phrasen-
macherei gelten, indem der Verfasser jedem einzelnen Satze seines
Gegners zu Leibe geht und nachweist, dass hinter den grossen
Worten nichts steckt als Gedankenlosigkeit und Unwissenheit.

Dass es für Prince-Smith, so lange die Wogen der revolutionären Bewegung hoch gingen, schwer, ja unmöglich wurde, sich

einer der verschiedenen politischen Parteien anzuschliessen, bedarf kaum der besonderen Erwähnung. Der gemässigte Liberalismus, welchem er sonst wohl am meisten geneigt gewesen wäre sich anzuschliessen, stiess ihn durch seine Wirthschaftspolitik am stärksten zurück. Nicht nur die schutzzöllnerische Richtung, welche damals in dem Liberalismus bei weitem die Oberhand hatte, war in dieser Beziehung für Prince-Smith bestimmend, sondern auch z. B. die von Hausemann als Preussischem Finanzminister beabsichtigte »Ausgleichung« der Grundsteuer, welche Prince-Smith als einen »tölpelhaften« Streich bezeichnete, indem die Auflegung einer Grundsteuer für den zeitigen Besitzer gleich einer Vermögenskonfiskation zum Betrage der kapitalisirten Steuer sei.

Erst als mit der Oktroyirung der Preussischen Verfassung wieder ein fester Boden für eine ruhige politische Entwickelung gegeben schien, versuchte auch Prince-Smith innerhalb der zu erwartenden neuen Parteibildung eine bestimmte Stelle einzunehmen. Aus einem Westpreussischen Wahlbezirke war eine Anfrage an ihn gerichtet, ob er geneigt sei, ein Mandat für die nach der Verfassung zu wählende erste Kammer anzunehmen. Er erklärte sich dazu bereit in einem längeren vom 11. Januar 1849 datirten Schreiben an den Vermittler jener Aufforderung*) worin er sich über die damals die Gemüther bewegenden politischen Fragen äusserte, und dabei zugleich seine Stellung zur Politik überhaupt darlegte. Da sich die Aussicht für ihn, dort gewählt zu werden, bald zerschlug, so trat er in Berlin als Kandidat auf, gleichfalls ohne Erfolg, in der Hauptsache wohl deswegen weil er inmitten der damals herrschenden Stimmungen sich nach beiden Seiten hin viel zu objektiv verhielt, um in weiteren Kreisen auf Verständniss rechnen, geschweige Sympathieen gewinnen zu können. Die zweite der beiden Kandidaturen veranlasste ihn, das gelegentlich der ersten abgefasste Schreiben umzuarbeiten und zu kürzen und so als »Zuschrift an die Wähler« (datirt vom 26. Januar 1849) drucken zu lassen. Ein Vergleich der beiden Schriftstücke gewährt einen interessanten Einblick in die Art seiner publizistischen

---

*) Gutsbesitzer Steinbart auf Klein-Plowenz bei Lessen, später auf Preussisch Lanken bei Thorn.

Thätigkeit; stand auch der wesentliche Inhalt bereits fest, so verwandte er doch auf die Reihenfolge der Gedanken, auf die grössere oder geringere Ausführlichkeit in der Behandlung jedes einzelnen, und ebenso auf den Satzbau, ja auf einzelne Wendungen und Ausdrücke, eine fast künstlerisch zu nennende Sorgfalt. Für den hauptsächlichsten Zweck dieser biographischen Skizze scheint es mir richtig, hier das ursprüngliche Wahlschreiben (mit nur wenigen Kürzungen) zum Abdruck zu bringen, während für diejenigen Leser, welche den angedeuteten Vergleich selbst ziehen möchten, die umgearbeitete »Zuschrift an die Wähler« unter den »Anlagen« folgt. (Vergl. Anlage 2.)

Das erste Schreiben lautet:

Verehrter Herr!

Ihr freundlicher Brief vom 30. v. M. äussert den Wunsch, den Wahlmännern Ihres Kreises mich als Vertreter vorzuschlagen.

Die Lebenslage, welche mich der Nothwendigkeit überhebt, meine Zeit auf Versorgung persönlicher Bedürfnisse zu verwenden, macht es mir zur Pflicht, meine Kräfte, so weit sie reichen, dem Allgemeinwohl zu widmen, so oft meine Mitbürger glauben mögen, von meinen Diensten Gebrauch machen zu können.

Das Schmeichelhafte für mich, das in Ihrer Aufforderung liegt, will ich absichtlich hier nicht hervorheben; — lieber möchte ich diese Seite der Sache sogar vor mir selber verbergen, und alle menschliche Schwäche weit genug besiegen können, um in den Pflichten eines Vertreters weder eine Befriedigung der Eitelkeit, noch einen Spielraum des Ehrgeizes, sondern lediglich eine Last der Verantwortlichkeit zu erkennen, welche bescheidenes Misstrauen selbst demjenigen einflössen dürfte, der eine erprobte Befähigung neben reinstem Willen aufzuweisen hat. Um wie viel mehr müsste dies Gefühl also *mich* erfüllen, wenn das öffentliche Vertrauen mir Funktionen auferlegen sollte, in denen ich mich erst zu versuchen haben würde!

Bisher habe ich vorzugsweise nur über staatswirthschaftliche Fragen meine Ansichten der Oeffentlichkeit vorzulegen gewagt. — Wo ich mich indessen über allgemeine Politik äusserte, strebte ich, jenen reinen objektiven Standpunkt zu gewinnen, mit dem allein der Staatswirth sich überhaupt befreunden kann. — In dem Krieg gegen die trügerischen Phrasen der Sonderinteressenten schon geübt, prüfte ich scharf die gangbaren politischen Stichwörter, als: „historische Basis, zeitgemässe Entwickelung, geschichtlicher Uebergang, ständische Gliederung, Rechtsboden, soziale Reform u. dgl. m.", um jedesmal die faktischen Momente, auf die sie sich beziehen, in schlichter Wirklichkeit zu erfassen.' Wo das bequeme Wort sich einstellte, fragte ich mit nüchternster Strenge, was man denn eigentlich Reales dabei zu denken habe. Auf diese Weise wollte ich mir ein durch keine Leidenschaft getrübtes Urtheil inmitten der Wechselfälle unserer Zeit erhalten.

Indem ich nicht umhin kann, hier auf die Hauptmomente unserer politischen Lage einzugehen, werde ich mich, wie es meine Art ist, möglichst sachlich verhalten.

Unser Ausgangspunkt ist die gewaltsame Abbrechung der Vereinbarungsversuche seitens der Krone.

Diese von Camphausen aufgegriffene Fiktion einer „Vereinbarung" ist mir von Anfang an als Etwas ganz unhaltbares erschienen. Zwei angeblich gleichberechtigte Parteien sollten sich über die Grenzen ihrer respektiven Befugnisse einigen ohne einen Dritten der den Ausschlag gäbe. Die erste natürlichste Frage war: „Wenn sie sich aber nicht einigen, was dann?" — Das wird sich finden, war die Antwort, — eine Ausweichung hinter der man den Hinterhaltsgedanken erblickte, dass diejenige Partei, welche die stärkste zu sein wähnte, der anderen ihre Bedingungen aufnöthigen würde. Ueber das Maass der jeder Partei verbliebenen Stärke herrschte grosse Unklarheit, denn der Kampf war in den Märztagen abgebrochen worden. Die Volkspartei glaubte eine unwiderstehliche Uebermacht zu besitzen. Im Verfolge hat die Krone entschieden dargethan, dass sie die Oberhand führt. Wenn man also vorhin auf „Anerkennung der Revolution" d. h. Berücksichtigung der Volksmacht drang, muss man jetzt die „Anerkennung der Kontrerevolution" oder Einsicht in die Gewalt der Krone nicht versagen. Verschliesst man die Augen gegen Thatsachen, so wird man doch fühlen müssen was man nicht sehen will. Der Verlauf einer „Vereinbarung" zwischen Zweien lässt sich auch faktisch nicht anders denken, als dass sie so lange rechten sollen, bis der Eine die Macht gewinnt, dem Anderen die Bedingungen vorzuschreiben. — obwohl nicht ganz willkürlich, da die Rücksicht sowohl auf einen dauernden Frieden, als auf Erhaltung seines Anhangs. ihm selber ein Maass der Billigkeit vorschreibt. — Indem wir uns von Neuem an die unterbrochene Verfassungsarbeit machen, sollten wir, glaube ich, von der Vereinbarungsfiktion, wie sie Viele verstanden wissen wollten, lossagen, und uns von allen unhaltbaren Versuchen, die daraus hervorgingen, befreien.

Als die Nationalversammlung dem gewaltsamen Einschreiten der Regierung einen parlamentarischen Gewaltstreich, die Steuerverweigerung, entgegenschleuderte, und Verwirrung über das Land einzubrechen drohte, da sah sich die Krone genöthigt, zur Beschwichtigung des Konflikts die vom Ausschuss der Nationalversammlung entworfene Verfassungsurkunde, mit gewissen Modifikationen, zu publiziren. Die Verfassung vom 5. Dezember ist keinesweges eine octroyirte im gewöhnlichen Sinne, oder aus völlig freier Entschliessung ohne irgend eine Mitwirkung der Volksorgane entstanden. Auf den Beinamen übrigens kommt es nicht an. Dass eine octroyirte Verfassung eine solche sei, die man jederzeit wieder zurücknehmen könne, ist bloss ein Märchen für den unkundigen Haufen. Einem Volke kann man nur Dasjenige wegnehmen, was es nicht die Kraft zu halten hat. Unter einer guten Verfassung, die sich praktisch zuträglich zeigt, erstarkt übrigens ein Volk dermaassen, dass es nicht leicht wieder davon loslässt. Die Frage ist also, wie die Verfassung beschaffen ist? ob sie festen Halt im Staatsleben gewinnen kann? — nicht, wie sie entstanden sein mag? — Uebrigens scheint es mir unpraktisch, *das Recht* der Krone zur Vorlage einer Verfassung, und zur Berufung der nach derselben bestellten Organe zu bestreiten, da sie die unbestreitbare Macht dazu bekundet.

Eine Verfassung machen heisst: die respektiven Befugnisse der verschiedenen Staatsglieder abmessen. Hierbei darf durchaus keine Willkür obwalten. Die Aufgabe ist, jedem Staatselemente einen Spielraum zu lassen, welcher in genauem Verhältniss stehe zu der von ihm besessenen faktischen Macht. Zieht man dem Mächtigeren Schranken, welche er die Macht zu durchbrechen behält, so empört er sich gegen solche Ungebühr und sprengt das ganze Werk. Wegen dieses Fehlers sahen wir Verfassungen so oft untergehen, fast ehe sie in Wirksamkeit treten konnten; — deshalb auch ging jüngst unsere Nationalversammlung zu Grunde. Alles kommt also darauf an, das gegenseitige Verhältniss der auf jeder Seite besessenen faktischen Macht richtig abzuschätzen um demnach auch die gesetzlichen Befugnisse eines Jeden abmessen zu können. Man hat sich vor dem irrigen Glauben zu hüten, dass eine getroffene Verfassungsbestimmung diesem oder jenem Staatsgliede *Macht* verleihe, während sie nur eine Ermächtigung ausspricht. Wenn z. B. verfassungsmässig der Krone die Ermächtigung beigelegt wird, die Beschlüsse beider Kammern durch absolutes Veto zu annulliren, so ist ihr damit noch nicht die Macht verliehen, dies unter allen Umständen auszuführen. Und wenn die Verfassung die zweite Kammer ermächtigen sollte, durch einseitigen Beschluss die Steuern zu verweigern, so ist damit nicht gesagt, dass sie einen solchen Schritt mit allen Konsequenzen durchsetzen könne. — Veto und Steuerverweigerung sind übrigens weniger Stücke des Verfassungsgebäudes selber, als vielmehr Oeffnungen in demselben, durch welche die entgegengesetzten Parteien sich vom

Verfassungsboden momentan zurückziehen; deshalb machen sie so viel Schwierigkeit.

Nach diesem Grundsatze betrachten wir einen Augenblick die Hauptgrundzüge der Urkunde vom 5. Dezember.

Ein absolutes Veto wird man schwerlich einer Krone versagen wollen, welche uns eben gezeigt hat, dass sie die faktische Macht besitzt, bei entstandenem Konflikte die Volksvertreter mit Gewalt zu sprengen.

Ein Zweikammersystem, als doppelter legislativer Instanzenzug, wird ziemlich allgemein für zweckdienlich erachtet. Ausserdem bildet die Klasse der Begüterten und Gebildeteren eine auf die Länge zu einflussreiche Volksschichte, als dass sie es ertragen sollte, keine ausdrückliche Vorkehrung für Vertretung ihrer Interessen gemacht zu sehen. Die Erwählung einer ersten Kammer durch freigewählte Provinzial- und Kreisvertreter lässt auch keinen Grund für die Befürchtung, dass daraus ein Staatsglied hervorgehen könnte, dessen Interessen denen des Allgemeinwohls entgegenständen.

Die Bildung der zweiten Kammer durch *indirekte* Wahl, ist lediglich eine Frage der Zweckmässigkeit, nicht des Rechts. Die Erfahrung hat noch nicht entschieden, dass direkte Wahlen vorzuziehen wären. — Gegen die Ertheilung des Wahlrechts ohne Zensus könnte man einwenden, dass sie, unter dem gänzlichen Mangel an politischer Bildung bei einem grossen Theile unserer Bevölkerung, nicht gerathen sei. Hier aber muss die Rücksicht auf Recht womöglich dem Bedenken wegen Zweckmässigkeit vorangehen. Und da solcher Bildungsmangel das grösste Uebel, dagegen die Betheiligung an den politischen Handlungen das beste Mittel zu dessen Abhilfe ist, so möchte ich um jeden Preis bei dem Versuche, so lange nur möglich, beharren. In den Hauptzügen halte ich die gedachte Verfassung für ganz annehmbar. Doch soll sie, vor Beschwörung derselben, einer Revision unterworfen werden.

Die vorbehaltene Revision indessen ist ein einfacher Akt der Gesetzgebung, welcher zu jeder Zeit vorgenommen werden kann; — aber ob sogleich, ob später, doch immer nur durch die Organe und in den Formen, welche die Verfassung selbst bestellt. Die Gültigkeit der Revision erfordert also die vorangeschickte Rechtsbeständigkeit der Verfassung. Daher halte ich es für das Gerathenste, die Verfassung, wie sie liegt, ohne ein Wort darüber zu verlieren, erst en bloc annehmen und beschwören zu lassen. Dadurch sicherte man den Revidirern einen festen Boden, der ihnen doch gelockert werden könnte, wenn sie sich sogleich wieder auf Prinzipienkämpfe einliessen; und dem Rechte der Revision wäre dadurch keinesweges präjudizirt. Wenn erst die parlamentarischen Organe sich durch gute praktische Maassregeln wieder bei dem Volke in besseren Kredit gesetzt haben werden, dürften sie mit mehr Erfolg an die Revision solcher Theile der Verfassung sich machen, welche sich, nach gemachter Probe, nicht bewährt haben.

In Betreff der Erklärung des Belagerungszustands müssten allerdings genauere Bestimmungen hinsichtlich der Motivirung und Verantwortlichkeit bei solchem Schritte getroffen werden. Aber der Exekutivgewalt muss auch für den Nothfall eine vorübergehende Erweiterung ihrer Befugnisse möglich sein.

Die Hauptschwierigkeit aber liegt darin, dass der von der Krone vollzogene Ausgabenetat nur mit Einwilligung der Krone gemindert, und mit Bewilligung beider Kammern vermehrt werden kann. Die zweite Kammer wird aber, nach aller geschichtlicher Analogie, den wesentlichsten Grundpfeiler einer Konstitution darin suchen, dass ihr ausschliesslich das Recht der Geldbewilligung zustehe; und sie wird in keine Erhöhung des Etats einwilligen, so lange ihr nicht auch das Recht der Kürzung gegeben ist. Ich fürchte sogar, dass sie sich weigern dürfte, sogar bei zeitgemässen Finanzreformen mitzuwirken, um nicht ihr vermeintes Recht zu präjudiziren. Hieraus könnte ein verhängnissvoller Riss für die neue Staatsordnung entstehen. — Die getroffene Bestimmung ist unpraktisch und nicht zum Frommen der Krone. Wenn diese Geld braucht, so ist es besser, wenn sie sich deshalb nur an eine Kammer zu wenden hat, und dieser die ganze Verantwortlichkeit für Versorgung des öffentlichen Dienstes aufbürdet. Der Finanzminister könnte sonst zwischen zwei auf einander eifersüchtigen Kammern von Peter zu Paul geschickt werden, ohne die Schuld der gelähmten Staatsthätigkeit irgend einem zuschieben zu können.

Wenn ich nun, bei politischen Entschliessungen, mich jedesmal nach den faktischen Machtverhältnissen richten würde, so ist damit nicht gesagt, dass ich den Rechtsbegriffen keine Rechnung trage. Denn die politische Macht eines Staatsglieds beruht darin, dass seine Bestrebungen den Rechtsbegriffen, mithin der Willensrichtung, eines grösseren oder kleineren Volkstheils entsprechen; und man erlangt oder verliert Macht je nachdem man im Rechtsbewusstsein des Volks Beistimmung zu erregen weiss. Bei sehr Vielen ist vorzugsweise Dasjenige „Recht" was geschrieben steht. Und daher wird ein Gesetzeswort gleichsam zu einer Macht an sich. Aber wir haben nicht bloss nach der „Rechtsbeständigkeit", sondern auch nach der Zuträglichkeit für's Gemeinwohl zu fragen, — denn das Gemeininteresse ist der Prüfstein dessen, was die Politik rechtlich bestehen lassen soll. Daher protestire ich gegen die einseitige juridische Deduktion in politischen Händeln. Aus den Erlassen vom 20. März, 8. April, 13. Mai (1848) u. s. w. kategorische Normen für unsere jetzige

Stellung entnehmen zu wollen, wie die Herren v. Kirchmann und Rodbertus es gethan, ist unzulässig. Die Herren paradiren mit einer scheinbaren logischen Schärfe im Verbinden ihrer Schlüsse mit den Prämissen nach syllogistischer Regel, aber ihre Logik ist doch hohl, weil sie nicht die Uebereinstimmung der Prämissen mit der jedesmaligen faktischen Lage berücksichtigen, — sie verrathen mehr den Scholastiker als den Politiker. Die Verordnung vom 8. April z. B. basirte auf den Zuständen vom 8. April, und konnte nur so lange fortwirken, bis die Zustände sich zu sehr geändert hätten, um mit jener Verordnung sich ferner in Einklang bringen zu lassen. Das Recht der sich entwickelnden Zustände dem früheren Gesetzesbuchstaben gegenüber, ist ja das Recht des politischen Fortschritts; — und ich kann es nicht gutheissen, wenn Männer des Fortschritts das Prinzip umkehren, und die Bewegung durch das todte Wort regieren wollen, sobald ein kleiner Rückschlag sie trifft. — Der Rechtsboden ist doch Etwas anderes als eine juridische Unterstellung. Der letzte Grund des Rechts ist das Allgemeinwohl; — unsere Aufgabe ist, dies herauszuerkennen und zur lebendigen Erkenntniss zu bringen.

Um diese etwas zu lang gewordene Abhandlung über Politik zu schliessen, will ich nur noch hinzufügen, dass konstitutionelle Organe erst dann ihren Einfluss und ihr Bestehen sichern können, wenn sie dem Volke unverkennbaren praktischen Nutzen gebracht haben, zumeist indem sie die Vereinigung von Freiheit mit Sicherheit ermöglichen und so das Schaffen und Geniessen aller Früchte unseres Kulturlebens fördern. Wenn erst die parlamentarische Würde im Volksbewusstsein festen Halt hat, und alle höheren Staatsstellen mit Kapazitäten, die aus dem Parlamentsleben hervorgingen, besetzt sind, der parlamentarische Einfluss also die ganze Verwaltung durchdrungen, und parlamentarische Verantwortlichkeit ihre volle Gewalt errungen hat, dann erst wird konstitutionelle Freiheit eine Lebenswahrheit. Noch ist unsere Verfassung ein Kind, welches wir beschützen und grossziehen müssen; ist sie aber ausgewachsen, dann wird sie zu einer Riesin unter deren Schutz wir ruhen können, — aber dadurch, dass wir dem Kinde scharfe Waffen jetzt in die Hand geben wollen, bereiten wir ihm Gefahr und uns doch keine Sicherheit!

Meine Ansichten über volkswirthschaftliche Gegenstände dürften ziemlich bekannt sein. Da auch so viel für die volkswirthschaftlichen Interessen gethan werden muss, so halte ich es für ganz nothwendig, dass Männer in die Kammer gebracht werden, welche diesem Fache besondere Aufmerksamkeit gewidmet haben. Ich glaube auch, dass die frühere Kammer deshalb sich so sehr mit allgemeineren Prinzipienfragen beschäftigte, und praktische Fragen vernachlässigte, weil sie diese nicht verstand, aber über jene sich bis in's Unendliche ausbreiten konnte, —

sowie überhaupt das Strohdreschen eine Arbeit ist, welche sich beliebig verlängern lässt.

Für Aufhebung der Schlachtsteuer, im Interesse der Viehzucht, mithin der Nahrungserzeugung, — für Aufhebung der Salzsteuer aus gleichem Grunde, — gegen Ausgleichung der Grundsteuer, durch eine Operation mit dem Bodenbesitz nach Art des Prokrustes, als grausam und zwecklos, — gegen Erhöhung der Maischsteuer wodurch die Einnahme nur vermindert werden dürfte, — für Bankeinrichtungen u. s. w. habe ich mich öfters erklärt. Ich würde auch gerne thätig für die Ausführung solcher nöthigen Reformen und Einrichtungen mitwirken. Auch habe ich meine Gründe angegeben, weshalb ich so viel als nur möglich von indirekter zu direkter Besteuerung überzugehen wünsche, weil nämlich jene immer das Schaffen stört, und diese erst vom Geschafften nimmt. Eine progressive Steuer hat viel für sich, aber die Progression darf nicht stark sein, sonst werden, zur Umgehung derselben, Versuche zum Verstecken oder scheinbaren Vertheilen des Einkommens entstehen, die sehr nachtheilig wirken können.

Mit Hochachtung und Ergebenheit

Berlin, den 11. Januar 1849. *J. Prince-Smith.*

Aus jener Zeit, wenige Wochen nach Octroyirung der Verfassung, dürfte es kein anderes Wahlprogramm und wahrscheinlich keine auf Verfassungsfragen bezügliche Staatsschrift geben, welche heute noch in Bezug auf Richtigkeit des wesentlichen Inhalts mit dem vorstehenden Wahlschreiben von Prince-Smith auch nur annähernd zu vergleichen wäre. Dem von ihm gegenüber den Fragen der allgemeinen Politik in Anspruch genommenen, »rein objektiven Standpunkte, mit dem allein der Staatswirth sich überhaupt befreunden kann«, wird kein denkender Politiker die volle Bewährung durch die Erfahrung dreier Jahrzehnte abstreiten können, und noch heute wäre ebenso für den Theoretiker wie für den Praktiker des Staatsrechts aus jenen Erörterungen des »Volkswirths«, des »Manchestermannes« Prince-Smith Manches zu lernen!

Damals freilich handelte es sich für Niemand darum, auf dem Felde des Staatsrechts etwas zu *lernen;* noch war der Kampf zwischen den in der Revolution einander gegenüber getretenen Mächten nicht so weit ausgekämpft, dass sich ein einigermaassen ruhiges Verfassungsleben hätte entwickeln können. Um so weniger hatte es Prince-Smith zu bedauern, dass er keine Wählerschaft fand, welche für seine Ansichten Verständniss genug besass, um ihn zu ihrem Vertreter zu machen. Rechtzeitig erkannte er selbst, dass für ihn auf parlamentarischem Gebiete vor der Hand an eine erspriessliche Wirksamkeit nicht zu denken sei: statt in dem Kampfe um zum grossen Theile schattenhafte konstitutionelle Rechte sich nutzlos abzumühen, wandte er seine Kräfte ausschliesslich der volkswirthschaftlichen Agitation zu.

Den nächsten Anlass zu neuer publizistischer Thätigkeit bot ihm die Verordnung vom 9. Februar 1849, durch welche für Preussen verschiedene *Beschränkungen der Gewerbefreiheit* oktroyirt wurden. Eine von dem Berliner Handelsverein »Teutonia« zur Berathung dieser Verordnung berufene »Versammlung des Berliner Handelsstandes« wählte, nach voraufgegangener Debatte, zur näheren Prüfung der Verordnung eine Kommission, zu welcher auch Prince-Smith gehörte, der dann im Namen dieser Kommission einer neuen Versammlung am 20. April desselben Jahres den oben vollständig abgedruckten Bericht vorlegte. Dieser Bericht, welcher vom Standpunkt der Gewerbefreiheit dahin gelangte, den Kammern die vollständige Verwerfung der Verordnung zu empfehlen, wurde von der Versammlung mit grosser Mehrheit angenommen. Freilich konnte er so wenig, wie die sonstige Kritik, verhindern, dass die Verordnung nicht dennoch Gesetzeskraft erlangte und, bis zur Einführung der Gewerbeordnung für den Norddeutschen Bund, behielt; dennoch lag in der thatsächlichen Entwickelung die beste Bestätigung für die Ausführungen von Prince-Smith, indem die Verordnung keine der Versprechungen, mit denen sie in die Welt trat, erfüllte, und eine lange Reihe von Jahren nur dem Namen nach aufrecht erhalten wurde, während sich um die Durchführung der wichtigsten ihrer Bestimmungen so gut wie Niemand kümmerte.

Das Hauptziel seiner Bestrebungen bildete aber für Prince-Smith nach wie vor die *handelspolitische Agitation.*

Schon als er sich im August 1848 zu den Zolltarifs-Berathungen in Frankfurt begab, trug er sich mit dem Gedanken der Begründung eines allgemeinen (d. h. eines ganz Deutschland umfassenden) Freihandelsbundes. Als eine Hauptaufgabe eines solchen Bundes bezeichnete er in einem Schreiben an Herrn Steinbart: die Aufbringung von Geld. »Ich habe«, sagte er, »seit Jahren agitirt, aber mit wenig Erfolg, weil ich niemals Fonds zur

Disposition hatte. Seit einem Jahre habe ich in Berlin einen Freihandelsverein, aber auch ohne Geld. Und Geld ist sehr nöthig. Es müssen Schriften gedruckt und zu Tausenden gratis vertheilt werden. Dann müssen auch Artikel in die Zeitungen gesandt werden — ja es müssen Schriftsteller gleichsam ausgebildet werden, nämlich auf folgende Weise: es muss in Berlin ein Bureau mit statistischen Werken und Journalen und allem Zubehör für literarische Thätigkeit errichtet werden, wo die Leiter der Agitation zu finden sind. Die fähigeren Journalisten, die leider in Staatswirthschaft noch wenig au fait sind, müssen wissen, dass wenn sie den Sitzungen beiwohnen, sie Material für Korrespondenzartikel erhaschen können — sie würden sich bald hineinarbeiten. Journale giebt es genug, welche für gesunde Staatswirthschaft wirken möchten, wenn sie nur Beiträge erhielten.«

Seinen Aufenthalt in Frankfurt benutzte nun Prince-Smith — im Verein mit *Dr. Julius Faucher,* welcher in der Versammlung zur Vertretung der freihändlerischen Interessen die Elbinger Kaufmannschaft vertrat — zur Anknüpfung von Verbindungen mit einer grossen Zahl gleichgesinnter Männer aus den verschiedensten Theilen Norddeutschlands, während im Süden damals noch ausschliesslich die schutzzöllnerischen Anschauungen herrschten. Unter besonderer Mitwirkung des Mitgliedes der Nationalversammlung, *Dr. Löwe-Calbe,* gelang es Prince-Smith und Faucher, auch für die den verschiedenen parlamentarischen Fraktionen angehörigen Freunde der freihändlerischen Bestrebungen eine Art neutralen Vereinigungspunktes zu bilden. Als dann die Schutzzöllner ihrerseits mit der Begründung eines Zentralbundes vorgingen, der seinen Sitz in Frankfurt hatte, machte sich Prince-Smith ernstlich an die Ausführung seines Projekts eines Freihandelsbundes. Zu dem Ende begab er sich Mitte Februar 1849 nach Stettin, Ende März nach Hamburg. Am letzteren Orte hielt er in dem »Verein für Handelsfreiheit« folgenden Vortrag:

Meine Herren! Für die Freihandelslehre habe ich beharrlich gestritten, in jener früheren Zeit, da es so schwer war, auszudauern, nicht etwa gegen die Schärfe der entgegengestellten Argumente, sondern unter der stumpfsinnigen Theilnahmlosigkeit Derer, die das nächste Interesse an der Frage hatten. Wenn der Freihandelsmann früher von Spinnen,

Weben, Schmieden, Ackern, von Einkaufen und Auskommen, von den alltäglichsten gewerblichen Verrichtungen und häuslichen Interessen sprach, so sagte man ihm, er bewege sich in *idealen Zuständen*. Wenn er auf strenges Rechnen drang, so hiess es. er sei *unpraktisch*. Forderte er, man solle aufhören, Gesetze zum Bewirken des künstlichen Mangels ersinnen, und Einzelne durch allgemeine Theuerung bereichern zu wollen, so antwortete man ihm, er fordere *Unmögliches*. Seine ernstesten Ermahnungen fertigte man mit *Trivialitäten* ab. Man hütete sich auch wohl, ihm den Haltpunkt eines direkten Widerspruchs zu geben. Die Freihandelslehre, sagte man, sei sehr schön als Lehre, nur unanwendbar für's Leben; — wahr als Theorie, aber falsch in Praxis, — gewiss für Alle das Beste, wenn schon überall angewandt, nur dürfe man nirgends mit Anwendung derselben beginnen; — sie sei für Alle das Ziel, dürfe aber für Keinen ein Mittel sein; — auch werde wohl einst eine Zeit für Handelsfreiheit kommen, wenn nämlich Niemand eine Beschränkung mehr fände, von der er sich Nutzen verspräche. Man gestand der Handelsfreiheit eine theoretische Gültigkeit zu, um sie von aller praktischen Geltung auszuschliessen. Dem Freihändler gönnte man es allenfalls, den Mund voll zu nehmen, wenn es nur dem Schutzzöllner freiständecc, ihm die Taschen zu leeren.

Gottlob! stehen heute die Sachen anders. Der Versuch zur politischen Einigung Deutschlands bringt die Nothwendigkeit einer Zolleinigung mit sich. Die zu einigenden Gebiete haben Zollsysteme, welche gänzlich von einander abweichen, ja die äussersten Gegensätze zeigen, — von den Prohibitivsätzen Oesterreichs zu den Nominalzöllen der Hansestädte und der gänzlichen Zollfreiheit Mecklenburgs herunter. Demnach haben sich in diesen Gebieten ganz verschiedene Erwerbsverhältnisse gebildet. Es muss also ein Prinzip der Einigung gefunden werden, welches nicht das Interesse des Einen dem Vortheil des Anderen opfere. Die Wahrung der, unter Handelsfreiheit ausgebildeten Interessen ist demnach für viele der Betheiligten eine Lebensfrage geworden. Das Freihandelsprinzip tritt also hier mit einer praktischen Berechtigung auf. Diejenigen, welche in der Gefahr eines ihnen aufzudringenden Schutzzollsystems ihre ganze Existenz bedroht sehen, lassen sich nicht mit Phrasen abspeisen, — lassen sich nicht, unter allenfalsiger Anerkennung ihrer Theorie, ihr Hab' und Gut wegpraktisiren; — sie stellen sich auf ihr gutes Recht, und werden es zu behaupten wissen. Fordert man von ihnen ein Opfer für eine gemeinsame gute Sache, sie sind bereit, es zu bringen, — nur fordern sie den Nachweis, dass dies Opfer auch wirklich einen Nutzen bringe, und zwar der allgemeinen Wohlfahrt. Der Nachweis ist ihnen nicht geliefert worden; — die dazu

gemachten Versuche zeigten nur die eine Seite der Rechnung, was in
den Augen eines Kaufmanns nicht genügend, und kaum ehrlich erscheint.

In Hamburg, meine Herren, lebten Sie bisher in völliger Handelsfreiheit, und erfreuten sich derselben wie des Lichtes und der Luft, wie
eines natürlichen Lebenselements, über dessen Nutzen oder Entbehrlich-
keit viel nachzudenken, Ihnen kaum einfallen konnte. In der Freiheit
gestärkt und zum Bewusstsein der eigenen Kraft erweckt, hätten Sie es
für eine Beleidigung gehalten, wenn eine Staatsbehörde sich erboten
hätte, Ihre Kapitalsanlagen zu leiten, Ihnen Absatzwege vorzuschreiben,
Ihren Geschäftsbetrieb unter fürsorglichen Schutz zu nehmen. Wenn Sie
Ihr eigenes freies Gebiet verliessen, um mit den Unterthanen anderer
Staaten zu verkehren, stiessen Sie leider allenthalben auf Mauthsysteme,
und mussten mit Hindernissen und Verzögerungen kämpfen, welche vor
Allem dem Handel tödtlich zuwider sind. Aber eben jene anderwärts
gemachte Erfahrung musste Ihre Abneigung gegen Auflegung solcher
Fesseln bei sich stärken. Wenn also einer bei Ihnen die so beliebte
Gegenseitigkeit predigte, Ihnen sagte, dass, weil Andere Sie auswärts
plagten, Sie deshalb sich selber zu Hause chikaniren müssten, — so
konnten Sie sich einen Begriff machen, wie es im Kopfe eines Schutz-
zöllners bestellt ist. — Als klardenkende, kraftbewusste, unabhängig
gesinnte Männer, als geborene Freihandelsmänner, konnten Sie in Bezug
auf Ihren Erwerb nur eine Gunst vom Staate verlangen: dass er Ihnen
nirgends in den Weg trete!

Vor einem Jahre indessen wurde Hamburg aus diesem sorglosen
Genusse natürlicher Handelsfreiheit herausgerissen. Es wurde damit
bedroht, in eine Zolleinigung hineingesteckt zu werden, die, wenn es
nach dem Sinne einer einflussreichen Partei ginge, sich das Hintertreiben
des Handels zum Prinzip machen dürfte. Das innerste Leben Hamburgs
war damit bedroht; es musste sich aufraffen, Schritte thun; es hat
mächtig gewirkt, nicht allein für sich, auch für das allgemeine Beste.
Hamburg hätte sich lediglich auf die Defensive stellen, sich mit den
übrigen gleichbedrohten Theilen des Küstenlandes verbinden können, um
einen hartnäckigen Widerstand gegen alle, ihren Interessen nicht direkt
zusagenden Maassregeln zu leisten. Durch das Beispiel einer konsequenten
Partikular-Politik hätte es die bedrohlich zentralisirende Macht wohl
frühzeitig ungefährlich machen können. Aber nein! Hamburg ergriff,
mit lebendig Deutscher Gesinnung, die Idee der Einigung und wollte
deren Verwirklichung mit Opfern erkaufen. Indem es den Tarifentwurf
der Norddeutschen Handelsstände adoptirte, erbot es sich auch zu Opfern,
welche, wie ich glaube, mehr nach dem patriotischen Willen, als den
wirklichen Kräften gemessen waren.

Ganz anders benahmen sich leider die Gegenden, welche vom Schutzzoll-Interesse beherrscht werden. Sie benutzten die Aussicht auf eine Einigung Deutschlands, um die übertriebensten Anforderungen für ihren Partikular-Nutzen zu machen, und erhoben heftige Reklamationen gegen die andererseits verlangte billige Berücksichtigung. Besonders aus Süddeutschland erhoben sich Stimmen, welche zum Besten von ein paar Spinnereien, die sie besitzen, einen Zoll auf Garn forderten, der die Weberei Mitteldeutschlands völlig erdrücken müsste. Die Süddeutschen Weinbauer schrieen Gewalt, als sie vernahmen, dass diejenigen Deutschen Gebiete, welche bisher fremde Weine mässig oder fast gar nicht besteuert genossen, das Verlangen stellten, unter der Zolleinheit den Zoll nicht so hoch gegriffen zu sehen, dass ihr Verbrauch zum grösseren Theil aufhören müsste. Der Süddeutsche ist unbillig genug, zu verlangen, dass, während er des Weines in Fülle geniesst, sein Bruder im Norden desselben beraubt werden, und ihm noch zu seinem Weingenusse Geld zugeben solle! Ebenso die Süddeutschen Tabacksbauer; sie wollen uns nöthigen, anstatt eines wohlfeilen wohlriechenden Tabacks, zu einem Monopols-Preise ihr Gewächs zu verbrauchen, — ohne einmal zu bedenken, dass wir hier nicht ihre hohen Berge haben, auf denen es sich allenfalls rauchen lässt! — Bis zur Verwirklichung völliger Handelsfreiheit kann die Zollfrage nicht mehr ruhen. Wird Deutschland zum Bundesstaat mit einem einigen Zollsysteme unter dem Schutzprinzipe, dann haben wir im Verbande viele gekränkte Interessen, welche nicht nachlassen werden, bis sie solchen Missbrauch niedergekämpft haben. Wird Deutschland noch nicht geeinigt, so wird man doch nicht die grosse Idee, die heisse Sehnsucht aufgeben: man wird sich stets nach den Hindernissen, welche dieses Ziel entrücken, fragen; man wird erkennen, dass die Einigkeit nur im Geiste der Gerechtigkeit möglich ist, — dass einer Einigung die ungerechten schutzzöllnerischen Sonderinteressen zumeist entgegenstehen.

Die Schutzzollpartei ist noch stark; — nicht etwa, dass die Zahl derer gross wäre, welche von Schutzzöllen einen Nutzen hätten, — aber sie hat noch hinter sich eine Volksmasse, welche eine Macht repräsentirt, gegen die bekanntlich selbst Engel vergebens kämpfen. Doch giebt es eine Macht, die selbst Engel zum Falle bringt: Widerspruch und Ueberstürzung. — Aus dem Widerspruch kann sich der Schutzzöllner niemals retten. In seinem Haupt-Argumente, dem Ausbedingen der *Gegenseitigkeit*, tritt der innere Widerspruch am schroffsten hervor. Wäre mit der geforderten Gegenseitigkeit gemeint, dass das eine Land jedes Produkt frei einlassen sollte, was das andere frei einlässt, so könnten wir damit sehr zufrieden sein. England legt keinen

Zoll auf Deutsches Eisen, auf Deutsches Garn; also müsste Deutschland Englisches Eisen, Englischen Twist vom Zolle befreien. Amerika lässt Deutschen Taback, Deutschen Zucker zollfrei ein; Deutschland müsste von Amerikanischem Taback oder Zucker keinen Eingangszoll erheben. Mit einer wirklichen Gegenseitigkeit kämen gerade wir zu unserem Ziele. Die Schutzzöllner meinen es aber anders, nämlich so: weil der Engländer unsere Seidenwaaren hoch belastet, sollen wir seine Garne hoch besteuern, d. h. weil unsere Seidenweber vom Verkaufspreise ihres Produkts einen grossen Abzug erleiden, sollen unsere Baumwollenweber zum Einkaufspreise ihres Materials einen starken Zuschlag zahlen! Früher hiess es auch immer: weil die Engländer unser Getreide ausschliessen, müssen wir ihr Eisen ausschliessen, d. h. weil der Deutsche Landwirth einerseits seine Acker-Produkte wohlfeiler weggeben musste, sollte er andererseits seine Ackergeräthe theuerer anschaffen müssen! — Diese Gegenseitigkeit erinnert an Chinesische Duelle, wobei der Eine, um seinen Nachbar zu chikaniren, sich selber den Bauch aufschlitzt, und dieser, um nicht an Bosheit nachzustehen, sich gleichfalls entleibt. — Dennoch ist das Fordern der *Gegenseitigkeit* das für die ununterrichtete Menge plausibelste Argument; denn Diejenigen, welche nicht verstehen, wie eine Sache eigentlich zu machen sei, greifen gerne nach dem Vorschlage: *„machen wir es doch wie die Anderen.“* — Die Schutzzöllner treten auf sehr verschiedene Weise auf, und schlagen mancherlei Ton an. Der letzte echte Schutzzöllner, den ich in voller Glorie auftreten sah, stiess gegen uns laute Drohungen, die ich nicht anders als brutal nennen kann, aus. Wir hatten auf die Schweiz und Belgien gewiesen, zum Beweise, dass Handelsfreiheit die Lage der Arbeiter besser stelle als aller Schutz; wir hatten Berechnungen gemacht, woraus hervorging, warum es nicht anders sein könne. Der Mann trat mit heftiger Stimme hervor und sagte etwa: „Was kümmert mich die Schweiz, was kümmert mich Belgien; wir fragen nicht nach Beispielen, sondern nach Schutzzöllen; wir fragen nicht danach, ob Schutzzölle Segen bringen oder nicht, wir wollen sie haben. Keine Statistik! sondern Geld her, ungezählt! Keine Theorie! sondern Geld her, und raisonnirt nicht! Hier stehen hinter uns die Millionen brodloser Arbeiter, wir fordern Schutzzölle, — verweigert sie, wenn Ihr es wagt.“ — Den Herren Schutzzöllnern möchte ich, um des Heils ihrer eigenen Haut willen, rathen, diesen Ton schleunigst aufzugeben; denn bei einem Aufhetzen der rohen Gewalt kämen sicherlich sie selber zuerst zu Schaden. Wie leicht wäre es, die aufgeregte Masse auf eine andere Fährte zu bringen; — denn wenn auch einzelne Fabrikanten versuchen möchten, durch Drohen mit Arbeitermassen, Schutzzölle für sich zu ertrotzen, so denken sie gar nicht daran, die

etwaigen Beträge solcher Schutzzölle an die Arbeiter zu vertheilen, —
diesen die Kastanien zu geben, die sie aus dem Feuer holen sollen.
Wenn also Einer zu dem Arbeiter sagte: „Deinem Herrn sind fünf
Thaler für jeden Zentner Twist, den Du für ihn spinnst, zur Verbesserung
deines Lohnes zugelegt worden. Gehe hin und fordere von ihm den
Betrag dieser Zulage. Lasse Dich nicht darum durch ihn betrügen" —
wenn man auf gleiche Weise bei dem Eisenhüttenbetriebe und anderen
geschützten Industrieen den Arbeitern die Beträge des Schutzgeldes
vorrechnete und mit dem wirklich bezahlten Lohnbetrag vergliche, so
könnten die betreffenden Fabrikanten, falls sie eine Hetze mit aufgeregten
Volksmassen losliessen, das Schicksal jenes übermüthigen Jägers theilen,
der von seiner eigenen Meute zerfleischt ward.

Häufiger treten die Schutzzöllner mit dem Tone der Fürsorglichkeit,
wohlwollend warnend, auf. „Schützt Euch, nehmt Euch in Acht" rufen
sie. — Vor wem denn? — „Vor den verwünschten Ausländern!" —
Was wollen denn die uns thun; wir haben doch Frieden? — „Sie wollen
Euch zu viel für Euer Geld geben — zu wohlfeil verkaufen." — Nun,
wir haben so lange von Denen kaufen müssen, die uns zu wenig für's
Geld gaben, wir wollen auf die Gefahr hin, ein Anderes probiren. —
„Aber es ist bloss Verlockung zu Eurem Verderben. Die verfluchten
Ausländer, die Engländer an der Spitze, wollen sich bloss Eures Geldes
bemächtigen, um es zum Lande hinauszuführen, und dann habt Ihr gar
nichts." — Aber zunächst haben wir Dasjenige, was wir für unser Geld
bekommen haben, was doch Geldes werth ist; und wenn wir wieder
Geld haben wollen und genug Geldeswerth dafür zu geben haben, werden
wir es auch wohl bekommen können. Oder meint Ihr, dass unser Geld
nur sicher für uns sei *in Eurer Tasche?* Geht, geht, Ihr greift dem
Tartüffe etwas zu stark in die Rolle!

Die Zölle überhaupt, meine Herren, schienen mir von jeher sehr
fraglicher Natur. Um den richtigen Gesichtspunkt für deren eigentlichen
Karakter zu haben, bin ich darauf gekommen, jeden Tarif als ein Strafgesetz anzusehen. Darin steht geschrieben: „Du sollst nicht Kaffee
trinken, bei Strafe von 2 Sgr. für's Pfund; Du sollst nicht Medoc
trinken, bei Strafe von 5 Sgr. für die Flasche; — Du sollst nicht
innerhalb der Thore einer grösseren Stadt Fleisch essen, bei Strafe von
8 Pfennigen für's Pfund!" Indem aber der Staat auf den Empfang reichlicher Strafgelder dabei spekulirt, um davon leben zu können, belegt er
mit solcher Geldbusse die Befriedigung gerade solcher Bedürfnisse, die
der Mensch am wenigsten aufgeben kann; er richtet das Strafgesetz absichtlich so ein, dass man zur Uebertretung desselben durch den Trieb
der Selbsterhaltung genöthigt wird. — Aber in welchem Lichte erscheinen

uns dann die Schutzzölle? Es heisst: „Du sollst nicht Englisches Stangen-eisen brauchen, bei Strafe von 2½ Thaler für der Zentner." Gut; man gehorcht; man kauft Schlesisches Stangeneisen. Wie dann? Dann wird man doppelt gebüsst. Einmal zahlt man dem Schlesier dieselbe Summe, wie für Englisches Eisen inklusive Zollstrafe; zweitens muss man den Staat entschädigen für den Ausfall, der bei seiner Strafgeldkasse entsteht, wenn man das Strafgebot nicht übertritt!

Die Freihandelsfrage ruht nicht, kann nicht mehr ruhen; und so lange sie debattirt wird, gewinnen wir; denn wer nur überlegt und nicht zu den Wenigen gehört, die vom allgemeinen Schaden einen Privatnutzen ziehen, der entscheidet sich für uns. Wir zählen Anhänger unter allen politischen Parteien, denn in allen Parteien giebt es Männer, welche das Allgemeinwohl über jedes Sonderinteresse setzen wollen, wie sehr auch sie in ihren Ansichten auseinandergehen, in Betreff der Staatsein-richtungen, wodurch das Allgemeininteresse am besten gefördert und gewahrt wird. Die Freihandelsmänner bilden in Deutschland heute eine gewichtige Partei, was man vor einem Jahre nicht sagen konnte, — eine Partei, nicht mehr klein an Zahl, und vor allem stark durch innere Konsequenz ihrer Prinzipe. Sie leidet an keinem Zwiespalt zwischen Theorie und Praxis; was sie als wahr erkennt, will sie auch zur Wahr-heit machen. Sie scheut sich vor keiner Konsequenz ihrer Lehre; sie zeigt vielmehr in deren äusserster Durchführung die volle Wohlthat, nach der sie strebt. Die Freihandelslehre allein bietet eine Gewähr für die Sicherheit des Eigenthums, denn sie allein behauptet mit strenger Konsequenz die unverletzlichste individuelle Freiheit bei Verwerthung der Produktivkräfte. Die Freihandelslehre allein führt zum gesicherten Frieden, indem sie die Völker von einander abhängig macht für die gegenseitige Befriedigung ihrer Bedürfnisse. Sie allein vermag es, dem Elende der Massen abzuhelfen, indem sie Alles beseitigt, was das Streben des Fleisses nach Erzeugung grösster Fülle hemmt. Indem auch die Handelsfreiheit die Fülle mehrt, dem redlichen Bemühen seinen unge-kürzten Lohn wiedergiebt, mindert sie das Verbrechen, sichert sie innere Ruhe. Die Handelsfreiheit allein bietet uns den Faden, der uns hinausführt aus den Irrgängen verwickelter sozialer und staatlicher Missstände, — aus dem Kreislauf von Beschränkung, Noth, Verbrechen und Gewalt, — indem sie die Verhältnisse der Völker wie der Volks-genossen sich frei ordnen lässt nach dem Prinzip der Gerechtigkeit, nach den Geboten der Natur und den sich entwickelnden Bedürfnissen des Fortschritts.

In dem Maasse, als Andere ihre vergriffenen Bestrebungen scheitern

sehen, werden sie sich den unserigen zugesellen und unsere Reihen ver-
stärken, um mit uns zu arbeiten an der Herstellung der von Allen
gleichmässig ersehnten Zustände, die aber nie anders, als auf einem
breiten und festen Boden allgemeiner materieller und geistiger Kraft-
entwickelung, unter Befreiung jedes schaffenden Strebens, dauernd errichtet werden können. — Wohlan! Wir haben unsere Flagge aufgehisst
und schaaren uns um dieselbe zu einem geistige Kampfe, der uns aufgedrungen ist, — einem Kampfe, den wir bis an's Ende führen werden,
mit der Zuversicht, dass, nachdem so manches Fähnlein im Gewühle der
Parteien gesunken, — ja, nachdem das Banner nationalen Ruhmes
dort aufgehängt sein wird, wo man die Denkmäler der Geschichte zur
Verehrung bewahrt, — die Freihandelsflagge hoch in den Lüften
flattern wird, eine Botin des Friedens, eine Bringerin des Heils von
Land zu Land, ungehindert wie der Wind, der sie über die Meere
dahin weht!

In Hamburg und Stettin fand Prince-Smith die gewünschte
Unterstützung, und im Mai konnte der *»Zentralbund für Han-
delsfreiheit«* mit nachstehender (in der Hauptsache von Prince-
Smith verfasster) Ansprache an die Oeffentlichkeit treten:

Berlin, im Mai 1849.

Die *Handelspolitik* beschäftigt in einem bisher nie gekannten Grade
die öffentliche Aufmerksamkeit. Ueber das von dem vereinten Deutschland zu befolgende Prinzip der Handelsgesetzgebung muss baldigst entschieden werden. Von dieser Gesetzgebung hängt auch für das politische
und soziale Wohl unseres Landes zu viel ab, als dass wir nicht alle
Kräfte aufbieten sollten, damit die Entscheidung zu Gunsten des Allgemeininteresses ausfalle.

Die Sonderinteressen haben von jeher einen verderblichen Einfluss
auf die Gesetzgebung auszuüben und die Völker auszubeuten gewusst.
Die Besteuerung der Gesammtheit zu Gunsten Einzelner, — das sogenannte Schutzzollsystem, — ist auch in dem grösseren Theile Deutschlands ausgeübt worden; und es werden ungewöhnliche Anstrengungen
gemacht, um jenes System mit noch rücksichtsloserer Härte über das
ganze Land auszudehnen. Aber die Zahl und das Gewicht derjenigen
Klassen, welche ein direktes Interesse für Handelsfreiheit haben, ist so
sehr überwiegend, dass eine Schutzzollherrschaft bei uns unmöglich
werden muss, sobald jene Klassen zur Erkentniss kommen und sich zur
Wahrung ihrer Interessen regen.

Mit Ausnahme der Wein-, Tabacks- und Rübenzuckerproduzenten
hat *die ganze Landwirthschaft* ein direktes Interesse für Handels-

freiheit, besonders für reichliche Versorgung mit Eisen, Salz und wohlfeilen Fabrikaten.

Der ganze Handwerksstand hat ein direktes Interesse für Handelsfreiheit. Kein Land vermag es, Handwerkswaaren so preiswürdig wie Deutschland zu liefern. Wenn auch alle Zollgrenzen niedergerissen wären, so hätten deutsche Handwerker von fremder Konkurrenz nichts zu fürchten. Die Schutzzölle dagegen vertheuern ihnen das Leben und entziehen ihnen das Kapital; aber am meisten schaden sie ihnen, indem sie ihnen den Absatz verkümmern; denn die Konsumenten können natürlich für Handwerkswaaren um so weniger ausgeben, je theuerer sie Fabrikate, Eisen, Wein, Zucker u. s. w. lediglich wegen der Schutzzölle bezahlen müssen.

Dass *die ganze Kaufmannschaft und alle Detailhändler*, ein direktes Interesse an Freiheit des Handels haben, ist klar; denn je wohlfeiler sie einkaufen, um so mehr können sie umsetzen. Für *Rheder, Eisenbahnbesitzer* und *Alle, welche sich mit Transport beschäftigen*, bedeutet Handelsfreiheit die Freiheit, ihr Geschäft zu betreiben.

Alle *Besoldete*, Alle, welche von *Kunst und Wissenschaft* leben, haben ein Interesse daran, dass ihnen Befriedigungsmittel in reichster Fülle durch freien Handel dargeboten werden.

Das für die Regierungen so wichtige *Finanzinteresse* erheischt, dass die Konsumtion nur um diejenige Summe, welche in die Staatskasse fliesst, vertheuert werde; — der Staat hat ein direktes Interesse gegen sogenannte Schutzzölle, welche bezwecken, dass man unversteuerte inländische Verbrauchsmittel ebenso theuer wie fremde Waaren mit dem Zollzuschlage verkauft, also dem Konsumenten einen Ueberpreis, der dem Staate nicht zu Gute kommt, abnehme.

Auch im Interesse *des überwiegend grösseren Theils der deutschen Fabrikanten* liegt Freiheit des Handels. So sehr auch die Schutzzöllner bemüht sind, eine Furcht vor dem gänzlichen Unterliegen aller deutschen Industrie unter der vorgeblichen Uebermacht fremder Konkurrenz zu verbreiten, so erhellt doch aus den amtlichen Ein- und Ausfuhrlisten die Thatsache, dass, mit Ausnahme der Spinnerei und des Hüttenbetriebs, alle Fabrikzweige des Zollvereins in grossem Maasse für die Ausfuhr arbeiten, — dass sie mithin die fremde Konkurrenz bestehen und für ihren weiteren Aufschwung, ja für ihre Erhaltung darauf angewiesen sind, die fremde Konkurrenz keinesweges zu scheuen und abzuwehren, sondern vielmehr herauszufordern, um ihre eigenen Leistungen stets durch Wetteifer zu vervollkommnen. Die Wollenindustrie, Seidenindustrie, die Fabrikation leichterer Baumwollengewebe und Strumpfwaaren und die Verfertigung der Kurzwaaren, sowie aller Gegenstände, zu denen geschickte Handarbeit gehört, — alle diese Zweige haben nach dem Auslande einen grossen Absatz, dessen Verlust durch Beschränkung des Handelsverkehrs ihren Ruin herbeiführen müsste. Während also alle diese Zweige auf einem Standpunkte stehen, auf welchem sie den fremden Konkurrenten in seinem eigenen Markte, sowie in dritten Märkten, aufsuchen müssen, um ihn in freiem Kampfe oder sogar unter nachtheiligen Bedingungen zu überwinden, wie widersinnig erscheint es, ängstlich zu Hause sich verriegeln zu wollen, aus Furcht, dass Derjenige zu uns komme, den wir nicht scheuen dürfen, sondern suchen und anpacken *müssen*, wo wir ihm nur immer begegnen können!

Aber vor Allem wird Handelsfreiheit gefordert für die *grosse Arbeiterklasse*, deren Wohl zunächst *von naturgemässer Vermehrung des Betriebs-Kapitals*, mithin der *Beschäftigungsmittel für alle Industrie*, abhängt. Das Schutzzollsystem ist hauptsächlich darin so verderblich, dass es die Vermehrung des Kapitals erschwert. Kapital wird nicht dadurch vermehrt, dass man es von den natürlichen Verwendungen ablenkt, um es in erzwungene Gewerbe hineinzustecken, sondern dadurch, dass man es ungehindert den Verwendungen nachgehen lässt, in welchen es die Produktion am meisten erhöht, mithin die Fülle, die Wohlfeilheit fördert, das Erübrigen neuer Vorräthe zum Unterhalte der Arbeiter ermöglicht. Hätte nicht das Schutzzollsystem die Verbrauchsmittel in Preussen um wenigstens zehn Millionen Thaler jährlich vertheuert, so hätte das Betriebskapital jährlich um eine Summe vermehrt werden können, welche den permanenten Unterhaltsfonds für wenigstens 30,000 Familien in jedem Jahre mehr, als welche bei vorgeblichem Schutz der Arbeit Brod finden konnten, dargeboten hätte! — *Der freie Verkehr allein vermag es auch, die Interessen der Völker dergestalt zu verschmelzen, dass feste Friedensbündnisse gestiftet und Einschränkung der kostspieligen gegenseitigen Angriffsanstalten bewerkstelligt werden können.* Hätte man beim Schlusse des letzten europäischen Krieges eine allgemeine Freihandelspolitik durchführen können, so hätte Deutschland nicht nöthig gehabt, für militärische Rüstungen während eines langen Friedens, eine Summe zu verbrauchen, welche zum dauernden Unterhaltsfonds von wenigstens sechs Millionen Arbeiterfamilien ausreichend wäre. — Hat erst die Welt gelernt, wie die gegenseitig sich versorgenden Nationen einander ebenso nützlich werden, als sich die Bürger eines und desselben Landes sind, — wie die *allgemeine Freiheit des Austausches* aus den staatlich geschiedenen Menschen eine einige Menschheit schafft, — dann wird sie auch erkennen, dass die Verwirklichung eines *ewigen Friedens* kein eitler Traum, sondern ein vernünftiges

Ziel sei, welches der Menschenfreund, durch sein Streben, näher zu bringen hoffen darf.

Auf die *„Soziale Frage"*, d. h. die Frage wegen *Beschaffung eines vermehrten Kapitals zur Beschäftigung einer wachsenden Arbeiterklasse* giebt die Freihandelslehre die einleuchtende Antwort: Erleichtert das *Erübrigen grösserer Betriebsmittel*, indem ihr die Ausgaben der Einzelnen und des Staats mindert durch *Beförderung der Wohlfeilheit* und *Befestigung des Friedens*.

Gegen eine solche Mehrzahl aller Stände, gegen diese gewaltigen von Freiheit des Handels abhängigen Sozial-Interessen bilden die Wenigen, deren Sonderinteresse durch Schutzzölle momentan gefördert wird, nur ein kleines, zählbares Häuflein, dessen Ueberwindung kaum schwer erscheinen dürfte.

Dennoch sind jene Sonderinteressenten stark durch ihre geschickte Organisation und durch die Thätigkeit, zu welcher die Grösse des auf dem Spiele stehenden individuellen Vortheils einen Jeden von ihnen antreibt. Bedenken wir, dass durch die geforderte Erhöhung des Twistzolls von 3 Thlr. auf 8 Thlr. vom Zentner der Inhaber einer Baumwollspinnerei von 10,000 Spindeln zum Kapitalwerthe von etwas über 80,000 Thlr. seine Einnahme plötzlich um 16,600 Thlr. jährlich vermehrt zu sehen hofft, so begreifen wir leicht die unablässige Rührigkeit, womit ein Solcher für sogenannten „Schutz der nationalen Arbeit" agitirt. Um auch einen Mittelpunkt für ihre Thätigkeit zu gewinnen, haben die Schutzzöllner eine permanente besoldete Behörde errichtet, welche von allen Interessenten eine Rente erhebt, demnach über grosse Geldmittel verfügt, und den über das weiteste Feld ausgedehnten Operationen Einheit und Nachdruck giebt.

Die Freihandelsmänner sind zwar auch in letzter Zeit rühriger gewesen als vorhin. Sie haben mehre Vereine für ihre Sache gegründet und viele Einzelne für ihre Ansicht gewonnen. Aber leider haben sie zu sehr vereinzelt sich angestrengt und daher nicht mit demjenigen Erfolge wirken können, welcher nöthig gewesen wäre, um die Thätigkeit zu paralysiren, zu der die aufgeschreckten Gegner sich getrieben sahen. Die Freihandelspartei hat angegriffen, ohne sich hinlänglich gerüstet zu haben zum nachhaltigen Niederkämpfen der erfolgenden Gegenbestrebungen. Sie darf aber um so weniger ferner versäumen, genügende Anstalt zur erfolgreichen Wahrung der von ihr verfochtenen Sache zu treffen, da selbst eine vorübergehende Herrschaft der Schutzzölle dem Wirken unserer neuen Staatseinrichtungen die verderblichste Richtung geben muss, indem sie eine Klasse von Menschen im Staate schafft, deren Existenz von der Fortdauer eines Gesetzes abhängt, — also eine

20*

Partei blinder Werkzeuge hervorruft für jede, selbst die volksfeindlichste
Regierung, welche nur jenes Zollsystem vertheidigt. Die Geschichte
lehrt, dass die gedeihliche Wirksamkeit konstitutioneller Staatsformen
hauptsächlich getrübt ward durch das Bestreben der Monopolisten, sie
zum Dienste rücksichtsloser Selbstsucht zu missbrauchen. Die Freihandelsmänner, welche die ganze Bedeutung dieser Gefahr ermessen,
könnten es nimmermehr vor sich selber verantworten, wenn sie sich
nicht mit voller, vereinter Kraft zur Abwehr jetzt erheben wollten,
damit das Vaterland froh werde des Segens der neu betretenen politischen
Entwickelungsstufe.

Bei solcher Lage der Sache und der kämpfenden Parteien ist
unsererseits eine vervollständigte Organisation unserer Kräfte nicht
länger zu versäumen.

Zu diesem Behufe ist zunächst ein aus wenigen Personen bestehender
Zentralbund erforderlich, welcher bei seinen Maassnahmen für das gemeinsame Interesse sich volles Vertrauen und freie Hand erbittet, die leitende
Vermittelung unter den Vereinen für Handelsfreiheit übernimmt und
für Ausbreitung derselben sorgt. Er wird ein stehendes Bureau zu
errichten haben, wo alle nöthigen Materialien und Quellen gesammelt,
literarische und wissenschaftliche Kräfte vereinigt werden, und von wo
aus, durch Anfertigung von Druckschriften und Benutzung der Tages-
presse, auf systematische Weise zur Aufklärung des Volks über seine
staatswirthschaftlichen Interessen gewirkt werde, und zwar durch Personen, die sich berufsmässig der Aufgabe widmen. Mit diesem Bureau
wird ein staatswirthschaftlicher Verein zu verbinden sein, um geeignete
Kapazitäten heranzuziehen und auszubilden, welche in den Vereinen für
Handelsfreiheit auftreten, populäre Vorträge in allen sonstigen ihnen
zugänglichen Vereinen halten, und öffentliche Versammlungen, wo Volks-
interessen berathen werden, besuchen sollen. Für das lokale und un-
mittelbarere Fördern der Freihandelssache muss man sich immerhin auf
die einzelnen Vereine für Handelsfreiheit verlassen, denen der Zentralbund Kräfte und Material zur Disposition zu stellen haben wird. —
Auf eine sorgfältige und umfassende Erforschung der bestehenden Erwerbsverhältnisse und auf das logische Recht unerschütterlicher Grundprinzipe gestützt, wird der Zentralbund mit Beharrlichkeit den Weg
einer vernünftigen Reform einhalten; mithin wird er es keineswéges
unterlassen, die finanziellen Bedürfnisse der Staaten zu berücksichtigen,
und eine gerechte Schlichtung der unter der alten Irrlehre entstandenen
Interessen zu erstreben. Von allen politischen Parteibestrebungen ab-
sehend, ist Verbreitung gründlicherer Kenntniss der gewerblichen Lage
Deutschlands und besserer Einsicht in die Prinzipe der Volkswirthschaft

die nächste Aufgabe, damit jedes Umsichgreifen monopolistischer Bestrebungen sogleich gehemmt und der praktische Weg zur Lösung bestehender Beschränkungen gefunden werde.

Von diesen Ansichten beseelt und von dem Drange der Umstände getrieben, haben sich die Unterzeichneten entschlossen, sich vereint als *Zentralbund für Handelsfreiheit* darzubieten. Zur Durchführung ihrer Aufgabe, worüber sie periodische Berichte veröffentlichen werden, bedürfen sie bedeutender Geldmittel. Um Beiträge wenden sie sich an die Vereine für Handelsfreiheit, kaufmännische Korporationen, landwirthschaftliche Vereine und sonstige Anhänger der Handelsfreiheit. Hoffentlich wird der Erfolg auch lehren, dass der Eifer für eine grosse und gute Sache, aus dem dieser Bund hervorgegangen ist, schon in vielen Deutschen Herzen lebt und dass ein Opfer nicht gescheut wird, wo es die Geltendmachung eines Prinzipes gilt, von dem, wie wir fest überzeugt sind, das Wohl der Menschengesellschaft abhängt.

Die für den *Zentralbund für Handelsfreiheit* bestimmten Beiträge bitten wir, an den hiesigen Bankier und Abgeordneten für Danzig zur Ersten Kammer, Herrn *Fr. Martin Magnus*, zu richten, welcher den Empfang quittiren oder den Eingang in den öffentlichen Blättern anzeigen wird.

Th. Behrend, Kommerzienrath, Berlin und Danzig. *Ernst Merck*, Dr. *W. Löwe* aus Calbe, Mitgl. d. deutsch. Nat. Vers. in Frankfurt a. M. *P. Gutike*, Konsul, Stettin. *G. H. Kämmerer*, Hamburg. *J. F. C. Refardt*, Hamburg. *J. Prince-Smith*, Berlin. *Gustav Arndt*, Berlin. *G. F. Brackebusch*, Präsident des Handes-Vorstands, Hannover.

Wie schon an der Revolution des Jahres 1848 der allgemeine freihändlerische Aufschwung, welcher sich an die Englische Tarifreform geknüpft hatte, gescheitert war, so trat auch jetzt wieder diesem ersten Versuche einer ganz Deutschland umfassenden »Organisation« der Freihandelsbewegung, die politische Verwickelung hindernd in den Weg. In dem Maasse wie die Aussicht auf die politische Einigung Deutschlands zurücktrat und wie in der inneren Politik die Reaktion die Oberhand gewann, verloren auch die handelspolitischen Fragen an allgemeinerer Theilnahme, und damit wurde dem »Zentralbunde« ein wesentlicher Theil des Bodens, auf welchem er beruhen sollte, von vornherein entzogen. In Wirklichkeit trat er nur als Vereinigung einer, noch dazu sehr geringen Zahl von »Interessenten« in's Leben, von Vertretern weniger Seehandelsplätze, für welche die handelspolitische Frage eine unmittel-

bare Lebensfrage war. Diese Praktiker wussten, dass sie keine
Aussicht auf Erfolg hatten, wenn sie nicht die öffentliche Meinung
für sich gewannen; und so folgten sie willig der Führung der
Männer der Wissenschaft. Die Wirksamkeit des Bundes bestand
demnach in der Hauptsache darin, dass in den Seestädten, vor
Allem durch die Freihandelsvereine in Hamburg und Stettin, Geld
aufgebracht wurde, welches durch Vermittlung von Prince-Smith
für publizistische Zwecke verwandt wurde. Hierbei machte nun
Prince-Smith kurze Zeit einen ziemlich kostspieligen Fehlgriff,
indem er den schon oben erwähnten Gedanken eines Bureau behufs
systematischer Ausbildung von volkswirthschaftlichen Schriftstellern
auszuführen suchte. Bald zeigte sich, dass es vor Allem an der
dem Umfange und den Kosten eines solchen Bureau auch nur
einigermaassen entsprechenden Anzahl von ausbildungsfähigen und
-lustigen jungen Männern fehlte, und dass für die wenigen, welche
sich fanden, andere Mittel genügten und nöthig waren. Ein
solches Bureau mochte ein nothwendiger Bestandtheil in dem
Agitationsapparat einer Anti-cornlaw-league sein, und dann auch
den von Prince-Smith für die Ausbildung von Journalisten gedachten
Nutzen stiften; doch getrennt von einer derartigen populären Bewegung konnte es auch diesen Zweck nicht erfüllen.

Zu derselben Zeit aber, wo dieser Versuch zur systematischen
Ausbildung von volkswirthschaftlichen Schriftstellern im Grossen
misslang, gewann Prince-Smith durch seinen persönlichen Verkehr
die ersten wirklichen Schüler. Es waren angehende Journalisten,
welche bereits ein gewisses Maass von volkswirthschaftlichen Kenntnissen besassen, welche aber erst durch ihn zur Klarheit und
Bestimmtheit in ihren Anschauungen gelangten. Ohne jemals einen
express belehrenden Ton anzuschlagen, war seine Unterhaltung
formell und materiell in hohem Grade belehrend. Seine Lehr-
methode, soweit bei ihm von einer solchen überhaupt die Rede
sein konnte, hatte am meisten Aehnlichkeit mit der des Sokrates:
ohne alle Systematik, im Anknüpfen an gelegentliche Gesprächs-
gegenstände, wusste er die Köpfe seiner jungen Freunde weniger
mit volkswirthschaftlichen Lehrsätzen als mit volkswirthschaftlichen
Anschauungen zu erfüllen. Ein wesentliches Mittel aber zur volkswirthschaftlichen Schulung seiner Freunde bestand darin, dass er

ihnen journalistische Arbeiten über bestimmte Gegenstände, oder
Uebersetzungen volkswirthschaftlicher Werke aus fremden Sprachen
übertrug, die er dann kritisch mit ihnen durchging, ehe sie zum
Druck gelangten. Von solchen Uebersetzungen sind besonders die
der Schriften von *Bastiat* — der »volkswirthschaftlichen Trugschlüsse«, der »volkswirthschaftlichen Harmonien« u. a. — zu
erwähnen. Es war ein besonderes Verdienst von Prince-Smith, die
unvergleichliche Bedeutung dieses Schriftstellers für die Populari-
sirung der Freihandelslehre erkannt und dafür gesorgt zu haben,
dass sie in guten Uebersetzungen in weiten Kreisen zur Verbreitung
gelangten.

In Folge seines angedeuteten Verkehrs trug sich Prince-Smith
auch mit verschiedenen journalistischen Projekten, wobei es sich
zuerst um Begründung einer grossen *Zeitung*, dann einer *Revue*
handelte. Betreffs der letzteren, deren Redaktion der Dichter
Friedrich Bodenstedt übernehmen sollte, kam es zu einem förm-
lichen Programm und auf Grund desselben zu Aktienzeichnungen
behufs Aufbringung des erforderlichen Kapitals. Die Sache zerschlug
sich, wie es scheint, hauptsächlich daran, dass Bodenstedt rechtzeitig erkannte, wie sein vermeintliches Interesse für volkswirthschaftliche Fragen doch nur in der vorübergehenden Anregung
beruhte, welche der Verkehr mit Prince-Smith und dessen jüngeren
Freunden auf ihn ausübte. Das (vom 2. November 1849 datirte)
Programm der »Berliner Revue für Politik, Wissenschaft, Literatur
und Kunst«, welches durchaus den Stempel von Prince-Smith trug,
lautete:

„Um eine Grundlage für bessere Zustände zu bereiten, den Weg zu
einer milderen und gesicherteren Ordnung anzubahnen, will die
Berliner Revue an der Aussöhnung sozialer und politischer Konflikte
arbeiten.

Das Erforderniss des sozialen Wohles, „reichlicher" Befriedigung für
Alle, — kann nur aus erhöhter Produktivkraft der freien Arbeit und
des gesicherten Eigenthums fliessen. Für gerechte Vertheilung der
Befriedigungsmittel bieten freier Verkehr und freies Erwerbsrecht die
einzige Gewähr. Erst wenn diese Grundlehre, durch Verbreitung volkswirthschaftlicher Kenntnisse, zur allgemeinen Anerkennung gebracht ist,
werden die Menschen aufhören, ihre Kräfte zu lähmen und ihre Mittel
zu vergeuden im unseligen Haschen nach Vortheil und Besitz auf dem

Wege des Uebervortheilens und Entreissens, — kann der *lediglich dadurch bedingte* Widerstreit der Interessen, sowohl der Einzelnen und der Volksklassen, als auch der Völker, bewältigt werden, — lässt Freiheit sich mit Ordnung paaren, — wird der Frieden etwas mehr als eine momentane Waffenruhe sein.

Auf politischem Gebiete jagt man nach verschiedenen Zielen, empfiehlt verschiedene Wege, eben aus Meinung oder Vorliebe, bis das eigentliche Ziel des Gemeinwohls allgemein erkannt, der richtige Weg augenfällig gewiesen wird. Erlangtes Wissen aber beseitigt blosse Meinungen. Das Reden einer aufgedeckten Thatsache bringt selbst die leidenschaftlichsten und mächtigsten Interessen zum Schweigen. Streit giebt es in der Wissenschaft nur da, wo die Kenntnisse lückenhaft sind. Um also immer mehr den politischen Widerstreit zu mildern, welcher das Gemeinwohl gefährdet und das Leben verbittert, handelt es sich um Konstatirung und Verbreitung realer Kenntniss über die Mittel und Wege des sozialen Gedeihens. — In dem Maasse als dies gelingt, wird die Sorge um Politik, welche jetzt uns fast verschlingt, immer mehr in die ihr gebührende Stelle verwiesen werden; denn die Staatspflege soll nicht Zweck an sich, sondern nur Mittel sein, zur Sicherung einer Freiheit, in der unsere Kräfte das Leben für uns verschönern mögen.

Ein Organ, welches einen wirklichen Fortschritt immer nur in vorgeschrittener Aufklärung sieht, und somit Eintracht, Sicherheit, Freiheit, verschönertes Leben erst als Früchte verbreiteten Wissens erhofft, scheut vor Allem die Dazwischenkunft der Gewalt, — des rohen Elementes nämlich, welches die Kultur stets hemmt und zeitweise zurückdrängt. In seiner eigensten Waffe, dem durchschneidenden Gedanken, liegt allein seine Kraft; er allein führt zum Siege, wie lange der Kampf auch dauern möge. Gewalt herrscht nur so lange sie verblendete Werkzeuge findet, Missbrauch nur so weit ihm Betrug gelingt; beiden zieht die platzgreifende Einsicht den Boden unter den Füssen weg. Dass überhaupt noch so viel Gewalt und Missbrauch fortbesteht, neben dem vielen Wissen, dessen unsere Zeit sich rühmt, kommt daher, dass gerade im Gebiete des Gemeinlebens, fast alles wirkliche Wissen fehlt; — denn fast keine politische oder soziale Frage ist genügend beantwortet; die grossen Probleme harren noch ihrer Lösung; — und bis diese Allen begreiflich gegeben ist, dauert eben als Nothwendigkeit, um den Knoten zu durchhauen und den Kampf zu bändigen, *das Reich der Machtsprüche* fort. Sobald nur ein praktischer Nutzen für's Gemeinwohl klar erkannt wird, schafft solche im Gesammtwillen sich bethätigende Erkenntniss, trotz aller entgegenstehenden Sonderinteressen, sich jedesmal

die zur Verwirklichung geeigneten Formen. Aber Formen schaffen
wollen, aus denen die Erkenntniss des Erforderlichen erst hervorgehen
soll; — unzeitgemässe Staatsgewalten umstürzen, anstatt lieber die
Irrthümer und den Wahn zu zerstreuen, auf denen sie fussen; — Revo-
lutionen auf der Strasse machen und Parteikampf bloss um Formen
führen; — dies sind Verkehrtheiten, denen nur vermehrte Kenntniss
über die eigentliche Natur des Staats- und Volkslebens ein Ziel setzen
kann. Im Wesentlichen soll die Politik die Interessen Aller mit dem
Gemeinwohl und der Freiheit vermitteln. Dazu fehlte es aber bei uns
zu sehr an volkswirthschaftlichen Kenntnissen, an weiten und reichen
Anschauungen. Unsere Politiker verhielten sich negirend, aus Misstrauen
gegen Kräfte, deren Schöpfungen sie nicht ermessen konnten; klammerten
sich an Aeusserlichkeiten, weil sie verkannten, dass jeder lebenskräftige
Inhalt sich selbst eine Form schafft. — Diesen Mängeln abzuhelfen, will
die Berliner Revue nach besten Kräften arbeiten. Sie stellt sich eine
Aufgabe, deren Erfolg in weiter Ferne liegt — eine Aufgabe jedoch,
woran ungesäumt gearbeitet werden muss, damit nicht noch vor
Lösung derselben die Früchte der Kultur in blinden Kämpfen vernichtet
werden."

Wenige Monate nachdem ihm dieser Versuch zur Begründung
eines eignen journalistischen Unternehmens missglückt war, trat
Prince-Smith zugleich mit den ihm am nächsten stehenden seiner
Schüler und Freunde in intime Beziehungen zu einem bereits bestehenden Blatte, welches eben dadurch zu einer ganz eigenthümlichen Bedeutung gelangte. Dieses Blatt ging hervor aus dem
im Jahre 1847 in Stettin von dem freihändlerisch-demokratischen
Publizisten Lüders gegründeten und zu Anfang des Jahres 1850
von Stettin nach Berlin verlegten »Wächter an der Ostsee«, welcher
dann seinen Nebentitel »Demokratische Zeitung« bald zu seinem
einzigen machte. In den rein politischen Fragen Organ der
äussersten Linken, nahm die »Demokratische Zeitung« in volkswirthschaftlichen Fragen, ihrem Ursprung getreu, eine andere, wenn
auch in sich unklare Haltung ein, als die mehr oder minder entschieden zum Sozialismus hinneigenden Blätter des Westens und
Südens. Da es der Zeitung, bei beschränktem Absatz, an Mitteln
und an Mitarbeitern fehlte, so nahm der Redakteur *Ed. Meyen*
um so lieber das Anerbieten an, welches ihm Dr. *Jul. Faucher*
machte, in die Redaktion einzutreten und zugleich die kleine Schaar
begeisterter Anhänger der von ihm und Prince-Smith vertretenen

volkswirthschaftlichen Richtung dem Blatte, welches den neuen
Nebentitel »*Abendpost*« annahm, als Mitarbeiter zuzuführen. So
vollzog sich eine Verbindung jener bis dahin in Bezug auf rein
politische Fragen ziemlich indifferenten Richtung mit der äussersten
Demokratie — eine Verbindung, welche sich in kürzester Zeit in
Bezug auf Produzirung und Verbreitung neuer Anschauungen überaus
fruchtbar erwies. Mehr und mehr machte sich die Zeitung (indem sie
den Titel »Demokratische Zeitung« ganz aufgab) zur Hauptaufgabe,
den Sozialismus und den Kommunismus vom Standpunkte der
Freiheit aus zu bekämpfen: der äusserste politische Radikalismus
sollte das Mittel bilden, um die Demokratie von den sozialistischen
und kommunistischen Bestrebungen zu trennen. Fast alle Mitarbeiter fühlten sich von einem Enthusiasmus für die von der
»Abendpost« verkündete Lehre erfüllt, und die in diesem
Enthusiasmus geschriebenen Artikel machten um so grösseres
Aufsehen, als sie zugleich eine Fülle von höchst realen volkswirthschaftlichen Anschauungen und Kenntnissen zu Tage förderten,
von denen in der übrigen Presse zu jener Zeit nicht viel mehr zu
finden war, als von irgend welchem Enthusiasmus.

Prince - Smith nun nahm zu der »Abendpost« eine ganz
eigenthümliche Stellung ein. Der allseitige Radikalismus, dessen
Organ sie war, lag ihm durchaus fern, und seine eigentliche Mitarbeiterschaft beschränkte sich demgemäss auf das mehr
neutrale Gebiet rein wirthschaftlicher Betrachtungen, z. B. über die
Grundrententheorie (abgedruckt anf Seite 93 u. ff. d. Bandes unter
dem Originaltitel »Die Grundrente: ein volkswirthschaftlicher Spuk«),
über die zivilisatorischen Einflüsse der elektrischen Telegraphie, oder
sie enthielt sogar einen nur schwach verdeckten Protest gegen jenen
Radikalismus, wie in einem in Form einer Korrespondenz aus
England geschriebenen Artikel über die Stellung des dortigen
Königthums, welcher wesentlich konservative Anschauungen vertrat. Nichts destoweniger war Prince-Smith nach einer wesentlichen Richtung der eigentlich leitende Geist der »Abendpost«.
Er war es, der den jüngeren Mitarbeitern die für sie geeigneten
Aufgaben stellte, und mit ihnen durchsprach, der ihre Artikel, ehe sie
in den Druck gegeben wurden, kritisch sichtete und namentlich
für die Beseitigung stilistischer und logischer Fehler sorgte.

Sowohl hierdurch als durch von Zeit zu Zeit bei Prince-Smith
stattfindende Besprechungen sämmtlicher Mitarbeiter über die in
einzelnen Fragen einzunehmende Haltung, wurde die »Abendpost«
eine journalistische Schule, wie es in Deutschland schwerlich zum
zweiten Male gegeben hat, und der Meister dieser Schule — trotz
des überwiegenden Einflusses, welchen Faucher auf die Gedankenrich-
tung des Blattes und seiner Mitarbeiter ausübte — war Prince-Smith.

Schon Anfang März 1850, noch vor seiner Betheiligung an der
»Abendpost«, schrieb Prince-Smith in einem Briefe an Herrn Steinbart,
mit Bezug auf die von ihm damals betriebene massenhafte Vertheilung
der kleinen Bastiat'schen Schriften unter die Berliner »Volksvereine«:

„Wir müssen schlechterdings hier die Masse erobern — als Partei
einen breiten Boden gewinnen; sonst dringen wir mit nichts durch,
sondern bleiben, wie bisher, Idealisten, deren humane und theilweise
begründete Bestrebungen mit Achtung erwähnt, aber nicht zur Bestimmung der praktischen Politik berücksichtigt werden dürfen — d. h.
man lässt uns, ohne uns einer ernsten Bekämpfung zu würdigen bei
Seite liegen und verweist uns, als unschuldige Schwärmer, auf die Zeiten
des vielleicht kommenden tausendjährigen Reiches — des ersehnten
Weltfriedens — indem man unterdessen unbeirrt Schutz- und Kriegs-
steuern den gegeneinander gehetzten Völkern aus der Tasche zieht.

Die Zeit ist für uns günstig, wenn wir sie kräftig benutzen. Noch
können wir im Norden die Volksstimme für uns gewinnen. Machen
wir jetzt nichts, so sind wir auf alle Zeit discreditirt, als eine Partei,
die nichts vermochte, da sich die Konjunktur ihr so günstig, wie es
selten und nie zweimal geschieht, darbot. Wenn die Freihändler nicht
dem Volksgeiste die genügende Nahrung bieten, wird er sich zu der
Kost der Sozialisten wenden — denn Etwas muss er haben. Wie Napoleon
sagte: „nach 50 Jahren ist Deutschland (?) republikanisch oder kosakisch",
so sage ich: „nach *einem Jahre* ist die Berliner Volkspartei freihändlerisch
oder sozialistisch."

Dieser Brief zeichnet deutlich die Stimmung, in welcher
Prince-Smith sich auf die Verbindung mit der »Abendpost« ein-
liess. Drei Monate später, als die Existenz der »Abendpost« durch
die nach dem Sefeloge'schen Attentat auf den König erlassene
Press-Verordnung in Frage gestellt wurde, schrieb Prince-Smith:

„Der Zweck meiner Mitwirkung bei der „Abendpost" ist zum grossen
Theile erreicht worden: ich habe bei der äussersten Linken die Freihandelslehre zu Ansehn gebracht; Freihandel und Bureaukratie, oder

Konkurrenz und Ausbeutung gelten nicht mehr für identisch bei der Partei, deren verkehrte Auffassung vom Eigenthum sie gefährlich machte. Ich habe bewiesen, dass die Lehre der volkswirthschaftlichen Freiheit viel freisinniger sei, als alle Projekte und Lehren willkürlicher und nur durch barbarischsten Zwang durchzusetzender Bestimmungen über Besitz und Erwerb, die übrigens auf die Dauer durch keinen erdenklichen Zwang durchzuführen wären.

Die neuen Pressverordnungen machen die Fortführung des Blattes in bisherigem Tone schier unmöglich. Zwar hatten wir schon alles Berufen und Hinweisen auf Gewalt aus dem Blatte endlich entfernt, das Barrikadenpathos abgethan; aber wir mussten unseren Lesern noch die Konzession machen, Sachen die sich in einer ruhigen Form sehr harmlos ausnehmen, auf eine Weise einzukleiden, die Schrecken erregten. Wenn wir z. B. als unsere Tendenz angegeben hätten: „die freie Wirkung der sich geltend machenden allgemeinen Bedingungen des Kulturlebens, an Stelle des entbehrlichen Zwanges, zum Träger der Ordnung zu machen". dann hätte alle Welt uns für ein sehr wohlmeinendes Organ angesehn; um uns aber bei denen, auf die wir wirken wollten, Gehör zu verschaffen, mussten wir dies „Vernichtung des Zwangsstaats" nennen.

Wir möchten das Blatt retten und zwar aus zwei Gründen: weil unter obwaltenden Umständen die einzig mögliche Opposition gegen die sich überstürzende Reaktion auf volkswirthschaftlichem Boden geführt werden muss; zweitens weil durch den Namen und die Reminiscenzen das Blatt einen Halt und einen Glauben bei der äussersten Partei hätte, den ein neues Organ sich nicht mehr erwerben könnte.

Meyen wird von der Redaktion zurücktreten und Faucher mit mir sie übernehmen, so dass der fortgesetzte Postdebit sich wohl mit den Behörden arrangiren liesse . . . . Es käme auf die Kautionsleistung an . . . . Werden wir kräftig unterstützt, so wendet sich der Schlag zu unserem Nutzen, sowohl äusserlich als in Bezug auf die Führung des Blattes, indem wir mit einem Sprung den Standpunkt nehmen können, nach dem wir doch trachteten. Wir wollen aber noch in der Bresche stehen um den Sozialismus zu bekämpfen, der durch die Reaktion erst recht gestärkt werden wird."

Beide von Prince-Smith hier ausgesprochene Hoffnungen wurden getäuscht: der Postdebit wurde der »Abendpost« entzogen und die Kautions-Summe wurde nicht aufgebracht. So musste das Blatt eingehen: die durch sie unter der Führung von Faucher und Prince-Smith geschaffene Vereinigung löste sich nach einem Bestande von wenig mehr als einem Vierteljahre auf. Was aber

damals für die Theilnehmer und für die von ihnen vertretene
Sache als ein schwerer Schlag erschien, erwies sich als das Gegentheil. Die Zeit des Radikalismus war ohnehin zu Ende: die
»Abendpost« war ihr letzter Ausläufer gewesen. Aber das plötzliche Ende, welches ihm bereitet wurde, war der Popularität der
Freihandelslehre bei der Demokratie nur förderlich, während die
freihändlerischen Mitarbeiter der »Abendpost«, mit einem Male der
sie gefangen haltenden Macht des Radikalismus entrückt, sich
bald zu den eifrigsten Aposteln der lediglich auf ihre wirthschaftliche Konsequenzen sich beschränkenden Freihandelslehre entwickelten. Es war ein ähnlicher Vorgang wie bei der gewaltsamen
Auflösung der Schule der Saint-Simonisten in Frankreich: die
Uebertreibungen und Verkehrtheiten der Schule wurden mit einem
Schlage beseitigt, nur der gesunde Kern der volkswirthschaftlichen
Anschauungen blieb übrig. und dem Leben, zu welchem er sich
entwickelte, war es wesentlich zu danken, dass die öffentliche
Meinung in Deutschland in den folgenden anderthalb Jahrzehnten
sich mehr und mehr in freihändlerischer Richtung entwickelte,
bis diese mit dem Zustandekommen des Deutsch-Französischen
Handelsvertrages im Jahre 1865 ihren ersten thatsächlichen Erfolg
errang.

Zunächst freilich, nach dem Eingehen der »Abendpost«, erschien die ganze innere und äussere Entwickelung Preussens, von
der doch auch die Möglichkeit einer Neugestaltung der Handelspolitik des Zollvereins unmittelbar abhängig war, mehr denn je
auf's Ungewisse gestellt. Von der wachsenden Reaktion im Innern
wurde Prince-Smith selbst betroffen, indem er durch Beschluss der
Berliner Stadtverordnetenversammlung vom 27. August 1850 (bestätigt vom Magistrate am 29. desselben Monats) mit 17 anderen
Mitgliedern auf Grund des § 131 der Städteordnung von 1808
exkludirt wurde. Motivirt war dieser Beschluss dadurch, dass
Prince-Smith und die anderen Mitglieder, welche sein Schicksal
theilten, 1) die Stadtverordnetensitzung vom 5. Februar 1850, in
welcher über die Verleihung des Ehrenbürgerrechts an die Minister
Graf v. Brandenburg und v. Manteuffel berathen wurde, und 2) die
Stadtverordnetensitzung vom 15. August 1850 bei der Berathung
über die Ernennung der Beisitzer zu den Gemeinderathswahlen,

verlassen hatten. Die zweite der bezeichneten Sitzungen war dadurch beschlussunfähig geworden.

Dass Prince-Smith in das damalige Getriebe des politischen Parteiwesens, welches in diesen Vorgängen in der Berliner Stadtverordnetenversammlung seinen Ausdruck fand, tiefer verflochten gewesen wäre, möchte ich bestreiten; er konnte es nur nicht über sich gewinnen, den raschen Sprung des Gros der Stadtverordnetenversammlung mitzumachen, welche den Ministern Brandenburg und Manteuffel das Ehrenbürgerrecht verlieh, nachdem sie vor noch nicht Jahresfrist in gerade entgegengesetzter Richtung durch Verleihung desselben Rechts an den Freiherrn Heinrich v. Gagern demonstrirt hatte. Im Uebrigen war Prince-Smith sicher nicht missvergnügt über den Verlust einer Stellung, in welcher es ihm in jener Zeit kaum jemals möglich war, seine volkswirthschaftlichen Anschauungen zur Geltung zu bringen. Ueberdies war ihm die Verwickelung in jene Angelegenheit für seine persönlichen Beziehungen auch mit hervorragenden Personen der höheren Beamtenwelt — so mit dem Minister v. Manteuffel, mit welchem er von seinem Elbinger Aufenthalte her näher bekannt war — durchaus nicht nachtheilig.

Ganz anders fühlte sich Prince-Smith von den Vorgängen auf dem Gebiete der grossen Politik, berührt — freilich auch hier wieder in einer Richtung, welche von der damals in den liberalen Kreisen vorwaltenden wesentlich abwich.

Dass Preussen unter Radowitz um höchst unklarer Ziele willen und mit durchaus unzureichenden Mitteln einem Kriege mit Oesterreich, nicht sowohl entgegenging, als sich entgegentreiben liess, bis dann Russland mit seinem Machtwort dazwischen trat, versetzte Prince-Smith in eine höchst unbehagliche Stimmung, von welcher nachstehender Brief einen karakteristischen Ausdruck giebt. Unter dem 5. Dezember 1850 schrieb er:

Inmitten des Lärms der Kriegsrüstung wird die Stimme unserer friedlichen Politik natürlich übertönt. Hätte man aber, anstatt des Buhlens mit dem Süden, wo man sich doch keine zuverlässigen Freunde erwirbt, anstatt der durch ihre Halbheit haltlosen Unionsprojekte, einen auf übereinstimmende materielle Interessen gestützten norddeutschen Freihandelsbund erstrebt, und so mit den Küstenstaaten einen unverbrüchlichen Zusammenhang und in England einen mächtigen Rückhalt gewonnen, dann hätte ich sehen mögen, wie Oesterreich es gewagt hätte, Preussen zu brusquiren, und Russland, sich zum Schirmvoigt von Deutschland aufzuwerfen!

Wenn man Oesterreich's momentane Schwäche während des ungarischen Krieges nicht benutzt hätte zu schwachen Versuchen gegen dessen politischen Einfluss in Deutschland, sondern um sich, ungefesselt durch die leidigen politischen Rücksichten, in sich einmal zu kräftigen, — wenn man die „Deutsche Verfassung" hätte sein lassen, und mit dem Frankfurter Kaufmannstarif, (dem von den Vertretern der freihändlerischen Kaufmannschaften aufgestellten Entwurf) noch bedeutend ermässigt, vorgegangen wäre, indem man die revolutionären Bewegungen als guten Vorwand für Lösung des Zollvereins benutzte, dann hätten wir wirklich Etwas errungen — ich meine nicht unsere Partei, sondern ganz Nord-Deutschland!

Mit den Verfassungen ist das Spiel ziemlich aus. Die Radikalen bedauern dies ebensowenig als die Kavaliere, — die äussersten Gegensätze berühren sich einmal! Ich will Ihnen dies erklären. Die Radikalen sagen: „So lange der Militärstaat besteht und die Krone dreimalhunderttausend Bajonette zu Gebote hat, können ihr durch keine Kammern wirkliche Schranken auferlegt werden; ihr gegenüber kann keine Vertretung des Volks, sondern nur einer mit ihrem Interesse identifizirten Klasse geduldet werden. Wir sehen es ja! Es ergeht allen Vertretern, selbst der dreimal gebeutelten prima Sorte, einer militärischen Dynastie gegenüber ebenso wie den sterblichen Gästen am Göttertisch: „„erhebet ein Zwist sich, —"" dann werden die Vincke, Schwerin und Genossen mit ebensowenig Zeremonie, als der erste beste Demokratenklub, aufgelöst. Wenn also keine andere Kammern, als solche, welche lediglich die Krone stützen in ihrem eigenwilligen Belieben, möglich sind, dann will die Masse lieber gar keine; sie will lieber ohne Mittelspersonen der Krone gegenüberstehen, die Bureaukratie *auf ihre Verantwortlichkeit* für das Wohlergehen des Volks sorgen lassen, mit der einfachen Weisung: „„Sorge dafür, dass die Masse sich wohl fühle, denn an der Strassenecke brennt eine Laterne."" Dies mag nicht die wünschenswertheste Staatsordnung sein, — aber zeige mir, in einem Militärstaate nämlich, eine für die Volksmasse bessere und zugleich *mögliche*. Will man eine kunstgerechtere, geordnetere Verfassung haben, so beseitige man gefälligst erst die dreimalhunderttausend Bajonette, die sehr störend für jeden auf Gleichgewicht der Staatsgewalten berechneten Mechanismus sein müssen, das sieht Jeder ein".

Aber es ist wirklich nicht so schlimm ohne Kammern, wie man sich es gewöhnlich denkt. Man verkennt eigentlich, was man im Grunde des Herzens von Vertretern will. Wenn das Volk in einem Punkte sein wirkliches Interesse klar einsieht, dann entsteht aus dieser Klarheit eine Einigkeit und Energie, denen nicht zu widerstehen ist. Und selbst wo Kammern sind, ist es der einige Wille *im Volke*, nicht in *den Vertretern*, welcher gegen die Krone nöthigenfalls durchdringen muss; die Kammern dienen dazu, die Krone zeitig von dem Volkswillen in Kenntniss zu setzen, wenn sie nämlich volksthümlich sind; will die Krone solche Warnungsquellen sich nicht offen halten, so ist es ihr Schaden! Aber das Volk versteht sein Interesse nicht; es fühlt dies; es hofft aber, dass Kammern ausfindig machen werden, was dem Volke dient, und darum hängt es so an einer Vertretung. Hierin täuscht es sich gewaltig. Das allgemein Zuträgliche ist nicht verborgen, es liegt zu Tage überall, ist das Nächstliegende in Allem, — Jeder kann es sehen, muss es sehen, sicht es ja, der es mit unbefangenem Sinne sucht. Wo aber ist der unbefangene Sinn zu finden! Jedermann möchte das Gemeingut in dem Winkelchen finden, wo er seinen Spezialvortheil zu Nutze zu machen pflegt. Ebenso, wie wir zu einem Pfaffen laufen, bloss wenn wir einen Pfad, auf dem wir noch mit allen sündigen Gelüsten behaftet, zum Himmel zu kommen, ausfindig machen möchten, — uns aber gewiss den Weg jedesmal selber zeigen können, wenn wir mit reinem Sinne hinschauen; ebenso finden wir leicht, was Allen frommt, wenn wir nur die schief geschliffenen Brillen der Selbstsucht ablegen wollen. Und der Hinterhaltsgedanke bei dem Gelüste nach Vertretung ist der, dass wir Männer hinsenden werden, deren Brillen ebenso geschliffen und gefärbt sind, wie die unsrigen! . . . Also Aufklärung über sein Interesse das ist es, was dem Volke noth thut; die Freihandelslehre lässt sich ohne Kammern verbreiten . . . Wie ich die Sache drehe, der Freihandel scheint mir der einzige Faden aus dem Labyrinth, der einzige Faden an dem wir die Dinge packen können . . . . Vielleicht werden Sie denken, ich suche mir bloss aus Verzweiflung Trost im trüben Augenblicke; ich glaube aber meine Ansicht unbefangen gebildet zu haben; indessen bin ich allerdings bitterböse auf die Konstitutionellen, welche uns in den Krieg stürzen wollten, also vielleicht doch nicht unbefangen.

Darin hatte nun Prince-Smith durchaus Recht, dass fortan nach dem Scheitern aller Versuche einer politischen Neugestaltung Deutschlands auf dem Boden des Dreikönigbündnisses und der Union, die *Handelspolitik* für Preussen das einzige Gebiet blieb, von wo aus es hoffen durfte, den Oesterreichisch-Grossdeutschen Projekten mit Erfolg entgegentreten zu können. Indem Prince-

Smith dies als einer der Ersten erkannte, fand er darin eine wirksame Stütze gegen jenen Pessimismus, welcher sich damals des politischen Liberalismus mehr und mehr bemächtigte, und seine agitatorische Thätigkeit nahm einen neuen Aufschwung, dem wir eine Anzahl seiner besten Schriften in Sachen des Freihandels verdanken.

Bereits unter dem 25. Dezember 1850 schrieb er:

„Die Ausdehnung des Preussischen Einflusses durch den Zollverein südlich der Mainlinie ist längst von Oesterreich sehr scheel angesehen worden; hat uns aber doch keine politischen Freunde verschafft.

Oesterreich möchte nicht länger kommerziell von dem übrigen Deutschland isolirt bleiben, es wird daher in Dresden (wo durch die sogenannten Dresdener Konferenzen der letzte Versuch einer Reform des Deutschen Bundes gemacht werden sollte) vermuthlich auf einen allgemeinen Zollverein antragen. Dies geht nicht. Der Nordwesten wird sich nimmermehr den österreichischen Schutzprinzipien fügen; auch sind die Konsumtionsverhältnisse zu verschieden, als dass eine gemeinschaftliche Zollkasse gebildet werden könnte. Aber zwei Zollvereine, ein nordischer für Freihandel, ein südlicher für den Zollschutz, lassen sich bilden. Dann kommen die Systeme zur prinzipiellen praktischen Konsequenz; es werden übereinstimmende Ansichten und Interessen geeinigt, dann kann auch die Leitung jedes Vereins einer populären Vertretung anvertraut werden, was nicht ging, so lange der Verein aus Gebieten bestand, wo so ganz entgegenstehende Maximen herrschten.

Jetzt kann Preussen die Gelegenheit ergreifen, um sich von der Verbindlichkeit gegen den Süden zu befreien, nur einen Handelsbund mit Hannover, Mecklenburg, Holstein und den Hansestädten schliessen, mit mässigen Zöllen zum grossen Vortheil für seine Finanzen, und unter völligem Aufgeben der Schutzwirthschaft. Möge es dann den Baiern, Württembergern und Badensern frei stehen, sich diesem Bunde oder Oesterreich anzuschliessen.

Dies ist die einzige gesunde Politik. Aber Manteuffel, der dies erkennt, dürfte es schwerlich selber vorschlagen. Die Schutzzöllner würden schreien, er lasse sich alles durch Oesterreich, selbst Preussens Stolz, den Zollverein, entreissen. Es muss die Anregung von anderer Seite kommen.

Können Sie nicht eine Agitation bewirken? . . . Manteuffel will gerne in freihändlerischem Sinne vorgehen; aber die Landwirthe und Handelsstädte müssen die Forderung erheben, und ihm eine nachhaltige Stütze sichern.

Die Deutsche Reform hat schon unsere Flagge gehisst. Heydt ist wüthend. Wenn sich nur ein geeigneter Nachfolger für ihn finden liesse!"

Zeigte auch die folgende Entwickelung, dass ein so energischer Schritt, wie ihn Prince-Smith in dem vorstehenden Schreiben andeutete, ausserhalb der Möglichkeit lag, so war doch für die Rettung des Restes der freihändlerischen Tradition der Anschluss eines möglichst grossen Theiles des damals noch ausserhalb des Zollvereins stehenden Nordwesten in der That das einzige Mittel. Diesen Gedanken rechtzeitig dem Ministerpräsidenten Herrn v. Manteuffel nahe gebracht zu haben, ist wahrscheinlich das Verdienst von Prince-Smith, der mit ihm, wie schon erwähnt, in persönlichen Beziehungen stand.

Die Agitation freilich, welche im Anfange des Jahres 1851 in der That mit für jene Zeit bemerkenswerther Lebhaftigkeit hauptsächlich in den Ostseeprovinzen betrieben wurde, indem von dort eine grosse Zahl von freihändlerischen Petitionen und Adressen an das Ministerium gerichtet wurde, behielt einen durchweg allgemeinen, wesentlich negativen Karakter, indem vor Allem nur gegen jede Vermehrung der Schutzzölle protestirt wurde. Doch abgesehen davon, dass diese Erklärungen und Vorstellungen (deren Abfassung zum Theil durch Vermittelung von Prince-Smith von seinen Schülern in Berlin erfolgte) in der That die freihändlerischen Bestrebungen Manteuffel's wirksam unterstützten, so waren sie es auch, welche dem freihändlerischen Gedanken erst recht allgemeine Verbreitung in den betreffenden Landestheilen verschafften: in der Stille des politischen Lebens, welche nach den Aufregungen der Jahre 1848—1850 eingetreten war, fanden jene ostensibel oppositionellen Proteste um so günstigeren Boden.

Die der Form und dem Inhalte nach bedeutendste dieser Kundgebungen: »*Erklärung der behufs Berathung gegen Zollschutz zu Elbing am 13. Februar 1851 versammelten Vertreter kaufmännischer städtischer und ländlicher Korporationen aus Ost- und Westpreussen*«, ist von Prince-Smith verfasst. Sie lautet:

Wenn wir nach einer politisch so bewegten Zeit, und während noch über eine neue Gestaltung des deutschen Staatenverbandes berathen wird, den ersten Augenblick des wieder gesicherten Friedens benutzen, um auf die Bedeutung der 'sogenannten „materiellen Interessen" nachdrücklich hinzuweisen, so geschieht dies in der Erkenntniss,

> dass politische Thätigkeit ihre eigentliche Aufgabe darin hat, eine friedliche Ordnung zu sichern, in der die Intelligenz und der Fleiss den Kulturbedürfnissen genügen können, dass mithin die *Frucht* gedeiblicher Politik sich erst im *Kultur-Wohlstande* zeigt.

Bei diesem unmittelbaren Zusammenhange zwischen *politischem* und *erwerblichem* Leben, erzeugen irrige Auffassungen in dem einen Gebiete, Missstände in dem anderen; und diese, wieder rückwirkend, rufen Störungen im ersteren hervor. Die Unsicherheit fehlerhafter Staatseinrichtungen lähmt den Erwerb, erzeugt eine Noth, für welche die Leidenden zunächst den Staat verantwortlich zu machen geneigt sind. Irrige Begriffe von den Bedingungen des Erwerbs stellen dem Staate eine falsche Aufgabe, verwickeln ihn in Verlegenheit und Gefahr.

Demnach ist die Lösung politischer Konflikte, sowie die Linderung materieller Noth nur bei einer *gesunden Erwerbspolitik* möglich.

Und dennoch war bisher weder die öffentliche Meinung noch die staatliche Praxis zur klaren Entscheidung über die *erste Grundfrage* der Erwerbspolitik gelangt:

> ob man nämlich den Erwerb durch Beschränken des Betriebes und des Verkehrs von Staats wegen leiten,
>
> oder ihn vielmehr, unter freiestem Spiele aller Leistungsfähigkeiten und Bedürfnisse, lediglich sich selbst regeln lassen solle?

Nachdem die Gesetzgebung von 1810 Jedem freistellte, für seinen Lebensunterhalt, den ihm der Staat nicht zu gewährleisten vermag, wie und wo er kann, auf eigene Gefahr hin zu arbeiten, verbietet das Gewerbegesetz von 1849 den selbstständigen Betrieb allen Solchen, die sich nur für die Versorgung geringerer Anforderungen ausbilden konnten; hemmt einerseits die Vereinigung verwandter Arbeiten, trennt andererseits die Produktion von dem Verkaufsgeschäft; macht den Staat zum Vormund des Broderwerbs, und bürdet ihm somit die moralische *Verantwortlichkeit für die gewerblichen Existenzen* auf.

Nachdem das Gesetz von 1818 die preussischen Grenzzölle in der Absicht normirte, die Möglichkeit einer beträchtlichen Einfuhr noch zuzulassen, um davon dem Staate eine ergiebige Einnahmequelle, bei möglichst geringer Vertheuerung des Verbrauchs, zu schaffen, hat man es seitdem unterlassen, die Zollsätze im Verhältniss zum Sinken der

Waarenpreise zu erniedrigen. Dadurch ist ihre Wirkung auf den Verkehr eine ganz andere geworden. Sie beschränken jetzt dermaassen die Zufuhr vieler Waarengattungen, dass die Staatseinnahme daraus sehr verkümmert ist, während im inländischen Markte künstlich erhöhte Verkaufspreise nicht bloss die Konsumenten drücken, sondern auch grosse Kapitalien den naturgemässen Industrieen entziehen und verlustmachenden Beschäftigungen zuwenden. Auch hat sich die preussische Regierung dermaassen in den systematischen Zollschutz hineinreissen lassen, dass sie in neuester Zeit die Hand zu beträchtlichen Zollerhöhungen bot, welche, auf Kosten des Volkserwerbs und der Finanzeinnahme, lediglich dem Interesse einzelner Fabrikationszweige dienen sollten. Unter dem eingeschlichenen Zollschutz verwenden wir z. B. auf das Verspinnen von einem Zentner Baumwolle so viel Arbeit und Kapital, als zur Erzeugung von zwanzig Pfund feiner Wolle ausreichen, wofür wir anderthalb Zentner Baumwolle in England könnten verspinnen lassen; — oder wir verwenden auf *einen* Zentner einheimischen Eisens so viel Mittel, dass wir damit Wollenzeuge zum Werthe von *zwei* Zentnern englischen Eisens herstellen könnten. Bei der beschützten Rübenzuckerfabrikation werden 700,000 Zentner Rohzucker im Zollvereine erzeugt und, unter einer künstlichen Preiserhöhung von 5 Thalern pro Zentner, mit einer Aufschlagssumme von 3½ Millionen Thalern verkauft, wovon nur eine Million Thaler an die Steuerkasse abgeliefert und 2½ Millionen als Schutzgeld bezogen werden. Dieser erzwungene Zuschuss aus der Tasche der Konsumenten beträgt aber gerade so viel, als der ganze Werth der verarbeiteten 10 Millionen Zentner Rüben, nebst 4 Prozent Zinsen und 2¼ Prozent Amortisation für die 8 Millionen Thaler Fabrikkapital. Der zollfreie Werth des produzirten Zuckers ersetzt bloss den Aufwand für Brennstoff, Arbeit, Gehälter und Spesen *in der Siederei;* während alle Kosten für Feldarbeit, Düngung, Fuhren, Bodenkapital und Fabrikkapital eine *Unterbilanz* bilden, die durch jene erzwungene Zubusse von den Konsumenten bestritten werden muss. Ausserdem muss die Hälfte des Ausfalls der Zolleinnahme für Kolonial-Rohzucker mit 1 Million Thaler von der Bevölkerung durch anderweitige Steuern aufgebracht werden, da nur die andere Hälfte desselben durch die Runkelrübenzucker-Steuer getragen wird. Und dieses Verhältniss nimmt von Jahr zu Jahr reissend an Umfang zu. Gleichwohl sind wir weit davon entfernt, der Produktion von Runkelrübenzucker an und für sich entgegentreten zu wollen, sobald es nachgewiesen werden kann, dass sie mit dem Kolonialzucker gleiche Lasten tragen, mithin des Schutzzolles entbehren kann.

In den bodenlosen Brunnen des Zollschutzes wirft der Zollverein bei der Maschinenspinnerei, der Eisenindustrie, der Zuckererzeugung, der

Fabrikation schwerer baumwollener und halbwollener Zeuge u: s. w *wenigstens zwanzig Millionen Thaler jährlich!* — d. h. ein Betriebskapital, welches neue Brodstellen für wenigstens 60,000 Arbeiter jedes Jahr begründen würde. Würde unsere Industrie von der schutzzöllnerischen Pflege erlöst, so entstände dadurch bei uns alljährlich eine naturwüchsige Erweiterung konkurrenzfähiger Produktion, *viermal so gross* als die stets klagende *Baumwollspinnerei*, oder *ebenso gross* als die ganze *Eisenindustrie*, für deren Unterstützung so gewaltige Opfer allen anderen Industrieen auferlegt werden.

Zur Beschäftigung unseres Kapitals bedarf es wahrlich keiner schutzzöllnerischen Hinleitung in schadenmachende Gewerbe. Die Wollen-, Seiden-, Leinenindustrie, die Fabrikation von leichteren Baumwollenwaaren, Strumpfwaaren, Kurzwaaren, Schneiderwaaren, Metallarbeiten, Instrumenten, chemischen Präparaten und Glaswaaren, sowie sämmtliche Handwerke arbeiten in sehr grossem Maasse für die Ausfuhr; sie leben schon zum grossen Theil von ihrer Konkurrenzfähigkeit im Weltmarkt; sie würden noch besser daselbst konkurriren, wenn sie von den Kosten des Zollschutzes befreit wären und ihnen nicht durch das Schutzzollsystem Kapitalien entzogen würden, die sie so gerne nutzbringend verwenden möchten, um ihre Anstalten zu vervollkommnen und ihre Arbeiten auszudehnen.

Vor Allem aber bietet die *Landwirthschaft* ein unermessliches Feld zur fruchtbringenden Verwendung von Kapital und Arbeit dar. Während erst ein kleiner Theil unseres Bodens zur wirklich höheren Kultur gebracht worden ist, und so grosse Strecken unangebaut daliegen, ist es ein Verbrechen gegen die Volksernährung, Kapitalien künstlich dem Ackerbau zu entziehen, denn dadurch wird das Angebot von Bodenfrüchten gekürzt und der Bevölkerung die Gewinnung hinlänglicher Nahrungsmittel gegen ihre Arbeitserzeugnisse künstlich erschwert. Das Gebot der Weltordnung: „Im Schweisse Deines Angesichts sollst Du Dein Brod essen", verwandelt sich unter der Schutzollordnung für gar Manchen in den Fluch: „Unter Angstarbeit sollst Du darben!"

Dieser *verderblichen Praxis* giebt die schutzzöllnerische *Theorie* in nichts nach.

Der Zollschutz übernimmt es, zu sorgen für die Befriedigung der Volksbedürfnisse *durch Abweisen von Zufuhren*,

für die nationale Produktivität — *durch Betreibung unergiebiger Arbeiten*;

für die Kapitalsvermehrung — *durch verlustmachende Unternehmungen*;

für die Arbeiterbeschäftigung — *unter Verwirthschaftung des Betriebsfonds;*

für den allgemeinen Wohlstand — *durch Hervorrufen · von Geschäftszweigen, welche, weil sie zu wenig produziren, aus dem Ertrage anderer Zweige unterstützt werden müssen.*

Um diesen Widersinn zu verdecken, weist der Schutzzöllner auf seine Fabrik mit den darin angestellten Arbeitern als „eine Vermehrung nationaler Beschäftigung"; — aber nicht auf die Unternehmungen, welche eingeschränkt, und die Arbeiter, welche entlassen werden mussten, in allen anderen Zweigen, denen das Kapital zu Gunsten der beschützten Unternehmen entzogen ward. Er zeigt uns das von ihm eingenommene Thalerstück, als „Zuwachs zum nationalen Erwerb" vor, — rechnet aber nicht die 360 Pfennige nach, die er von den einzelnen Konsumenten durch den Zollzwang erpresst hat. Bei der Verausgabung dieses Geldes zu seiner eigenen Befriedigung rechnet er uns noch einmal die Beschäftigung vor, die er anderen Gewerben durch sein Verzehren giebt, — als ob er Das, was er verzehrt, wirklich durch Produktion ersetzte, und nicht vielmehr ohne Ersatz als Steuer einzöge.

Aber noch viel gravirendere Anklagen, als wegen des materiellen Schadens, haben wir gegen den Zollschutz zu erheben.

Er verbreitet den Wahn, dass es in der *Macht des Staates* liegt, nicht bloss die Freiheit des Arbeitens und Tauschens, behufs selbstthätiger Ernährung, zu wahren, sondern vielmehr Erwerbsquellen zu schaffen, Beschäftigung zu besorgen, Gewinn zu garantiren, schwache Leistungen lohnend, schlecht gewählte Gewerbe ergiebig zu machen, „bürgerliche Existenzen zu gewährleisten", für den Privaterwerb Rath zu schaffen, — kurz mehr Befriedigungsmittel hervorzurufen, als welche die durch freie Konkurrenz angespornte Arbeit zu erzeugen vermag. Er stellt das Scepter der Staatsgewalt als einen Zauberstab hin, welcher allenthalben Fülle emporspriessen lasse; — was Wunder also, dass die Masse von Egoisten und Phantasten blindlings nach eigener Handhabung desselben haschen, um sich ein ewiges Wohlbefinden dekretiren zu können. Eben weil der Staat, anstatt sich auf Verhinderung der Ausbeutung des Einen durch den Anderen zu beschränken, sogar im Zollschutz die Leitung solcher Ausbeutung übernimmt, und dieselbe dadurch heiligt, entsteht die allgemeine Sucht, sich der Staatsgewalt zu bemächtigen, um diese Operation systematisch ausdehnen und zum eigenen Vortheil wenden zu können.

Der Zollschutz beachtet die Getrenntheit des Erwerbsinteresses nur zwischen verschiedenen Zollgebieten. Das einzelne Zollgebiet stellt er als eine erwerbende Körperschaft hin, worin individuelle Interessen ganz in die *Solidarität für den angeblichen Gemeinzweck* aufzugehen haben. Innerhalb eines Zollgebietes verfährt er mit dem Rechte des Einzelnen völlig rücksichtslos; er nimmt Diesem um Jenem zu geben, hält den Verlust des Einen durch den Gewinn des Anderen für aufgewogen, beschneidet hier den Ueberschuss um dort einen Ausfall zu decken, und vertröstet die einzelnen Benachtheiligten durch Hinweis auf „nationalen Zweck" und indirekten Ersatz durch „Fördern der Gemeinwirthschaft". *Grundanschauung, Praxis und Motivirung sind beim Zollschutz unverhüllter Kommunismus.* Er hebt das Prinzip des Eigenthums auf. Seine Anerkennung des Besitzes hilft zu nichts; denn der *Besitz* hat für sich allein keine Bedeutung, er wird zum *Eigenthum* erst durch seine Verwerthbarkeit; nicht das blosse Festhalten, sondern das *freie Verwenden* ist das Wesentliche des Eigenthums. Indem also der Zollschutz die Freiheit des Tauschverkehrs aufhebt, um willkürliche Werthsverhältnisse zu erzeugen, setzt er an die Stelle der *freien Verwerthung,* eine ihm *beliebige Vertheilung* des Gesammtprodukts. Es beliebt ihm zwar bei seiner Vertheilung nur das vermeintliche Interesse gewisser leistungsschwacher Fabrikanten zu berücksichtigen. Aber so lange er im öffentlichen Bewusstsein das freie Verwerthungs- oder strenge Eigenthumsprinzip verwischt, schützt uns nichts vor dem Andringen eines Gerechtigkeitsgefühls, welches die Vertheilung unter gleicher Berücksichtigung Aller, sowohl der Arbeiter wie der Kapitalisten, also den systematischen *Sozialismus* fordert.

Rettung aus politischer Bedrängniss, sozialer Verwirrung und materieller Noth ersehen wir nur in der strengen und reinen Durchführung des Grundsatzes, dass Jedem die freie Verwendung und Verwerthung seiner Kräfte und Güter gewährt wird.

Darum fordern wir auch vom Staate, vor Allem:

prinzipielles Verwerfen des Zollschutzes.

Die ostpreussische landwirthschaftliche Zentralstelle zu Königsberg. 1085 Mitglieder. Im Auftrage: *Conrad,* Gutsbesitzer.

Die Direktion des oberländischen Vereins praktischer Landwirthe. Im Auftrage: *Schlubach.*

Der Verein der Handlungsgehülfen in Königsberg. Im Auftrage: *Franz Lecouvreur.*

Die Stadtverordneten zu Graudenz. Im Auftrage: *G. Kawerau* in Elbing.

Der Vorstand des landwirthschaftlichen Vereins zu Sensburg. Im Auftrage: *Alsen,* Kommerzienrath.

Der Magistrat, die Stadtverordneten und der landwirthschaftliche Lokalverein zu Strasburg. Im Auftrage: *J. v. Hennig.*

Der Magistrat zu Graudenz. Im Auftrage: *Kohtz* in Elbing.
Der landwirthschaftliche Verein zu Elbing. Im Auftrage: *Geysmer.*
Alsen. Teetz.
Die Repräsentanten des Marienburger kl. Werders. Im Auftrage:
Friese, Deichgräf.
Die Stadtverordneten zu Mewe. Im Auftrage: *R. Lessing.*
Der Gemeinderath zu Elbing. Im Auftrage: *Jacob Riesen. E. Zimmer-*
mann. Roy. Dahlmann. G. W. Haertel. Simpson. B. Dieckmann.
Die Stadt-Kommune zu Pillau. Im Auftrage: *Hagen. Puppel.*
Der Magistrat, die Stadtverordneten, Gewerbe- und Ackerbautreibende
Einwohner in Rhein. Im Auftrage: *Phillips.*
Die Kaufmannschaft zu Graudenz. Im Auftrage: *Squarkowius. Martens.*
Der Verein für Freihandel zu Marienwerder. Im Auftrage: *Steinbart.*
Flottwell.
Die fünf Kommunen des Ellerwaldes bei Elbing. Im Auftrage: *Tornow.*
Der Magistrat zu Stuhm. Im Auftrage: *C. Kannenberg.*
Der landwirthschaftliche Verein zu Altmark. Im Auftrage: Graf
Sierakowski.
Der Magistrat zu Briesen und die Kaufmannschaft in Gollub. Im Auf-
trage: *H. v. Hennig.*
Die Aeltesten der Kaufmannschaft zu Elbing. *Alsen. Rogge.*
F. W. Haertel.
Der Verein Westpreuss. Landwirthe zu Marienwerder. 721 Mitglieder.
J. v. Hennig. Conrad.

Auch der *Berliner Freihandelsverein* dessen regelmässiger
Thätigkeit die letzten drei Jahre nicht günstig gewesen waren,
nahm zu jener Zeit unter Leitung von Prince-Smith einen neuen
Anlauf zu lebhafterer Thätigkeit, wovon das nachstehende von
Prince-Smith verfasste »Programm« Zeugniss ablegt:

Der *Berliner Freihandelsverein* ist der erste gewesen, der sich in
Deutschland zur Anregung und Verbreitung der Freihandels-Ideen bildete.
Zur Zeit seiner Entstehung wurde auf dem Festlande die Bedeutsam-
keit der handelspolitischen Frage erst von Wenigen gewürdigt.
Jetzt hat er die Genugthuung, ein öffentliches Interesse in weitem Kreise
für das Freihandels-Prinzip herrschen zu sehen. In den bedeutenderen
Handelsplätzen bestehen Vereine, deren Wirksamkeit täglich mehr her-
vortritt. Im Kreise der Landwirthe rührt sich schon thätige Theilnahme.
Die Presse widmet der Frage eine unausgesetzte Besprechung. Hierzu
haben allgemeinere Verhältnisse und Bewegungen das Meiste gethan.
Aber durch sein *Vorangehen* und durch *beharrliches Anregen* zur Zeit,

da das Interesse noch kein allgemeines war, hat der Berliner Verein zum jetzigen *Erstehen einer namhaften deutschen Freihandels-Partei* das Seinige beigetragen; — er hat unbeachtete Keime treu gepflegt und ausgestreut, welche jetzt in reicher Fülle emporspriessen. Indessen ist mit dem erweckten Interesse und der erstandenen Partei *erst ein Boden und eine Streitmacht* gewonnen; der *praktische Erfolg* ist noch zu erringen. Und sichtlich naht sich immer mehr der Augenblick, worin alle Anhänger einer freisinnigen volkswirthschaftlichen Entwickelung energisch zusammenwirken müssen, um die *heilsame Wendung staatlicher Entscheidungen zu unterstützen.*

Der Kampf zwischen Handelsfreiheit und Zollschutz ist weder eine *rein kaufmännische* noch eine *blosse Zollfrage* im engern Sinn, sondern eine Kulturfrage *in der weitesten Bedeutung.* Die Gewinnung, Verarbeitung und Verwerthung der Stoffe beruht auf Wissenschaft, Erfindung, Schönheitssinn, Unternehmungsgeist, Fleiss, Ordnung und Ehrlichkeit; auch ist die Versorgung mit Gegenständen zur Befriedigung materieller Kulturbedürfnisse Bedingung des geistigen und sittlichen Fortschritts. *Im Kulturleben ist eine Scheidung materieller Thätigkeit von den geistigen und sittlichen Erfolgen derselben völlig unstatthaft.* — Ueberdies handelt es sich bei der Freihandelsfrage, wie sie jetzt begriffen wird, nicht blos um den unmittelbaren Nutzen eines befreiten internationalen Verkehrs, sondern um Gewinnung einer *prinzipiell richtigen Beurtheilung des erwerblichen Verkehrs überhaupt;* — es handelt sich dabei um Erkennung des Grundprinzips, nach welchem *Volk* und *Volk*, *Klasse* und *Klasse*, *Mensch* und *Mensch* bei ihrem Streben nach sozialer Kultur sich gegenseitig zu verhalten haben: — ob sie frei *zusammenwirken* und sich friedlich unterstützen können, oder ihren Gewinn nur durch gegenseitige Beschränkungen, der Eine auf Kosten des Anderen, suchen müssen. Mithin handelt es sich eigentlich um die grosse Frage: ob dem Kulturleben ein Prinzip zu Grunde liegt, welches die bedrohliche Feindschaft zwischen Nationen, den Hader unter Gewerbsgenossen und den verhängnissvollen Missmuth der arbeitenden gegen die besitzenden Klassen rechtfertigt? — Die Freihandelspartei ist so sehr vom Gegentheil durchdrungen, dass sie im Grunde der heutigen politischen und sozialen Verwickelungen nicht wirklich *unversöhnliche Interessen*, sondern nur beschränkte, *in ihrer Einseitigkeit auseinander gehende Auffassungen der Interessen* erblickt. Ihr ist alles an der regen und *offenen* Erörterung der betreffenden Verhältnisse gelegen. Sie sieht es einerseits für einen Schritt zum prinzipiellen Sieg an, wenn *der direkte Gegensatz des Freihandelsprinzips*, nämlich der bis zur Aufhebung aller

individuellen Erwerbsfreiheit getriebene Staatsschutz, oder sogenannte
Sozialismus, seine volle Schroffheit entwickelt, und sich dadurch als
Gegensatz aller Kulturfreiheit selber richtet; andererseits sieht
sie mit wachsender Hoffnung, wie die *wunderbar vervollkommneten Ver-
kehrsmittel* auch eine erweiterte Anschauung erwerblicher Beziehungen,
eine umfassendere Würdigung der Kulturbedingungen begünstigen,
während grossartige Erfolge die Zuträglichkeit der versuchten
Freihandels-Politik herausstellen. Jeder Tag mehrt die Zuversicht
der Freihandels-Partei, dass *die fortschreitende Anerkennung und Bethätigung ihres Prinzips* am Meisten zur Ueberwindung leiblicher
Noth, sittlicher Rohheit und sozialer Zerfallenheit unter den
Menschen beitragen wird. Sie muss nur, durch rastloses Zusammenwirken, eine ihrem erkannten Berufe angemessene Kraft entwickeln.

Berlin, die Hauptstadt eines grossen, intelligenten Reiches, hat
sicherlich die Aufgabe, bei einer so *ächt humanen und geistig tief-
greifenden Bewegung* nicht blos den ersten Anstoss zu geben, sondern
auch thatkräftig bei der Durchführung der Idee *seine Stellung an der
Spitze zu behaupten.* Hierzu aber gehört die Vereinigung aller
Freihandels-Freunde, deren Zahl keinesweges gering ist. Dass
dieselben daher sich unserem Vereine als Mitglieder anschliessen mögen,
ist im Interesse der guten Sache dringend wünschenswerth.

Berlin, im März 1851.

Der zeitige Vorstand des Berliner Freihandels-Vereins:

Dr. jur. *Asher*, Direktor der Berl.-Hamb. Eisenbahn, Vorsitzender.
G. Arndt, Dirigent der Güter-Exped. d. Berl.-Hamb. Eisenb., Schriftführer.
Jul. David, Kaufmann. *H. J. Dünnwald*, Kaufmann, Schatzmeister.
W. Lipke, Fabrikant. Dr. phil. *F. A. Märcker*, Privatdocent.
J. Prince-Smith, Rentner und National-Oekonom. *C. Werther*, Königl.
Stadtgerichtsrath.

Ungefähr zu derselben Zeit erschien die vollendetste und wahrscheinlich auch wirksamste von Prince-Smith's freihändlerischen
Streitschriften, unter dem Titel: »*Der Handelsminister auf sechs
Stunden. Ein Traum von Adam Riese dem Jüngeren, Buchhalter*«.
Veranlasst wurde diese Schrift durch ein vom Hamburger Verein
für Handelsfreiheit unter dem 9. Februar 1850 erlassenes Kon-
kurrenz-Ausschreiben, durch welches Preise für die drei besten
Abhandlungen ausgesetzt wurden, »welche in Grösse von zwei,
höchstens drei Druckbogen, ohne sich auf weitläufige Zusammen-
stellungen einzulassen, das Prinzip der Handelsfreiheit und dessen

heilsame Folgen für *Jedermann*, in klarer auf die Massen berechneter, *populärer* Sprache darlegten«. Als »Leitfaden« war dem Konkurrenzausschreiben ein Programm beigegeben, an welches jedoch die Bearbeiter nicht gebunden sein sollten. Die Bewerbung sollte am 31. Juli desselben Jahres geschlossen werden. In den wenigen Tagen zwischen dem Eingehen der »Abendpost« und diesem Termine schrieb Prince-Smith die genannte Abhandlung, welche mit 37 anderen Konkurrenzschriften einer Kommission[*]) zur Prüfung überwiesen wurden. Wie der Vorstand unter dem 8. März 1851 bekannt machte, hatte die Kommission den ersten Preis der Abhandlung »Schutzzölle oder Handelsfreiheit« von *Wilhelm Schmidlin* in *Basel* zuerkannt, die beiden zweiten Preise einer Abhandlung von *A. Dockhorn* in *Posen* und der Schrift von *Prince-Smith*, der übrigens hinter dem Pseudonym »Adam Riese der Jüngere« verborgen bleiben wollte und auch — für weitere Kreise — blieb. Ohne den Werth der Schrift von Schmidlin zu verkennen, scheint es mir doch unzweifelhaft, dass sie sich mit dem »Handelsminister auf sechs Stunden« nicht entfernt messen kann. Indem Prince-Smith sich an das dem Konkurrenzausschreiben beigegebene Programm nicht hielt, sondern seinen eigenen Weg ging, hat er nicht nur in der Form ein originelles Werk geschaffen, sondern zugleich die höchste Aufgabe gelöst, welche einer derartigen Schrift überhaupt zu stellen ist: er entwickelt die freihändlerische Lehre bei aller logischen Konsequenz so frei von allem Doctrinarismus, so drastisch und den gesunden Menschenverstand unmittelbar packend, dass er seine Leser belehrt und sie überzeugt, ohne ihnen als Lehrer oder Agitator gegenüberzutreten.

Inzwischen spitzten sich die Gegensätze im Zollverein selbst mehr und mehr zu. Die Grossdeutsch-schutzzöllnerischen Bestrebungen führten zu der sogenannten »*Darmstädter Coalition*« deren an Preussen gerichtete Forderungen unter dem 7. Juni 1851 eine entschiedene Abweisung erfuhren. Dieser Vorgang gab Veranlassung zu einer neuen freihändlerischen Demonstration, indem

---

[*]) Bestehend aus den Herren F. Glitza, A. Götze, J. W. H. Hargreaves, C. L. Heise, Dr. Ernst Merck, E. Ross und F. Schneider.

eine Deputation bestehend aus den Herren: »Heinr. Keibel, Stadtrath und Aeltester der Kaufmannschaft, Carl Holfelder, Gemeinde-
verordneter und Aeltester der Kaufmannschaft, J. Saling, Kaufmann
und Banquier, H. J. Dünnwald, Kaufmann und Theilnehmer der
Handlung Poppe & Co., und Prince-Smith, Grundbesitzer und Vorsitzender des Freihandels-Vereins« sich zu dem Herrn Ministerpräsidenten begab und ihm folgende von Prince-Smith verfasste
Adresse überreichte:

Freudige Zuversicht im ganzen Lande und vor Allem unter den
Freunden der Handelsfreiheit hat die Erklärung vom 7. Juni eingeflösst,
wodurch die Preussische Staatsregierung die Zumuthungen der Darmstädter Coalition ein für allemal abweist.

So wünschenswerth eine grössere, wenn nicht volle Freiheit des Verkehrs mit dem Auslande überhaupt, also auch mit Oesterreich, an sich
ist, so erkennt die Preussische Staatsregierung, wie unvolkswirthschaftlich
es wäre, einen Vertrag zu schliessen, der, indem er ihre Handelspolitik
an die Entschliessung Oesterreichs knüpfte, Preussens und Nord-Deutsch-
lands selbstständige Entwickelung aufhöbe.

Der Gedanke einer Zolleinigung oder Zollkassengemeinschaft zwischen
Oesterreich und Preussen (gleichsam eine Reise auf gemeinschaftliche
Kosten in das Reich schutzzöllnerischer Verheissungen), der abenteuer-
liche Gedanke, dass Preussen darauf eingehen würde, konnte nur als
logische Folgerung aus dem Kompromiss mit dem Zollschutz entstehen, auf den sich Preussen in seiner bisherigen Zolleinigung
mit süddeutschen Staaten eingelassen hat. Und, in der That, würde
ein ferneres Beharren Preussens auf schutzzöllnerischem Boden nothwendig zur österreichisch-deutschen Zolleinigung, als historischen Konsequenz führen.

Unsere Zuversicht aber geht dahin:

„Dass die Preussische Staatsregierung sammt der Konsequenz auch
das Prinzip — sammt der österreichisch-deutschen Zolleinigung auch die
bisherige Konzession an den Zollschutz verwerfen — und in ihrer Zoll-
Gesetzgebung zu den in dem Gesetze vom 26. Mai 1818 niedergelegten
finanzwirthschaftlichen Prinzipien zurückgreifen werde."

Der nunmehr vor Augen liegende glänzende Erfolg der anderwärts
bewirkten grossen Handelsbefreiungen beweist, dass eine durchgreifende
Freihandelspolitik ebenso praktisch sicher als wissenschaftlich einleuchtend ist.

In keinem Lande aber wäre das entschiedene Vorgehen in freihändlerischer Richtung von geringerer Störung bestehender Erwerbs-

quellen begleitet, als eben in Preussen, welches, erst in neuerer Zeit in die Schutzzollwirthschaft hineingezogen, noch eine fast durchweg konkurrenzfähige Industrie besitzt, was daraus erhellt, dass fast alle Fabrikationszweige Preussens für die Ausfuhr arbeiten, also thatsächlich die fremde Konkurrenz aufsuchen. Tuchwaaren, Seidenwaaren, Leinenwaaren, Strumpfwaaren, Färberwaaren, Lederwaaren, Eisenwaaren, Bronzewaaren, Zinkwaaren, Klempnerwaaren, Kurzewaaren, Kunstwaaren, Instrumente, Buchdruckerwaaren, chemische Fabrikate und viele andere Fabrik-Produkte werden aus Preussen in grosser Masse ausgeführt nach fremden Märkten, um mit den Erzeugnissen der vorgeschrittensten industriellen Länder zu konkurriren. Es ist also einleuchtend, dass die betreffenden Fabrikzweige auch daheim die Konkurrenz mit aller Welt bestehen könnten, und zwar um so siegreicher, wenn sie ihre Bedürfnisse — unvertheuert durch sogenannten Schutz — erhielten. — Und in Betreff der nicht für die Ausfuhr arbeitenden Zweige: so würde ohne allen Zollschutz das bessere deutsche Eisen, wegen seiner Qualität, einen lohnenden Preis, trotz aller Wohlfeilheit des geringeren schottischen Eisens, behaupten; denn in England erreichen die besseren dortigen Eisensorten *ohne Schutzzoll* ebenso hohe Preise, als die besten Eisensorten in Deutschland *mit dem Schutzzoll*. Auch die Baumwollspinnerei müsste in Deutschland, wo der Arbeitslohn nur ein Drittel so viel als in England beträgt, sich behaupten, ja ausdehnen können, wenn nur die freie Konkurrenz sie erst nöthigte, sich in passenden Lokalitäten zu konzentriren und sich der anderwärts gemachten Betriebsverbesserungen zu bemeistern. Allen Drohungen der Schutzzöllner zum Trotz, beweist täglich die Erfahrung. dass eine Industrie sich nicht so leicht verloren giebt, wenn ihre Anstrengungsfähigkeit auf die Probe gestellt wird; erklärlich aber ist es, dass die Schutzzöllner, wie gewohnheitsmässige Almosenempfänger, ihre Kräfte, auf die sie zu wenig angewiesen wurden, selbst nicht kennen, und nichts mehr scheuen, als die Aussicht, auf ihre eigene Arbeit sich verlassen zu müssen.

Die Wirkung einer so gar plötzlichen Rückkehr vom Schutzzoll zum Finanzzoll würde sein, wie die einer neuen Erfindung von ausgedehnter Anwendbarkeit, welche für den Augenblick Arbeitskräfte disponibel macht, um sie nachher desto einträglicher zu beschäftigen, und wir würden jenen Uebergang von keiner so grossen Veränderung der Arbeiterbeschäftigung begleitet sehen, wie manche sonstige oft überstandene kommerzielle Konjunkturen, etwa wie die Eisenbahnanlagen oder einen grösseren Modewechsel etc. — Wo es gilt, der Produktion im Allgemeinen eine gesundere, gesichertere Basis zu öffnen, den allgemeinen Wohlstand sich heben zu lassen, da wird die Preussische Staatsregierung

auf die Besorgniss vor einem momentanen Rückschlag, in wenigen, an
künstliche Pflege gewöhnten Gewerben, kein unverhältnissmässiges
Gewicht legen.

In dem raschen Fortschreiten auf der Bahn, auf welcher die Erklärung vom 7. Juni den ersten Schritt, — die Stellung Preussens als
sicherer Hort des volkswirthschaftlichen Fortschritts auf dem Kontinente
das Ziel bildet, findet die Preussische Staatsregierung die wärmste
und thatkräftigste Anerkennung Seitens der durch den Druck des Schutzsystems vorzugsweise belasteten Provinzen und Kreise, sowie Seitens
Aller, denen die Wahrung der handelspolitischen Selbstständigkeit
Preussens am Herzen liegt; — und die Erfolge eines solchen Fortschreitens werden zweifellos dereinst auch diejenigen mit besseren
Ueberzeugungen erfüllen, welche noch immer nicht den Gewerbfleiss
Preussens für konkurrenzfähig halten und in ihrem kleinmüthigen
Greifen nach jeder schutzversprechenden Hand, — von welcher Seite sie
sich auch ausstrecke — die höchsten Interessen Preussens fahren lassen
möchten.

Alle Freunde der Handelsfreiheit wissen es, dass ganz besonders
Ew. Excellenz im Ministerrathe den volkswirthschaftlichen Fortschritt
vertreten, weshalb es den Unterzeichneten zur höchsten Befriedigung
gereicht, den von den Freunden der Verkehrsfreiheit gehegten Wünschen
und Hoffnungen hierdurch Ew. Excellenz einen Ausdruck geben zu
dürfen.

Der Ministerpräsident erwiderte etwa Folgendes:
Ich danke Ihnen — meine Herren — für das Vertrauen, welches
Sie mir durch Ueberreichung dieser Adresse beweisen. Sie erscheinen
vor mir als Vertreter eines Prinzips. Sie werden nicht von mir erwarten.
dass ich das Prinzip näher erörtere, weil darüber längst gerichtet ist;
wenigstens steht meine Ueberzeugung in dieser Beziehung fest. Sie
werden auch nicht erwarten, dass ich für dessen volle Durchführung
Ihnen Zusicherungen ertheile. So viel aber kann ich Ihnen versichern,
dass die Preussische Staatsregierung in ihrer Handelspolitik unablässig
das Ziel im Auge behalten wird, welches das allgemeine Interesse fordert.
Wir wenigstens werden unser Möglichstes dazu thun, — und so hoffe
ich auch, dass die Bedenken, welche wegen Abfalls der südlichen Staaten
anfangs so schroff sich äusserten, immer mehr in den Hintergrund treten
und endlich ganz verschwinden werden. Man wird es uns nicht ver-
denken, wenn wir Elemente, welche sich etwa wie Blei an unsere Füsse
hängen möchten, abzuschütteln suchen, wie es denn auch unser Beruf
ist, vor Allem die Selbstständigkeit Preussens zu wahren.

Das schliessliche positive Ergebniss jener freihändlerischen Bewegung bestand in dem Vertrage vom 7. September 1851 über den Eintritt des »Steuervereins« (Hannover und Oldenburg) in den Zollverein, welcher Eintritt dann von Preussen gegen die Darmstädter Coalition erst in einem längeren Kampfe durchgesetzt werden musste, während dessen die Existenz des Zollvereins selbst zeitweise in Frage gestellt wurde. Jener Vertrag enthielt freilich von dem von Prince-Smith ausgesprochenen Gedanken der Gründung eines Norddeutschen Handelsbundes mit mässigen Zöllen, an Stelle des schutzzöllnerischen Zollvereins, nur einen schwachen Rest; ja zum Theil war dieser Gedanke in sein Gegentheil verkehrt, indem die Schutzzölle des Zollvereins unvermindert blieben, und auf den bis dahin wesentlich freihändlerischen »Steuerverein« ausgedehnt wurden. Immerhin bildete der Vertrag und die demnächst auf seiner Grundlage erfolgende Erneuerung der (im Jahre 1853 zu Ende gehenden) Zollvereinsverträge einen Wendepunkt in der Deutschen Handelspolitik. Die eigentliche Gefahr der Grossdeutsch-schutzzöllnerischen Bestrebungen war damit gebrochen, und auf dem Gebiete der Handelspolitik folgte nun längere Zeit ein Stillstand, während dessen die agitatorischen Bemühungen von beiden Seiten sich mehr und mehr auf die Journalistik beschränkten. Auf freihändlerischer Seite erloschen die einzelnen Freihandelsvereine wie der »Zentralbund für Handelsfreiheit«, und bald wurde es auf diesem Gebiete ebenso still, wie auf dem rein politischen.

Auch Prince-Smith zog sich damals von der ungefähr ein Jahrzehnt lang unausgesetzt und mit wachsendem Eifer von ihm betriebenen Agitation zurück. Die letzte Arbeit von ihm aus jener Zeit findet sich im Pariser »Journal des Economistes« vom Dezember 1853, unter dem Titel »Valeur et Monnaie«. Sie enthielt die scharfsinnige Kritik eines von Herrn W. Lipke in Berlin in demselben Journal veröffentlichten Artikels über die Identität von Werth und Geld — eine Kritik, welche ebenso werthvoll ist durch den logischen Nachweis der Trugschlüsse, welche jener vermeintlichen Identität zu Grunde liegen, wie durch den Hinweis auf die höchst gefährlichen praktischen Folgerungen aus dieser falschen Theorie — einer Theorie, welche, wenn auch in verschiedenen Modifikationen, von Zeit zu Zeit immer wieder im Kreise jener Weltverbesserer auftaucht, welche die bestehenden gesellschaftlichen Einrichtungen als auf einem Fundamental-Fehler aufgebaut erachten. Das rein sachliche Interesse an dieser Kritik wird dann noch dadurch erhöht, dass sie vor einem Französischen Leserkreise auftrat. Die vollendete Klarheit des Gedankenganges durch welche sich alle Arbeiten von Prince-Smith auszeichnen, tritt hier noch um so schärfer hervor, da Prince-Smith, bei aller Gewandtheit mit welcher er die Französische Sprache handhabt, doch ebenso wie in seinen deutschen Arbeiten sich vollständig frei hält von all' jener mehr oder minder phrasenhaften Ornamentik der Darstellung, welche den Franzosen selbst bei wissenschaftlichen Untersuchungen eigen zu sein pflegt. Der Abdruck jener Abhandlung im Original wird demnach keiner weiteren Rechtfertigung bedürfen.

Aus den nächsten fünf Jahren ist mir nichts von volkswirthschaftlichen Arbeiten von Prince-Smith bekannt. Mit Vorliebe beschäftigte er sich in dieser Zeit mit Dingen, welche seinem eigentlichen Talent mehr oder minder fern lagen, z. B. mit naturwissenschaftlichen Untersuchungen. Eine wahrhafte Verschwendung seines Talents auf einen unfruchtbaren Gegenstand zeigt sich in seinem Unternehmen einer grossen Englischen Grammatik, von welcher indessen nur der erste Theil erschienen ist, welcher einen im Einzelnen scharfsinnigen, im Ganzen aber doch verunglückten Versuch zu einer systematischen Darstellung der Aussprache enthielt.

Indessen war es gerade jene Zeit, um die Mitte der fünfziger Jahre, wo im Stillen, ohne äusseres Aufheben, ja den daran Theilnehmenden unbewusst, der Grund zu den späteren grossen Erfolgen der Freihandelsbestrebungen gelegt wurde. Die Agitation, welche sich in einige Zeitungen, wie die Berliner »National-Zeitung«, die Stettiner »Ostsee-Zeitung« u. A. hineingeflüchtet hatte, gewann von hier aus, wo sie von den nächsten Freunden und Schülern von Prince-Smith betrieben wurde, überraschend schnellen Eingang in die übrige Presse, zunächst Norddeutschlands, und schon zu Anfang der zweiten Hälfte der fünfziger Jahre kam es dahin, dass unter den Ton angebenden Norddeutschen Blättern die schutzzöllnerischen nur noch ganz vereinzelt waren. Wie aber die volkswirthschaftlichen Studien in der von Prince-Smith vertretenen Richtung auch über den engen Kreis der Journalistik hinaus weite Verbreitung gefunden hatten, das zeigte sich in dem »*Kongress Deutscher Volkswirthe*«, der zum ersten Male im Jahre 1858 in Gotha tagte, und an welchem sich Prince-Smith von Anfang an mit dem lebhaftesten Eifer betheiligte.

Allerdings machte sich dieser Eifer äusserlich wenig geltend: Prince-Smith sprach selten, und abgesehen von einzelnen, mehr oder minder lehrhaften, im Voraus sorgfältig von ihm ausgearbeiteten Vorträgen, begnügte er sich meist mit kurzen in die Debatte hineingeworfenen Bemerkungen, in denen er aber zuweilen eine unmittelbar zündende Beredsamkeit entwickelte, welche auf Diejenigen, die ihn nur aus den erstbezeichneten Vorträgen kannten, um so überraschender wirkte. So betheiligte er sich auf dem ersten Kongress (in Gotha) an der die Hauptrolle spielenden Debatte über die Gewerbefreiheit nur, um der Aeusserung eines Handwerksmeisters, als ob der lebhafteste Gegner des Zunftwesens, Dr. Böhmert, das Anathema gegen das Handwerk überhaupt ausgesprochen habe, entgegenzutreten.

Prince-Smith sagte:

„Nichts hat meinem Freunde Böhmert ferner liegen können, als gegen das Handwerk als solches das Anathema auszusprechen. Das Handwerk muss geehrt werden, denn die Hand ist es und das Werk der Hand, was den Menschen — sei es mit Hilfe des einfachen Werkzeuges oder der Maschinen — erst zu dem macht, was er ist. Das Handwerk ist der Stolz des Menschen! Man hat nur von der Einschränkung des Handwerks geredet; und dagegen war die schätzenswerthe Darstellung des Herrn Böhmert gerichtet. Was der Redner (der Handwerksmeister) ferner vorgebracht hat, dass für die Fortbildung der jungen Handwerker nicht genug geschehe, hat eigentlich heissen sollen, dass die jungen Aspiranten der zünftigen Professionen nicht genug für ihre eigene Ausbildung thun. Die eifrigen Handwerker, welche sich auf eigene Faust ernähren wollen, thun für ihre Bildung nicht nur Etwas, sondern sehr viel und erstaunlich sind die Fortschritte, die daraus hervorgehen, weil, wer sich auf das freie Handwerk und nicht auf Probstück und Examen stützt, sein ganzes Leben lang Examen abzulegen hat, und zwar vor dem ganzen Publikum, welches das schärfste Urtheil fällt."

In ähnlicher Weise wie hier, verstand es Prince-Smith auch
bei anderen Gelegenheiten durch ein zur rechten Zeit gesprochenes
kurzes Wort den Missverständnissen entgegenzutreten, wie sie in
der Lebhaftigkeit der Debatte durch einen Mangel an Genauigkeit
des Ausdrucks oder durch die Uebertreibung eines Gedankens nur
zu leicht hervorgerufen werden, und, wenn ihnen nicht die Richtig-
stellung auf dem Fusse folgt, den Gegnern eine bequeme Handhabe
zu falschen Folgerungen, wenn nicht gar zu böswilligen Ver-
dächtigungen bieten. Auch in dieser Beziehung bewährte sich
Prince-Smith gegenüber seinen jüngeren Freunden als stets auf-
merksamer Lehrer, während er es ihnen gern überliess, je nach
ihrem Talent und ihrem Eifer in dem Vordergrunde des Kongresses
zu stehen.

Diese seine besondere Fähigkeit, durch unscheinbares Auftreten, so zu sagen hinter den Coulissen einen fördernden Einfluss
auszuüben, zeigte sich auf dem ersten Kongress in Gotha auch
noch nach einer anderen Richtung, welche über die Grenzen des
Kongresses hinaus für unsere öffentlichen Angelegenheiten von
Bedeutung werden sollte. Unter den ca. 110 Mitgliedern des
Kongresses befanden sich eine Anzahl Politiker, welche für die
volkswirthschaftlichen Fragen als solche nur wenig Interesse mit-
brachten, welche aber von dem Kongress das Wiedererwachen eines
populären politischen Lebens erwarteten, wie es seit der Zeit von
Bronzell und Olmütz ganz eingeschlafen war. Prince-Smith nun
lud einige dieser Politiker zusammen mit seinen nächsten volkswirthschaftlichen Freunden zu sich ein, zu einer vertraulichen Besprechung über die den Politikern und den Volkswirthen gemeinsamen Interessen. Ungefähr ein Dutzend Mitglieder des Kongresses
nahmen daran Theil, soweit mich mein Gedächtniss nicht trügt.
waren es (ausser Prince-Smith): R. v. Bennigsen, V. Böhmert
(damals Redakteur des Bremer Handelsblattes), Braun-Wiesbaden,
v. d. Horst (Obergerichtsanwalt in Verden), Malss (Rechtsanwalt
in Frankfurt a. M.), Otto Michaëlis (damals Redakteur des volkswirthschaftlichen Theils der National-Zeitung), Pickford (Privatdocent in Heidelberg), Schulze-Delitzsch, Weigel (Cassel). Max
Wirth, Otto Wolff. Diese Unterhaltung war in gewisser Weise
entscheidend für die kurze Zeit darauf stattfindende Gründung

des »Deutschen Nationalvereins«, indem sie, wenn auch vielleicht nicht den ersten Anstoss dazu gab, so doch wenigstens dahin führte, dass in das Programm des Vereins von vornherein bestimmte wirthschaftliche Forderungen aufgenommen wurden, welche schliesslich für die Herstellung der Einheit der deutschen Nation wahrhaft grundlegend wurden. Der »Nationalverein« und der »volkswirthschaftliche Kongress« waren zwar in einem grossen Theile selbst ihrer hervorragenderen Mitglieder vollständig von einander getrennt; aber das freundschaftliche, auf gegenseitiger Ergänzung beruhende Verhältniss, entsprechend dem Einflusse, welchen der letztere auf das Entstehen des ersteren gehabt hatte, blieb bestehen.

Aehnlich wie in Gotha auf das Entstehen des Nationalvereins, war wenige Jahre später Prince-Smith's stille Wirksamkeit auf die Neubildung des parlamentarischen Parteiwesens von Einfluss. Während der Preussischen Landtags-Session 1859/60 bildete sein Haus in Berlin wiederholt einen Vereinigungspunkt für verschiedene ihm zum Theil noch von seinem Elbinger Aufenthalte her nahe stehende Mitglieder der damaligen Fraktion Vincke, welche, von dem Gange der parlamentarischen Dinge wenig befriedigt, die Bildung einer neuen Fraktion erstrebten. Es war die halb spöttisch sogenannte »Fraktion *Jung-Litthauen*«, deren leitende Mitglieder (v. Forkenbeck, v. Hoverbeck, v. Hennig, Behrend-Danzig, Müller-Demmin) sich wiederholt bei Prince-Smith zusammenfanden und dadurch zugleich in Wechselwirkung mit der von Prince-Smith geleiteten jüngeren volkswirthschaftlichen Schule traten. In vertraulichen Abendzirkeln, an denen von dem Berliner Freundeskreise Prince-Smith's Dr. Otto Hübner, Otto Michaëlis, H. J. Dünnwald, Schemioneck und Gutike theilnahmen, wurden die volkswirthschaftlichen Tagesfragen besprochen, so die Eisenzölle, die Wuchergesetze, die Reform der Gewerbe-Gesetzgebung und die damals den Landtag beschäftigende Grundsteuerfrage, in welcher Prince-Smith und seine Schüler eine der Forderung der Ausgleichung unter den Provinzen entgegengesetzte Auffassung vertraten. Die sogenannte Partei »*Jung-Litthauen*« bildete demnächst die Grundlage der »Deutschen Fortschrittspartei«, welche aus den Neuwahlen zum Preussischen

Abgeordnetenhause im Herbst 1861 mit einem Schlage als zahl-
reichste Fraktion des Abgeordnetenhauses hervorging, und welche
selbst in allen späteren Wendungen, ihrem Ursprunge getreu, die
Beziehungen zu der volkswirthschaftlichen Schule von Prince-Smith
nie ganz verleugnet hat.

Für Prince-Smith bot sich mit der neuen Parteibildung und
dem daran sich knüpfenden neuen Aufschwung des parlamentarischen
Lebens bald die Gelegenheit, den im Jahre 1849 vergeblich gemachten Versuch sich in die Volksvertretung wählen zu lassen,
mit besserem Erfolge zu wiederholen.

Für das im Januar 1862 zusammenberufene Abgeordnetenhaus
in Stettin (in Nachwahl an Stelle von O. Michaëlis, der die Wahl
in Anklam angenommen hatte) gewählt, vertrat er jene Stadt bis
zur Auflösung des Hauses im Sommer 1866, indem er nach den
beiden Auflösungen im März 1862 und im Mai 1863 so gut wie
einstimmig wiedergewählt wurde. Bei der mehr lehrhaft als red-
nerisch angelegten Natur von Prince-Smith war jene Zeit des
endlos sich hinschleppenden und fort und fort verschärfenden
Konflikts zwischen dem Abgeordnetenhause und der Staatsregierung
wenig geeignet, ihm eine äusserlich hervortretende Thätigkeit zu
ermöglichen, und hierin, zusammen mit der allmählich hervortretenden
Verschiedenheit seiner politischen Anschauungen von denen des
mehr radikalen Theiles der Fortschrittspartei, lag der Grund,
weshalb schliesslich bei der Neuwahl im Jahre 1866 Prince-Smith
nicht wieder als Kandidat aufgestellt wurde.

Inzwischen hatte er seine oben geschilderte Wirksamkeit »im
Stillen« auch im Abgeordnetenhause fortgesetzt und dadurch
wesentlich dazu beigetragen, dass sich die Verbindung der von
ihm vertretenen volkswirthschaftlichen Richtung mit den Politikern
der Fortschrittspartei weiter entwickelte und je nach der sich
bietenden Gelegenheit auch zu praktischen Ergebnissen führte.
Mit seinen näheren Freunden *Faucher* und *Michaëlis* bildete er
den Kern einer freien volkswirthschaftlichen Vereinigung, welche
allmählich für alle Fragen der Wirthschafts- und Finanzpolitik bei
den liberalen Fraktionen, ja im ganzen Abgeordnetenhause tonan-
gebend wurde. Gern überliess er dabei seinen Freunden alles
selbstständige Vorgehen, zumal in solchen Fragen, in welchen das

wirthschaftliche Interesse vor dem politischen mehr, oder dem Anschein nach ganz, zurücktrat — wie in der Militärfrage, in welcher Faucher und Michaëlis im Jahre 1863 den Versuch machten, den Konflikt durch ein Amendement aus der Welt zu schaffen, welches auf eine Vereinbarung zwischen den gesetzgebenden Faktoren über die Friedenspräsenzstärke hinausging — ein Versuch, welcher allerdings zu jener Zeit nicht auf hinreichendes Verständniss bei den reinen Politikern des Abgeordnetenhauses wie bei der Regierung stiess, welcher aber den Weg andeutete, auf welchem später der Konflikt in der That geschlichtet wurde. Ueberhaupt darf es hier wohl hervorgehoben werden, dass sich in jener volkswirthschaftlichen Vereinigung, und zumal bei den genannten Führern derselben, wiederholt mehr realpolitischer Sinn zeigte, als bei den reinen Politikern. Am schlagendsten zeigte sich dies in der Schleswig-Holsteinischen Frage, als im April 1864 der Frankfurter Ausschuss des Deutschen Abgeordnetentages seine Rechtsverwahrung gegen die Beschlüsse der in London tagenden Konferenz der Mächte erliess, welche im Jahre 1852 das Londoner Protokoll über die Dänische Erbfolge unterzeichnet hatten. Diese Rechtsverwahrung suchte die Deutschen Forderungen betreffs der Herzogthümer auf die »legitimen« Ansprüche des Augustenburgischen Hauses zu stützen. Von einzelnen Mitgliedern des Preussischen Abgeordnetenhauses, so von Waldeck, wurde die Unterzeichnung des Protestes abgelehnt, theils weil sie die »Legitimität« dieser Ansprüche nicht anerkannten, theils aus anderen Gründen. Von allen diesen Erklärungen war die von *Faucher* und *Michaëlis* — welche *Prince-Smith* nur deshalb nicht mitunterzeichnete, weil er damals nicht in Berlin anwesend war — die einzige, welche sich durch den späteren Verlauf der Geschichte als Ausdruck klarer Erkenntniss der politischen Verhältnisse herausgestellt hat. Gerade weil den »Volkswirthen« von den reinen Politikern politisches Verständniss und ächter nationaler Sinn nur zu oft in mehr oder minder hohem Grade abgesprochen zu werden pflegt, scheint es mir nicht überflüssig, hier den wesentlichen Inhalt jener Erklärung mitzutheilen. Er lautet:

„Abgesehen davon, dass wir uns nicht für berechtigt erachten, in unserer Eigenschaft als Abgeordnete in Beziehungen zu einer Konferenz auswärtiger Diplomaten zu treten, — abgesehen ferner davon, dass wir uns von einem solchem anomalen Schritt einen wirksamen Erfolg für die deutsche Sache nicht versprechen können, haben wir auch gegen den Inhalt der Erklärung wesentliche Bedenken. Dieselbe übergeht ganz einen der für das Deutsche und Preussische Interesse wesentlichsten Gesichtspunkte, die *militärische Sicherung der Deutschen Nordgrenze*, und schiebt die Legitimität in so unbedingter Weise in den Vordergrund, dass dieselbe auch gegen diesen Gesichtspunkt und somit gegen das reellste Interesse Deutschlands, welchem die erzielten Waffenerfolge jedenfalls Befriedigung schaffen müssen, benutzt werden kann.

Einem nationalen Proteste, der,

unter Hinweis auf die Londoner Abmachung von 1852 als einen unberechtigten Versuch durch Aufhebung des Deutschen Erbrechtes in dem Bundeslande Holstein und dem damit unzertrennlich verbundenen Schleswig, sowie durch Erschaffung einer Dänischen, diese Herzogthümer einschliessenden Monarchie, welche niemals bestanden hat, Deutschland zu berauben und um die militärische Sicherung seiner Nordgrenze zu bringen,

unter Hinweis ferner auf die jetzt wieder im Auslande tagende und von Ausländern beschickte sogenannte Europäische Konferenz, die sich anmaasst, die rein innere Deutsche Frage der Thronfolge in Schleswig-Holstein und der Stellung dieser beiden Herzogthümer zu Deutschland ihrer Entscheidung zu unterwerfen,

unter Hinweis endlich auf den Mangel einer Vertretung der Deutschen Nation,

die Erklärung aussprächе, dass die Unterzeichner die Beschlüsse dieser Konferenz, auch wenn einzelne Deutsche Regierungen dieselben unterzeichnen sollten, als die Deutsche Nation nicht bindend erachten, und dass es für Deutschland vorbehalten bleibe, dieselben, wenn nicht sein Recht und sein Interesse volle Durchführung finden, mit dem Schwerte zu zerreissen, wie es den Londoner Vertrag von 1852 damit zerrissen hat,

einem in diesem Sinne abgefassten, der allgemeinen Unterzeichnung zugänglichen Proteste würden die Unterzeichneten sich aus voller Ueberzeugung anschliessen."

In Konsequenz dieser Erklärung beantragten die Abgeordneten *Michaëlis* und *Faucher* in der Sitzung des Abgeordnetenhauses vom 13. Juni 1865, als es sich um die nachträgliche Genehmigung der Kosten zur Bestreitung des Krieges handelte, die nachstehende (von Michaëlis als Redner vertheidigte) Resolution:

„Das Interesse Preussens und Deutschlands fordert, dass die definitive Regelung der Verhältnisse Schleswig-Holsteins schleunigst herbeigeführt werde, dass jedoch eine staatliche Konstituirung der Elbherzogthümer nur unter solcher Maassgabe stattfinde, welche eine unlösliche Verbindung zwischen denselben und Preussen feststellt, die den Schutz der Nordgrenzen Deutschlands und die Entwickelung einer Achtung gebietenden Marine unter der dem Verhältnisse der beiderseitigen Kräfte entsprechenden Mitwirkung der Elbherzogthümer in Preussen's Hände legt, und die zu diesem Zwecke nöthigen territorialen, finanziellen, maritimen und militärischen Vorbedingungen gewährleistet!"

Heute, wo die Anklagen gegen die »Manchesterpartei« so landläufig geworden sind, scheint es mir doppelt geboten, daran zu erinnern, dass zu jener Zeit der schwersten Krisis unseres nationalen Lebens allein die Männer, welche man als die wissenschaftlichen und parlamentarischen Führer jener Partei — soweit man von einer solchen in Deutschland überhaupt reden konnte und kann — betrachten musste, sich den Blick klar genug erhielten, um dem patriotischen Gedanken zum entsprechenden Ausdruck zu verhelfen, ohne zu willenlosen Dienern der damaligen Machthaber herabzusinken.

Trat aber Prince-Smith in jenen Dingen nicht mit seinem Namen hervor, so war er darum mit Kopf und Herz nicht minder dabei, und seine ebenso dem politischen Doktrinarismus wie dem nebelhaften Idealismus unzugänglichen wirthschaftlichen Anschauungen waren es, durch welche er bei seinen Freunden wesentlich dazu mitgewirkt hatte, dass sie sich in den Irrgängen der Fraktionspolitik weit weniger festrannten, als die meisten anderen Mitglieder der damaligen Opposition.

Von den Punkten, bei welchen Prince-Smith sich als Mitglied des Abgeordnetenhauses in einer hervortretenden Weise betheiligte, verdient besondere Erwähnung eine speziell den *Eisenbahnbau* betreffende Frage, deren Bedeutung zu jener Zeit allerdings kaum geahnt wurde, später aber zur Zeit der sogenannten »Gründungen« und der darauf folgenden Anschuldigungen und Prozesse sich bemerklich genug machte. In dem Gesetzentwurfe, betreffend die *Abgabe* von allen nicht im Besitze des Staates oder inländischer Eisenbahn-Aktiengesellschaften befindlichen *Eisenbahnen*, welcher im Jahre 1865 dem Abgeordnetenhause vorgelegt wurde, hiess es

unter den Bestimmungen über die Berechnung des zu besteuernden
Reinertrages des Aktienkapitals: »Verluste, welche bei den
Operationen zur Beschaffung der Baarmittel entstanden sind . . . .
werden dem Anlage-Kapital nicht zugerechnet«.   Der Namens
der vereinigten Kommissionen für Handel und Gewerbe und für
Finanzen und Zölle erstattete Bericht sagte hierüber:

„In der vorgeschlagenen Bestimmung fand man eine theils unge-
eignete, theils undurchführbare Beschränkung.   Die Königl. Staatsregierung, sagte man, könne nur verhüten wollen, dass nicht eine beliebig
hohe Summe als nominelles Kapital in Aktien, die man zu niedrigem
Kurse veräussere, als Grundlage der Abgaben-Berechnung angegeben
werde.   Hierzu genüge schon die Bestimmung des ersten Alinea (desselben
Paragraphen): „Als Anlage-Kapital ist derjenige Betrag anzusehen,
welcher auf die Herstellung der Bahn und deren Ausrüstung mit Ein-
schluss der Betriebsmittel nützlich verwendet ist." Als nützliche Verwendung habe man jedoch nicht bloss die auf den eigentlichen Bau und
die Ausrüstung verwendeten Materialien und Arbeitslöhne nach den bei
prompter Baarzahlung üblichen Preisen zu veranschlagen, vielmehr müsse
man, wo der Bauunternehmer in Aktien bezahlt werde, entsprechende
Preiserhöhungen gelten lassen, auch vielerlei Vergütungen in Anschlag
bringen, welche denjenigen zuflössen, die das Unternehmen angeregt und
nicht ohne Risiko in Gang gebracht hätten; denn solche Verwendungen,
wenn sie sich auch nicht ganz geschäftsmässig buchen lassen und deshalb
meist unter verschiedene Titel versteckt werden, seien insofern oft nützlich, als ohne sie manches Eisenbahn-Unternehmen sich gar nicht in's
Leben rufen lasse.   Die in dem Gesetzentwurf stehende Bestimmung
aber berechtige, ja verpflichte gleichsam die Staats-Regierung, behufs
Feststellung des verwendeten Kapitalbetrags, die zur Bewerkstelligung
des Unternehmens gemachten finanziellen Operationen auf eine Weise
zu untersuchen, welche ausländischen Spekulanten den Eisenbahnbau in
Preussen leicht verleiden dürften. *Die Kommission trat dieser Ausführung bei, und auch die Regierungs-Kommissarien widersetzten sich
der beantragten Streichung der beanstandeten Bestimmung nicht,* nachdem sie die Ueberzeugung gewonnen hatten, dass die Mittel zur Wahrung
des fiskalischen Interesses ausreichend durch andere zutreffende Bestimmungen der Vorlage gegeben seien."

Die also von der ganzen Kommission und von den Regierungs-
Kommissarien gebilligte Ausführung rührte von *Prince-Smith* her.
Da sie aber nur einer *Steuer*vorlage ihre Entstehung verdankte,

so gerieth sie bald in Vergessenheit. Anderenfalls wäre es undenk-
bar gewesen, dass demnächst die Ausgabe von Stamm-Aktien
unter pari ohne weitere Motivirung hätte für etwas durchaus Ver-
werfliches gehalten werden können, als ob eine solche Emission
selbstverständlich als unvereinbar mit den Rücksichten des Gemeinwohls und der Moral anzusehen sei — während erst die mannigfachen Versuche, das Verbot der Aktien-Ausgabe *unter pari*, als
es in der That zu einem ernstlichen Hinderniss des Eisen-
bahnbaues wurde, zu umgehen, wirkliche Konflikte mit jenen Rücksichten herbeiführten.

Bei der vorwiegend theoretischen Natur von Prince-Smith ist
es nun freilich begreiflich, dass er bei all' seinen verschiedenen
Betheiligungen an dem praktisch-politischen Leben doch nicht zu
einem Politiker im eigentlichen Sinne des Wortes wurde. Den
Mittelpunkt seines geistigen Lebens bildeten nach wie vor seine
wissenschaftlichen Untersuchungen über volkswirthschaftliche Grund-
und Tagesfragen, und der Werth der politischen und parlamentarischen Fragen lag für ihn hauptsächlich nur in dem Anlass,
welchen sie ihm für diese Untersuchungen boten.

Die Wiederaufnahme seiner volkswirthschaftlich-publizistischen
Thätigkeit geht zunächst Hand in Hand mit dem volkswirthschaftlichen Kongress und den sich an diesen anschliessenden mehr
lokalen Vereinigungen zur Verfolgung derselben Zwecke. Bereits
aus der Zeit unmittelbar vor der Begründung des Kongresses
findet sich in seinem literarischen Nachlass der erste Anfang zu
einer »Skizze über den Organismus der Gesellschaft«, welche aber
bei entsprechender Weiterführung ein umfangreiches Buch hätte
werden müssen. Wie früher so gab er auch jetzt wieder diesen
Versuch einer mehr in's Breite gehenden Darstellung seiner volkswirthschaftlichen Ansichten bald wieder auf und wandte sich —
unter der ihm von dem volkswirthschaftlichen Kongresse gebotenen
Anregung — wieder der Darstellung konkreter Gegenstände zu.
Gleich die erste seiner Arbeiten aus dieser neuen Periode seiner
publizistischen Thätigkeit gehört mit zu dem Abgerundetsten was
wir von ihm besitzen: »*der eiserne Hebel des Volkswohlstandes*«
zuerst gedruckt in dem in Berlin erscheinenden »Deutschen Botschafter« von Otto Hübner, im Jahre 1859. Dem folgenden Jahre

gehören an der (in der Anlage 3 abgedruckte) Aufsatz über die *Peelsche Bankakte* und die dem dritten volkswirthschaftlichen Kongress zu Köln vorgelegte *»Denkschrift gegen gesetzliche Beschränkung des Zinsfusses«*. Auf diesem Kongresse selbst leitete Prince-Smith die Verhandlung über Reform der Eisenzölle mit einem mit stürmischen Beifall aufgenommenen Vortrage *»über die weltpolitische Bedeutung der Handelsfreiheit«* ein — einem Vortrag, der mit dem idealen Sinn, in welchem er die handelspolitische Frage erfasste, wahrhaft typisch wurde für die fortan in sichtlichem Aufsteigen begriffene Freihandelsbewegung. Im engsten Anschluss daran steht der Vortrag über *»Ziel, Zweck und Geist der Volkswirthschaftslehre«*, welchen Prince-Smith im Jahre 1861 auf dem vierten volkswirthschaftlichen Kongress zu Stuttgart hielt. Auf dem fünften Kongress (zu Weimar 1862) fehlte er wegen Unwohlseins. Auf dem sechsten (in Dresden 1863) sprach er in der Frage der *Patentgesetzgebung* als Berichterstatter der Mehrheit des betreffenden Ausschusses, indem er den Antrag begründete: »In Erwägung, dass Patente den Fortschritt der Erfindung nicht begünstigen, vielmehr deren Zustandekommen erschweren, dass sie die rasche allgemeine Anwendung nützlicher Erfindungen hemmen, dass sie den Erfindern selbst im Ganzen mehr Nachtheil als Vortheil bringen und daher eine höchst trügliche Form der Belohnung sind, beschliesst der Kongress zu erklären: dass Erfindungspatente dem Gemeinwohl schädlich sind«. Sein Vortrag, welcher in der »Vierteljahrschrift für Volkswirthschaft und Kulturgeschichte« in besonderem Abdruck erschien, ist nach meiner Ansicht unter allen Arbeiten aus der Periode seiner Reife diejenige, welche am wenigsten geeignet ist, nachhaltig überzeugend zu wirken, weil sie es unternimmt, vermittelst der Abstraktion und der begrifflichen Entwickelung eine Frage zu beantworten, welche wohl mehr als jede andere volkswirthschaftliche Frage der konkreten Behandlung bedarf. In letzterer Beziehung boten die Verhandlungen auf dem Dresdener Kongress reiches Material, welches noch heute für das Studium der Frage von Werth ist; doch gerade der Vortrag von Prince-Smith war an solchem Material arm. Dagegen befand sich Prince-Smith mit dem Vortrage *»über uneinlösbares Papiergeld mit sogenanntem Zwangskurse«*, auf dem siebenten Kongresse Deutscher Volkswirthe in Hannover (1864), wieder auf dem Boden, wo er so heimisch war, wie kaum ein Anderer. Dasselbe gilt von dem von ihm in Nürnberg (1865) erstatteten Referat über die *Bankfrage*.

Auch den lokal abgegrenzten Vereinigungen, welche sich zu Anfang der sechziger Jahre an den Kongress Deutscher Volks- wirthe schlossen, blieb Prince-Smith nicht fremd. In der »volks- wirthschaftlichen Gesellschaft für Ost- und Westpreussen« hielt er im Januar 1861 (in Elbing) einen Vortrag über »*die Quellen der Massenarmuth*«, welcher, unter Festhaltung der Grund- gedanken seines unter demselben Titel zwanzig Jahre früher im »Elbinger Anzeiger« veröffentlichten Aufsatzes in der Art der Behandlung und in den Konsequenzen ungefähr die Mitte hielt zwischen dem abstrakten, ungeschichtlichen Radikalismus jenes Aufsatzes, und der abgeklärten, wahrhaft geschichtlichen Auffassung in seinem Schluss-Werke über den »Staat und den Volkshaushalt«.

Wenige Wochen nach dem genannten Elbinger Vortrag er- stattete Prince-Smith in Berlin in dem vorzugsweise aus Hand- werkerkreisen sich rekrutirenden »Verein für volkswirthschaft- liche Interessen« über den damals von Kommerzienrath L. Reichen- heim im Abgeordnetenhause eingebrachten Entwurf eines allgemeinen Gewerbegesetzes für Preussen einen Bericht unter dem Titel: »*Für volle Gewerbefreiheit!*« Hatte der Reichenheim'sche Gesetz- entwurf geglaubt, von den damals bestehenden Beschränkungen der Gewerbefreiheit noch manche bestehen lassen zu müssen, aus Furcht sonst vielleicht gar nichts zu erreichen, so bezeichnete Prince-Smith als den Standpunkt des Vereins: was er für volks- wirthschaftlich erspriesslich erkannte, ganz und unverkürzt zu fordern. Das praktische Resultat war, dass eine ganze Reihe von Jahren Alles beim Alten blieb, bis die Gewerbeordnung für den Nord- deutschen Bund vom Jahre 1869 die »volle Gewerbefreiheit« wesent- lich im Sinne des erwähnten Berichtes von Prince-Smith gewährte.

Mit besonderer Vorliebe widmete Prince-Smith aber seine Sorg- falt der zu Anfang des Jahres 1860 aus den oben erwähnten Abendzirkeln hervorgegangenen, noch heute bestehenden Berliner »*volkswirthschaftlichen Gesellschaft*«, in welcher der alte »Frei-

handels-Verein« auferstand. Von der Beschränkung auf das handelspolitische Gebiet befreit, fasste die neue Gesellschaft festeren
Boden, als der alte Verein je besessen. Prince-Smith führte bis zu
der seinem Tode vorher gehenden Krankheit den Vorsitz der Gesellschaft, man kann wohl sagen in geradezu meisterlicher Weise, indem
er es verstand, in seinen die Verhandlungen über eine bestimmte
Frage einleitenden oder schliessenden Bemerkungen, wie auch in seinen
zum Theil wahrhaft glänzenden Tischreden die von ihm vertretenen
volkswirthschaftlichen Grundanschauungen in solcher Weise zur Geltung zu bringen, dass dadurch der Gesellschaft ohne das Band eines
volkswirthschaftlichen Glaubensbekenntnisses doch eine gewisse
Einheit gewahrt wurde, während doch Niemandem unbenommen
blieb, seine etwa abweichenden Anschauungen zu entwickeln.

Zu all' diesen neuen Anregungen für die umfangreiche Wiederaufnahme seiner Thätigkeit kam dann mit dem Jahre 1863 noch
diejenige, welcher wir die meisten seiner Arbeiten aus der
letzten Periode seines schriftstellerischen Lebens verdanken: die
Herausgabe der »Vierteljahrschrift für Volkswirthschaft und
Kulturgeschichte« von Julius Faucher. Für die speziell von
Prince-Smith behandelten Gegenstände bekam die Vieteljahrschrift
ihr eigenthümliches Gepräge mehr von ihm als von einem anderen
ihrer Mitarbeiter.

Aus der Zeit vor dem Kriege von 1866 ist schliesslich noch
ein Artikel zu erwähnen, welchen Prince-Smith im Jahre 1865 in
dem von Dr. H. Rentzsch herausgegebenen »Handwörterbuch der
Volkswirthschaftslehre« veröffentlichte, unter dem Doppeltitel:
»Handelsfreiheit. Freihändler«. Das Wörterbuch sollte, gemäss
dem damaligen Standpunkte des Herausgebers, die freihändlerischen
Anschauungen vertreten, und that dies jedenfalls in dem Artikel
von Prince-Smith in reinster Form und mit all' den Konsequenzen
auch gegenüber dem Staat, welche Prince-Smith damals noch
ziehn zu müssen glaubte. Dem Staate — erklärt er — erkennt
der Freihandel keine andere Aufgabe zu, als die eine: die Produktion von Sicherheit. In jeder Einmischung der Staatsgewalt
in den Volkshaushalt sieht er nur den Ausfluss »des Monopol-
geistes, der den erhöhten eigenen Nutzen nicht durch Erhöhung
der eigenen Leistung erstrebt, sondern durch Hemmung der

Leistung Anderer und Erzeugung einer künstlichen Noth, aus der er höhere Preise seiner Leistung erpresst.«

Als aber endlich der Krieg von 1866 mit einem Schlage den grossen Umschwung in unseren politischen Verhältnissen herbeiführte, stand Prince-Smith mit in vorderster Reihe unter den patriotischen Männern, welche mit klarem Verständnisse dessen, was für die Förderung der wirthschaftlichen Einheit Deutschlands möglich und nöthig war, nicht säumten das Eisen zu schmieden so lange es heiss war. An der auf Veranlassung der ständigen Deputation des volkswirthschaftlichen Kongresses am 4. August 1866 in Braunschweig abgehaltenen Versammlung, in deren Verhandlungen und Beschlüssen die aus der bisherigen Entwickelung sich ergebenden Forderungen für die Wirthschafts- und Finanz-Politik des Norddeutschen Bundes zum ersten öffentlichen Ausdruck gelangten, nahm er Theil, indem er in gewohnter Weise seinen Freunden die Behandlung der einzelnen Fragen überliess. Als aber am Schlusse *Böhmert* vorschlug, über die gefassten Beschlüsse Denkschriften auszuarbeiten, die dem Parlamente vorzulegen wären, und *Faucher* darauf meinte, es sei vielleicht zweckmässig, den Kongress zugleich mit dem Parlament nach dem Sitze des letzteren zu berufen — da war es *Prince-Smith*, welcher das von dem Vollbewusstsein der Bedeutung der Braunschweiger Versammlung diktirte Wort sprach: er hoffe, die Volkswirthe würden nicht *neben*, sondern *in* dem Parlamente tagen.

Weil nun aber im Norddeutschen Bunde, und demnächst im Deutschen Reiche, so viel von dem verwirklicht wurde, wofür Prince-Smith seit einem Vierteljahrhundert mit vollem Bewusstsein thätig gewesen war — mehr, als einer seiner Zeitgenossen von irgend welcher anderen Richtung von sich sagen konnte — deswegen übten die damit eintretenden gewaltigen Veränderungen auf ihn einen äusserlich nicht gerade stark hervortretenden Eindruck. Dem parlamentarischen Leben blieb er während der Zeit des Norddeutschen Bundes fern; um so leichter wurde es ihm, sich abseits von dem politischem Fraktionswesen wieder einer mehr beschaulichen Betrachtung hinzugeben. Dass aber sein Kopf und sein Herz darum nicht weniger von dem gewaltigen Umschwung erfüllt waren, welcher sich damals in unserem staatlichen und nationalen

Leben vollzog, und dass er daraus zugleich neue und tiefe Anregung erhielt, seine in langer Entwickelung herausgebildeten Anschauungen über das Verhältniss zwischen Staat und Volkswirthschaft, als eins der Hauptprobleme unserer Zeit, auf Grundlage
der veränderten thatsächlichen Verhältnisse einer Revision zu
unterziehen — dafür giebt eine Tischrede Zeugniss, welche er im
März 1867, zur Zeit des konstituirenden Reichstages des Norddeutschen Bundes, in der Berliner »volkswirthschaftlichen Gesellschaft« hielt, als Einleitung zu dem Toaste, welchen er auf die
in der Gesellschaft anwesenden auswärtigen Mitglieder der ständigen
Deputation des volkswirthschaftlichen Kongresses ausbrachte.
Diese Tischrede möge hier folgen, zugleich als Beispiel der eigenthümlichen Virtuosität, welche er in dieser Art von Beredtsamkeit
entwickelte.

Die Rede lautete:

„Meine Herren!

Wir haben heute wieder, wie in früheren Jahren die Ehre, die An-
wesenheit des ständigen Ausschusses des Kongresses Deutscher Volks-
wirthe unter uns zu feiern. Aber in diesem Jahre sind die auswärtigen
Mitglieder nicht, wie früher, zum besonderen Zwecke der Kongress-
geschäfte und auf wenige Tage hergereist gekommen. Die grosse
Mehrzahl derselben weilt schon seit Wochen unter uns und wird noch
Wochen unter uns weilen, als Mitglieder des Reichstags. Noch heisst
er zwar der „norddeutsche" Reichstag; aber ein Amendement auf
Streichung des Wörtchens „nord" ist schon in München, Stuttgart und
Karlsruhe verabredet und wird bei seiner demnächstigen Einbringung
gewiss einstimmig angenommen. Die schon so lange im Zollverein
bestehende und so segensreiche handelspolitische Einigung des ausser-
österreichischen Deutschlands, und die jüngst bewirkte vertragsmässige
militärische Einigung, werden ihre lang ersehnte nothwendige Ergänzung
durch die politische Einigung der Nation finden. Welchen Gewinn wir
hierdurch für die volkswirthschaftliche Entwickelung unseres Vaterlands
hoffen, ist schon mehrfach hervorgehoben worden. Schon der Umstand.
dass unter den Gegenständen, welche der gemeinsamen Bundesgesetz-
gebung überwiesen sind, die speziell volkswirthschaftlichen Interessen
einen Haupttheil bilden. dieser Umstand schon beweist, dass das Streben
nach volkswirthschaftlichem Fortschritt ein mächtiger Hebel war für
das endlich herbeigeführte Einigungswerk. Jedenfalls ist ein freieres,

weiteres Feld gewonnen für fruchtbares Schaffen jeder Art, — ein
freieres und weiteres Feld, auf dem sowohl Politiker als Volkswirthe,
unter zweckmässiger Arbeitstheilung, zur gegenseitigen Förderung, zum
allseitigen Gedeihen, ihre Kräfte verwerthen können. Die Arbeitstheilung zwischen Politiker und Volkswirth ist indessen keine strenge. Die
Männer, welche in Deutschland sich an die Spitze einer erfolgreichen
Bewegung stellten, zur Erregung eines lebhafteren Interesses und zur
Verbreitung eines allgemeineren Verständnisses für speziell volkswirthschaftliche Fragen, diese Männer gehören auch zu den eifrigsten Vertretern der politischen und nationalen Bestrebungen. Und gerade bei
dieser Gelegenheit, da wir so viele Mitglieder des Reichstags als alte
Mitglieder des volkswirthschaftlichen Kongresses hier begrüssen, möchte
ich konstatiren, dass in Deutschland eine Partei einseitiger Volkswirthe
sich nie gebildet hat. Die Bezeichnung „Manchesterschule", welche
anfangs bisweilen an übelwollender Seite auftauchte, wollte nicht haften.
Der umfassende Zug Deutscher Bildung hat uns vor jener Einseitigkeit
bewahrt, bei welcher Volkswirth und Politiker das Verständniss für einander verlieren. Aber doch ist Jeder geneigt, den Interessen, mit denen
er sich vorwiegend beschäftigt, ein überwiegendes Gewicht beizulegen,
und läuft schon dadurch allein Gefahr, seine Fühlung mit den anderen
berechtigten Bewegungshebeln zu schwächen. Der Volkswirth von Fach
sinnt und forscht, wie man die noch fehlenden Mittel eines behaglichen
Lebens für die unteren Volksklassen schafft; er erkennt als einzigen
Weg zum Ziele die Vermehrung der produktiven Vorräthe; er erkennt,
dass die fortgeschrittenen Produktionskräfte die erwünschte Vermehrung
leicht bewirken und alle materielle Noth innerhalb absehbarer Frist
beseitigen könnten, wenn nicht leider der enorme und zunehmende Verbrauch zu Staatszwecken das Produzirte wieder verschlänge. Es ist also
nicht zu verwundern, wenn der Volkswirth von Fach sich nicht mit
vollem Herzen den staatlichen Unternehmungen hingiebt, deren Kosten
sein eigenstes Bestreben fast zu einer Sisyphusarbeit machen. Andererseits der Politiker von Fach, erfüllt von Entwürfen, die Gesammtkraft
zur Hebung und Erweiterung des Gemeinwohls zu verwerthen, fühlt sich
von allen Ecken beengt durch unvermeidliche Rücksichten auf die
Schonung der für die Wirthschaft unentbehrlichen Mittel. Zwar eine
gegenseitige Berechtigung, eine unvermeidliche Solidarität erkennen
Volkswirthe und Politiker immer an; denn die Wirthschaft steckt im
Staate und bedarf des staatlichen Schutzes; und der Staat, auf dem
Boden der Wirthschaft erbaut, bedarf der wirthschaftlichen Mittel.
Aber diese Anerkennung eines mehr äusserlichen Bandes, oder vielmehr
einer fast fatalen Verkettung, wird zum vollen Einverständniss und zur

vollen Sympathie, erst wenn man die wirthschaftliche und politische
Thätigkeit als gleichberechtigte und · untrennbare Aeusserungen der
Menschennatur auffasst, — worüber ich mir ein paar kurze Andeutungen
erlauben möchte.

M. H.! Der Zweck politischer Thätigkeit, ebenso wie der wirthschaftlichen und jeder Thätigkeit überhaupt, ist die Befriedigung von
Bedürfnissen. Und die Befriedigung der idealen Bedürfnisse wird nicht
weniger heftig verlangt, als die Befriedigung der materiellen Bedürfnisse,
— wenn überhaupt eine solche Unterscheidung sich machen lässt. Jedenfalls, sobald die ersten Bedürfnisse körperlicher Erhaltung nothdürftig
befriedigt sind, entsteigen dem menschlichen Gemüthe die idealen
Forderungen mit stürmischer Gewalt. Vor allem ist dem menschlichen
Gemüthe das Gefühl der Schwäche des Vereinzelten unerträglich. Es
entsteht der Drang, durch staatliche Vereinigung eine Gesammtkraft
herzustellen, mit deren gewaltigen Leistungen der schwache Einzelne
sich im Geiste identifizirt, in deren Zwecke er aufgeht, — es entsteht
der Drang, gegenüber der Einzelwirthschaft, welche auf den eigenen
materiellen Vortheil zielt, ein staatliches Gemeinwesen zu errichten mit
mehr idealen Zielen und dem man Opfer bringt. Denn so ist das
menschliche Gemüth beschaffen, — nicht bloss geniessen, auch opfern
will es, — nicht bloss das Gefühl der Sicherheit, sondern auch der Reiz
der Gefahr ist ihm Bedürfniss — und vor Allem unerträglich ist der
Stachel des verletzten Rechts oder der beleidigten Ehre. Der Mensch
will sein Leben erhalten und verschönern, aber nicht um jeden Preis.
Er macht sich ein Ideal, welches je nach der erreichten Kulturstufe
verschieden aussieht; und nicht das Leben selbst, sondern die Behauptung
dieses seines sittlichen Ideals hat für ihn Werth.

Meine Herren! Die vielseitigen, widerspruchsvollen Anforderungen
des menschlichen Gemüths lassen sich nur zum Theile durch wirthschaftliches Schaffen befriedigen, selbst wenn wir alle Leistungen der Wissenschaft und Kunst zu den wirthschaftlichen Produkten mitzählen. Der
Gemeingeist, welcher stets eine bestimmende Gewalt beim menschlichen
Streben bleibt, kann nicht in bloss wirthschaftlichen Erfolgen sein volles
Genüge finden.

Das belebende Ringen nach gemeinsamen politischen Zielen, ja der
stärkende Kampf ist unerlässlich; denn der Mensch will seine Kraft
fühlen, und darum auch, wenn es darauf ankommt, sie messen. Wir
vereinigen unsere Kräfte zu einer Staatsmacht, welche jede Einzelkraft
zu bezwingen vermag, und dann wenden wir uns gegen unsere Schöpfung
um unsere individuelle Freiheit ihr gegenüber zu erkämpfen, und so

spielt sich das politische Leben in einem endlosen Ringen ab, welches
zwar viel kostet, und selten Etwas, was man wirthschaftlich buchen kann,
einbringt, aber doch den Lebensstrom in einem erquickenden Strudeln
erhält, und uns vor jener Versumpfung bewahrt, vor der sich der gesunde
Mensch zumeist entsetzt.

Sollen wir, Volkswirthe von Fach, bei den Politikern von Fach ein
volles Eingehen auf unser Wirken erzielen, so zeigen wir ihnen, dass
auch wir für ihre Bestrebungen das volle Gefühl haben. Zeigen wir
ihnen, dass uns keine Seite der Menschennatur fremd geworden ist, —
dass wir wohl erkennen, welche wunderbare Gegensätze zusammenwirken
müssen, um das Kulturleben allseitig menschlich zu entwickeln und zu
erhalten. Kurz, um ein familiäres Bild zu gebrauchen, erkennen wir es
geradezu an, als eine naturgesetzliche heilsame Anordnung, auch zur
Erhaltung der Wirthschaftskraft heilsam, wenn in unseren volkswirthschaftlichen Karpfenteich politische Hechte gesetzt sind".

Zum ersten Male in dieser Rede stellt Prince-Smith die
Anschauungen und die Bestrebungen des Politikers und des Volkswirths als gleichberechtigte hin, deren Wechselwirkung erst zur
höchstmöglichen Förderung der allgemeinen Interessen zu führen
vermag. Dass er aber noch keineswegs mit dieser Frage abgeschlossen hatte, dafür spricht u. A. ein wenige Seiten umfassender
Aufsatz unter dem Titel » *Wirthschaft und Staat*«, welchen er
in dem von Dr. *Eras* herausgegebenen »Jahrbuche für Volkswirthschaft« (dritter Jahrgang, 1869) veröffentlichte, welcher sich
in einer Anklage des »enormen Staatsverbrauchs«, namentlich der
Kosten des »bewaffneten Friedens«, zuspitzt. Geschrieben war
dieser Aufsatz nur als Schluss einer grösseren Abhandlung über
die » *Grundlagen der Volkswirthschaft*«; der rein theoretische
Inhalt der ersten zwei Drittel dieser Abhandlung scheint veranlasst
zu haben, dass sie — mit Zustimmung des Verfassers — ungedruckt blieben. Um so schroffer erscheint die Wendung gegen
den Staat. Die Leser finden oben jene ungedruckt gebliebene
Arbeit, wie sie in dem Original-Manuscripte vorlag, unter dem
ursprünglichen Titel abgedruckt, indem gerade diese theoretische
Ausführung für die Schulung des volkswirthschaftlichen Denkens
auch heute noch von Werth erscheint.

Den ersten Jahrgang des »Jahrbuches für Volkswirthschaft«
hatte Prince-Smith mit einem Artikel über » *volkswirthschaft-*

liche Gerechtigkeit« eröffnet, welcher sich gegen die unbegründeten Ansprüche der arbeitenden Klassen betreffs ihres Antheils an den Produkten der Arbeit wendet. Bereits im Jahre 1864 hatte Prince-Smith wesentlich denselben Gegenstand in der »Vierteljahrschrift« von Faucher behandelt, unter dem Titel: *»die sogenannte Arbeiterfrage«.* Daran schlossen sich, auf Veranlassung eines neuen Versuches zur Lösung der »sozialen Frage«, in dem Jahrgang 1867 der »Vierteljahrschrift« der Artikel *»über Arbeiteraktionäre«* (abgedruckt im ersten Bande der vorliegenden Sammlung von Prince-Smith's Schriften), und später in den Jahrgängen 1869 und 1870 der »Vierteljahrschrift« die (gleichfalls im ersten Bande der vorliegenden Sammlung abgedruckten) Artikel: *»die Sozialdemokratie auf dem Reichstag«,* und *»Herrn Dr. Johann Jacobi's Ziel der Arbeiterbewegung«.* Alle diese Abhandlungen zeigen, wie früh und wie unausgesetzt Prince-Smith den in der Arbeiterbewegung zu Tage tretenden Gefahren sein Augenmerk zuwandte, und wie unablässig er bemüht war, den verschiedenartigen scheinwissenschaftlichen Begründungen der jener Bewegung zu Grunde liegenden Anschauungen entgegenzutreten. Auch liess er es dabei nicht bewenden, sondern ging auf eine unmittelbare Polemik mit dem Führer der Sozialdemokratie, Herrn v. *Schweitzer,* ein, und zwar in dem in Berlin erscheinenden »Sozialdemokrat« selbst. Herr v. Schweitzer hatte gegen Prince-Smith's Artikel: »die Sozialdemokratie auf dem Reichstag« gegen Ende des Jahres 1870 einen Artikel gerichtet, worauf Prince-Smith in der Nummer des Blattes vom 15. Januar 1871 antwortete. In der Nummer vom 27. desselben Monats erschien eine Entgegnung Schweitzer's, auf welche in der Nummer vom 19. Februar ein zweiter Artikel von Prince-Smith folgte. Diesem war Seitens der Redaktion die Bemerkung hinzugefügt, die jedenfalls erfolgende Entgegnung Schweitzer's werde wahrscheinlich erst nach den Reichstagswahlen erscheinen, da er im Begriff sei, in Wahlangelegenheiten nach dem Rhein abzureisen. So viel ich weiss, ist aber die versprochene Entgegnung unterblieben.

Die drei Artikel lasse ich hier folgen:

An Herrn v. Schweitzer.

In No. 149 des „Sozial-Demokrat" richten Sie an meine Adresse einen Aufsatz, worin Sie die „breite und eiserne Grundlage des Sozialismus" in folgenden Sätzen hinstellen:

Die Produktion vollzieht sich in der Zusammenwirkung von *Kapital* und *Arbeit.*

Bei der Produktion entsteht „*Neuwerth*". Das *Kapital* schafft nicht „Neuwerth". Folglich kann entstandener „Neuwerth" nur *durch die Arbeit* entstanden sein.

Diesen „Neuwerth" zieht die Kapitalistenklasse an sich. Die Arbeiter sind also *beraubt.*

Diese Logik haben Sie schon dem Reichstage vorgetragen; und ich habe schon darauf ausführlich geantwortet in einer besonderen Broschüre. Jetzt, wie ich die Ueberschrift Ihres Aufsatzes verstehe, fordern Sie mich beim Namen heraus, die Frage von Neuem zu verhandeln vor den Lesern Ihres Parteiblattes. Und so will ich mit meinen Gegenbemerkungen nicht zurückhalten.

Die Produktion vollzieht sich nicht in der Zusammenwirkung von *Kapital* und *Arbeit* allein. Noch ein Drittes ist dabei wesentlich wirksam: Die *Geschäftsleitung.* — Die Produktion vollzieht sich in der Zusammenwirkung, erstens Derjenigen, welche das Kapital erübrigen; zweitens Derjenigen, welche das Geschäft einrichten und leiten; drittens Derjenigen, welche arbeiten unter Anweisung der Geschäftsleiter und mit Hilfe der kapitalischen Einrichtungen.

Ihr „Neuwerth" ist, wie Sie näher erklären, der Ueberschuss der Einnahme aus dem Produktenverkauf über die Ausgabe für Rohstoff und Abnutzungen. Die Grösse des Neuwerths hängt also wesentlich ab von der Menge und dem Verkaufspreise der produzirten Waare.

Mit Hilfe des Kapitals verfertigt eine gegebene Anzahl Arbeiter viel mehr Waare, als ohne kapitalische Einrichtungen. Um die vermehrte Menge Waaren abzusetzen, muss das einzelne Stück Waare wohlfeiler verkauft werden. Aber der Preis braucht nicht in demselben Verhältniss herabgesetzt zu werden, in welchem die Menge der Waare vergrössert worden ist. Die vergrösserte Waarenmenge bringt immerhin einen grösseren Erlös. Dem Kapitale also verdankt man von dem „Neuwerth" denjenigen Betrag, um welchen es den Erlös steigert durch Vermehrung der produzirten Waarenmenge.

Bei Fabriken mit gleichem Kapital und gleich guter Arbeit ist der erzielte „Neuwerth" sehr verschieden, je nach der besseren oder schlechteren Geschäftsleitung. Bei der einen verbleibt, nach Zahlung der ausbedungenen Lohnsumme, ein beträchtlicher Geschäftsüberschuss für Kapitalisten und Unternehmer. Bei der anderen deckt der Neuwerth nicht einmal den ausbedungenen Lohn; das Geschäft schliesst mit Verlust ab. Unleugbar trägt die technische und kaufmännische Leistung der Geschäftsleiter sehr viel zur Grösse des jedesmal erzielten „Neuwerths" bei.

Weil nun die unbemittelten Arbeiter nicht den ganzen „Neuwerth" allein erhalten, den sie allein nicht in solcher Grösse erzielen könnten, klagen Sie über „Beraubung" der Arbeiter. Im Namen des „unverbrüchlichen Rechts" erheben Sie Einspruch dagegen, dass die Hersteller der Produktionseinrichtungen und die Leiter der Produktionsgeschäfte Antheil haben an einem „Neuwerth", dessen Grösse, zum sehr bedeutenden Theile, ihren Leistungen zu verdanken ist.

Wenn Sie von der „kleinen" Kapitalistenklasse sprechen, so passt diese Bezeichnung nur auf das Zahlenverhältniss, nicht auf die wirthschaftliche Bedeutsamkeit jener Klasse. Die Kapitalistenklasse ist diejenige Klasse, welche, im Verlaufe wirthschaftlicher Entwickelung, aus ihren Einnahmen die grossen Mittel erübrigt hat, welche die Arbeitskraft der Millionen von Unbemittelten um vieles produktiver machen, und den heute erzielten „Neuwerth" auf seine jetzige Höhe bringen lassen. Die Kapitalistenklasse ist diejenige Klasse, welche, aus den durch sie erübrigten Mitteln, das grosse Gebäude heutiger Industrie aufgebaut und mit Hilfsmitteln ausgestattet hat zur Erhöhung der Leistung unbemittelter Arbeiter. Es ist keine Forderung des „unverbrüchlichen Rechts", dass die unbemittelten Arbeiter dieses mit so grossartigen Kosten hergestellte Gebäude benutzen sollen *unentgeltlich*. Es ist keine „Beraubung", wenn ein Theil des darin erzielten, und nur darin erzielbaren „Neuwerths" Denjenigen zufällt, welche aus ihren Mitteln das Gebäude herstellten.

Dies zur Rechtsfrage.

Und auf die praktische Seite der Frage blickend: Die unbemittelten Arbeiter können das Kapital nicht entbehren; ohne industrielle Einrichtung ihrer Produktion können sie nicht den Lebensunterhalt für ihre so stark angewachsene Bevölkerungszahl herstellen. Umsonst aber wird Niemand ihnen Kapitalmittel zur Verfügung stellen wollen. Für die wachsende Arbeiterzahl ist auch ein Zuwachs neuer Kapitalmittel erforderlich. Es ist aber praktisch unmöglich, Jemanden zu bewegen, aus seinen Einnahmen Kapital zurückzulegen und von den Arbeitern benutzen zu lassen, ohne dass er Aussicht hat auf einen Antheil an dem vermehrten „Neuwerth", der sich mit Hilfe seines Kapitals erzielen lässt.

Prince-Smith.

An Herrn Prince-Smith.

Sie erklären:

„Die Produktion vollzieht sich nicht in der Zusammenwirkung von Kapital und Arbeit allein. Noch ein Drittes ist dabei wesentlich wirksam: die Geschäftsleitung."

Seit wann, gestatten Sie mir die Frage, ist die Geschäftsleitung keine Arbeit? Sie ist Arbeit und wurde immer so betrachtet. Wenn der Kapitalist ein Geschäft leitet, ist seine Einnahme, insoweit sie auf dieser Leitung beruht, was aber nur zu einem kleinen Theile der Fall ist, ihrem inneren Wesen nach eigener Arbeitsertrag.

Aber dadurch wird unsere Frage nicht berührt.

Die Frage ist: ob es wahr, dass der Kapitalist als solcher, auf Grund seines Kapitals, einen Tauschwerth an sich zieht, obwohl das Kapital keinen Tauschwerth erzeugt?

Es ist klar, dass diese Frage nicht dadurch beseitigt wird, dass man nachweist, der Kapitalist betheilige sich in manchen Fällen bei der Arbeit. Am besten könnte man sich dann auf den Kleinmeister berufen, der in seinem Geschäfte sogar körperlich mitarbeitet. Wir fragen nicht nach Demjenigen, was einer durch seine Arbeit, sondern nach dem, was er ohne Arbeit erhält.

Wie unbedeutend aber in Vergleich zum eigentlichen Kapitalgewinn derjenige Betrag ist, den bei Grossbetriebsunternehmungen — und nur solche kommen als bezeichnend für die heutige Zeit in Betracht — der Unternehmer sich für seine Leitung berechnen kann, erhellt aus den zahlreichen Fällen, wo ein Kapitalist vorzieht, sein Geschäft durch einen tüchtigen Direktor leiten zu lassen. Bei Aktiengesellschaften ist eine solche Direktion sogar wesentlich. Sie wissen so gut wie ich, dass selbst in einem sehr grossen Geschäfte ein Direktor, sei er auch noch so geschäftsgewandt und in jeder Beziehung tüchtig, mit einigen Tausend Thalern jährlich für hinreichend besoldet gilt. Aber die Frage ist, wie kommt es, dass nachdem der Direktor für seine Leitung bezahlt ist, der Kapitalist oder die Aktiengesellschaft einen oft sehr erklecklichen Ueberschuss hat? Nicht der Arbeitslohn des Direktors soll erklärt werden (gleichviel wer dirigirt), sondern der hiernach verbleibende Kapitalgewinn der Kapitalisten.

Da es nun dabei bleibt, dass die Produktion, soweit sie Tauschwerth
schafft, sich durch Kapital und Arbeit vollzieht (ohne ein Drittes, indem
das vermeintliche Dritte zur Arbeit gehört): und da weiter feststeht,
dass das Kapital keinen Neuwerth schafft, so ist der ihm zufallende
Neuwerth einfach von der Arbeit geschaffen.

Freilich, Sie sagen:

„Mit Hilfe des Kapitals verfertigt eine gegebene Anzahl Arbeiter
mehr Waare, als ohne kapitalische Einrichtungen."

Ohne Zweifel! Aber verwechseln wir nicht die Gebiete des Gebrauchs-
werthes und des Tauschwerthes. *Diese Gebiete fest und deutlich zu
sondern, ist erste Vorbedingung sicherer Erkenntniss in der politischen
Oekonomie.*

„Mit Hilfe des Kapitals werden mehr Waaren verfertigt."
Gewiss! Der erzeugte Gebrauchswerth ist grösser. Aber ist es auch
der Tauschwerth?

Allerdings fahren Sie fort, wie folgt:

„Um die vermehrte Menge Waaren abzusetzen, muss das einzelne
Stück Waare wohlfeiler verkauft werden. Aber der Preis braucht nicht
in demselben Verhältniss herabgesetzt zu werden, in welchem die Menge
der Waare vergrössert worden ist. Die vergrösserte Waarenmenge bringt
immerhin einen grösseren Erlös. Dem Kapitale also verdankt man von
dem „Neuwerth" denjenigen Betrag, um welchen es den Erlös steigert
durch Vermehrung der produzirten Waarenmenge".

Sie irren! Sie irren in solchem Maasse, dass, wenn die Kapitalisten
nur denjenigen Gewinn zögen, den Sie ihnen zuweisen, sie auf die Dauer
insgesammt nicht bestehen könnten.

Die Wahrheit ist, dass gleiche Menge Arbeit nach wie vor gleichen
Tauschwerth schafft und dass ausserdem im Preis der „vermehrten Waarenmenge" der Werth des verbrauchten Kapitals ersetzt werden muss.
Nicht weniger — denn sonst würde sich das Kapital von diesem Geschäftszweige zurückziehen, bis das Niveau hergestellt wäre. Nicht
mehr — denn sonst würde Kapital so lange zuströmen, bis die Konkurrenz den Preis auf das Niveau herabgedrückt hätte. Was Sie im
Auge haben, sind die Uebergangsstadien, einige Zeit nach Erfindung
einer neuen Produktionsmanier in einem bestimmten Geschäftszweige.
Auf die Länge müssen die Preise ihr *natürliches Niveau* wiederfinden,
wenn auch nur im Durchschnittspreis erkennbar.

Ein Beispiel zeige dies: Bisher habe die Herstellung von 1000
Waaren bestimmter Art 8000 Thaler gekostet. Wir nehmen der Einfachheit halber an, der Rohstoff, die Hülfsstoffe u. s. w. seien umsonst

zu haben; dadurch tritt die Frage, um die es sich hier handelt (Produktivität der Arbeit), rein und ungestört hervor. Es sollen nun die Kosten betragen:

a. An Abnutzung des stehenden Kapitals . . 6000
b. An Arbeitslöhnen 2000
8000

Der durch die Arbeit neugeschaffene Werth betrage 2000. So verkaufen sich die 1000 Waaren in ihrer Gesammtheit zu 10,000 Thalern (worin 2000 Thaler Kapitalgewinn), jede einzelne Waare zu 10 Thalern.

Nunmehr, um einen recht einleuchtenden Fall anzunehmen, unterstellen wir, dieselbe Maschinerie könne jetzt vermöge einer ganz einfachen Vorrichtung, die nichts kostet, in derselben Zeit, mit derselben Bedienung u. s. w., doppelt so viel leisten, als bisher, so dass man die doppelte Menge Waaren fabriziren könnte. Dieser äusserste Fall wird nicht vorkommen, aber er ist geeignet, die Frage der *Produktivität der Arbeit*, um die es sich hier handelt, ganz klar zu stellen.

Nunmehr gestaltet sich die Sache so:

a. Abnutzung des stehenden Kapitals . . . 6000
b. An Arbeitslöhnen 2000
c. Zugesetzter Neuwerth 2000
10,000

Preis der Gesammtwaare von 2000 Stück: 10,000 Thaler; Preis der Einzelwaare 5 Thaler.

Die produzirte Waarenmenge ist gestiegen, die Einzelwaare ist billiger geworden, aber der Tauschwerth der vergrösserten Gesammt-Waarenmenge, ist nicht gestiegen. Jedesmal 2000 Thaler Reingewinn!

Das Motiv, welches die Kapitalisten zur Verbesserung der Produktion (Steigerung der Produktivität der Arbeit) anspornt, liegt nicht *im dauernden Schluss-Effekt der verbesserten Produktion, wobei nichts zu gewinnen wäre*, sondern in der Hoffnung, die von Ihnen erwähnte Uebergangszeit gut auszunutzen. — In der That, derjenige macht einen Extraprofit (einen Profit noch ausser *dem normalen Kapitalgewinn*), der in verbesserter Weise produzirt, während die Geschäftsgenossen noch bei der bisherigen Manier verharren; er kann seine grössere Waarenmenge zu einem Preise verkaufen, der einerseits niedriger ist, als der Preis der Waaren seiner Geschäftsgenossen, andererseits aber weit höher, als seinen individuellen Produktionskosten entsprechend wäre (in unserm obigen Falle etwa die Waare zu 8 Thalern.) Aber indem unter der Peitsche der Konkurrenz die Geschäfts-Genossen in die neue Bahn der verbesserten Produktion einer nach dem andern einlenken (wobei die kleinen straucheln

und fallen), sinken die Preise allmählich, bis sie sich auf der Durchschnittshöhe fixiren, welche den nunmehr normalen neuen Produktionskosten entspricht. — Als dauernde und regelmässige Einnahme kann der
Kapitalgewinn aus diesem Vorgang nicht erklärt werden. Das Kapital
macht die Arbeit produktiver, ohne Zweifel; aber man vergesse nicht,
dass produktiv ein Begriff ist, der sich auf dem Gebiet nicht des Tausch-,
sondern des Gebrauchs-Werthes bewegt. „Die Arbeit wird produktiver",
besagt nichts weiter, als: dieselbe Menge Arbeit (menschlicher Anstrengung) bringt eine grössere Menge brauchbarer Dinge hervor als
bisher. Aber dieselbe Menge Arbeit erzeugt nach wie vor den gleichen
Tauschwerth; dieser Tauschwerth vertheilt sich jetzt auf eine grössere
Menge Waaren, wodurch jede einzelne Waare einen kleineren Tauschwerth darstellt, aber die Gesammtmasse des Tauschwerthes ist dieselbe
wie vorher. Der neugeschaffene Werth bemisst sich eben einfach nach
der geleisteten Arbeit; ist diese in beiden Fällen (in Quantität und
Qualität) gleich, so ist es auch der jedesmalige Werth. Was aber an
Kapital verbraucht ist, das wird einfach wieder ersetzt; der Werth des
verbrauchten Kapitals geht in die neuen Produkte über.

Schliesslich berufen Sie sich auf das *Risiko*. Sie weisen zunächst
darauf hin, dass bei verschiedener Leitung zwei sonst gleiche Geschäfte
einen ungleichen Gewinn abwerfen könnten. — Dies würde aber noch
nichts beweisen, da es auf die bessere oder schlechtere Arbeit des Leiters
zurückzuführen wäre, also auf Unterschiede in der Arbeit. — Indessen
in Wirklichkeit liegt das Risiko viel tiefer. Nicht nur bei ungleicher
Leitung, sondern auch bei ganz gleicher Leitung können zwei auch sonst
gleiche Geschäfte verschiedenen Gewinn abwerfen, ja es kann eines in
hohe Blüthe kommen, während das andere zu Grunde geht — lediglich
in Folge jener Zusammenhänge der Gesellschaft, welche der Einzelne
nicht beherrschen kann. Das Risiko ist auf umfassendste Weise vorhanden
und es ist nicht nöthig, dass man sich noch Mühe gebe, dies besonders
nachzuweisen.

Aber dem gegenüber sei folgende Erwägung wiederholt:

Der „Nationalreichthum" steigt; das heisst, der Besitz der besitzenden
Klasse nimmt zu. Wenn es nun auch richtig ist, dass alle Einzelnen
bei ihren Unternehmungen Risiko laufen; wenn es ferner auch richtig,
dass viele Einzelne Kapital einbüssen; so ist doch durch das Steigen
des Nationalreichthums bewiesen, dass die Gesammtheit der Kapitalisten
vom Risiko nicht betroffen wird. Kurz gesagt: die Arbeit erzeugt allen
Werth; die Kapitalistenklasse als Inhaberin der Produktion zieht denselben an sich; sie überlässt der Arbeiterklasse im Lohnfonds so viel,

dass diese gerade fortexistiren kann; den Ueberschuss vertheilt sie unter sich. Wie dies geschieht, ob der eine mehr, der andere weniger bekommt, ja, ob mancher bei dem damit verbundenen Konkurrenzspiel noch etwas einbüsst, das sind Fragen, welche die Arbeiter wenig interessiren können. Wenn fünf oder sechs Herren mir mein Geld wegnehmen, was kümmere ich mich darum, wie diese Herren das Geraubte unter sich vertheilen? Ich bin mein Geld los — das ist das Einzige, was mich ernstlich interessiren kann.

Der Nationalreichthum steigt — es ist also im Grossen kein Risiko da. Und der Nationalreichthum steigt noch dazu trotz des ungeheuren persönlichen Verbrauchs der besitzenden Klasse!

Endlich sagen Sie noch:

„Es ist keine Forderung des „unverbrüchlichen Rechts", dass die unbemittelten Arbeiter dieses mit so grossartigen Kosten hergestellte Gebäude benutzen sollen unentgeltlich. Es ist keine „Beraubung", wenn ein Theil des darin erzielten, und nur darin erzielbaren „Neuwerths" Denjenigen zufällt, welche aus ihren Mitteln das Gebäude herstellten".

Sollen denn aber Gebrauchswerth und Tauschwerth gar nicht auseinander gehalten werden? Sicher braucht man ein Gebäude zum Produziren, wie man Leder zum Stiefelmachen braucht. Darin liegt eben der *Gebrauchswerth* von Gebäude und Stiefel. Aber die Frage ist diese: ob das Gebäude oder das Leder neuen *Tauschwerth* hervorbringen. Es ist leicht zu zeigen, dass Gebäude und Leder brauchbare Dinge sind; aber Sie sollen nachweisen, dass der in die Tasche des Kapitalisten fliessende *Tauschwerth* vom Gebäude oder vom Leder *erzeugt* ist. Sie werden immer nur nachweisen können, dass für den Verbrauch dieser Dinge so viel Tauschwerth in der Produktion angerechnet wird, als in ihnen bereits vorhanden ist; das heisst, sie erzeugen keinen Neuwerth. aber es ist natürlich, dass bei Verbrauch derselben der in ihnen bereits vorhandene Tauschwerth ersetzt, resp. übertragen werden muss.

Sie sprechen von den grossartigen Kosten des Gebäudes. Ganz recht! Aber Sie beweisen nur, dass das Gebäude Tauschwerth *enthält*, nicht hingegen, dass es Tauschwerth *hervorbringt*. Der in ihm enthaltene Tauschwerth erscheint während der allmählichen produktiven Konsumtion des Gebäudes nach und nach in den darin produzirten Waaren wieder. Aber *neuen* Werth hervorbringen kann das Gebäude so wenig wie irgend ein anderer Kapitaltheil es kann.

In der That versuchen Sie auch schliesslich nicht mehr, den Beweis zu erbringen, dass das Kapital neuen Tauschwerth schafft, sondern Sie berufen sich nur „praktisch" darauf, dass Niemand, der Kapital habe, zu bewegen sei, dasselbe unentgeltlich zur Benutzung zu überlassen. Sehr war! Da man einmal als Kapitalist fremden Arbeitsertrag an sich ziehen kann, wird einer, der Kapital hat, das heisst die Grundlage dieser Ausbeutung besitzt, dasselbe nicht an einen Andern geben, ohne sich einen Antheil am Ausbeutungsergebniss zu sichern (Zins). Aber das ist ja gerade, was wir konstatiren wollen: dass das Kapital den Werth, *den die Arbeit erzeugt,* an sich zieht. Wenn es einmal thatsächlich eine besondere Kapitalistenklasse giebt, d. h. eine Klasse, die im Besitze aller wesentlichen Produktionsmittel ist, so wird sie freilich aus der Produktion den Löwenantheil für sich hinwegnehmen. Aber dass eine solche Klasse existirt — das ist eben *der ungeheure Krebsschaden, der nur auf Grund vorangegangener Ausbeutung möglich ist.*

Sie berufen sich ausdrücklich darauf, dass die Kapitalisten das Kapital angesammelt haben. Ganz richtig! Aber aus fremdem Arbeitsertrag. Der Sklavenherr sammelt auch an. Das Kapital, welches in diesem Jahre die Arbeiter für den Kapitalisten erzeugen, tritt ihnen im nächsten Jahre als fremdes Besitzthum ihres Herrn wieder entgegen. So wird die Ausbeutung von heute Grundlage der Ausbeutung von morgen; so geht es fort und daher der Schein, als habe der Kapitalist ein Verdienst. Er hat genau dasselbe Verdienst wie der Sklavenhalter. Welch' edler, verdienstvoller Mann, dieser Sklavenhalter, der Jahr aus, Jahr ein *„ansammelt"*, was seine Sklaven an Werth erzeugen. Auch er, wie Sie sagen, „stattet die Industrie mit Hilfsmitteln aus, um die Leistung unbemittelter Arbeiter zu erhöhen." Auch er ist also ein Wohlthäter der Menschheit!

Schweitzer.

An Herrn v. Schweitzer.

Selbst wenn man den Ausdruck „Arbeit" nicht auf Händearbeit allein bezieht, wie es die meisten Gegner der Volkswirthe thun, sondern auch Kopfarbeit darunter versteht, wie Sie es thun, ist die Vorstellung noch immer zu beschränkt. Denn nicht die *Anstrengung*, ob körperlich, ob geistig, sondern die *Leistung* hat wirthschaftliche Geltung. Und nicht durch körperliche und geistige Thätigkeit allein, sondern auch durch Anstrengung des Willens geschehen wirthschaftliche Leistungen, welche Tauschwerth haben, da ein Entgelt für dieselben geboten wird. Das Ansammeln und Zusammenhalten von Kapital wird bewirkt durch eine Willens-Anstrengung, deren verhältnissmässig Wenige fähig sind. Deshalb ist das Angebot von Kapital beschränkt, und bei dem nicht vollauf zu befriedigenden Begehr nach demselben überbietet der eine Kapitalsuchende den anderen in der Zinsgewährung, um sich einen Vorzug zu sichern bei der Ueberlassung der beschränkten Kapitalsmenge.

Bei dem Auseinanderhalten von Gebrauchswerth und Tauschwerth darf man ihren Zusammenhang doch nicht aus den Augen verlieren. — Alle wirthschaftliche Thätigkeit zielt doch auf die Herstellung von Befriedigungsmitteln (Gebrauchswerthen). Da man aber nicht direkt sich versorgt, sondern durch Austausch im Markte, so ergiebt sich der Antheil eines Jeden an den Befriedigungsmitteln nicht aus dem Gebrauchswerthe, sondern aus dem Tauschwerthe seiner Leistung, d. h. aus seinem Erlös, je nach Menge und Preis. Wiewohl eine Leistung nur wegen ihres Gebrauchswerths einen Tauschwerth hat, stehen die Tauschwerthe der verschiedenen Leistungen zu einander nicht in demselben Verhältnisse, wie deren Gebrauchswerthe. Der Nutzen einer Sache bestimmt nur den höchsten Preis, den Einer, je nach seinen Mitteln, dafür geben würde, wenn sie nicht billiger zu haben wäre. Andererseits bestimmt der „Kostenpreis", welcher bloss den bei der Produktion nothwendigen Verbrauch wieder ersetzt, den niedrigsten Preis, für welchen Einer fortfahren kann, den Markt zu versorgen, wenn er nichts Lohnenderes zu unternehmen weis. Gebrauchswerth und Kosten sind die Grenzmarken des höchstmöglichsten und des niedrigstmöglichen Preises (Tauschwerths), innerhalb welcher schwankend der wirkliche Preis bestimmt wird nach dem jedesmaligen Verhältniss zwischen der Kauffähigkeit und dem Vorrath, oder der Nachfrage und dem Angebot. — In jedem Markte giebt es nämlich für jede begehrte Waare einen grösseren oder geringeren Absatz, je nach dem Preise. Bei einem Herabsetzen des Preises kann die Waare gekauft werden von Personen mit geringerem Einkommen, denen sie vorhin zu theuer war. Und da es in jeder niedrigeren Vermögensklasse eine sehr viel grössere Kopfzahl giebt, als in der nächst höheren, so bewirkt jede Aenderung der Preishöhe eine verhältnissmässig viel stärkere Aenderung des Absatzes. Nun müssen die Besitzer einer Waarengattung jedes Mal ihre Preisforderung stellen, einerseits niedrig genug, um Käufer genug für ihren ganzen Marktvorrath herbeizuziehen, andererseits hoch genug, um alle Diejenigen zurückzuschrecken, für welche der Vorrath nicht ausreicht. — Für einen gegebenen Markt und eine gegebene Waare bestimmt sich auch der jedesmalige Preis (Tauschwerth) nach der Grösse des jedes Mal abzusetzenden Vorraths. Dagegen wirkt der durchschnittlich erzielte Preis bestimmend auf den künftigen Vorrath und Preis ein. Denn wenn der Preis einer Waare einen Erlös liefert, welcher, nach Deckung des Produktionsverbrauchs, einen ungewöhnlich starken Ueberschuss lässt, so wenden sich die Mittel vorzugsweise der

Produktion dieser Waare zu. Dadurch aber werden sie anderen Zweigen entzogen oder vorenthalten; es entstehen in diesen also verminderte Vorräthe, höhere Preise, gesteigerte Ueberschüsse; der durchschnittliche Gewinn steigt. Also zielt die Bewegung nicht auf Erniedrigung des Gewinnes im Ganzen, sondern nur auf dessen Ausgleichung bei den verschiedenen Zweigen; wiewohl solche Ausgleichung nie eine vollständige wird, weil viele Produktionsarten geknüpft sind an Bedingungen, die nicht Alle zu erfüllen vermögen.

Indem ich dies, als bekannt und unbestritten, voraussetzte, stützte ich darauf meine Erklärung und Rechtfertigung des Gewinnes für den Kapitalisten. Ich hob hervor, dass der Kapitalist mit bestem Recht Antheil hat an dem Tauschwerth (Erlös), weil er ihn vergrössert. Denn er vermehrt die Produktenmenge stärker, als er die Preise drückt; also bewirkt er einen grösseren Tauschwerth.

Sie, im Gegentheil, behaupten, dass überall Kapital so lange hinzuströmt, und das Produkt vermehrt, bis der Preis auf das „natürliche Niveau" hinabgedrückt ist, d. h. bis der Erlös nur den von der Arbeit allemal erzeugten Tauschwerth nebst dem Werthe des verbrauchten Kapitals deckt, ohne Ueberschuss (Profit) für den Kapitalisten.

Hier liegt der Knotenpunkt unserer Streitfrage:
Sie behaupten, dass die Kapitale sich gegenseitig eine Konkurrenz machen bis zur Vernichtung des von mir bezeichneten Profits. Dann aber müssen Sie voraussetzen, dass Kapital in fast unbeschränkter Menge vorhanden ist. Wäre nun das Kapital wirklich in solcher Fülle stets vorhanden, etwa wie Wasser, dann könnte es allerdings gleich zuströmen: und dann wäre von einer Vergütung für dessen Benutzung ebenso wenig die Rede, wie für die Benutzung der blossen Tragfähigkeit eines Wasserstroms. Dass aber das Kapital nie vorhanden sein kann in einer Fülle, welche den Preis für dessen Benutzung (Profit) auf Null hinabdrückt, erhellt daraus, dass das Kapital nur mit Hinblick auf Profit entsteht und fortbesteht. Die Voraussetzung eines gleichsam unerschöpflichen Kapitals bei vernichtetem Profit, ist die Annahme einer Wirkung nach beseitigter Ursache. — Wenn das volkswirthschaftliche Gesetz der Preisbestimmung oder Spiel der Tauschwerthe, wirklich die Kapitalisten ausschlösse von einer berechtigten Antheilnahme an den Befriedigungsmitteln (Gebrauchswerthen), die sie eingestandenermaassen stark vermehren helfen, so läge darin die schreiendste Ungerechtigkeit.

Sie sagen ferner: „Gleiche Menge Arbeit schafft gleichen Tauschwerth", und noch ausserdem den Werth des verbrauchten Kapitals. — Demnach behaupten Sie, wie mir scheint, dass, nach Abzug des verbrauchten Kapitalwerths, der durchschnittliche reine Erlös aller Geschäfte, mit gewöhnlichen gleichwerthigen Arbeitern, im Verhältniss stehe nicht zu der Summe des in jedem Geschäfte verwendeten Kapitals, sondern zur Zahl der darin beschäftigten Arbeiter. — Wenn ich Sie richtig verstanden habe, wozu ich mich sehr bemühte, und Sie die Behauptung in diesem Sinne annehmen und aufrechterhalten wollen, bin ich erbötig, Beweise vom Gegentheil rechnungsmässig aus den Thatsachen beizubringen. Ich will auch Geschäfte mit sehr grossem Kapital im Verhältniss zur Arbeiterzahl nachweisen, bei denen der reine Erlös eine Summe erreicht, welche ganz unmöglich herrühren kann von Kürzungen der rechtmässigen Arbeitslöhne.

Ihr Hinweis auf den Sklavenhalter ist unzutreffend, weil es sich bei dem Kapitalisiren nicht handelt um die Art der Erwerbung, sondern um die Art der Verwendung eines Einkommens. Wenn ein Einkommen, selbst ein unrechtmässig erworbenes, anstatt verzehrt zu werden, angesammelt und industriell angelegt wird, so wird dadurch immerhin „die Industrie mit Hilfsmitteln ausgestattet, um die Leistung unbemittelter Arbeiter zu erhöhen".

Prince-Smith.

Neben der allgemeinen Frage über das Verhältniss zwischen dem Staat und der Volkswirthschaft, und der sogenannten Arbeiterfrage war es in der letzten Periode seiner schriftstellerischen Wirksamkeit hauptsächlich noch die Frage der *Münzreform*, mit welcher sich Prince-Smith lebhaft beschäftigte. Seine verschiedenen darauf bezüglichen Arbeiten aus den Jahren 1869 bis 1871 sind bereits im ersten Bande abgedruckt. Hier bleibt deshalb nur zu erwähnen, dass Prince-Smith in der Frage der Münzreform insofern eine besondere Stellung einnahm, als er — wenn auch in sehr bedingter Weise — die Möglichkeit einer Doppelwährung statuirt wissen wollte. Mit Bezug hierauf wurde in einem Nachrufe, welcher ihm unmittelbar nach seinem Tode von Herrn *Alexander Dorn* in der »Triester Zeitung« gewidmet wurde, mit vollem Rechte rühmend hervorgehoben, wie fern er sich von all' jener Verbissenheit und Kleinlichkeit gezeigt habe, welche so häufig die Verdienste selbst hervorragender Gelehrten schmälere. Auf dem volkswirthschaftlichen Kongress zu Lübeck (1871) hatte Prince-Smith als Referent in der Frage der Münzreform in der Debatte über den ersten Theil des Gegenstandes — die Währungsfrage — seine bereits bezeichnete Ansicht verfochten und demgemäss den

Antrag gestellt, der Kongress möge sich dafür aussprechen, »dass erst nach gewonnener praktischer Erfahrung entschieden werde, ob auch neben den goldenen Landesmünzen vollhaltige silberne Münzen mit fester Geltung in Umlauf bleiben können und sollen«. Als nun der Kongress nach lebhafter Debatte mit einer an Einstimmigkeit grenzenden Mehrheit die von Dr. Soetbeer beantragte entgegengesetzte Resolution angenommen hatte, wonach der Kongress sich, ohne weitere Erfahrung abzuwarten, für die Einführung eines einheitlichen Münzsystems für ganz Deutschland auf der Grundlage der reinen Goldwährung aussprechen sollte, war man (so heisst es in dem Nachruf von Alexander Dorn) ziemlich gespannt darauf, wie sich Prince-Smith diesem Beschluss gegenüber verhalten würde. Als er nun als Referent zum zweiten Theile des Gegenstandes (Ausmünzungsfrage) neuerdings das Wort ergriff, begann er wie folgt: »Ich wünsche dem Kongresse Glück dazu, dass es ihm in Bezug auf den ersten Theil der Münzfrage gelungen ist, Beschlüsse zu fassen, die in vielen Fällen einstimmig oder doch mit einer an Einstimmigkeit grenzenden Mehrheit angenommen sind; denn nicht darauf ist das Hauptgewicht zu legen, ob Dieses oder Jenes so genau bestimmt ist, sondern darauf, dass es heisst: die versammelten Volkswirthe sind über diese Frage *einig* geworden. Wären wir nicht zu einem, mit grosser Mehrheit gefassten Beschlusse gekommen, dann hiesse es: die Volkswirthe sind über diese Frage *nicht* einig, dann hätten die Verhandlungen des Kongresses Schaden gethan und die Sache viel schlimmer gemacht, als sie war; so aber hat der Kongress durch seine Einigkeit wesentlich zur Lösung der Frage beigetragen«. Wohlverdienter, reicher Beifall lohnte diese edlen Worte, und bei dem, der sie gesprochen, war keine Art von Rancüne zu bemerken.

Seit dem im Jahre 1869 erfolgenden Tode des Präsidenten *Lette*, welcher seit der Begründung des volkswirthschaftlichen Kongresses den Vorsitz in der ständigen Deputation geführt hatte, war Prince-Smith zu dieser Stellung berufen, worin für ihn die Anerkennung Seitens der regelmässigen Besucher des Kongresses lag, dass er als das geistige Haupt der in dem Kongress vertretenen und an ihn sich anschliessenden Bestrebungen anzusehen sei. Zu jener Zeit, wo noch nicht an den späteren Gegensatz

Seitens der »Katheder-Sozialisten« gedacht wurde, und wo selbst
der alte Gegensatz zwischen den Freihändlern und Schutzzöllnern
viel von seiner alten Schärfe verloren hatte, so dass der volkswirthschaftliche Kongress in der That als Mittelpunkt aller an die Oeffentlichkeit tretenden volkswirthschaftlichen Reformbestrebungen — im
Gegensatz zu den sozialdemokratischen — gelten konnte, hatte
diese Stellung an der Spitze des Kongresses für Prince-Smith
eine noch ganz andere Bedeutung als ihr heute etwa beizulegen
wäre. Selbst in den Augen seiner wissenschaftlichen Gegner war
er mehr als blosses Parteihaupt — war er, wenn auch nicht das
Haupt der Deutschen Volkswirthe, doch einer ihrer hervorragendsten
Führer.

Prince-Smith aber benutzte diese seine hervorragende Stellung,
um noch einmal den Versuch zu einer »Organisation« der Freihandelspartei zu machen — als ob er vorausgesehen hätte, dass
die dem freihändlerischen Prinzip seit der Mitte der sechziger Jahre
gemachten Zugeständnisse nur zu bald der entgegengesetzten
Strömung Platz machen würden. Anfang Juni 1870 erschien in
den Zeitungen nachstehender

Aufruf zur Vereinigung Deutscher Freihändler.

Die Unterzeichneten — Mitglieder der verschiedensten politischen
Parteien — sind einig in der Ueberzeugung,

dass die rein wirthschaftlichen Interessen am gedeihlichsten entwickelt und am gerechtesten geregelt werden durch den freien Austausch; dass die Arbeitstheilung zwischen verschiedenen Ländern den
Wohlstand ebenso hebt, wie die Arbeitstheilung zwischen Landesge-
nossen; dass die sogenannten Schutzzölle, welche die internationale
Arbeitstheilung hemmen, besonders schädlich sind für Deutschland,
dessen hochentwickelte Industrie in allen Zweigen schon einen bedeutenden Theil ihres Absatzes auf dem grossen Weltmarkte gefunden
hat; dass die Schutzzölle, ausser ihrer allgemeinen Schädlichkeit, den
Stempel einer offenbaren Ungerechtigkeit an sich tragen, indem sie
auferlegt und abgemessen sind in der Absicht, nicht Einnahmen für
Staatszwecke, sondern erhöhte Absatzpreise zu schaffen zum Nutzen
der Produzenten besonderer Waarengattungen, und zwar aus dem
ganz nichtigen Grunde, dass man künstliche Industrieen für unser
Kapital erziehen müsse, während es notorisch überall an Kapital fehlt
für unsere naturwüchsigen Industrieen; dass also der auf uns lastende
Rest des Schutzzollsystems gänzlich beseitigt werden müsse.

Wiewohl in den letzten Jahren erfreuliche Schritte in der Ermässigung und Abschaffung von Schutzzöllen geschehen sind, so lasten auf uns noch Ueberbleibsel des Schutzsystems, welche um so unerträglicher sind, als sie auf einzelne Landestheile mit besonderer Schwere drücken. Das Interesse für Zollfragen ist sehr erhöht worden durch das Inslebentreten des Zollparlaments, dessen Debatten gezeigt haben, dass für eine durchgreifende freihändlerische Reform des Zollvereins-Tarifs die Zeit günstig ist, wenn man sie nur kräftig ergreift und benutzt durch ein folgerichtiges Zusammenwirken aller Freihändler, gegenüber der geschlossenen und mächtigen Koalition der Gegenpartei.

Daher ist allseitig der Wunsch rege geworden, eine Vereinigung der Deutschen Freihändler zu veranlassen und die Unterzeichneten sind zusammengetreten, um dieses Ziel herbeizuführen.

Neben der gebotenen Agitation für einen reinen Finanzzolltarif entsteht für die Freihändler die unabweisbare Pflicht, nicht unthätig zu sein gegenüber den Bestrebungen Derjenigen, welche, in irrthümlicher Auffassung der wirthschaftlichen Kultur, von einer willkürlichen Umgestaltung derselben sprechen, und auf Experimente mit dem Kapitale dringen, deren unabweisbare Folgen doch nur in der Zerstörung eines erheblichen Theiles der Mittel zum Unterhalt der Lohnarbeiter bestehen könnten, und schweres Leiden zumeist den unteren Volksschichten bereiten müssten. Eine Aufgabe der Vereinigung der Deutschen Freihändler wird es sein, unermüdlich diese Verirrungen des „Sozialismus" blos zu legen.

Die Vereinigung Deutscher Freihändler soll, als Mittelpunkt, einen ständigen Ausschuss von 5 Mitgliedern in Berlin haben. Zunächst sind zu Mitgliedern des ständigen Ausschusses gewählt: Herr *Prince-Smith*, Vorsitzender, Herr *von Thadden*-Vahnerow, Herr *G. Müller*, Herr *Schemionek*, Herr *v. Unruh*-Berlin.

Der ständige Ausschuss ist beauftragt, Statut nebst Organisations-Plan für die Vereinigung zu entwerfen. Derselbe ist ermächtigt, Beiträge in Empfang zu nehmen und zu den Zwecken der „Vereinigung" zu verwenden, namentlich für schriftstellerische und agitatorische Thätigkeit, Druckschriften, Zeitungsartikel und sonstige Leistungen im Interesse des Freihandels.

Jeder zur Vereinigung Beitretende zahlt einen jährlichen Beitrag von mindestens 3 Thalern.

Beitretende Korporationen und Vereine werden selbst ihre Beisteuer mit Hinblick darauf abmessen, dass eine über ein grosses Land zu verbreitende öffentliche Agitation auch entsprechende Mittel erfordert.

Die Unterzeichneten haben sich verpflichtet, Jeder in seinem Wirkungskreise, ungesäumt thätig zu sein für Anregung zum Beitritt und zu entsprechenden Leistungen.

Beitrittserklärungen, Mittheilungen und Geldbeiträge für die „Vereinigung Deutscher Freihändler" sind zu richten an die Adresse von Herrn *Prince-Smith*, Unter den Linden 26, Berlin.

Berlin, 25. Mai 1870.

Das Komité.

v. Behr-Schmoldow. Dr. *Braun*-Wiesbaden. *Heinr. Claussen*-Bremen. *H. J. Dünnwald* - Berlin. Dr. *Eras* - Bielefeld. *v. Forkenbeck* - Elbing. Dr. jur. *Görtz*-Mainz. *Th. Goldschmidt*-Berlin. *v. Hennig*-Berlin. Dr. *O. Hübner* - Berlin. *Freih. v. Hüllessen* - Kuggen. *C. Jacob*-Hamburg. *Lammers*-Bremen. *Graf Lehndorff*-Steinort. *Lesse*-Berlin. *v. Leretzow*-Gossow. *Lienau*-Lübeck. Dr. *Lucius*-Kl.-Ballhausen bei Erfurt. Dr. jur. *Alex. Meyer*-Breslau. *A. G. Mosle*-Bremen. *Gustav Müller*-Stuttgart. *G. Müller*-Berlin. *M. Ant. Niendorf*-Berlin. *Prince-Smith*-Berlin. *Carl Racke* - Mainz. *Rickert* - Danzig. *Ross*-Hamburg. *v. Sänger* - Grabowo. *v. Schöning* - Clemmen. *N. C. Schmidt* - Magdeburg. *Schottler* - Danzig. Dr. *Stephani* - Leipzig. *Schemionek* - Berlin. *Stephan* - Königsberg. Dr. *Steiner*-Stuttgart. *v. Thadden*-Vahnerow. *v. Unruh*-Berlin. *v. Unruh*-Bomst zu Wollstein. Dr. *Witte* - Rostock. *v. Wedemeyer* - Schönrade. *Weigel*-Cassel. *H. Wiemann*-Leer. Dr. *Wolff*-Stettin. *Herm. Zuckschwerdt*-Magdeburg.

Nicht nur Mitglieder der verschiedensten politischen Parteien standen in diesem Komité einträchtig neben einander — auch die Führer der späteren Agrarier, die heftigsten Bekämpfer »des Manchesterthums«, hatten sich hier in aller Form unter die Führerschaft *des* Mannes begeben, welcher, wenn irgend einer, Anspruch darauf hatte, als Repräsentant des »Manchesterthums« zu gelten, so weit dieser Name überhaupt auf Deutsche Verhältnisse und Bestrebungen passt.

Freilich kam auch dieser neue Versuch zur »Organisirung« der Freihandelspartei nicht über die ersten Ansätze hinaus. Zunächst trat der Krieg mit all' den politischen Aenderungen, welche er im Gefolge hatte, dazwischen; dann bot der grosse wirthschaftliche Schwindel kaum ein geringeres Hinderniss; und allmählich begann das Siechthum, welchem Prince-Smith schliesslich erlag, und welches ihm in den letzten Jahren nur noch eine eng begrenzte Thätigkeit übrig liess.

Im Jahre 1870 für den Wahlkreis Anhalt-Zerbst in den Deutschen Reichstag gewählt, hatte er hier nur gelegentlich der Frage der Münzreform noch zweimal (am 13. und 23. November 1871) Gelegenheit, sich an so hervorragender Stelle vernehmen zu lassen. Nachdem bereits im Jahre 1872 seine Gesundheit so geschwächt war, dass er aus Danzig, wohin er zur Theilnahme an dem volkswirthschaftlichen Kongresse gekommen war, abreisen musste, ohne seine Absicht ausführen zu können, erholte er sich im Jahre 1873 noch einmal so weit, um von den beiden Schlussarbeiten seines Leben: der Abhandlung *über das Denken*, und der Skizze *der Staat und der Volkshaushalt*, die erstere wenigstens in der Hauptsache, und die zweite ganz zu Papiere zu bringen. Aus der Korrespondenz, welche er von Aachen aus, wo er sich zur Kur befand, mit dem Verleger der letztgenannten Schrift, Herrn Julius Springer in Berlin, führte, geht hervor, dass er sich von ihr einen nicht ganz gewöhnlichen Erfolg versprach. Mit Bestimmtheit erwartete er, dass die Presse darüber herfallen werde. So weit meine Kenntniss reicht, wurde seine Erwartung getäuscht: die Schrift ging bei ihrem Erscheinen — Oktober 1873 — ziemlich spurlos vorüber. Damals bewegte sich die öffentliche Meinung noch viel zu sehr in einer Richtung, welche für Prince-Smith's volkswirthschaftlich-politisches Testament ebenso wenig eine Würdigung zuliess, wie die in der ersten Zeit nach der Revolution von 1848 herrschende Richtung für die von Prince-Smith in seiner damaligen Bewerbung um ein Mandat zur ersten Preussischen Kammer niedergelegten Ansichten. Prince-Smith gehörte nicht zu *den* Führern einer Zeit, welchen ein augenblicklicher Erfolg beschieden ist: seine Wirksamkeit war vorzugsweise die eines *Lehrers*, dessen geistige Saat lange Zeit zum Wachsen und Reifen bedarf, welche aber noch Früchte bringt, wenn die Thaten und Namen jener anderen Führer vielleicht schon vergessen sind.

Am 3. Februar 1874, bald nach vollendetem 65. Lebensjahre, starb Prince-Smith — zu einer Zeit, wo die von ihm so kräftig geförderte freihändlerische Entwickelung in Deutschland sich noch auf ihrem Höhepunkt befand. Wie wenige Agitatoren, konnte er mit Befriedigung auf die Erfolge seiner aus dem reinsten

Eifer für die Wahrheit und das Gemeinwohl hervorgegangenen rast-
losen Bestrebungen zurückblicken. Seine Wirksamkeit aber ist
mit seinem Leben nicht abgeschlossen: seine Schriften werden
noch lange für die Schulung des volkswirthschaftlichen Denkens,
neben den grossen Meistern Adam Smith und Bastiat, ihren Werth
behalten.

Anlage 1.

Andeutungen
über den Einfluss des Reichthums auf geistige und moralische Kultur.

Beitrag zur Philosophie der Kulturgeschichte
von John Prince-Smith, ord. Lehrer. Elbing, 1839.

Wenn gleich es keinen Menschen geben dürfte, der nicht reich zu
sein begehrte, so haben doch von jeher Stimmen gegen den verderblichen
Einfluss der materiellen Güter sich erhoben. Häufig haben Weltweise,
Geschichtschreiber, Dichter den Reichthum für unverträglich mit der
Tugend erklärt und ihm den Verfall der reinen Sitte zur Last gelegt.
Sie weisen dabei auf die erste Zeit hin, in welcher der Mensch seine
wenigen Bedürfnisse durch redliche Anstrengung befriedigte: — auf das
goldene Zeitalter der genügsamen Einfachheit, mit Frieden, Freiheit,
Veredelung zu seinen Begleitern. Danach zeigen sie uns dagegen die
Herrschaft des Luxus, unter welcher der Mensch seinen unmässigen
Begierden nur auf Kosten seiner geistigen und moralischen Würde
genügen kann: — das eiserne Zeitalter des zügellosen Strebens nach
Genuss, mit Gewaltthat, Knechtschaft, Entnervung in seinem Gefolge.
Sie stellen einen gewissen Grad von Armuth in nothwendige Verbindung
mit dem Seelenfrieden und erblicken in dem gesteigerten Reichthume
eine nothwendige Ursache der Entartung. Sie fordern zur Enthaltsamkeit auf und warnen gegen die Macht der Begierden; sie schmeicheln
der Einbildungskraft mit Gemälden des idyllischen Glückes; richten an
die Urtheilskraft die ermahnende Sprache der Vernunft; an die Leidenschaften die drohende Stimme der Erfahrung. Aber der Sturm ihrer
Worte schwebt spurlos über die wogende Saat der menschlichen Schwächen,
rauscht ohnmächtig durch die üppigen Zweige tiefgewurzelter Triebe.
Und wann sie endlich die Fruchtlosigkeit ihrer Vorstellungen, ja selbst
die Machtlosigkeit des Zwanges zur Unterdrückung der Genusssucht sich
haben eingestehen müssen; wann sie die Nichtigkeit aller Aufwands-
verordnungen, die Unhaltbarkeit selbst einer lykurgischen Verfassung

eingesehen haben: — dann beklagen sie den Menschen als ein, durch
die Elemente seiner unvollkommenen Natur zum Verfalle bestimmtes
Wesen!

Dass der Trieb zur Erwerbung der Mittel des Genusses ein Grundprinzip der menschlichen Natur ausmache; dass er auch zu mächtig sei,
um sich lange durch irgend ein Hinderniss aufhalten zu lassen, wird
auf das unzweifelhafteste durch alle Erfahrung bezeugt. Und wenn es
wahr wäre, dass dieser dem Menschen mitgegebene Trieb ihn wirklich
und nothwendig zum Verderben führte, so läge darin eine schwere Anklage gegen die unendliche Güte der Weltordnung — eine Anklage,
welcher die Annahme einer absoluten Vernunft, als Quelle der Schöpfung,
widerstreitet.

Dem gegenwärtigen Versuche ist es zur Aufgabe gestellt zu beweisen: dass das Streben nach den Mitteln des Genusses dem Menschen
zu den wohlthätigsten Zwecken von der Vorsehung mitgegeben sei; und
dass der Erwerb und Besitz des Reichthums Bedingungen unterworfen
seien, welche dafür bürgen, dass er nur befördernd auf die geistige und
moralische Kultur des Menschen wirken könne. Die Beschränktheit der
der vorliegenden Abhandlung gesteckten Grenzen, verglichen mit der
Ausdehnung der aufgeworfenen Frage, bringt es mit sich, dass nur der
Umfang des berührten Gebiets in seinen allgemeinsten Umrissen angedeutet werden könne. Die Hauptmomente werden nur erwähnt, indem
der Beweis häufig präsumirt und die Verfolgung bis in ihre Konsequenzen
stets unterlassen werden muss. Die Erörterung soll nur anregend wirken
ohne darauf Anspruch zu machen, selbst in irgend einem Grade erschöpfend zu sein.

Die ganze Schöpfung beruht auf bestimmten Kräften, deren ewige
Wirkung und Wechselwirkung das Leben der Welt erhalten. Gegeben
ist in Allem nur die Kraft und die Entwickelungsfähigkeit; jedes Resultat
muss durch die Entwickelung selbst erreicht werden. Der Mensch ist,
durch das Geschenk der Vernunft und der Mittheilungsgabe, zu einer
zwiefachen Entwickelung bestimmt. Es entwickelt sich nicht nur jedes
Einzelwesen körperlich, wie jedes thierische Geschöpf; sondern auch die
Gattung, aus den aufeinanderfolgenden Einzelwesen bestehend, entwickelt
sich geistig und moralisch. Während die Vervollkommnung des niederen
Thieres mit der völligen Ausbildung des einzelnen Organismus erreicht
wird, und jedes folgende Individuum sein Dasein zwischen denselben
Grenzpunkten wie das frühere anfängt und endigt: überträgt die eine
Menschengeneration der nächstfolgenden die durch Erfahrung und Ent-
deckung errungene Macht über das materielle und geistige Leben. Das

Endziel der einen Generation bietet den Anfangspunkt für die darauf
folgende dar; — die Vorstellung des indianischen Aberglaubens, nach
welcher die Kraft und Tugend des Erschlagenen auf den Sieger übergehen, ist kein unpassendes Bild des menschlichen psychologischen Fortschreitens. Eine nicht geringere Metamorphose, als durch die Verwandlung
der Kindesschwäche in Manneskraft, erleidet der Mensch durch die
Sittigung. Das beschränkte flüchtige Leben des Einzelnen ist nur ein
kleines Moment in der unbeschränkten dauernden Lebensentwickelung
des Menschengeschlechts; diese letzte zu bewirken ist das grosse Haupt-
augenmerk der Anordnungen, welchen die Vorsehung das menschliche
Dasein unterworfen hat.

Bewegung, Thätigkeit ist die Grundbedingung aller Entwickelung.
Zur Sicherstellung der doppelten Entwickelung im Menschen bedarf es
mächtiger Bewegungshebel. Die Ruhe wird ihm als Anlockung hinge-
halten; daher muss die Anstrengung mit Beschwerde verknüpft sein.
Damit aber dieser Umstand nicht eine, der beabsichtigten entgegengesetzte
Wirkung habe, sind dem Menschen körperliche Bedürfnisse gegeben,
deren Anforderungen mit der unwiderstehlichsten Beschwerde verknüpft
und nur durch Anstrengung zu befriedigen sind; und mit so kurzen
Zwischenzeiten der Ruhe kehren die Anforderungen dieser Bedürfnisse
stets wieder, dass der einen kaum genügt ist, wenn eine neue, ebenso
dringende, zu erneuerter Rührigkeit mahnt.

Das Leben des Menschen in seinem ursprünglichen Zustande ist eine
ununterbrochene Reihenfolge peinlicher Anstrengungen um schärferes
Leiden zu lindern. Die Befriedigung der ersten Bedürfnisse, von welchen
seine Erhaltung selbst abhängt, ist schwierig und precär. So wie die
Natur ihn nackt in die Arena der Welt hineinwirft, ist er das hilfloseste
der Geschöpfe. Er besitzt weder Schnelligkeit um seine Beute zu ereilen,
weder das Horn um sie hinzustrecken, die Klaue um sie festzuhalten,
noch den Hauzahn um sie zu zerlegen. Aus diesem ungleichen und
herben· Kampfe des Menschen gegen die ersten Lebensbedürfnisse, welcher
alle seine Kräfte in Anspruch nimmt und alle Veredelung ausschliesst,
rettet ihn die Vernunft, um ihre eigene Herrschaft über ihn möglich zu
machen. Sie legt in seine so wunderbar gestaltete, aber bis dahin ohn-
mächtige Hand Waffen, welche alle Zwecke der besonderen thierischen
Konformationen erfüllen. Das Werkzeug ist eine nöthige Ergänzung des
Menschen; durch dessen Hilfe wird er erst völlig zum Menschen; es ist
das von der Vernunft verliehene Szepter, welches seine Herrscherstellung
in der Schöpfung begründet und bezeugt.

Die Erfindung und Anwendung einfacher Werkzeuge macht das
Bestehen des Menschen im Kampfe gegen das Naturreich möglich; der

Rohheit des Kampfes überhoben aber wird er erst durch die Erwerbung
des Eigenthums und die Anwendung desselben zur fortgesetzten Produktion. — Der Jäger, welcher auf einsamem Waldpfade, tagelang bis
zur Erschöpfung, seiner ungewissen Beute nachspüren und häufig dabei
den äussersten Mangel leiden musste, zähmt sich eine Heerde, die ihm
längs der Wiesenflur friedlich folgt und alle seine Bedürfnisse auf's reich-
lichste und ohne Mühe seinerseits versorgt. Die Entdeckung des Ackerbaues, die Wahl einer festen Stätte, die Errichtung eines Wohnsitzes
verleihen der Befriedigung seiner Bedürfnisse einen Grad von Sicherheit,
welcher ihn mit dem ersehnten Gefühle der Behaglichkeit erst vertraut
macht. Die einmal zur Erreichung des Besitzthums gemachte Anstrengung trägt unvergängliche Früchte; der schon gewonnene Schritt
wird nicht zurückgemessen; die einmal gezogene Heerde nährt fortwährend
ihren Besitzer und erhält sich dabei ewig durch ihre Vermehrungskraft;
das einmal der Kultur unterworfene Feld gewährt alljährlich einer
leichten Bearbeitung seinen reichen und sicheren Ertrag. Die Abwechselung des augenblicklichen Ueberflusses mit gänzlicher Entbehrung,
der äussersten körperlichen Anstrengung mit lethargischer Unthätigkeit,
sowie sie im Zustande der Wildheit vorkommt, macht einer beständigen
Versorgung bei regelmässiger und mässiger Thätigkeit Raum. Hiermit
also geschieht der erste Schritt für Sittigung, welche in der gleich-
mässigen Ausbildung aller Seelenkräfte, in der Aufhebung alles heftig
Ueberwältigenden im Gemüthe besteht, und daher bei schroff abwechseln-
den Zuständen unerreichbar ist.

Aber die Sittigung wird nicht nur erst durch den Erwerb des
Besitzthums möglich gemacht; sie erfolgt auch nothwendig aus den an
den Erwerb geknüpften Bedingungen. Das Eigenthum entsteht nämlich
nur durch die Enthaltsamkeit, das heisst die Herrschaft der überlegenden
Vernunft über den Drang nach augenblicklicher Befriedigung. Der
Jäger, welcher ein Kalb aufgegriffen hat, anstatt es sogleich zu schlachten
und, so lange wie der Vorrath ausreicht, in viehischer Bewegungslosigkeit
zu verharren, bewahrt es in der Erwartung eines grösseren und dauernden
künftigen Nutzens auf; die Aussicht auf gänzliche Befreiung von der
Nothwendigkeit der Anstrengung spornt seine Bemühungen dazu an, sich
mehr Thiere zu verschaffen und zu erziehen. Der Nomade überwindet
den natürlichen Hang zur Ruhe und entschliesst sich zu der schweren
Aufgabe der Urbarmachung in der Hoffnung auf nachhaltige Lebens-
erleichterung. Anstatt in seinem dürftigen Zelte sich für den Augenblick
hinzustrecken, unternimmt er unter Aufbietung aller seiner Kräfte den
Bau eines Hauses, um sich späterhin eines vollkommeneren Schutzes
erfreuen zu können. Dieselbe Enthaltsamkeit und Ueberwindung der

rohen Triebe, aus denen das Eigenthum entsteht, sind aber auch Bedingung seines Fortbestehens. Um dauernden Nutzen von seiner Heerde und seinem Felde zu ziehen, muss der Besitzer sich enthalten, den Stamm der einen anzugreifen, die Tragkraft des anderen zu erschöpfen. Die Aufopferung des augenblicklichen Hanges für einen grösseren aber entlegenen Vortheil, die Herrschaft der Vernunft über die Begierde, ist das Wesentliche der moralischen Kultur; so wie Wildheit und Laster als das Gegentheil allgemein bezeichnet werden. Also werden die Möglichkeit, die Nothwendigkeit und das Fortbestehen eines gewissen Grades der Sittigung durch jedes Besitzthum geschaffen; zu welchem auch der Mensch durch seine physische und geistige Beschaffenheit getrieben und geleitet wird. Der Grad der Sittigung aber, den er unter irgend welchen Verhältnissen erreicht, hängt von dem Maasse ab, in welchem die nacheinanderfolgenden nothwendigen Ausdehnungen des Erwerbs und des Besitzthums ihm eine grössere geistige Einsicht abfordern, eine grössere Selbstherrschaft auferlegen.

Nicht nur die Enthaltsamkeit des Eigenthümers indessen, sondern auch die seiner Nachbarn ist zur Erhaltung eines Besitzthums nöthig. Die Begierde zu geniessen und die Abneigung gegen dauernde Anstrengung bieten natürlich dem ungesitteten Gemüthe des Stärkeren die Beraubung des Schwächeren als das geeigneteste Mittel, zum Genusse zu gelangen, dar. Es will aber Keiner sich der Mühseligkeit der Erwerbung unterziehen ohne die Aussicht, dass die Früchte seiner Arbeit ihm zum eigenen Genusse bleiben werden, auch, dass er selbst noch leben werde um sie geniessen zu können; am allerwenigsten wird er Etwas erwerben, wenn solches ihm, nebst dessen Verlust, auch persönliches Leid zuziehen könnte. Der Raub also und überhaupt jede Gewaltthat, wird als unverträglich mit dem Eigenthum und den daraus erwachsenden Vortheilen für das menschliche Leben, erkannt. Die Nothwendigkeit einer Sicherstellung sowohl des Besitzthums als des Besitzers führt zu der Bildung von Schutzvereinen unter den einzelnen Menschen, welche sich zusammenthun, um der überlegenen Stärke Einzelner die Macht der verbündeten Menge entgegenzustellen. Die moralische Kultur, wodurch die als Bewegungshebel gegebenen Leidenschaften dergestalt gegeneinander abgewogen werden sollen, dass sie nur Macht genug behalten um den Willen anzutreiben, ohne jedoch ihn der Vermittelung der Vernunft entziehen zu können, gewinnt als Stütze der inneren Nöthigung den äusseren Zwang. Auf diese Weise entsteht auch nothwendig aus dem Besitzthume der gesellige Verband. Dieser bildet für den Menschen den Uebergang zu einem ganz neuen Lebenszustande, dessen gleichfalls nothwendige Entwickelung, mit dem Fortschreiten des Eigenthums, die Stufen der geselligen Kultur ausmacht und in Sitte und Gesetz ihren Ausdruck findet.

Ein Stillstand liegt nicht in der Bestimmung des Menschen. Wenn er sich auch vor dem rohen Stachel erster Bedürfnisse zu retten weiss, so ist doch wieder durch die Gesetze der Volksvermehrung dafür gesorgt, dass dies nur durch unaufhaltsames geistiges und moralisches Fortschreiten geschehen könne. Die Menschenzahl kann nämlich, in Abwesenheit aller einwirkenden Hemmnisse, sich durch Verdoppelung in bestimmten Zeiträumen ausdehnen; die natürliche Fähigkeit der Vermehrung nimmt nicht mit den gemachten Fortschritten ab; sie kann also in stetem geometrischen Verhältnisse bis in's Unendliche zunehmen. Dagegen ist die Fähigkeit des Bodens, Nahrung zu liefern, beschränkt und die Ausdehnung derselben geschieht nur durch successive Additionen, wovon jede geringer als der Ertrag der früheren ausfällt; die Nahrungsquellen können nur in arithmetischem und zwar abnehmenden Verhältnisse bis zu einem gewissen Punkte ausgedehnt werden. Diese Anordnungen erzeugen natürlich eine Tendenz in der Bevölkerung, die Möglichkeit ihrer Ernährung zu übersteigen; und so mächtig ist der Vermehrungstrieb im Menschen, dass er unrettbar dadurch dem physischen Mangel unterliegen müsste, wenn es nicht einerseits dem Geiste gelänge, durch rastloses Bemühen stets neue Nahrungsquellen aufzudecken; wenn nicht andererseits die Vernunft es vermöchte, ihre Herrschaft, zur Erzwingung der nöthigen Vorsicht bei Schliessung der Ehen, geltend zu machen. Hierin liegt der mächtigste und nachhaltigste Hebel des geistigen und moralischen Fortschreitens; auch steigert sich dessen nie nachlassende Kraft mit der gesteigerten sozialen Kultur. Jedes Nachlassen des geistigen Triebes oder des sittlichen Zwanges straft sich sogleich durch ein Missverhältniss zwischen der Bevölkerung und den Nahrungsmitteln; ebenso wie jedes solches Missverhältniss nur durch geistige und moralische Anregung aufgehoben werden kann.

Sobald nun das Eigenthum und die Gesellschaft in der einfachsten Form entstanden sind, führt die Nothwendigkeit des Weiterschreitens zu einer Maassregel, welche die Grundlage aller höheren Kultur ist und dem Geiste so nahe liegt, dass er nicht umhin kann darauf zu verfallen. Dies ist nichts anderes als: die Vereinigung der Kräfte Einzelner zu gemeinschaftlichen Unternehmungen und die Anweisung eines einzelnen Theils des Geschäftes jedem Einzelnen; — gewöhnlich als „die Theilung der Arbeit" bezeichnet. Die erhöhte Geschicklichkeit, welche beständige Uebung einer einzigen Verrichtung mit sich bringt (in einigen Fällen erreicht sie das Tausendfache); die Betreibung jedes Produktionszweiges unter den dazu günstigsten Umständen der Oertlichkeit und des Klimas;

die Hilfe sinnreich adaptirter Werkzeuge; die Benutzung und selbst die
Erzeugung von Hilfskräften durch Maschinen — dies alles verleiht dem
Menschen eine Herrschaft über die Schätze des Naturreichs, welche keine
Grenzen, als die seiner Thätigkeit, hat. Er wird hiedurch in den Besitz
einer Fülle von Befriedigungsmitteln gesetzt, welche bei Weitem die
ersten Bedürfnisse übersteigen. Die Anhäufung des Eigenthums vermöge
der Arbeitstheilung und zur Ausdehnung derselben, oder die Gründung
des Betriebskapitals führt zum Reichthum. Unter „Reichthum" soll
man nicht den bloss individuellen Besitz materieller Güter, sondern eine
grosse Produktivität der Gemeinde, vermöge des Kapitals und der vervollkommneten Industrie, verstehen. Die nothwendige Wechselwirkung
zwischen dem Reichthume und der geistigen und moralischen Kultur,
indem jener nämlich zugleich Bedingung und Erzeugniss dieser ist, soll
jetzt kurz dargethan werden.

Ein vorgeschrittenes System der materiellen Produktion, wie es der
Reichthum voraussetzt, beruht auf einer grossen Ansammlung von Erfahrungen und Erfindungen, deren Uebertragung ein systematisches
Verfahren erfordert. Nicht nur Diejenigen, welche die industriellen
Verrichtungen anordnen und leiten, sondern auch Alle, welche die unter-
geordneten Theile ausführen, bedürfen einer bedeutenden Menge von
Kenntnissen, zu deren Erwerbung die ganze lebendige Auffassungskraft
der Jugendzeit angewandt wird, damit sie, gehörig vorbereitet, bei ausgebildeter Kraft, zur schaffenden Thätigkeit übergehen können. Für
den Unterricht werden die Vortheile der Arbeitstheilung benutzt, und
beweisen sich nicht weniger herrlich in dem geistigen als in dem
materiellen Betriebe. Der Unterricht wird Einzelnen, die sich besonders
dazu eignen, übertragen; diese beschäftigen sich ausschliesslich damit,
die zweckmässigste Lösung ihrer Aufgabe zu ermitteln. Sie sammeln
das schon Gewusste, ordnen es zur Wissenschaft und erleichtern dessen
Uebertragung durch Methode. Aber das durch eine unerbittliche Nothwendigkeit gebotene Weiterschreiten erfordert eine beständige Erweiterung
der Wissenschaft. Die Wirkungen der Natur bis in ihrem verborgensten
Schaffen müssen erforscht werden, um ihr stets neue Geheimnisse zu
entlocken; jedes neue Geheimniss muss mit den schon aufgedeckten verglichen werden, in der Hoffnung, den allgemeinen Schlüssel zu ihren
Räthseln zu gewinnen. Auch dieses grosse Geschäft wird Einzelnen zu-
getheilt, welche, einzelnen Theilen desselben sich ausschliesslich widmend,
mit vereinter Kraft das allgemeine Werk befördern. Die Erfindungen
zur Erleichterung der Mittheilung machen die Errungenschaft des
Einzelnen zum Eigenthum Aller; unzählige Werkleute arbeiten nach einem
grossen Entwurfe an dem geistigen Bau; jeder, von dem einzelnen

Arbeiter herbeigeschaffte Stein erweitert und erhöht das gemeinschaftliche
Gebäude. Diese Anwendung der Arbeitstheilung auf den geistigen Betrieb
wird nur dadurch möglich gemacht, dass die vervollkommnete Produktivität
einen Theil der Gemeinde in den Stand setzt, die materiellen Bedürfnisse
Aller zu versorgen; dagegen wird die Erreichung und Behauptung einer
solchen Produktivität nur durch eine derartige Benutzung der Arbeitstheilung für geistige Entwickelung möglich gemacht. Der Reichthum
bedingt das geistige Fortschreiten ebenso wie er durch dasselbe
bedingt wird.

Wenn der Mensch, durch den thätigen Gebrauch eines geringen
Theils seiner Zeit, alle zur blossen Existenz gehörenden Bedürfnisse
befriedigen kann, so richtet er sein Streben darauf hin, allen beschwer-
lichen äusseren Einwirkungen, durch allerlei Vorkehrungen und Einrichtungen, abzuhelfen; er trachtet nach Behaglichkeit. Annehmlichkeit
wird mit der Befriedigung physischer Bedürfnisse verbunden, und sinnlicher Genuss wird sein nächstes Ziel. Damit er aber nicht bei der
niederen Sinnlichkeit verharre, ist Sättigung und Ueberdruss mit
Gewährung gepaart; und höhere Sinne sind ihm mitgegeben worden,
deren Triebkraft ebenso unbegrenzt in ihrer nachhaltigen Wirksamkeit
ist, als es die psychologische Entwickelung der Menschheit sein soll.
Die Einwirkungen sinnlicher Anschauung und selbst bloss geistiger Vorstellungen nämlich, erregen im Gemüthe Empfindungen des Behagens
oder Missbehagens, welche den Willen nach gewissen Gegenständen hin-
und von anderen abdrängen, und sich bald heftiger als Leidenschaft,
bald gemässigter als Geschmack äussern. Das Feld der Befriedigung der
höheren Sinne ist ebenso schrankenlos als das Vorstellungsvermögen
unerschöpflich ist; die Fähigkeit des Genusses wird nicht bei diesen,
wie bei den äusseren Sinnen, durch den Genuss getödtet; im Gegentheil
„it seems as if increase of appetite did grow by what it fed on;“ und
die Befriedigung, welche zuerst nur entgegenlächelnd hinlockt, maasst
sich durch die Gewöhnung die gebieterischen Rechte eines ersten Bedürf-
nisses an. Zuerst erwacht der Sinn für Schönheit an äusseren Gegenständen; Zierlichkeit und Schmuck werden an Kleidung, Geräthschaft,
Wohnung erfordert; ein grosser Theil der schaffenden Thätigkeit wird
auf Befriedigung dieser Anforderungen verwandt. Aber alle bloss durch
äussere Eindrücke hervorgebrachten Genüsse, obgleich sie den einmal
gewonnenen Halt an dem Gemüthe nicht wieder aufgeben, verlieren bald
einen grossen Theil ihrer anregenden Kraft; und es giebt einen Punkt,
wo keine Erneuerung noch Vervielfältigung solcher Eindrücke denselben
jene Kraft wiederzugeben vermag. Dem für Sinnengenüsse durch
Sättigung abgestumpften Menschen aber, wird die geistige Anregung

zum dringendsten Bedürfniss; die Wissenschaft wird von Solchen ihrer
eigenen Reize wegen gesucht; eine neue Schöpfung, die Ideenwelt, muss
für sie durch den Dichter hervorgezaubert werden; während die Kunst,
durch Vermählung des Idealen mit dem Schönheitssinn geboren, auf
diesen wieder mächtig anregend einwirkt. Der Besitz eines angehäuften
Eigenthums, und die daraus erfolgende völlige Sättigung mit materiellen
Befriedigungsmitteln, ohne die Nothwendigkeit der körperlichen Thätigkeit,
erregt das Bedürfniss der Geistesgenüsse und gewährt zu gleicher Zeit
Musse zur Ausbildung der dazu gehörigen Empfänglichkeit. Das Bestehen
der Künstler und Dichter ist von dem Vorhandensein des Reichthums
abhängig; durch diesen also werden Kunst und höhere Geistesbildung
zugleich möglich gemacht und hervorgerufen. Aber nicht allein die
müssigen Reichen, auch die mit dem materiellen Leben Beschäftigten,
besitzen mehr oder weniger geistige Ausbildung und fühlen das Bedürfniss, sich bisweilen von der Wirklichkeit ab, nach dem Idealen hinzu-
wenden; und so ergiesst die Kunst, durch Reichthum begünstigt, über
Alle ihren erwärmenden und mildernden Strahl: —

„Der fortgeschrittene Mensch trägt auf erhabenen Schwingen
Dankbar die Kunst mit sich empor,
Und neue Schönheitswelten springen
Aus der bereicherten Natur hervor!
In Allem, was ihn dann umlebet,
Spricht ihn das holde Gleichmaass an;
Der Schönheit goldener Gürtel webet
Sich mild in seine Lebensbahn!

Für die moralische und sittliche Kultur ist der Einfluss des Reichthums nicht minder entscheidend. Das gedrängte Zusammenleben, die
innige Vereinigung, auf welcher der industrielle Betrieb beruht, verlangt
zuvörderst, dass man nicht nur die ungestüme Leidenschaft, sondern
selbst alle Schroffheit des Gemüthes ablege und sich in allgemeine
Formen des Umganges zu schicken lerne. Die Verflechtung der
Interessen bringt es mit sich, dass Jeder von seinem Nächsten Nutzen
zieht; dieses erzeugt gegenseitiges Wohlwollen und daraus entsteht eine
Gefälligkeit, welche allein im Stande ist, für die Aufopferung der freieren
Bewegung zu entschädigen. Die Vortheile der friedlichen Uebereinstimmung werden zwar von der grossen Mehrzahl so gut empfunden,
dass sie stets bereit ist, zur Aufrechterhaltung derselben aufzutreten;
doch giebt es immer Einzelne, deren Leidenschaften weniger unter der
Herrschaft der Vernunft stehen, welche an dem Bestehenden ein geringeres
Interesse zu haben glauben und die gesellschaftliche Ordnung stören
möchten; gegen diese ist der Zwang der Gesetze nöthig. Bei einer

zahlreichen Gemeinde, einer grossen Anhäufung des Eigenthums, einem
sehr weit verzweigten und tief ineinandergreifenden industriellen Systeme
sind die Lebensverhältnisse so verwickelt, dass ein von den ersten Grundsätzen des geselligen Verbandes ausgehendes, die ganze Entwickelung
derselben umfassendes Studium zur Ausgleichung der etwa vorkommenden
Kollisionen nöthig wird. Dieses Studium erfordert die ungetheilte Aufmerksamkeit eines menschlichen Geistes, auch nimmt die Bewachung und
Schlichtung der gesellschaftlichen Interessen so viel Zeit in Anspruch,
dass die daraus entspringenden Beschäftigungen einzelnen Individuen,
die sich denselben lediglich und allein hingeben, übertragen werden
müssen; hieraus entstehen, als höchst wichtige Momente für allgemeine
Sittigung: Rechtswissenschaft, Staatswissenschaft und Regierungskunst.
Aber nicht nur die Mitbürger einer Gemeinde, auch die verschiedenen
Gemeinden oder Nationen werden durch Verflechtung gegenseitiger Interessen vereinigt. Dadurch, dass sie sich in die verschiedenen Zweige
der Produktion zum allgemeinen Vortheile theilen, wird der Nutzen der
einen so sehr von dem der anderen abhängig, dass keine Störung die
eine treffen kann, ohne auf alle anderen auch einzuwirken. Immer mehr
müssen die Völker zu der Erkenntniss gelangen, dass das Gedeihen des
Einen nicht auf Kosten des Anderen befördert wird; sondern im Gegentheil, dass der Aufschwung des einen Volks seinen Segen sets auf die
anderen Völker verbreitet. Ein freier industrieller Verkehr trägt viel dazu
bei, die kurzsichtige Eifersucht der Völker gegeneinander aufzuheben, und
mit der Zeit werden die wechselseitigen Verbindungen so vielfach und
so mächtig, dass ein plötzliches Zerreissen derselben unmöglich wird.
Es dürften Wenige mehr noch an der Möglichkeit zweifeln, dass der
materielle Besitz noch den letzten grossen Sieg der Zivilisation: die
Abschaffung des Krieges, erringen könne.

Es giebt aber unter den Trieben, welche zu den wohlthätigsten
Zwecken in den menschlichen Busen gepflanzt sind, einen von über-
wiegender Wichtigkeit, welcher aus dem gesellschaftlichen Beisammen-
leben hervorgeht und zugleich dieses möglich macht: — das Begehren
der Achtung seiner Mitmenschen. Während andere Triebe im Schaffen
und Erhaschen sich äussern, führt dieser meistens zum Unterlassen und
Hingeben; er bildet zu jenen gleichsam die Gegenkraft, welche die
Möglichkeit eines Gleichgewichts darbietet. Dieses Motiv ist bei einer
vorgeschrittenen Kultur so mächtig, dass es die Einwirkung des Gesetz-
zwanges für einen grossen Theil der Gesellschaft aufhebt; es macht
auch die Uebertragung der politischen Macht an Einzelne, bei völliger
Sicherheit vor dem Missbrauche derselben, möglich. Anfänglich äussert
sich das Streben nach Ansehen am stärksten in Beziehung auf das

Materielle; die Thätigkeit wird zur Erwerbung von Dingen angestrengt, welche nur insofern geschätzt werden, als sie Zeichen von einem gewissen Stande sind, den man einzunehmen und zu behaupten begehrt. Unter einem vorgeschrittenen industriellen Zustande vertritt dieser Begehr bei einigermaassen Gebildeten, fast alle anderen Triebfedern. Vor Mangel an dem zur Erhaltung des Lebens Nöthigen schützt man sich leicht; sinnliche und selbst geistige Genüsse stehen selbst dem weniger Bemittelten in grossem Maasse zu Gebot; aber den Stand kann man leicht verlieren. Der Wunsch, für seine Kinder einen, dem eigenen gleichen Stand zu erringen, und diesen selbst zu erhöhen, ist das, was zur Vorsicht bei Schliessung der Ehen und zur Thätigkeit durch das ganze Leben nöthigt.

Die Zusammenwirkung des Eigenthums und des menschlichen Fleisses und die damit verbundene Eintheilung der Gemeinde in wenige Kapitalisten und eine grosse Masse von Arbeitern, scheint bei dem ersten Anblick ein Missverständniss in der Vertheilung der Glücksgüter, eine Ungerechtigkeit mit sich zu bringen, welche das Bestehen des gesellschaftlichen Friedens gefährden könnte. Doch ist dieses eine in der nothwendigen Ordnung liegende Ungleichheit; und der Arbeiter, weit davon entfernt darüber sich beklagen zu können, verdankt derselben seine Entstehung und die vielen ihm zu Gebote stehenden Genüsse. Es wird indess eine bedeutende Herrschaft der Vernunft und eine klare Einsicht in die sozialen Einrichtungen von Seiten der unbegüterten Menge zur Sicherung eines vorgeschrittenen gewerblichen Zustandes erfordert. — Das Kapital kann sich nämlich nur dadurch produktiv erhalten, dass es zum Unterhalte von Arbeitern angewendet wird; und eine grosse arbeitende Menge kann nur dadurch bestehen, dass ein grosser Kapitalfonds zu ihrem Unterhalte angewendet wird. Aus der gegenseitigen Abhängigkeit des Kapitals und der Arbeit von einander erfolgt die Theilung des Produkts der Industrie in Profit und Arbeitslohn, welche das Bestehen beider bedingen. Will der Arbeiter das ganze Produkt an sich reissen, so vernichtet er den Fonds, von dem er lebt. Der Antheil des Kapitalisten besteht nur aus Demjenigen, was nach dem Abzuge des zum Unterhalte des Arbeiters Erforderlichen übrig bleibt. Der Antheil des Arbeiters dagegen, hängt von seiner sittlichen und moralischen Kultur ab; er muss immer gross genug sein, um zur Ernährung einer Familie und Erhaltung der Bevölkerung zu bewegen; denn davon hängt das Verhältniss der Arbeiterzahl zum Kapital, welches den Lohnsatz unmittelbar bestimmt, ab. Die Konkurrenz unter den Kapitalisten sichert die Arbeiter vor Uebervortheilung; auch liegt es in dem Vortheile jener, ihn möglichst gut zu ernähren, indem er alsdann am meisten leistet. Der

Arbeiter muss durch Fleiss dafür sorgen, dass das Produkt seiner Industrie gross genug sei, um einen reichlichen Fonds zu seinem Unterhalte zu gewähren; und durch vorsichtige Enthaltsamkeit muss er alsdann vorzubeugen suchen, dass der zum Unterhalte der Arbeiter anwendbare Fonds nicht durch zu grosse Vermehrung der Arbeiterzahl in zu kleine Portionen vertheilt werde. Derjenige, welcher aus dem Ertrage seines Fleisses durch Enthaltsamkeit ein Kapital bildet und dasselbe produktiv anwendet, stiftet einen perpetuirlichen Fonds zur Ernährung der Arbeiter und ruft sie dadurch in's Dasein. Wenn er auch von der Frucht ihrer Anstrengungen einen Theil für sich nimmt, so lässt er ihnen doch viel mehr, als was sie ohne die Hilfe seines Kapitals hätten produziren können, vorausgesetzt, dass sie überhaupt ohne dieselbe hätten existiren können. Die Unantastbarkeit dieses Fonds ist Bedingung seines Entstehens sowohl als seines Fortbestehens. Nun ist es zwar ein Uebelstand, dem nicht abzuhelfen ist, dass nicht jeder Mensch ein grosses Kapital besitzen kann; aber dagegen ist es für jeden Menschen ein Glück, dass Einige solche Kapitale besitzen. — Die Nothwendigkeit einer gründlichen Aufklärung der Volksmasse über diese ihr so nahe liegenden Verhältnissen zeigt sich immer dringender, indem das scheinbare Missverhältniss stets auffallender mit dem Fortschreiten des Erwerbes hervortritt. Die Dämmerung der politischen Aufklärung führt die Masse zum Nachdenken; ihre ersten Schlüsse werden natürlich von dem oberflächlichsten Schein der Dinge gezogen. Irrthümer sind nothwendig die ersten Erzeugnisse des populären Nachdenkens, wo die Wahrheit tieferes Eindringen und umfassendere Anschauungen erfordert. Aber wo eine vorgeschrittene Industrie grosse Menschenmassen vereint, da gefährden populäre Irrthümer über soziale Verhältnisse das Bestehen des ganzen sozialen Gebäudes. Diejenigen, denen an der Erhaltung des Bestehenden Etwas liegt, haben zu verhüten, dass die Masse nicht früher zum Gefühl ihrer Kraft als zur Erkenntniss ihrer Pflicht gelange. Es tritt bei dem erwerblichen Fortschreiten ein Augenblick ein, in welchem die Aufgeklärten und Begüterten, ihrer eigenen Sicherheit wegen, nicht länger unbekümmert um die geistige und moralische Entwickelung der Masse, im Genusse fortleben können. Sobald die Masse über ihre Stellung in der Gesellschaft nachzudenken anfängt, müssen die über ihr Stehenden dafür Sorge tragen, dass sie richtig denke und moralische Kraft besitze, um der erkannten Pflicht nachzuleben. Ein hoher geistiger und moralischer Einfluss der Begüterten ist zu diesem Ende erforderlich. Um Ueberzeugung einzuflössen, müssen sie, auf jede mögliche Weise, ihr redliches Bestreben, das Wohl der Masse zu befördern, darthun. Um die Herrschaft der Moral bei der Masse zu begründen, müssen sie selbst das Beispiel der

unverletzlichen Pflicht liefern. Abgesehen also von dem materiellen
Vortheil, welchen die Begüterten aus der Ordnungsliebe und dem Fleisse
der arbeitenden Klasse ziehen, wird durch die eben erwähnten Umstände
eine mächtige geistige und moralische Wechselwirkung in dem Interesse
aller Mitglieder einer vorgeschrittenen industriellen Gemeinde nothwendig
begründet.

Der Besitz des Reichthums, durch die Herrschaft, die er über die
Mittel des sinnlichen Genusses darbietet, reisst alle äussere Schranken
um die Leidenschaften nieder. Er würde wohl die Demoralisation der
Begüterten herbeiführen, wenn nicht, wie schon angedeutet, diesem
Uebel dadurch vorgebeugt würde, dass materielle Güter durch Gewohnheiten des Fleisses und der Enthaltsamkeit erworben werden: durch
innere Beschränkung der Leidenschaften, welche die äussere entbehrlich
machen. Wenn Reichthum ererbt wird, muss der Schutz vor dem Missbrauch desselben in der Erziehung gesucht werden; Gewöhnung stumpft
die verführerische Macht sinnlicher Genüsse ab; Enthaltsamkeit und
Selbstständigkeit werden frühzeitig geübt; der Geist wird sorgfältig
gebildet. Vor Allem aber bietet das Verlangen nach Ansehen und
Achtung bei der hervorragenden Stellung der Reichen in der Gesellschaft,
einen mächtigen Hebel des sittlichen Zwanges dar. Die allmähliche
Verfeinerung der Lebensweise, durch Vervielfältigung der zur Behaglichkeit und Zierde oder zu blossen Standesattributen dienenden Dinge,
und durch Steigerung der geselligen und geistigen Befriedigungen, führt
mehr und mehr von der niedern Sinnlichkeit ab. Die Einkünfte, welche
zu einer Zeit nicht anders als in Schwelgereien unter rohen Kampf-
genossen verbracht werden konnten, werden später dazu verwendet, um
einen Salon voll Notabilitäten in Literatur, Wissenschaft und Kunst, zu
gegenseitiger geistiger Anregung, um den Besitzer zu versammeln. Die
Steigerung der Künste des materiellen Lebens ruft zwar unzählige neue
Bedürfnisse hervor, deren Befriedigung eine Anstrengung erfordert, unter
welcher das höhere geistige Leben zu unterliegen Gefahr läuft. Die
Aristokratie des Besitzes usurpirt das dem Geiste gebührende Uebergewicht. Aber dadurch, dass zu gleicher Zeit das industrielle Fortschreiten die Hauptanforderungen des materiellen Lebens so leicht zu
befriedigen macht, wird es dem Geiste leicht, sich zur vereinfachten
Sitte zu flüchten, um von dem Drucke des Materiellen sich zu befreien.
In dem Maasse, in welchem materielle Güter angehäuft werden, hört
der Besitz derselben auf eine Auszeichnung zu sein; sie verlieren an
Werth als Mittel zur Erlangung des Ansehens; persönliche Auszeichnung,
Hoheit der Gesinnung und geistige Ausbildung bieten sich als die allein
unvergänglichen Mittel zur Erwerbung der Achtung dar.

Solches ist der natürliche, von seiner physischen Beschaffenheit und
den äusseren Verhältnissen bedingte Gang der psychologischen Entwickelung des Menschen; — seine Bedürfnisse treiben zur Thätigkeit;
Vernunft führt durch Enthaltsamkeit und Sittigung zur Ansammlung
des Eigenthums und zur Vereinigung; daraus erfolgt industrieller Reichthum, welcher eine hohe geistige und moralische Kultur möglich macht
und darauf basirt sein muss. Nachtheilig für die Kultur kann der
Reichthum nur dann werden, wenn die Enthaltsamkeit aufhört Bedingung
seiner Erwerbung zu sein. Das Heil der Gesellschaft wird dabei immer
von dem richtigen Verhältnisse zwischen dem geistigen und materiellen
Vorschreiten abhängen; Stockungen und Rückschritte werden nur aus
den Störungen dieses richtigen Verhältnisses und den Versuchen, dasselbe
wieder herzustellen, entstehen. Auf welche Weise jedes Missverhältniss
zwischen dem geistigen und materiellen Elemente der Kultur sich selbst
auszugleichen bestimmt ist, dürfte aus dem Vorangeschickten sich entnehmen lassen. Aeussere und innere Einflüsse können hindernd oder
beschleunigend oder abwendend auf den bezeichneten Gang einwirken. —
Die verschwenderische Freigebigkeit eines tropischen Klima's, welche
den Menschen aller Anstrengung zur Befriedigung seiner Bedürfnisse
überhebt; die unerbittliche Kargheit der Polargegenden, welche es ihm
unmöglich machen, sich über den Kampf um Befriedigung der
dringendsten Bedürfnisse zu erheben — diese schliessen fast die Möglichkeit hoher Kultur aus. Ein gemässigter Himmelstrich, welcher nichts
umsonst reicht, aber die Arbeit mit reichem Lohne krönt, und in der
Nothwendigkeit der Wintervorräthe frühe Veranlassung zur Ansammlung
und Vorsorge giebt, ist der Kultur am günstigsten. Aber früher oder
später werden die von der Natur getroffenen allgemeinen Bestimmungen
den Sieg über das Zufällige davontragen und den Menschen seiner End-
bestimmung entgegenführen.

Es ist zwar denkbar, dass die Vernunft, durch Besiegung der Leidenschaften, die moralische Erhebung des Menschen allein zu bewirken vermöchte; dass das geistige Element zur Unterdrückung des materiellen
sich entwickeln sollte. Dieses aber setzt eine Spannung der Seelenkräfte
voraus, welche nur vorübergehend sein könnte. Viel sicherer geht die
Vorsehung dabei zu Werke, indem sie die Beförderung der psychologischen
Entwickelung des Menschen durch die sichere Triebkraft der Bedürfnisse
und der Leidenschaften zu bewirken sucht.

Anlage 2.

Zuschrift an die Wähler

von John Prince-Smith, Stadtverordneter zu Berlin.

Angesehene Männer haben den Wunsch geäussert, bei der bevorstehenden Wahl der Abgeordneten mich in Vorschlag zu bringen.

Das Schmeichelhafte, das darin für mich liegt, will ich nicht hervorheben, sondern lieber ganz aus den Augen zu setzen suchen. In den Pflichten eines Vertreters sollte man weder eine Befriedigung der Eitelkeit noch einen Spielraum des Ehrgeizes, sondern lediglich eine Last der Verantwortlichkeit erkennen, welche wohl bescheidenes Misstrauen selbst Demjenigen einflössen dürfte, der, neben reinstem Willen, auch erprobte Befähigung aufzuweisen hätte. — Um wie viel mehr also müsste ich von diesem Gefühl erfüllt sein, wenn das öffentliche Vertrauen mir einen Wirkungskreis anwiese, in welchem ich meine Kräfte erst zu versuchen hätte.

Als Pflicht indessen erkenne ich es, meine Zeit, die durch keine Privatsorgen irgend gebunden ist, dem Dienste des Allgemeinwohls zu widmen, wie auch immer die öffentliche Stimme über mich verfügen mag.

Bisher habe ich vorzugweise über volkswirthschaftliche Interessen meine Ansichten zu veröffentlichen gewagt. Bei dieser Gelegenheit ist es nöthig, meine Auffassung politischer Fragen so deutlich zu erklären und zu begründen, dass weder über meinen gegenwärtigen Standpunkt, noch über mein künftiges Verhalten irgend ein Zweifel entstehen könne.

Bekanntlich sollte die Verfassung für Preussen „vereinbart" werden, — wenn möglich, heisst das. Krone und National-Versammlung, angeblich als zwei gleichberechtigte Mächte sich gegenüberstehend, sollten sich über die Grenzen ihrer gegenseitigen Befugnisse einigen. — „Aber wenn sie sich nicht einigen, was dann?" war die Frage, die Jedem dabei natürlich einfiel. — „Das wird sich finden", war die kurze aber verständliche Antwort darauf; — denn Jedermann begriff, dass eine Vereinbarung zwischen Zweien ohne Obmann nichts anderes bedeuten kann, als dass sie so lange mit einander rechten sollen, bis der Eine die Oberhand gewinnt und dem Anderen die Bedingungen vorschreibt, — obwohl nicht ganz willkürlich, indem die Rücksicht auf dauernden Frieden ihm selber Mässigung und Billigkeit aufnöthigt. Für den Fall

der Nichteinigung wurden keine Bestimmungen ausdrücklich gestellt.
weil sie sich nur aus der eintretenden Krisis selber ergeben konnten.
Dass aber in solchem Falle eine der beiden Parteien „durch einen kühnen
Griff" den Ausschlag herbeiführen müsse, wurde von Anfang an, als
natürlicher Verlauf eines solchen Vereinbarungsversuchs erkannt. Und
offen herausgesagt, müssen beide Parteien mit diesem Hinterhaltsgedanken
den angeblichen Vereinbarungsweg betreten haben.

Als nun die National-Versammlung durch ihre Beschlüsse eine Richtung einschlug, in der die Krone nimmermehr folgen wollte, — als
Jedermann sich gestand, dass ein fortgesetztes Verhandeln nur ein
weiteres Auseinandergehen bewirkte, — da hatte das Vereinbarungs-
prinzip schon ausgespielt. Denn als Prinzip kann man nicht hinstellen,
dass man sich einigen werde, sondern nur, dass man eine Einigung versuche. Und offenkundig ist es, dass die Krone den Versuch so lange
ungestört fortsetzen liess, bis es sich zeigte, dass die Möglichkeit einer
Einigung täglich ferner gerückt wurde. Da war ein Zusammenstoss
das einzige Mittel, die Parteien wieder zusammenzubringen. Die Krone
schritt mit exekutiver Gewalt ein. Die National-Versammlung schleu-
derte ihr einen parlamentarischen Gewaltstreich entgegen. Beide blickten
nach den erfolgenden Regungen des Landes hin. Eine bedrohliche Krisis
entstand. Die Krone ergriff den Verfassungs-Entwurf der National-
Versammlung, so weit er vorbereitet war, und hielt ihn dem Lande als
Basis eines gesetzlichen Zustandes hin. Sogleich legte sich die Krisis.
Und damit bekundete das Land seine Beistimmung.

In allen Diesem sehe ich nur eine natürliche Entwickelung und
Schlichtung der Verhältnisse, — keine Verletzung, sondern vielmehr eine
nothgedrungene Durchführung des Vereinbarungsprinzips durch alle seine
Stufen hindurch. Am wenigsten kann ich den Argumenten Derjenigen
beipflichten, welche aus dem Buchstaben früherer Erlasse, Wahlverord-
nungen und Einberufungspatente, die Gründe herleiten zum Proteste
gegen die Rechtsbeständigkeit der von der Krone getroffenen Anordnungen. In politischen Dingen hat das geschriebene Gesetz seine Berechtigung zunächst darin, dass es den zeitweiligen Zuständen entspricht.
Aber das Recht veränderter Zustände dem früheren Gesetzesbuchstaben
gegenüber, — das Recht des bedrängten Allgemeinwohls, sich selber
Gesetz zu sein, — dies ist ja das Recht des politischen Fortschritts.
Dem Fortschrittsprinzipe also würde ich untreu zu sein glauben, wenn
ich der Entwickelung der Zustände im Herbste den Wortlaut vom Frühjahr entgegenstellte, und das politische Rechtsprinzip in einer bloss
syllogistischen Auslegung von Gesetzesstellen zu finden vorgäbe.

Die Rücksicht auf Sicherung und Förderung des Volkswohls, welches

sowohl unter revolutionärer als unter absolutistischer Gewaltherrschaft
nothwendig geopfert wird, gebietet uns, vor Allem uns auf einen festen
parlamentarischen Boden, den Boden der Intelligenz und des Gemeinsinns
zu stellen. Es fragt sich also nur, ob die publizirte Verfassung bei
näherer Prüfung uns einen solchen gewährt.

Der Vorzug eines Zweikammersystems als doppelter Instanzenzug
bei Berathung der Gesetze wird wohl von der überwiegenden Mehrzahl
anerkannt. Ueberdies bilden die Begüterten und Unterrichteten eine
auf die Länge viel zu einflussreiche Klasse im Staate, als dass sie es
dulden sollten, keine verfassungsmässigen Vorkehrungen für ihre besondere
Vertretung getroffen zu sehen. Die Erwählung einer ersten Kammer
durch die freigewählten Vertreter der Gemeinden, Kreise und Provinzen,
lässt indessen keinen Grund zur Befürchtung, dass daraus ein Organ
hervorgehen könnte, welches ein anderes Interesse, als das des Gemeinwohls, verfolgen würde.

Die Erwählung der zweiten Kammer durch indirekte Wahl, ist mehr
eine Frage der Zweckmässigkeit, als des Rechts. Die Förderung politischer und allgemeiner Bildung als ein Hauptnutzen volksthümlicher
Staatseinrichtungen betrachtet, müssen wir zugeben, dass das Heraus-
suchen der Wahlmänner, wobei ein so grosser Theil aller Urwähler
redend hervortritt, für jenen Zweck besonders wirksam sich erweist.

In Betreff des viel erörterten Rechts der Krone, die Beschlüsse
beider Kammer zurückzuweisen, ein absolutes Veto einzulegen, ist nur
zu bemerken, dass bei praktisch denkenden Politikern schwerlich die
Rede sein kann, einer Krone, welche den Besitz einer so grossen faktischen Macht den Volksvertretern gegenüber dargethan hat, eine ver-
fassungsmässige Form für gelegentliche Aeusserung derselben zu verweigern. Es wäre kaum politisch, die Krone bei entstehendem Konflikte
zu nöthigen, die Kammern selber, anstatt die Beschlüsse derselben,
aufzuheben.

Die Bestimmung, dass die Gesetze über Erhebung und Verwendung
der Steuern, ebenso wie alle sonstigen Gesetze, durch Uebereinkunft
beider Kammern mit der Krone zu erlassen seien, dürfte theoretisch
in der Billigkeit zu liegen scheinen. Aber die Praxis volksthümlicher
Verfassungen war bisher eine andere. Auch herrscht der überlieferte
Glaube, dass der Grundpfeiler einer freien Konstitution zu suchen sei in
dem Besitze des ausschliesslichen Rechts der Geldbewilligung seitens der

25*

zweiten Kammer. Dieser Glaube steht zu festgewurzelt da, um einer andern Ansicht leicht zu weichen. Daher dürfte die zweite Kammer sich in ihrem konstitutionellen Vorrecht gekränkt wähnen, so lange sie sich nicht diese ausschliessliche Befugniss erkämpft hat. Sie könnte sich jeder neuen Bewilligung widersetzen, und sogar ihre Mitwirkung bei dringlichen Finanzreformen versagen, um nicht ihren vermeintlichen Anspruch auf die alleinige Initiative in Geldsachen zu vergeben. Hieraus wäre eine bedauerliche Spaltung für unsere neuen Zustände zu besorgen. Dagegen zeigt die Erfahrung in andern Ländern, dass die Versorgung des öffentlichen Dienstes hinlänglich gesichert ist, wenn die Exekutivgewalt, zur Erlangung der erforderlichen Mittel, sich nur an eine Kammer zu wenden hat, und dieser die ganze Verantwortlichkeit dafür aufbürdet.

Den Ministern der Krone ist verfassungsmässig die Möglichkeit gelassen worden, vorbehältlich der parlamentarischen Bestätigung, für dringliche Fälle gesetzliche Verordnungen zu extrahiren, auch in äusserster Noth die Befugnisse der Exekutivgewalt, auf ihre Verantwortlichkeit hin, die scharf bestimmt sein muss, zu erweitern. Dieser nothwendige Spielraum erscheint allerdings Denjenigen gefährlich, welche die Herrschaft des parlamentarischen Ansehens, in seiner ganzen Grösse entfaltet, nicht ermessen können. Wenn aber erst das Parlament durch Förderung des Gemeinwohls einen festen Rückhalt im Volksbewusstsein gewonnen hat, — wenn die Krone allmählich alle höheren Aemter durch parlamentarische Kapazitäten besetzt haben wird, — und Staatsminister im Grunde zu betrachten sind nur als die mit der Geschäftsleitung nothwendig betrauten Führer der parlamentarischen Majorität, — dann ist Verantwortlichkeit gegenüber dem Parlamente ein Machtwort, dem der Kühnste nicht zu trotzen wagt! — Leitendes Prinzip bei Feststellung einer Verfassung muss es sein, jedem Staatsgliede Befugnisse zuzumessen, welche im Verhältniss stehen zu der von ihm besessenen faktischen Macht. Aber für die Wahrung der Volksrechte hat man sich weniger auf ängstliche Verklausulirung, als vielmehr auf die Kräftigung eines gesetzlichen Sinnes in der Nation und die gedeihliche Ausbildung des öffentlichen Willens zu verlassen. Eine erst in's Leben tretende Verfassung, wie der neugeborene Zeus ein Kind der Zeit, muss zuerst durch unsere Pflege, wohl auch unter Gefahr und Lärm, erhalten und geschützt werden; doch bald entfaltet sich eine Allgewalt, die alle entgegenstrebenden Mächte auf ewig bändigt; — diesem Kinde jetzt gleich scharfe Waffen in die Hand geben, brächte ihm Gefahr und schaffte uns doch keine Sicherheit.

Zur Regierung unter dem alten Systeme stellte ich mich in entschiedene Opposition, weil sie, einerseits die Entwickelung politischer

Freiheit hemmend, das Volk in seinem heiligsten Gute kränkte, andererseits gegen den schon entwickelten Volksgeist die Augen schliessend, den Staat blind einem gewaltsamen Umsturze entgegenführte. — Jetzt aber bin ich bereit, eine Regierung zu unterstützen, welche die Verfassung vom 5. Dezember zur lebenskräftigen Wahrheit macht, und bei der Revision durch die Organe und nach den Formen, wie solche in der Verfassung selber vorgeschrieben sind, nur bestrebt sein würde, durch Beseitigung von Zweideutigkeiten und Ausfüllung von Lücken, dem Preussischen Volke Ordnung und Freiheit dauernd zu sichern.

Ist aber das Verfassungswerk erst vollendet und ein festgeordneter Zustand erreicht, dann würde ich mich wieder bald in Opposition befinden, weil alle Regierungsorgane den natürlichen Hang haben, die Staatsthätigkeit möglichst weit zu erstrecken, und ich an deren Stelle die freie Volksthätigkeit zu setzen möglichst strebe. Auch schaut eine Regierung auf's Ganze und Hohe hin, während ich mehr den Blick auf's Einzelne und Niedrige gern hefte. Für „das Preussen", welches mächtig und gefürchtet sein will, habe ich weniger Sympathie, als für „die Preussen", welche ich satt und wohlgemuth sehen möchte. Wenn eine Regierung auf die Prachtwerke hinweist, die sie geschaffen hat, da rechne ich nach, wie viel dadurch dem Kapitalfonds zur Beschäftigung produktiver Arbeiter entzogen worden sei. Während ein Finanzminister die unerschöpflichen Staatsmittel wohlgefällig betrachtet, wie sie durch seine Kunst millionenweise in die Kassen zusammenfliessen, da zähle ich die Millionen dürftiger Hände, denen solche Schätze pfennigweise entwunden werden mussten.

Meinen Ansichten über öffentliche Wohlfahrt liegt überhaupt das Rechnen zum Grunde; auch habe ich stets meine Aeusserungen mit klaren Motiven zu belegen gesucht. Daher glaube ich verlangen zu dürfen, dass man nicht, wie bisweilen von Unkundigen geschehen, mich mit erst welchem Parteinamen behafte, und mich so kurzweg unter Klassen werfe, wo Rechnen und Motiviren am wenigsten zu suchen wären.

Berlin, den 26. Januar 1849.

Anlage 3.

Ueber die Peelsche Bankakte.

(Von John Prince-Smith im Februar 1860 im „Bremer Handelsblatt"
veröffentlicht.)

Die Peelsche Bankakte bildet noch immer einen Gegenstand lebhaften Streites. Sie wird lebhaft von dem City-Korrespondenten der
„Times" vertheidigt, dessen Aufsätze über dieses Thema jüngst gesammelt herausgegeben sind, unter dem Titel: *„The Currency under the
Act of 1844."*

Ein Rezensent in dem „Deutschen Botschafter" No. 4, äussert
sich nun, wie folgt: „Am letzten Ende kommt es auf den Beweis an,
ist eine Ueber-Emission von Noten, welche strikt auf Verlangen eingelöst
werden, möglich oder nicht? *Hic Rhodus, hic salta!* Der Mangel klarer
Formulirung scheint uns die Hauptschuld daran zu haben, dass man in
England nie zu einem klaren Abschluss in dieser Sache kommt. In
Deutschland möchte unter denen, welche sich spezieller mit der britischen
Bankakte von 1844 beschäftigt haben, wie Soetbeer, Helferich, Nasse,
Wagner, die Unmöglichkeit der Ueber-Emission strikt einlösbarer Bank-
noten als Axiom der Wissenschaft feststehen."

Nichts fördert mehr die Schlichtung einer Frage, als die möglichste
Einengung des Streitfeldes. Mit Dank muss man es also akzeptiren,
dass hier die Entscheidung der ganzen Kontroverse von der Feststellung
eines einzigen präzise bezeichneten Punktes abhängig gemacht wird.
Dieser Punkt bildet auch allerdings den Angelpunkt; er ist derjenige
von der die Peelsche Bankakte ausging; er bildete den Hauptpunkt der
ganzen Motivirung und jeder sachkundigen Vertheidigung der Massregel;
— nur vermochte man bisher nicht, die Gegner bei diesem Punkte festzuhalten, sie wichen auf tausend Nebenwegen aus, und verschanzten sich
hinter so vielen Nebendingen, dass man ihnen nicht recht an den Leib
konnte. Wenn sie sich jetzt freiwillig gerade auf den Boden stellen,
auf dem man sie von jeher fest haben wollte, so kann doch endlich der
Strauss zum Austrag kommen. Für einen *fair stand-up fight* ist der
ring gezogen; — und der Handschuh soll nicht umsonst hingeworfen
worden sein. Zuerst müssen wir die Bedeutung des Wortes „Ueber-
Emission" feststellen.

Von Noten, welche strikte einlösbar sind, d. h. effektiv jedesmal bei
der Präsentation prompt gegen Metallgeld umgetauscht werden, kann
man allerdings nicht mehr ausgeben, als welche man sicher wieder einlösen kann, oder das betreffende Geschäftsgebiet annehmen will. Wohl
aber kann man von solchen Noten zeitweise mehr ausgeben, als welche

das betreffende Geschäftsgebiet dauernd in Umlauf erhalten kann.
Solche Ueberschreitung des dauernden Bedarfs führt, nach längerer oder
kürzerer Frist, zu einer Abstossung des Ueberschusses vermittelst der
Präsentation der Noten zum Umtausch gegen Metall; aber diese Reaktion
findet erst in Folge von Störungen im Geschäftsgange statt, denen die
Peelsche Bankakte gerade einen Riegel vorschieben sollte. Die vor 1844
periodisch in England eintretenden Stockungen aller Fabrikzweige, das
gleichzeitige Brodloswerden fast sämmtlicher Fabrikarbeiter, glaubte man
um so mehr den periodischen Ausdehnungen und Wiedereinschränkungen
des Umlaufsmittels zuschreiben zu dürfen, weil sie eine allgemein
wirkende Ursache haben mussten. Seit 1844 sind diese Uebelstände
weder so regelmässig, noch so umfangreich und intensiv vorgekommen.
Krisen hat es allerdings seitdem gegeben; denn die Bankakte konnte
nicht alle Quellen der Handelsstörungen verstopfen; aber die späteren
Krisen waren jedesmal auf spezielle Ursachen zurückführbar, und es lässt
sich nicht beweisen, dass die Peelsche Maassregel nicht die allgemeine,
in der schwankenden Notenmenge liegende Quelle von Störungen ver-
stopft hat.

„Ueber-Emission“ realisirbarer Noten bedeutet also eine, den dauernden oder normalen Bedarf des betreffenden Geschäftsgebiets über-
schreitende Notenausgabe. Was heisst aber der „dauernde oder normale
Bedarf“ eines Geschäftsgebiets? Wie bestimmt sich dieser?

Von der Produktivität, den Kommunikationsmitteln, den Verkehrs-
und Krediteinrichtungen hängt es ab, welche Produktenmenge in einem
Geschäftsgebiete vermittelst des baaren Geldes umzusetzen ist, während
der durchschnittlichen Zeit eines einmaligen Umlaufs der gesammten
Baarschaft. Diese Produktenmenge ist für jeden Geschäftskreis in gewöhnlichen Zeiten eine ziemlich gleichbleibende Grösse; sie ändert sich
um so langsamer, da die Entwickelung der Produktion und die des
Kredits in entgegengesetzter Richtung auf sie einwirken. — Diese
Produktenmenge liesse sich nun mit jeder beliebigen, noch so grossen
oder noch so kleinen Menge baaren Geldes umsetzen, wenn nur die
Waarenpreise hoch oder niedrig genug wären. Bei gegebener Menge
umzusetzender Produkte bestimmt sich also der dauernde Bedarf an Baarschaft nach der durchschnittlichen Höhe der Preise, deren das Geschäftsgebiet bedarf. *Die Frage nach dem Geldbedarf reduzirt sich auf die
Frage nach den erforderlichen Durchschnittspreisen der Waaren.*

Die Durchschnittspreise der Waaren in den verschiedenen Geschäftsgebieten müssen in einem bestimmten Verhältniss zu einander stehen,
damit für jedes Geschäftsgebiet die Ein- und Ausfuhr von Waaren im
Gleichgewicht sei. Dieses Preisverhältniss stellt sich überall von selber

auf die natürlichste Weise her. Sind nämlich in einem Geschäftsgebiete zu irgend einer Zeit die Durchschnittspreise verhältnissmässig zu niedrig, so werden daselbst mehr Waaren aus- als eingeführt, und es strömt Metallgeld so lange dahin, bis die Preise die zum Gleichgewicht erforderliche Höhe erreicht haben. Das Umgekehrte findet dort statt, wo die Durchschnittspreise verhältnissmässig zu hoch sind. *Seinem eigenen Bewegungsgesetze gemäss, vertheilt sich von selbst das gesammte Metallgeld unter die verschiedenen Geschäftsgebiete dergestalt, dass sich überall die zum Gleichgewicht des Waarenaustausches erforderliche Preishöhe herstellt.* Diese normale Preishöhe ist für jedes Geschäftsgebiet eine verschiedene, und darum hat auch das Geld in verschiedenen Gegenden verschiedenen Werth*). In jedem Geschäftsgebiet bestimmt sich der dauernde Bedarf an baarem Gelde nach dem Bedarf aller anderen Geschäftsgebiete; jedes bedarf nämlich eines bestimmten verhältnissmässigen Antheils am Ganzen.

Das gesammte Geld in der Welt vertheilt sich nach einem Weltgesetze.

Ein Naturgesetz ist nicht, wie eine Menschensatzung, eine blosse Vorschrift für's Thun, sondern es ist an sich ein Wirken, ist die wirksame Aeusserung einer stets thätigen Kraft. Ein allgemeines Gesetz kann auch nur die Gesammtwirkung eines allen einzelnen innewohnenden Strebens sein. —

Auf welchem allgemeinen Bestreben der Individuen beruht demnach das Weltgesetz der Geldvertheilung?

Das Geld, welches man baar in der Kasse liegen hat, bringt keine Zinsen. Der Zinsverlust beim Kassenbestand gehört zu den Geschäftsunkosten, welche Jedermann bestrebt ist, thunlichst zu vermeiden. Es bestrebt sich Jedermann, seine Geschäfte mit möglichst wenig Baarschaft zu verrichten. Man kennt seinen Bedarf. Man weiss, welche Ausgaben Einem bevorstehen und welche Einnahmen fällig werden. Man hält also nur gerade den Kassenvorrath, welcher zur Aushülfe nöthig ist, wenn gelegentlich das Geld langsamer ein- als ausfliesst. Die Höhe der herrschenden Preise aber wirkt bestimmend auf die Grösse des erforder-

---

*) Der Hauptfaktor bei der Bestimmung der für eine Gegend normalen Preishöhe ist die Produktivität der Arbeit daselbst. Wenn z. B. im Lande A., wegen mangelnder Entwickelung der Industrie, fast alle Waaren doppelt so viel Arbeitszeit, als im Lande B. erfordern, so kann ein Gleichgewicht des Waarenaustausches nur dann bestehen, wenn die Arbeitszeit oder der Lebensbedarf eines Arbeiters in A. halb so viel als in B. kostet.

lichen Kassenvorraths ein. Je höher die Preise der Waaren, um so grösser sind die auszuzahlenden Posten, um so grösser kann also der aus dem Kassenvorrath gelegentlich zu leistende Vorschuss werden. Hat man nun, zu irgend einer Zeit, in der Kasse mehr baares Geld, als man, seinem Geschäftsumsatz und den herrschenden Preisen nach, durchaus nöthig zu haben glaubt, so sucht man sogleich dasselbe für sein Geschäft nutzbringend zu verwenden, Waaren damit zu kaufen.

Ist nun die Baarschaft eines ganzen Geschäftsgebiets so vergrössert worden, dass fast Jeder einen seinen erfahrungsmässigen Bedarf übersteigenden Baarvorrath in seiner Kasse findet, so entsteht daraus eine allgemeine Kauflust. Aber das baare Geld, dessen sich der Eine eben entledigt hat, schwellt jetzt die Kasse des Empfängers an, der es seinerseits nicht zinslos liegen lassen will; — und so geht die überschüssige Baarschaft von Hand zu Hand, treibt unablässig zum Kaufen, und wirkt wie ein wahres Gährungsmittel für den Handel, bis die Preise so gestiegen sind, dass die vergrösserte Gesammtbaarschaft nunmehr eben für den vermehrten Gesammtbedarf an Kassenvorrath ausreicht, — wenn nicht, schon ehe diese Ausgleichung erreicht ist, ein Abfliessen eintritt. Die gesteigerten Preise nämlich in dem gedachten Geschäftsgebiete bewirken, dass andere Geschäftsgebiete mehr daselbst verkaufen und weniger kaufen, und die Differenz in baarem Gelde beziehen; und dies hält so lange an, bis der gedachte Zuwachs an Baarschaft in dem einen Gebiete sich nach dem Weltgesetze über alle Gebiete in richtigem Verhältniss vertheilt hat, und überall die zum Gleichgewicht der Ein- und Ausfuhr erforderliche Preishöhe wieder hergestellt ist.

Wäre der Zinsverlust am Kassenbestand nicht, wäre, wie Unwissende bisweilen voraussetzen, Jedermann bestrebt, baares Geld an sich zu ziehen, so könnten unermessliche baare Summen bald dem Verkehre entzogen bleiben, bald wieder zur Verwendung kommen und sehr plötzliche Konjuncturen veranlassen. Als Quelle der Preisschwankungen hätte man nicht bloss das nach den Naturbedingungen veränderliche Waarenangebot, sondern auch ein willkürlich veränderliches Geldangebot Der Zinsverlust beim Liegenlassen des baaren Geldes bewirkt aber, dass die Gesammtbaarschaft stets das Bestreben hat, ihre volle Kaufkraft zu äussern, mithin das Angebot des baaren Geldes gegen Waaren eine möglichst stetige Grösse bleibt.*) *In dem Bestreben jedes Einzelnen, seinen*

———

*) Hieraus ergiebt sich die Unzulässigkeit eines oft vorgeschlagenen zinstragenden Papiergeldes mit beständigem Parikurs. Jetzt wird das Verwenden der verzinslichen Papiere als Baarschaft durch den Verlust am Kurse beim stärkeren Anbieten derselben eingeschränkt.

*Kassenbestand thunlichst einzuschränken, liegt die Kraft, welche den
Geldwerth und die Geldvertheilung*) regelt.*

Nach dem Vorangeschickten ist es leicht, das Wesen des Papiergeldes zu erkennen. Eine metallene Baarschaft ist ein kostspieliges
Werkzeug, Papiergeld ein wohlfeiles, und leistet innerhalb gewisser
Grenzen als Umsatzmittel alle Dienste des Metallgeldes. Es kommt nur
darauf an, die Grenze zu bestimmen, bis zu welcher man die Vertretung
des Metalls durch Papier bewirken kann.

Erstens ist der Bedarf an Baarschaft überhaupt für ein gegebenes
Geschäftsgebiet bestimmt. Zweitens ist aber auch dessen Bedarf an
Metallgeld bestimmt; denn zu Zahlungen an andere Gebiete kann es nur
Metall gebrauchen. Von dem Gesammtbedarf an Umsatzmitteln muss
also so viel aus Metall bestehen, dass man, zu gelegentlichen Zahlungen
nach andern Geschäftsgebieten hin, allemal Metall für Papier leicht erhalten kann, ohne eine Prämie für das Zusammensuchen geben zu dürfen.
Innerhalb dieser Grenze kann selbst ein uneinlösbares Papiergeld ohne
Entwerthung kursiren. Als die Bank von England am Ende des vorigen
Jahrhunderts ihre Baarzahlungen einstellte, behauptete sich der Parikurs
ihrer Noten, bis durch eine Ueberschreitung des Bedarfs eine Entwerthung
herbeigeführt wurde. Die Entwerthung des, z. B. in Oesterreich, ohne
Rücksicht auf den Bedarf ausgegebenen Papiergeldes ist leicht erklärlich.
Wenn ein Land, dessen Bedarf an Papiergeld vielleicht mit 210 Millionen
Gulden, gleich 5 Millionen Pfund Silber gedeckt wäre, uneinlösbare
Noten im Betrage von 420 Mill. Gulden ausgiebt, so ist die Folge einfach
die, dass zwei Papiergulden für einen Silbergulden kursiren; denn was
man auch für Zahlen auf die Papierstücke druckt, immerhin kann man,
im gedachten Falle, Noten nur für den Werth von 5 Millionen Pfund
Silber im Umlauf erhalten; — auf diesen bestimmten Realwerth reduzirt
sich jede noch so grosse Nominalsumme des Papiergeldes. — Der Hergang
der Entwerthung der den Bedarf überschreitenden uneinlösbaren Noten
ist leicht ersichtlich: überschüssige Kassenbestände, — Drang zum
Waarenkauf, — Steigen der Preise, — verminderte Waarenausfuhr, —
Geldausfuhr, — Suchen nach Metallgeld zur Ausfuhr, Bezahlung eines
Aufgeldes für das Ueberlassen von Metallgeld gegen Noten.

----

*) Die Voraussetzung der Merkantilisten, dass jedes Land bestrebt
sei, baares Geld an sich zu ziehen, ist der Wahrheit gerade entgegengesetzt. Im Grunde strebt jedes Geschäftsgebiet, anderen Baarschaft
zuzuschieben, und jedes behält schliesslich nur so viel, als es nicht zurückschieben kann. Nicht durch eine anziehende, sondern durch eine abstossende Kraft stellt sich Gleichgewicht in der Geldbewegung her.

Einlösbare Noten sind freilich vor Entwerthung gesichert, so lange die Einlösungspflicht wirklich prompt erfüllt wird. Man hat es nicht nöthig, ein Aufgeld für den Umtausch der Noten gegen Metallgeld zu geben, wenn der Herausgeber derselben sofort bei der Einreichung klingende Münze dafür giebt.

Es herrscht aber bei vielen die Ansicht, dass einlösbare Noten in unbegrenzter Menge in Umlauf erhalten werden können, wenn nur ein angemessener Realisationsfonds und Güter von hinlänglichem Werthe dafür haften. Was wir aber bisher von den bestimmten Grenzen des Bedarfs an Baarschaft gesagt haben, dürfte das Irrige jener Ansicht hinlänglich klar gemacht haben. Der Realisationsfonds und die haftenden Güter sichern den Werth der Noten nur insofern sie Gelegenheit bieten, jeden den Bedarf überschreitenden Betrag abzustossen; — sie können nicht einen unabsehbaren Notenumlauf ermöglichen, weil sie eben nur Mittel sind, den Notenumlauf auf den Bedarf zu beschränken.

Aber eine Zeit lang können einlösbare Noten über den Bedarf hinaus in Umlauf gesetzt werden, — d. h. nicht über den Bedarf der Darlehnssuchenden, welche gegen billige Zinsen Baarschaft in fast unbeschränkter Menge brauchen können, sondern über denjenigen Bedarf an Umsatzmitteln, welcher durch die Rücksicht auf Preisverhältnisse in den verschiedenen Geschäftsgebieten bedingt wird. *Die Reaktion gegen einen überschüssigen Notenumlauf geht nämlich nicht vom Geschäftsgebiet, wo solcher Ueberschuss besteht, sondern erst von anderen Geschäftsgebieten aus.* Diejenigen, welche einen überschüssigen Kassenbestand haben, vermindern denselben nicht, indem sie bloss Noten gegen Metallgeld umtauschen lassen; der Zinsverlust von dem Baarvorrath ist bei Metallgeld wie bei Noten für die Geschäftsmänner derselbe. Sie weichen dem Zinsverlust nur dadurch aus, dass sie Waaren kaufen, die Preise in die Höhe treiben, das Gleichgewicht der Ein- und Ausfuhr stören, eine Geldausfuhr hervorrufen — und dann erst haben sie Veranlassung, Noten zur Realisation zu präsentiren, den Ueberschuss des Umlaufsmittels abzustossen. Dieser ganze Vorgang aber, welcher eine mehr oder weniger tiefgreifende Störung des Verkehrs oft entfernter Märkte in sich schliesst, erfordert oft geraume Zeit. Allerdings vollzieht er sich in neuester Zeit rascher als früher; denn die überschüssige Baarschaft ist meist von einem niedrigen Zinsfuss begleitet; die Herausgeber der Noten verleihen sie billig, um möglichst viel in Umlauf zu setzen. Mit der überschüssigen Baarschaft werden also, anstatt Waaren, oft verzinsliche Werthpapiere aus andern Geschäftsgebieten eingeführt, wodurch eine Geldausfuhr entsteht; oder es wird Baarschaft nach andern Geschäftsgebieten, wo der Zinsfuss höher steht, express zum Betriebe des Diskontogeschäfts versandt. Ehe die verschiedenen Geldmärkte indessen in ihre jetzige rasche Verbindung getreten waren, zur Zeit nämlich, als die Verhältnisse bestanden, welche die Peelsche Bankakte veranlassten und rechtfertigten, vollzog sich das Abstossen eines Ueberschusses selbst einlösbarer Noten erst nach geraumer Zeit und weitgreifender Zerrüttung des Verkehrs.

Zur Beleuchtung dieser Verhältnisse sei es gestattet, hier einmal den praktischen Vorgang kurz zu beschreiben, wie er sich in England wiederholentlich nach dem Ergebniss eingehendster parlamentarischer Untersuchung zugetragen haben soll: — Die Fabrikanten können einmal erwünschte Preise nicht erzielen, es stockt der Absatz, das baare Geld kommt zu langsam ein. Anstatt nun ihre Fabrikation zu kürzen, die Preise herabzusetzen und einen baaren Erlös zu erzwingen, laufen sie zu den Notenbanken und holen sich die zur ungekürzten Fortsetzung ihrer Fabrikation nöthige Baarschaft. Das Umsatzmittel wird dadurch vermehrt, der Geldwerth vermindert, die Preise, anstatt sich zu ermässigen, steigen, der Waarenverbrauch schränkt sich mehr ein, die Ausfuhr lässt mehr nach, die Waarenvorräthe schwellen an, die Geldausfuhr beginnt, die Noten werden massenweise zur Realisation präsentirt, die Banken müssen ihre den Fabrikanten bis dahin leicht gewährten Kredite abschneiden, die Fabrikanten müssen ihre Wechsel, die nicht mehr erneuert werden, baar einlösen, sie müssen den Waarenverkauf zu jedem Preise forciren, den Erlös müssen sie zur Bank tragen und haben jetzt keine Baarschaft, um die laufenden Lohnzahlungen zu leisten, Geldnoth, Marktüberfüllung, allgemeine Arbeitseinstellung sind in schlimmer Gestalt da. Die ursprüngliche Verlegenheit, die sich durch ein kleines Preisopfer und mässige Produktionseinschränkung hätte heben lassen, ist in eine spätere heftige Krisis verwandelt worden. Bei einem leichten Missbehagen hat man zu gefährlichen Palliativen gegriffen, anstatt das in der Natur des Verkehrs liegende Heilverfahren sogleich wirken zu lassen; man hat die natürliche Kur blos verzögert, bis sie sich als Paroxysmus doch endlich geltend machen muss. Während die Fabriken stillstehen, befördern die Schleuderpreise den Verbrauch und locken das ausgeführte baare Geld zurück. Die aufgehäuften Vorräthe werden geräumt, die Baarschaft wird wieder auf die Höhe des normalen Bedarfs gebracht; ein gesunder Zustand und geregelter Geschäftsgang tritt ein, — und dauert so lange, bis eine neue Notenfabrikation neue Klippen heraufbeschwört.

So lange die Gesammtbaarschaft eine unveränderte Grösse bleibt, lässt sich die Fabrikation nur nach Maassgabe des baaren Erlöses aus dem Absatz fortsetzen;*) die Produktion richtet sich nach der Konsumtion.

*) Geborgtes Geld muss dann der Darleiher gelöst haben.

Wird aber eine Baarschaft willkürlich fabrizirt, so wird die regelnde Beziehung zwischen Verbrauch und Erzeugung vernichtet. Es tritt eine fabrizirte Baarschaft auf, die nicht dem Waarenverkehr entsprungen ist, und keinen vorhergegangenen Absatz repräsentirt. Mit dieser Schein- und Lügenbaarschaft tritt ein Heer von Personen auf den Markt und gebärdet sich und stellt Anforderungen, gerade so, als hätte es einen Absatz bewirkt, Geld gelöst, die wirthschaftlichen Bedingungen erfüllt, welche zu den Ansprüchen eines Baarzahlers berechtigen. — Jedes baare Kapital setzt Ersparnisse voraus; — es setzt voraus, dass der Inhaber (oder Jemand von dem er sie geborgt hat) dem Gesammtfonds Beiträge geleistet, für die er die fällige Gegenleistung noch nicht empfangen hat. Werden aber beliebig Noten gemacht, so treten Personen als Kapitalisten auf, mit liquiden Anweisungen auf den Güterwerth, zu dem sie keinen Beitrag geliefert haben; ihre bedruckten Papierschnitzel sind, im eigentlichen Sinne des Wortes, volkswirthschaftliche Fälschungen. Dass diese auf Trug gegründeten Operationen zu „faulen" Zuständen führen müssen, ist jedem klardenkenden Volkswirth selbstverständlich. Die böse Folge bleibt auch nie aus. Diejenigen, welche sich verleiten liessen, auf das Scheinkapital länger dauernde Geschäftsverbindlichkeiten zu gründen, finden bald, dass sie auf Sand gebaut haben; denn sobald die Reaktion gegen die überschüssigen Noten eintritt, muss ihnen der trügerische Kredit wieder entzogen werden; sie haben sich ein Kapital von Solchen geben lassen wollen, die kein wirkliches Kapital ihnen zu geben hatten. Die Blase platzt und, wie im Faust, singt der Chor der Unglücksgeister:

> „Wer hat den Saal so schlecht versorgt,
>
> „Wo blieben Tisch und Stühle?
>
> „— Es war auf kurze Zeit geborgt,
>
> „Der Gläubiger sind so viele!"

Es giebt, wie wir schon dargethan haben, einen bestimmten Theil des Umsatzmittels, der sich dauernd durch Noten vertreten lässt. Dieser Betrag lässt sich aber, trotz des „wissenschaftlichen Axioms" der im „Deutschen Botschafter" genannten Deutschen Volkswirthe, auf längere oder kürzere Zeit überschreiten. Gegen die Emission solcher Gelegenheits-Noten, deren störende Wirkungen auf der Hand liegen, ist die Peelsche Bankakte gerichtet. Will man nun den Gewinn aus einem innerhalb des Bedarfs gehaltenen Papiergelde beziehen; hat man, zur Erleichterung der Geldoperationen des Staats und der Geschäftswelt, eine grosse Zentralbank, deren Noten gesetzliche Zahlmittel sind, so muss man auch der Notenemission, sei es durch Gesetz, wie das Peelsche, sei es durch Vorschriften der Aufsichtsbehörde, feste Grenzen setzen. Ob es aber nicht volkswirthschaftlich richtiger wäre, dass der Staat sich gar nicht in das Geldgeschäft mischte, keine Zentralbank privilegirte, sondern alle Welt Papiergeld nach Belieben machen liesse, bis, nach etlichen überstandenen Krisen, die Emission darin ihre festen Schranken fände, dass fast Niemand Noten annähme, am wenigsten bei umwölkten Geschäftshorizont, — dies ist eine andere Frage, die uns jetzt nicht vorliegt. Einen Fall giebt es indessen, auf den sich die Gegner der Peelschen Bankakte hauptsächlich stützen. Bei eintretender Geschäftskrise mit allgemeiner Erschütterung des Kredits, werden nämlich Baarzahlungen in grossem Umfange gefordert, wo man sich vorher mit Anschreibungen begnügte. Es vermehrt sich plötzlich der faktische Bedarf an Baarschaften — um nämlich den bisherigen Umsatz zu den bisherigen Preisen bewerkstelligen zu können. Es wird auch viel baares Geld von vorsichtigen Personen dem Verkehre entzogen und, trotz des Zinsverlustes, in den Kassen festgehalten. Sollte nicht hier eine Gelegenheits-Emission von Noten, um die entstandene Lücke auszufüllen, gerechtfertigt, ja geboten sein? Doch nicht! Die in der Natur des Verkehrs liegenden Heilkräfte sind auch hier besser, als alles Hineinpfuschen. Den gesteigerten Anforderungen auf Baarzahlung wirkt das den Waareninhabern nachtheilige Sinken der Preise entgegen, welches auch Baarschaft von andern Geschäftsgebieten herbeizieht. Der steigende Diskont muss auch das baare Geld aus den Kassen und von andern Geldmärkten herlocken. Greift man aber, um den hiermit verbundenen Opfern auszuweichen, zu einer Gelegenheits-Emission, einer Lügenbaarschaft und einem Scheinkapital, so wird die Noth zwar verschoben, aber auch verschlimmert; — denn sobald sich das Vertrauen wieder einstellt, ist die Baarschaft doch im Ueberschuss und die Gelegenheitsnoten wird man nur durch die, aus weitgreifenden Störungen erfolgende Reaktion wieder los; *man wird vom Weltgesetz gerichtet, gegen welches man verstossen hat!*

Druck von Gebr. Grunert, Berlin, Junker-Str. 16.

Deutsche Bibliothek volkswirthschaftlicher Klassiker.
Herausgegeben von Dr. Karl Braun-Wiesbaden.

Die unterzeichnete Verlagsbuchhandlung gibt unter dem obigen Titel eine Sammlung der besten volkswirthschaftlichen Schriften des Inlandes und des Auslandes heraus. Gegenüber der Verbitterung und Verwirrung, welche auf diesem Gebiete in Deutschland immer mehr einreisst, thut es Noth, zu den Quellen objektiver wissenschaftlicher Erkenntniss zurückzukehren und, statt des modernen Flitters, Jedermann den Zutritt zu dem alten gediegenen Golde der national-ökonomischen Klassiker, welche zur Zeit für Viele schwierig oder gar versperrt ist, wieder zugänglich zu machen.

„Die Deutschen", so schreibt einer unserer besten Publizisten, Dr. H. B. Oppenheim (in dem Aufsatze „Das allgemeine Stimmrecht" in „Nord und Süd", Januar 1879) _gelten vielfach für unpraktisch; sie sind es nicht in den gewerblichen oder technischen Dingen, soweit der Schwerpunkt derselben in die Sphäre der Privatthätigkeit fällt. Aber für alles öffentliche Wirken in grösserer Gemeinschaft vermisst man den praktischen Instinkt, das richtige Maass, die in der Schule der Erfahrung erworbene Uebung. Es herrscht eine gewisse Neigung vor, nach fremden oder abstrakten Formeln zu handeln. Wir haben eben zu lange in der Kleinkinderschule des Partikularismus gesessen und dadurch den Fernblick in's Freie und die Uebersicht über das Ganze eingebüsst. Vor langer Zeit sagte ein berühmter Schriftsteller: Wer mit einem Engländer über Religion spreche, könne darauf gefasst sein, eine Dummheit zu hören, wer aber einen Engländer über Politik oder Nationalökonomie reden höre, werde gewöhnlich das Vernünftige vernehmen. Bei uns ist es leider umgekehrt: es ist unglaublich, welcher empfindliche Mangel an gesundem Urtheil, zumal über volkswirthschaftliche Verhältnisse, selbst in den sogenannten gebildeten Klassen unseres Vaterlandes noch herrscht. Ich brauche dafür nur auf das Ueberwuchern des Sozialismus und aller seiner akademischen, kirchlichen, agrarischen und zünftlerischen Abarten hinzudeuten, deren massenhaftes Auftreten durchaus nicht auf die niederen Klassen beschränkt ist. Auch abgesehen von diesen utopisch ideologischen Tendenzen der verschiedensten Kaliber, — prüfe man nur einmal die Ansichten unserer Gewerbetreibenden über die gegenwärtige Geschäftsstille, wie sie die neuere Gesetzgebung — und manchmal auch die ältere — dafür verantwortlich machen, selbst wo es kaum möglich ist, irgend einen inneren Zusammenhang herauszufinden; wie sie die unbedeutendsten Dinge, z. B. Wanderlager u. dgl. m., für den Grund einer tiefgehenden Krisis erklären; wie der Blick der Interessenten in diesen Dingen selten weiter geht, als ihre Nasenspitze; wie sie selbst ihren nächsten Vortheil verkennen und die neueren Einrichtungen, denen sie massenhaft zugejauchzt haben, nun auf einmal verurtheiln, obgleich eine reaktionäre Wendung in der wirthschaftlichen Politik und Gesetzgebung das Uebel nur verschlimmern könnte. Daneben fehlt es nicht an berühmten Staatsmännern, deren Expektorationen diese allgemeine Verwirrung noch vermehren. Wer hätte es noch vor Kurzem für möglich gehalten, dass ein betrachtlicher Theil unserer Landwirthe, im Widerspruch mit den klarsten Interessen und ihren ehrenhaftesten Traditionen zum Trotz, sich von den windigen Vorspiegelungen der Schutzzoll-Verschwörer verleiten und verlocken lassen würde?!" —

In diesem Zustand will unsere Bibliothek bessern und helfen. Sie will die Wissenschaft Jedermann zugänglich machen, indem sie der Masse unseres Volkes die Schriften solcher Gelehrten zum billigsten Preise erwerbbar macht, die nicht nur als Autoritäten anerkannt sind, sondern auch sich einer Darstellungsform befleissigen, dass sie Jeder verstehen kann, welcher sich im Besitze der gewöhnlichen Schulbildung und eines gesunden Menschenverstandes befindet. Die Publikation wird in verschiedenen Serien erfolgen.

In der ersten Serie werden erscheinen:

1. Die Streitschriften von Friedrich Bastiat, und zwar in einer neuen Uebersetzung, bei welcher die grösste Sorgfalt angewandt worden ist, den Inhalt so wiederzugeben, wie sich der geistreiche Verfasser ausgedrückt haben würde, wenn er heute und für Deutsche

geschrieben hätte. Jeder, der diese Schriften liest, wird erstaunen, wie dieselben auf unsere heutigen Zustände und Erörterungen zutreffen; und um dies noch mehr hervorzuheben, hat man sich der heutigen Schlagworte für die Uebersetzung bedient und zuweilen auch ausdrücklich auf die augenblickliche Sachlage hingewiesen. Dann sollen folgen

2. Auszüge aus dem Besten, was

   Christian Jakob Kraus („Die Staatswirthschaft" und „Vermischte Schriften").

   Karl Heinrich Hagen („Von der Staatslehre"),

   Johann Gottfried Hoffmann („Lehre vom Geld", „Lehre von den Steuern", „die Befugniss zum Gewerbebetrieb", „Sammlung kleiner Schriften staatswirthschaftlichen Inhalts", „Nachlass kleiner Schriften staatswirthschaftlichen Inhalts").

geschrieben. Diese drei Männer sind die Grundsäulen der volkswirthschaftlichen Aufklärung in Deutschland. Hätten sie französisch geschrieben, so würden sie mit J. B. Say, hätten sie englisch geschrieben, dann würden sie mit Mill, Whately und Senior an Ruhm wetteifern. In Deutschland hat man sie leider vergessen. Ihre Schriften, die reichsten Fundgruben der Wissenschaft, frei von allen Verunstaltungen durch Zopf-Gelahrtheit, sind kaum noch zu haben. Heute thut es doppelt Noth, zurückzukehren zu jenen Quellen, aus welchen vor Allem das preussische Beamtenthum, — die Männer, die den Zollverein aufgerichtet und fortgebildet, die Motz, Maassen, Kühne und Delbrück, — ihre Wissenschaft geschöpft haben.

Endlich sollen zum Schluss der ersten Folge

3. einige jener ansprechenden volkswirthschaftlichen Erzählungen der Miss Harriet Martineau, und zwar solche, die noch nicht übersetzt und in Deutschland noch wenig bekannt sind, wiedergegeben werden. Diese Frau vereinigt die Gelehrsamkeit eines Mannes mit dem Plauderton und dem Erzählungstalente einer Weltdame. Ihre Erzählungen sind vor Allem dazu geeignet, der Volkswirthschaft neue Jünger zu gewinnen, namentlich auch — was dringend zu wünschen — unter den Frauen.

Für die weiteren Folgen unseres Unternehmens, dessen Fortgang und Ausdehnung von der Gunst des Publikums abhängt, sind folgende Autoren in Aussicht genommen: Baco von Verulam, Beccaria, Michel Chevalier, Julius Faucher, Christian Garve, Wilhelm von Humboldt, Kühne, Maassen, Prince-Smith, Roscher, J. B. Say, Adam Smith, Tooke und Wolowsky.

Die „deutsche Bibliothek volkswirthschaftlicher Klassiker" erscheint in Lieferungen von 6 Druckbogen, 8° Format und zum Preise von 1 Mark für die Lieferung.

Bis jetzt erschienen Lieferung 1—3 (Bastiat, Streitschriften).

Alle Buchhandlungen nehmen Unterzeichnungen auf die deutsche Bibliothek volkswirthschaftlicher Klassiker an.

Berlin W.,   Die Verlagsbuchhandlung
Schöneberger Ufer 13.   **F. A. Herbig.**